# 新编国际贸易实务

XINBIAN GUOJI MAOYI SHIWU

主　编　孟东梅　姜延书　邓　炜

副主编　白小伟　马骆茹　何　婵　郑婷婷

中国财经出版传媒集团

经济科学出版社

Economic Science Press

**图书在版编目（CIP）数据**

新编国际贸易实务 / 孟东梅，姜延书，邓炜主编
.—北京：经济科学出版社，2020.11
ISBN 978-7-5218-2001-0

Ⅰ.①新…　Ⅱ.①孟…　②姜…　③邓…　Ⅲ.①国际贸易-贸易实务-教材　Ⅳ.①F740.4

中国版本图书馆 CIP 数据核字（2020）第 206369 号

责任编辑：李　军　谭志军
责任校对：刘　昕
责任印制：李　鹏　范　艳

**新编国际贸易实务**
孟东梅　姜延书　邓　炜　主编
白小伟　马骆茹　何　婵　郑婷婷　副主编
经济科学出版社出版、发行　新华书店经销
社址：北京市海淀区阜成路甲 28 号　邮编：100142
总编部电话：010-88191217　发行部电话：010-88191522
网址：www.esp.com.cn
电子邮箱：esp@esp.com.cn
天猫网店：经济科学出版社旗舰店
网址：http://jjkxcbs.tmall.com
固安华明印业有限公司印装
787×1092　16 开　25.75 印张　570000 字
2021 年 1 月第 1 版　2021 年 1 月第 1 次印刷
ISBN 978-7-5218-2001-0　定价：78.00 元
**（图书出现印装问题，本社负责调换。电话：010-88191510）**

# 前　言

国际贸易实务是一门主要研究国际商品交易具体过程的学科，也是一门具有涉外活动特点、实践性很强的综合性应用科学，国内外经贸类院校都把本课程作为一门必修的专业基础课程。本学科是伴随着国际贸易实践而不断发展和完善的，并随着时代的进步不断被注入新的内涵。改革开放以来，尤其是我国加入世界贸易组织之后，中国经济在与世界经济的接轨与融合的过程中发生了质的飞跃，在世界经济舞台上扮演着越来越重要的角色，对外贸易在我国国民经济中正发挥着越来越重要的作用。目前，有众所周知的原因，尽管国际贸易环境发生了很大变化，贸易保护和逆全球化思维在国际上一些国家有所抬头，给从事国际贸易经营的企业带来比以往任何一个阶段更多的压力和挑战。但从事国际贸易毕竟要遵守国际贸易惯例和规则，在数字经济步伐不断加快和知识经济条件下，国际贸易已演变为诸如经济、法律、金融、市场营销等学科的综合体。随着科学技术的不断进步和新兴产业的不断涌现，国际贸易已经突破了传统的国际经贸领域，与此相适应，新的国际规则和国际惯例在不断创建，旧的国际规则和国际惯例也在不断更新。

本教材的重新编写是针对国际贸易的新特点和新要求，从实践和法律的角度分析、研究国际贸易适用的有关法律与惯例，以及国际商品交易过程中的各种实际运作，总结国内外实践经验，吸收国际上一些行之有效的贸易习惯做法，以便掌握从事国际贸易的本领和技能，学会在国际贸易业务中既能确保经济效益，又能严格按国际惯例、国际规范办事，便于我们的贸易做法与国际接轨，并为国际社会普遍接受。

本教材与国内同内容教材相比具有三个主要特色：一是本书突出将知识体系叙述和学生实际技能培养训练于一体。在内容上突出实用、实战和可操作性的同时，对国际贸易出现的新方式、新规则也做了专门介绍，如2020年国际贸易术语解释通则《关于审核跟单信用证项下单据的国际标准银行实务（ISBP）》及SWIFT信用证等；二是本书在体系设计上更合理，全书分为7篇18章，这种体系结构安排易于初学者对本门学科有一个清晰全面的了解，并增加了海关报关、电子商务交易及区块链的内容；三是本书突破了传统教材以知识介绍为主和开篇案例晦涩深奥的弊病，本书开篇有学习目标，篇尾有小结，并适量增加案例分析和技能训练。案例的选择来源于真实的案例和判例，精修案例不仅可以帮助学生更好地理解国际规则、国际惯例，也能使学生更好地在实际业务中去运用和检验；技能训练有利于用所学知识处理具体业务问题，尤其注意用英语思维处理实际问题和实际操作能力的培养和训练，以此提高学生的动手能力和实际操作技巧。此外，本书每章最后还设有考试常见题型，也有利于学生对所学内容的巩固、理解和提高。本书既可作为本、专科生，研究生的教材，也可作为从事专业培训的参考用书。

本教材在组织撰写和出版过程中，得到了北方工业大学“一带一路”国家人才培养基地项目北方工业大学图书出版专项资助（项目编号：203051330016），在此深表谢意！本教材由北方工业大学孟东梅、姜延书、邓炜主编，白小伟、马骆茹、何婵和郑婷婷为副主编。具体分工是姜延书负责导论、第二章、第三章、第八章；何婵负责第一章；孟东梅负责第十二章、第十三章、第十四章、第十五章；郑婷婷负责第十六章；白小伟负责第四章、第五章、第六章、第七章；马骆茹负责第九章、第十章、第十一章；邓炜负责第十七章、第十八章。此外本校学生也承担了部分工作，其中何婵对附录进行了整理，包括跟单信用证统一惯例（UCP600）及联合国国际货物销售合同公约，杨晓阳对书中涉及的图表、样表进行统一整理，并对全书进行校订，全部书稿由孟东梅进行总纂和定稿。由于编写水平所限，疏漏和错误在所难免，敬请读者批评指正。

孟东梅

2020 年 10 月

# 目　录

导　论 …… 1
　第一节　国际贸易实务课程的主要内容 …… 1
　第二节　国际货物买卖的特点 …… 2
　第三节　国际贸易货物买卖合同 …… 3
　第四节　国际货物贸易的基本程序 …… 6
　本章小结 …… 9

第一篇　国际贸易商品价格

第一章　国际贸易术语 …… 13
　第一节　有关贸易术语的国际惯例 …… 13
　第二节　国际贸易术语分类 …… 19
　第三节　适用于任一或多种交通方式的规则 …… 21
　第四节　适用于海运和内河水运的规则 …… 28
　第五节　选用贸易术语应注意的问题 …… 32
　本章小结 …… 33
第二章　合同中的价格条款 …… 36
　第一节　作价原则及作价办法 …… 36
　第二节　净价及含佣价格的计算与运用 …… 41
　第三节　合同中的价格条款 …… 45
　第四节　订立价格条款应注意的问题 …… 47
　本章小结 …… 48

第二篇　合同的标的

第三章　商品品名与品质 …… 53
　第一节　列明商品品名的重要性 …… 53

第二节　品名条款的主要内容 …… 54
第三节　商品品质 …… 55
第四节　订立品质条款时应注意的问题 …… 60
本章小结 …… 61
**第四章　商品数量** …… 64
第一节　数量条款的重要性 …… 64
第二节　常用的度量衡制度和计量单位 …… 65
第三节　国际贸易中重量的计算方法 …… 66
第四节　订立数量条款时应注意的问题 …… 67
本章小结 …… 69
**第五章　商品的包装** …… 73
第一节　包装的重要性及对包装的有关规定 …… 73
第二节　包装的种类 …… 75
第三节　包装标志 …… 78
第四节　定牌和中性包装 …… 78
第五节　订立包装条款时应注意的事项 …… 79
本章小结 …… 80

## 第三篇　国际货物交付

**第六章　国际货物运输** …… 85
第一节　国际货物运输方式 …… 85
第二节　装运条款 …… 99
第三节　主要运输单据 …… 103
本章小结 …… 110
**第七章　国际货物运输保险** …… 119
第一节　国际货物运输保险的原则 …… 119
第二节　海上货物运输保险承保的范围 …… 122
第三节　我国海运货物保险的险别 …… 126
第四节　伦敦保险协会海运货物保险条款 …… 130
第五节　我国陆运、空运货物与邮包运输险 …… 133
第六节　买卖合同中的保险条款 …… 138
本章小结 …… 140

第八章 进出口货物的报关 …… 147
第一节 海关管理与报关概述 …… 147
第二节 进出口货物报关 …… 149
第三节 报关基本技能 …… 152
本章小结 …… 156

## 第四篇 国际货款结算

第九章 支付工具 …… 165
第一节 汇票 …… 165
第二节 其他支付工具 …… 170
本章小结 …… 171
第十章 汇付与托收 …… 175
第一节 汇付 …… 175
第二节 托收 …… 177
本章小结 …… 181
第十一章 信用证与银行保函 …… 185
第一节 信用证概述 …… 185
第二节 信用证的业务程序及特点 …… 187
第三节 常用的信用证 …… 189
第四节 信用证有关的国际惯例 …… 197
第五节 银行保函 …… 199
第六节 各种支付方式的结合使用 …… 201
本章小结 …… 202

## 第五篇 合同的一般交易条件

第十二章 商品的检验 …… 211
第一节 检验概述 …… 211
第二节 检验时间、地点及检验证书 …… 212
第三节 进出口商品检验内容及程序 …… 214
第四节 检验机构 …… 216
本章小结 …… 218

第十三章　争议、索赔与不可抗力 …… 221
第一节　争议和违约 …… 221
第二节　索赔 …… 223
第三节　不可抗力 …… 225
本章小结 …… 228
第十四章　仲　裁 …… 231
第一节　仲裁的含义 …… 231
第二节　仲裁协议及作用 …… 231
第三节　仲裁程序 …… 232
第四节　合同中的仲裁条款 …… 235
本章小结 …… 236

## 第六篇　合同的商订与履行

第十五章　进出口合同的商订 …… 241
第一节　交易前的准备工作 …… 241
第二节　交易洽商的程序 …… 243
第三节　合同的签订 …… 249
本章小结 …… 250
第十六章　进出口合同的履行 …… 255
第一节　出口合同的履行 …… 255
第二节　进口合同的履行 …… 266
本章小结 …… 269

## 第七篇　国际贸易方式

第十七章　新型国际贸易方式 …… 277
第一节　跨境电子商务 …… 277
第二节　市场采购贸易方式 …… 282
第三节　外贸综合服务企业 …… 286
第四节　数字贸易和区块链贸易 …… 288
本章小结 …… 293
第十八章　其他国际贸易方式 …… 297
第一节　经销与代理 …… 297

第二节 招标与投标 …………………………………………………………… 302
第三节 拍卖、寄售与展卖 ……………………………………………………… 304
第四节 加工贸易与对销贸易 …………………………………………………… 308
第五节 期货交易 ………………………………………………………………… 313
本章小结 ………………………………………………………………………… 318
**附录一 INCOTERMS 2020** …………………………………………………… 322
**附录二 跟单信用证统一惯例（UCP600）** ……………………………………… 364
**附录三 联合国国际货物销售合同公约** ………………………………………… 380
**参考文献** ………………………………………………………………………… 400

# 导　论

**学习目标**

了解国际货物贸易所面临的主要当事人及相应机构；初步认识国际货物买卖合同的基本内容、适用法律及惯例，初步了解国际货物贸易的一般程序。

进出口贸易或称对外贸易。按传统的定义，仅指货物的进出口。1986 年的关贸总协定乌拉圭回合谈判，根据当时国际贸易的实际和未来国际经济往来的趋势，将对外贸易的定义扩展为货物进口、技术进出口和服务贸易三项内容。自 20 世纪 60 年代以来，随着科学技术的不断突破，生产力获得了巨大的发展，国际分工也进一步深化，由此带来了国际贸易方式和内容的重大变化，技术转让、服务贸易在国际贸易总额中所占的比重迅速上升。但是，无论在我国还是在国际上，货物买卖（有形贸易）仍然是国际贸易中最基本、最主要的部分。

## 第一节　国际贸易实务课程的主要内容

国际贸易实务课程是一门实践性、技术性、操作性与实用性很强的课程；同时，国际贸易实务课程又以国际货物买卖合同为中心。国际间商品交换的具体过程，具体体现在进出口业务活动的各个环节。由于世界各国存在法律上的不同规定和贸易习惯上的差异，在涉及买卖双方的利害关系时，经常会出现矛盾和博弈。如何协调这些关系，并熟练运用贸易规则、贸易惯例在博弈中实现双赢，乃是本课程研究的中心课题。主要内容包括三个方面。

### 一、贸易术语

贸易术语（Trade Terms）是用来表示买卖双方所承担的风险，费用和责任划分的专门用语。在国际贸易业务中，人们经过多次反复实践，逐渐形成了一套习惯做法，把这种习惯的做法用某种专门的商业用语来表示，便出现了贸易术语。每种贸易术语都有其特定的含义，不同的贸易术语，不仅表示买卖双方各自承担不同的风险、费用和责任，而且也影响成交商品的价格。在国际贸易中，买卖双方采用何种贸易术语成交，必须在合同中订明。2020 年国际商会对《2010 年国际贸易术语解释通则》进行了修订，主要是对 11 种贸易术语进行了解释。分别是 EXW、FAC、CPT、CIP、DAP、DPU、DDP、FAS、FOB、CFR、CIF。

### 二、合同条款

合同条款是交易双方当事人在交接货物、收付货款和解决争议等方面权利与义务的具体体现，也是交易双方履行合同的依据和调整双方经济关系的法律文件。按照各国法律规定，买卖双方可以根据“契约自主”的原则，在不违反法律的前提下，规定符合双方意愿的条款，这就必然导致合同内容的多样性。因此，研究合同中各项条款的法律含义及其所体现的权利与义务关系，这是本课程最基本的内容。

### 三、合同的商订和履行

买卖双方通过函电洽商或当面谈判就各项交易条件取得一致协议后，交易即告达成。一般地说，合同即告成立。订立合同的过程，可能包括邀请发盘、发盘、还盘和接受各环节。其中发盘和接受是合同成立不可缺少的基本环节和必经的法律步骤。合同订立后，买卖双方就应重合同、守信用，各自享有合同规定的权利和承担约定的义务。

## 第二节　国际货物买卖的特点

国际货物买卖与国内贸易相比，虽然都属商品交换范畴，并无实质差别，但由于国际贸易买卖是在国家（地区）之间进行的，所以更具有国际性、复杂性、风险性，当然也更具有挑战性。

### 一、国际货物买卖具有国际性和复杂性

衡量一个货物买卖合同是否具有国际性的标准，是看买卖双方的营业地点是否处在不同的国家，而不是双方当事人的国籍。国际货物买卖是国家（地区）与国家（地区）之间的商品交换，势必涉及两个不同国家或地区在法律体系方面可能存在的差异和冲突，受到有关国家或地区对外贸易政策、措施、法律以及外汇管制等方面的制约，其所涉及的问题范围远比国内贸易复杂。

### 二、国际货物买卖时间长、风险大

国际贸易买卖的交易数量和金额通常都比较大，从合同的商定开始，一直到最后合

同的履行，间隔时间往往比较长，货物由出口国到进口国大都需要经过长途运输，有的还需要使用多种运输方式才能完成。因此，买卖双方在交易过程中承担的商业风险、信用风险、商品风险、运输风险等也比国内贸易大得多。

国际货物买卖还会受到交易双方所在国家的政治、经济以及其他客观条件的影响，因而较国内贸易具有更大的不稳定性。尤其是在当前国际局势动荡不定，市场竞争日益激烈，贸易摩擦时有发生，各国货币汇率浮动频繁，货价经常波动，经济、金融危机难以准确预测的背景下，买卖双方在交易过程中所承担的政治风险、价格风险、行情风险、汇兑风险等大大超过了国内贸易。在此情况下，从事进出口贸易的难度也就越来越大。

国际货物买卖合同的标的物是货物，标的是指合同当事人之间存在的权利义务关系；标的物是指当事人双方权利义务指向的对象。例如，在房屋租赁中，标的是房屋租赁关系，而标的物是所租赁的房屋。国际货物买卖合同的标的物是“货物”，包括一切有形动产，但不包括股票、债券及流通票据的买卖和权利财产的交易，也不包括不动产和提供的劳务的交易。

在《联合国国际货物买卖合同公约》第2条中，排除了6种不适用于该公约的国际贸易货物销售：(1) 购供私人、家人或家庭使用的货物的销售，除非卖方在订立合同前任何时候或订立合同时不知道而且没有理由知道这些货物是购供任何这种使用。(2) 经由拍卖的销售。(3) 根据法律执行令状或其他令状的销售。(4) 公债、股票、投资证券、流通票据或货币的销售。(5) 船舶、船只、气垫船或飞机的销售。(6) 电力的销售。

## 第三节　国际贸易货物买卖合同

### 一、概念

国际贸易货物买卖合同是营业地在不同国家的当事人之间为买卖一定货物所达成的协议，是当事人双方各自履行约定义务的依据，也是一旦发生违约行为时进行补救、处理争议的法律文件。由于进出口贸易是以国际货物买卖合同为中心而进行的，因此国际贸易买卖合同是国际贸易买卖活动中最基本的、也是最主要的合同。其他的各种合同，如与国内的供货方、用货方订立的出口货物的购货合同；与银行订立的托收货款、支付价款的合同等，在一般情况下，都是履行国际货物买卖合同所必需的，是为履行国际货物买卖合同服务的，属于辅助性的合同。因此，订立国际货物买卖合同对于当事人双方是十分重要的。

### 二、合同的基本内容

1. 合同的标的

合同的标的主要是与所买卖货物有关的内容，包括货物的名称、质量、数量和包装。

2. 货物的价格

货物的价格通常包括货物的单价和总价或确定价格的方法，有时还规定有关价格调整的条款。

3. 卖方的义务

卖方的义务主要是涉及何时、何地、何种方式交付货物、移交与货物有关的单据和转移货物的所有权等。

4. 买方的义务

买方的义务主要是何时以何种方式支付货款和收取货物。

5. 争议的预防与处理

争议的预防与处理主要包括商品检验、索赔、不可抗力、仲裁等事项的规定。

6. 货物的所有权和工业产权

货物的所有权和工业产权买卖的货物必须是任何第三方不能提出任何权利或请求的货物。

7. 国际货物买卖所适用的法律、签约和惯例

（1）国内法。国内法是指由国家制定或认可并在本国主权管辖范围内生效的法律。国际货物买卖合同必须符合国内法，即符合某个国家制定或认可的法律。在我国，按照《中华人民共和国民法通则》的规定：订立合同包括涉外合同都必须遵守中华人民共和国法律，即使依照法律规定适用外国法律或者国际惯例的，也不得违背中华人民共和国法律。由于国际货物买卖当事人所在国家不同，各自法律规定千差万别，一旦发生纠纷引起诉讼，就会产生究竟适用哪一国法律处理相关争议的问题。为了解决这种“法律冲突”，以利于贸易的正常进行，通常采用在国内法中规定冲突规范的办法。我国法律对涉外经济合同的冲突规范也采用国际上的通用规则，并在《中华人民共和国合同法》第一百二十六条中做了原则规定：“涉外合同的当事人可以选择处理合同争议所适用的法律，但法律另有规定的除外。涉外合同的当事人没有选择的，适用与合同最密切联系的国家的法律。”

（2）国际条约。国际条约是两个或两个以上的主权国家为确定彼此的政治、经济、文化、军事等方面的权利和义务而缔结的诸如公约、协定、议定书等各种协议的总称。其中，自 1988 年 1 月 1 日起正式生效的《联合国国际货物销售合同公约》（*United Nations Convention on Contracts for the International Sale of Goods*，CISG），与中国进行货物进出口贸易关系最密切、最重要的一项国际公约。我国于 1986 年 12 月 11 日加入该公约并成为成员国，并对该公约提出了两项重要的保留：

关于采用书面形式的保留，即按照公约第 11 条的规定，国际货物买卖合同不一定要以书面的形式订立或以书面来证明，在形式方面不受任何其他条件的限制。公约的这一规定同我国当时的《中华人民共和国涉外经济合同法》关于涉外经济合同必须采用书面形式订立的规定不一致，因此，我国在核准该公约时，对此提出了保留。但是，我国新《合同法》第十条已经不再要求合同必须采用书面形式订立，已经与公约第 11 条的规定相一致，我国对公约的这一保留似乎已经没有意义了。

关于公约适用范围的保留，即根据公约第一条第（1）款a项的规定，如果合同双方当事人的营业地处于不同的国家，而且这些国家都是该公约的缔约国，该公约就适用与他们之间订立的货物买卖合同，即该公约适用于营业地处于不同的缔约国的当事人之间订立的买卖合同。该款中的b项又规定，只要双方当事人的营业地是处于不同的国家，即使他们的营业地所在国不是公约的缔约国，但如果按照国际私法的规则导致适用某一缔约国的法律，则该公约亦将适用于这些当事人之间订立的国际货物买卖合同。这项规定的目的是为了扩大公约的适用范围。对于这一点，我国在核准该公约时也提出了保留，即我国认为该公约的适用范围仅限于双方营业地分处于不同缔约国的当事人之间所订立的货物买卖合同。

（3）国际贸易惯例。国际贸易惯例（International Trade Practice）是国际贸易法的主要渊源之一，它是在国际贸易的长期实践中逐渐形成的一些有较为明确和固定内容的贸易习惯和一般做法，通常是由国际性的组织或商业团体制定的有关国际贸易的成文的通则、准则和规则。

虽然国际贸易惯例不是法律，它对合同当事人没有普遍的强制性，只有当事人在合同中规定加以采用时，才对合同当事人有法律约束力，但是，国际贸易惯例可以弥补法律的空缺和立法的不足，起到稳定当事人的经济关系和法律关系的作用。值得注意的是，由于国际贸易惯例不是法律，对当事人无普遍的强制性，所以当事人在采用时，可以对其中的某项或某几项具体内容进行更改或补充。如果在合同中做了与国际贸易惯例不符的规定，在解释合同当事人时应以合同规定为准。

目前被世界上绝大多数国家的贸易商和银行广泛使用的国际贸易惯例主要有：国际商会制定的《国际贸易术语解释通则》《跟单信用证统一惯例》《托收统一规则》。我国《民法通则》第一百四十二条规定：中华人民共和国法律和中华人民共和国缔结或参加的国际条约没有规定的涉外民事关系可以适用国际惯例。国际货物买卖合同样表见表0-1。

**表0-1　　　　国际货物买卖合同样本**

售货合同

SALES CONTRACT

卖方：

Sellers：________________　　Contract No. ________________

Date：________________

地址：　　Sighed at：________________

Address：________________　　Telex：________________

Fax：________________

Buyers：

Address：________________　　Telex：________________

Fax：________________

This sales Contract is made by and between the sellers and buyers, whereby the sellers agree to sell and the buyers agree to buy the under-mentioned goods according to the terms and conditions stipulated below：

| (1) 货号、品名及规格<br>name of Commodity and Specifications | (2) 数量<br>Quantity | (3) 单位<br>Unit/Price | (4) 单价<br>Unit Price | (5) 金额<br>Amount |
|---|---|---|---|---|
| % more or less both in amount and quantity allowed | | | | |
| | Total Amount | | | |

(6) Packing: ________ (7) Delivery from ________ to ________ (8) Shipping Marks: ________

(9) Time of Shipment: Within ____ days after receipt of L/C allowing transshipment and partial shipment.

(10) Terms of Payment: By 100% Transferable Irrevocable letter of Credit in favor of the Sellers to be available by sight draft to be opened and to reach China before ______ and to remain valid for negotiation in China until the 15th days after the foresaid Time of Shipment.

L/C must mention this Contract number L/C advised by BANK OF CHINA GUANGZHOU BRANCH TLX: 444U4K GZBC. CN. ALL banking Charges outside China (the mainland of China) are for account of the Drawee.

(11) Insurance: To be effected by Sellers for 110% of full invoice value covering ____ up to ____ To be effected by buyers.

(12) Arbitration: All dispute arising from the execution of or in connection with this contract shall be settled amicably by negotiation. In case of settlement can be reached through negotiation, the case shall then be submitted to China International Economic & Trade Arbitration Commission. In Shenzhen (or in Beijing) for arbitration in act its sure of procedures. The arbitral award is final and binding upon both parties for setting the Dispute. The fee, for arbitration shall be borne by the losing party unless otherwise awarded.

The Seller ______

The Buyer ______

## 第四节　国际货物贸易的基本程序

### 一、从事国际贸易的主要当事人

《中华人民共和国对外贸易法》第八条规定：对外贸易的经营者，是指依法办理工商登记或者其他执业手续，依照本法和其他有关法律、行政法规的规定从事对外贸易经营活动的法人、其他组织或者个人。在每笔交易中，主要涉及买卖双方，即买方和卖方，有时将买方称为进口商，将卖方称为出口商。此外，每笔业务还涉及运输人、保险公司、银行、检验机构、海关；发生纠纷还需要仲裁机构或法院进行裁定；一些进口管制的国家还涉及领事馆签发特殊单证，如商业发票、领事发票或海关发票。

## 二、进出口贸易的基本程序

在进出口贸易中，由于交易方式和交易条件不同，其业务环节也不尽相同。但是，进出口交易，一般都包括交易前的准备、合同的商订和合同的履行三个阶段。我们可以从（图0－1和图0－2）了解进出口贸易的基本程序。

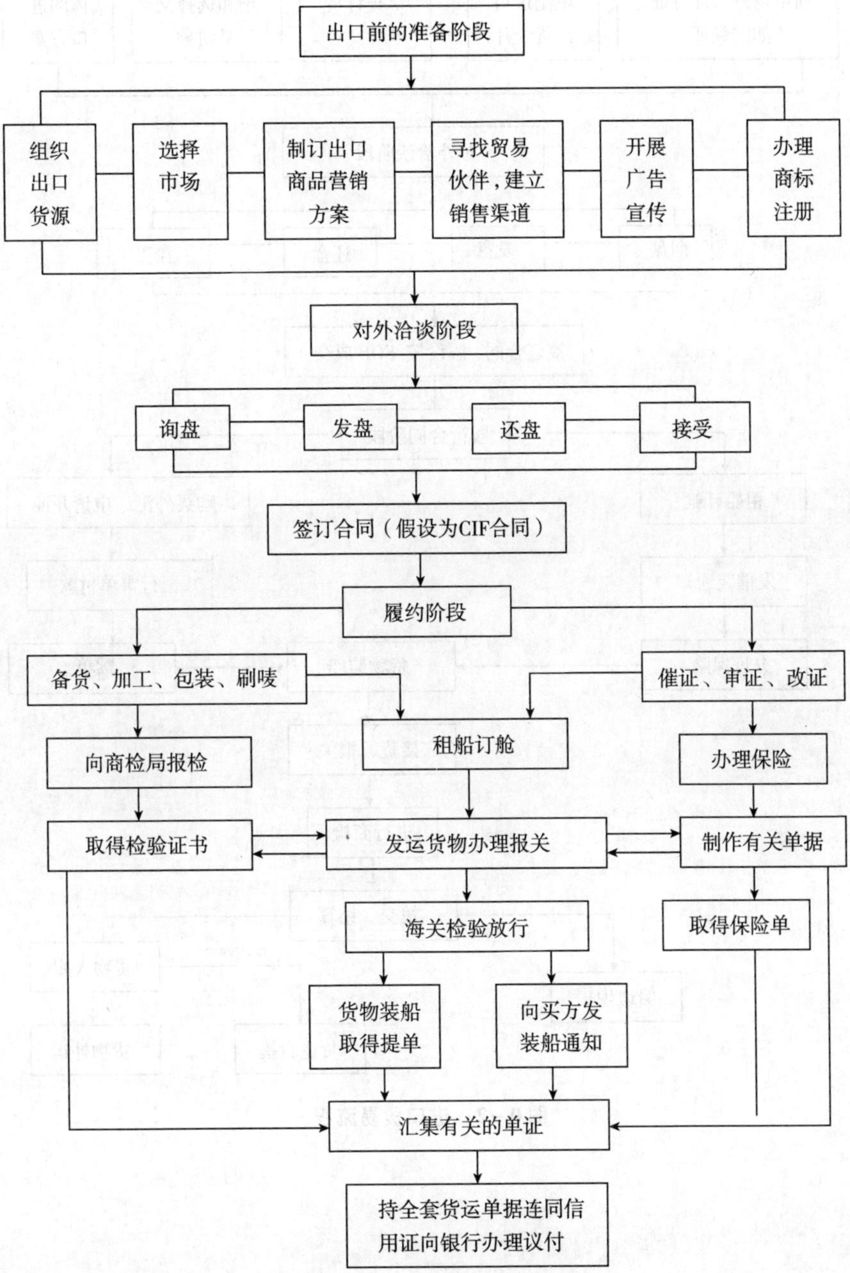


**图0－1 出口贸易流程**

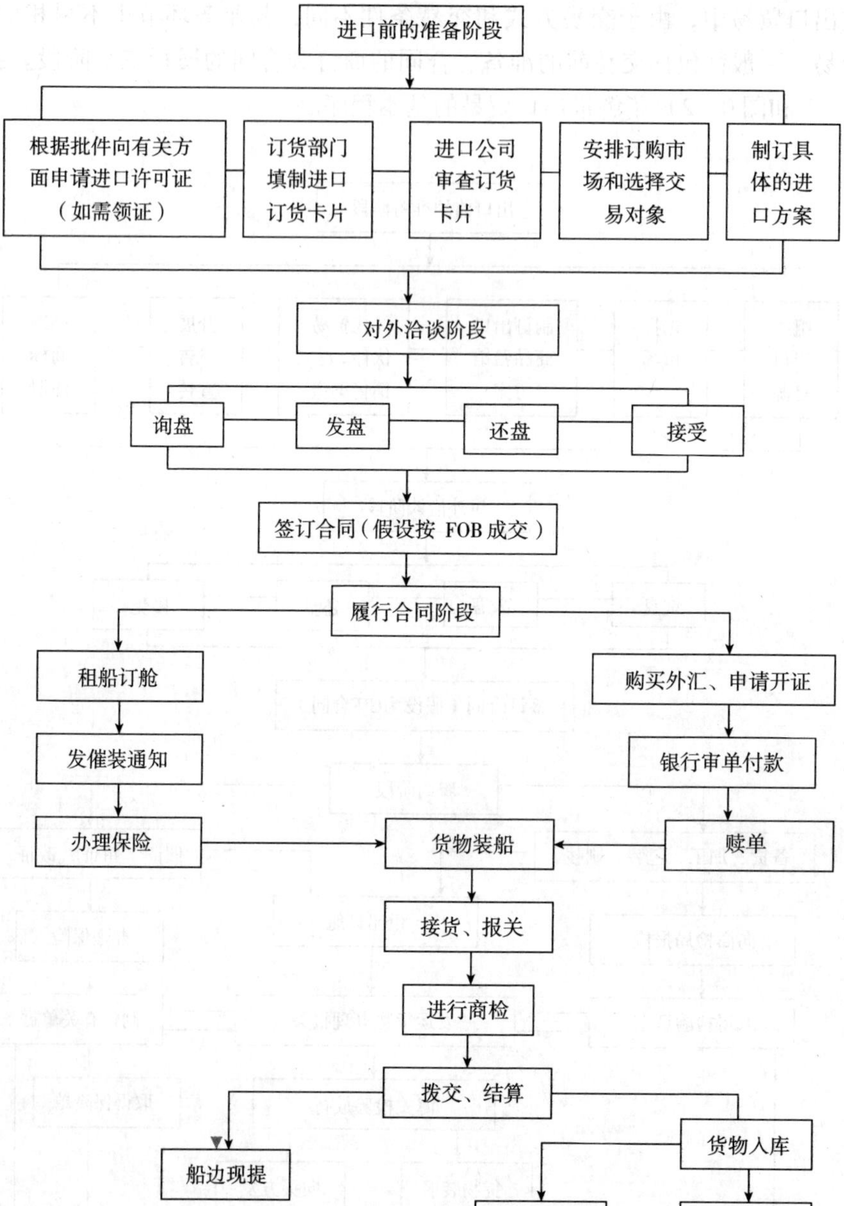
进口前的准备阶段
根据批件向有关方面申请进口许可证（如需领证）
订货部门填制进口订货卡片
进口公司审查订货卡片
安排订购市场和选择交易对象
制订具体的进口方案
对外洽谈阶段
询盘
发盘
还盘
接受
签订合同（假设按 FOB 成交）
履行合同阶段
租船订舱
发催装通知
办理保险
购买外汇、申请开证
银行审单付款
赎单
货物装船
接货、报关
进行商检
拨交、结算
船边现提
货物入库
货主自提
货物外运

**图 0－2　进口贸易流程**

# 本章小结

国际贸易实务课程以国际货物买卖合同为中心环节，国际货物买卖合同确定了买卖双方的权利与义务，双方的权利与义务又受制于法律、公约和贸易惯例。国际货物贸易包括进口和出口，国际贸易的主要当事人除进出口商外，还包括运输、保险、商检、海关和银行等机构。国际货物贸易特点为时间长、风险大。进出口业务程序主要包括交易前的准备工作、合同的商订和合同的履行三大主要环节。

## 一、思考题

1. 简要回答本课程的主要研究内容是什么?
2. 国际货物买卖有何特点?
3. 出口贸易主要环节有哪些?

## 二、案例分析

1. 在某公司一笔进口业务中，卖方为香港某公司，在开来的履约保函中规定：This guarantee shall be governed and constructed in accordance with the laws of the HONG KONG special administrative region，这种规定是否合理，应该如何修改?

2. 某出口业务员与一个美国客户签订了关于适用美国法律的出口合同，合同金额 10 万美元，后来发生贸易纠纷，卖方向美国提出诉讼，当出口方向律师提供出口合同，律师却不愿意受理了，由于路途遥远、费用高、时间长，案子就此搁浅，白白损失 10 万美元，据此，有何启示?

# 第一篇

# 国际贸易商品价格

# 第一章　国际贸易术语

学习目标

通过本章的学习掌握基本国际贸易术语的含义，明确其所规定的买卖双方基本义务，包括贸易中发生的费用、买卖双方风险划分界限和责任承担等问题。

贸易术语是用一个简明的语言或外文字母或国际代码来说明卖方的交货地点，买卖双方的责任、费用和风险的责任划分，以及构成商品价格的特定用语。国际惯例是指在国际经济往来中逐渐形成的一些较为明确、内容固定的贸易习惯和做法，其中包括成文或不成文的原则、准则和规则。现在，许多重要的国际惯例已由一些国际组织编撰成文，国际贸易惯例是统一的国际商法的主要渊源之一。国际惯例不是法律，不具有法律的普遍约束力，但是，许多国家的法律也规定，一旦当事人在合同中采用了某项国际惯例，它对合同的当事人就具有约束力，有些国家的法律还规定，法院有权按照有关的国际惯例来解释各方当事人的合同和行为。有关贸易术语的国际惯例还有《1932 年华沙—牛津规则》《1941 年美国对外贸易定义修订本》。1919 年，国际商会（*International Chamber of Commerce*，ICC）在美国大西洋城成立，并于 1936 年提出了一套解释贸易术语的具有国际性的统一规则，定名为《1936 年国际贸易术语解释通则》（INCOTERMS 1936），该规则经过了 INCOTERMS 1953、INCOTERMS 1980、INCOTERMS 1990、INCOTERMS 2000、INCOTERMS 2010，直至 INCOTERMS 2020 的多次修订，已经成为世界广泛使用和承认的、最具有权威性的贸易术语。《中华人民共和国涉外经济合同法》第五条规定，在处理涉外经济合同的问题时，我国法律“未做规定的，可以适用国际惯例”。

## 第一节　有关贸易术语的国际惯例

### 一、《1932 年华沙—牛津规则》（*Warsaw-Oxford Rules 1932*）

《华沙—牛津规则》是由国际法协会制定的，其前身为该协会于 1928 年华沙会议制订的有关 CIF 合同的统一规则，共二十二条，即《1928 年华沙规则》。1930 年、1931 年和 1932 年，国际法学会又分别在纽约、巴黎和牛津召开会议，将上述华沙规则修改为二十一条，定名《1932 年华沙—牛津规则》。其内容主要说明 CIF 合同的性质和特点，并对买卖双方的责任、风险和费用做了具体规定。但本身并没有任何法律上的约束力，只有买卖双方在合同中明确采用时，才能适用于该合同。

### 二、《1941 年美国对外贸易定义修订本》（*Revised American Foreign Trade Definition 1941*）

美国九大商社于 1919 年制订了《美国出口报价及其缩写条例》，在 1941 年进行了修订，称为《1941 年美国对外贸易定义修正本》对以下六种贸易术语做出解释：

EX（Point of Origin）产地交货价

F. O. B（Free on Board）在运输工具上交货

F. A. S（Free Along Side）在运输工具旁边交货

C. & F.（Cost and Freight）成本加运费

C. I. F（Cost，Insurance，Freight）成本加运保费

Ex Dock（Named Port of Importation）目的港码头交货，并完税价

### 三、《1990 年国际贸易术语解释通则》（INCOTERMS 1990）

INCOTERMS 是国际商会制定的《国际贸易术语解释通则》（*International Rules for the Interpretation of Trade Terms*）的缩写，简称通则。最早的“通则”是国际商会 1936 年为统一世界各国对各种贸易术语的解释而制定的，为了适应国际贸易业务发展的需要，国际商会先后于 1953 年、1967 年、1976 年、1980 年进行过四次部分修改和补充，后于 1990 年 7 月 1 日实行了“90 通则”，该通则是在“1980 通则”的基础上修订产生的。20 世纪 80 年代，随着科学技术的飞速发展，国际贸易也有了很大的发展和变化。其变化之一体现在电子数据交换（Electronic Date Interchange，EDI）日益广泛地运用在国际贸易中。EDI 是指按照协议对具有一定结构的标准信息经过电子数据通信网络，在商业伙伴的电子计算机系统之间进行交换和自动处理。EDI 的实质就是将不同用户计算机中的资料，用一定的标准格式，经过计算机网络直接送到对方的计算机中，EDI 的基础是信息处理自动化和计算机通信网络化，它是这两种现代化办公和通信手段普及、发展和结合的产物。EDI 不是简单地通过计算机网络将数据从一个单位传送到另一个单位。它所发送的数据必须服从统一的文件格式，组成 EDI 报文，接收方按照事先规定的语法规则对这些报文进行处理。整个过程由 EDI 自动进行，不需要人工干预，从而排除了一切由人工操作引起的差错和延误。譬如检查订单是否符合要求，回签确证报文，通知内部系统落实和组织货源、安排生产、催开信用证、审核信用证、办理托运、租船订舱或租订其他运输工具，乃至投保、报关、制单结汇等一系列环节上产生的工作，也都由 EDI 系统自动处理。这样，就把采购货源或生产制造、订货与库存、市场需求与销售、组织运输

以及保险、结算等业务环节有机地联系起来。从根本上改变了传统的人工处理贸易的办法，因而加快了贸易各个环节的进程，提高了对客户的服务质量，减少了库存和仓储费用，降低了成本，加速了资金周转，提高了竞争能力，从而赢得更多的贸易机会。因此，EDI 的使用者普遍认为，在国际贸易中推广采用 EDI 是一项具有战略意义的迫切任务。另一个原因是运输技术的变化，特别是集装箱中货物的一体化、多元化运输以及在近海运输中汽车和火车的滚动式运输。这些都对传统的交货条件和交货方式产生了一定的冲击。为了使国际贸易术语适应这些变化，国际商会对“INCOTERMS 1980”通则进行了较大的修改，并提出了“INCOTERMS 1990”，该通则共 13 种贸易术语，这些术语被分为四种不同的基本类型：E、F、C、D 组（见表 1－1）。

**表 1－1　　1990 年国际贸易术语通则分组情况**

| 贸易术语组别 | 英文代码 | 汉语名称 |
|---|---|---|
| E 组贸易术语（起运） | EXW | 工厂交货 |
| F 组贸易术语（不支付主要运费） | FCA | 货交承运人 |
| | FAS | 启运地船边交货 |
| | FOB | 离岸价（启运地船上交货） |
| C 组贸易术语（支付主要运费） | CFR | 成本加运费 |
| | CIF | 成本、保险费加运费 |
| | CPT | 运费付至 |
| | CIP | 运费和保险费付至 |
| D 组贸易术语（抵达） | DAF | 目的地边境交货 |
| | DES | 目的港船上交货 |
| | DEQ | 目的港码头交货 |
| | DDU | 目的地未完税交货 |
| | DDP | 目的地完税后交货 |

## 四、《2000 年国际贸易术语解释通则》（INCOTERMS 2000）

1996 年，国际商会决定对 1990 年版本进行修改，以适应国际贸易的发展，使贸易术语与贸易实务保持一致。1997 年 6 月，国际商会下辖的国际商业管理委员会成立修改工作小组，并通过问卷调查的方式，通过各国国家委员会向该国的有关银行、保险公司等征求意见。此次修改工作期望通过广泛的搜集和征求意见，使贸易术语与当代贸易实务紧密结合，并对1990年版本中一些容易引起纠纷或误解的条款部分予以澄清。工作小组在修改了初稿后，报送各国国家委员会征求意见后，召开了修订会议，三易其稿，最后于1999年9月正式公布英文版本，于2000年1月1日开始实施。

与1990年版本相比，2000年版本主要在以下几个方面有所变化：

### （一）形式的变化

对每一个贸易术语定义的叙述更为全面严谨。主要由三部分构成，分别为定义、买方义务和卖方义务。

1. 定义部分

2000年版本的定义部分更为具体明确，并增加了与其他贸易术语在使用上的区别，特别是重大变化的部分均用斜体字加以标识，使文本形式更加鲜明。

2. 买方义务

1990年版本的买方义务英文为“the Buyer Must”，2000年版本改称为“the Buyer's Obligation”。而原来所使用的“the Buyer Must”则放在买方十项义务之首，以增强语气，强化买方责任。

3. 卖方义务

1990年版本的卖方义务英文为“the Seller Must”，2000年版本改称为“the Seller's Obligation”。而原来所使用的“the Seller Must”则放在卖方十项义务之首，以增强语气，强化卖方责任。

### （二）实质的变化

1. “货交承运人（FCA）”术语关于交货方法的变化

2000年版本废除了1990年版本对不同运输方式交货方法的规定，修订为：指定在卖方营业场所交货时，卖方负责将成交的货物装载于到来的运输工具上（内），指定在卖方经营场所以外交货时，卖方须将成交的货物从其运输工具上卸下并交由买方处置，完成交付义务。

2. “船边交货（FAS）”术语变更为由卖方负责办理出口通关有关事宜及费用

2000年版本新确定了一项原则，即“谁拥有最佳位置执行通关及缴纳关税，和承担其他进出口成本的业务，就由哪一方办理”。经过国际商会调查发现，在贸易实务中，普遍的做法是由卖方负责办理出口通关手续，因此，本版本将FAS术语变更为由卖方负责办理出口通关事宜及有关费用。

3. “目的港码头交货（DEQ）”术语规定

与货物进口有关的关税/税款及其他有关费用由买方支付，通关手续等由买方办理。

4. “边境交货（DAF）”术语规定

卖方在办理完毕出口通关，但尚未办理进口通关，将货物置于“尚未卸载的到达运输工具上”时，即完成交货义务。

5. “未完税交货（DDU）”及“完税交货（DDP）”术语规定

买方应负责从到达地运输工具上卸货。

## 五、《2010 年国际贸易术语解释通则》（INCOTERMS 2010）

“2010 通则”于 2010 年 10 月修订完成，并于 2011 年 1 月 1 日起生效。“2010 通则”对“2000 通则”的修改从形式上看主要有以下几个方面：

1. 对部分贸易术语进行了删改

“2000 通则”中包含有 13 种术语，它们分别是 EXW（工厂交货）、FCA（货交承运人）、FAS（装运港船边交货）、FOB（装运港船上交货）、CFR（成本加运费）、CIF（成本，保险费加运费）、CPT（运费付至指定目的地）、CIP（运费、保险费付至指定目的地）、DAF（边境交货）、DES（目的港船上交货）、DEQ（目的港码头交货），DDU（未完税交货）和 DDP（完税后交货）。“2010 通则”删去了 DAE、DES 和 DDU，代之以新增加的 DAP（目的地交货）。另外，删去了 DEQ，代之以 DAT（运输终端交货）。这样一来，“2010 通则”中包含的术语由原来的 13 种减少为 11 种。

2. 改变了原来的术语分类标准

“2000 通则”将其包含的 13 种术语，按照起始字母的不同分为 E、F、C、D 四个组。E 组只包括一种贸易术语 EXW，这是在商品产地交货的贸易术语。F 组包含有 FCA、FAS 和 FOB 三种术语，按这些术语成交，卖方须将货物交给买方指定的承运人，从交货地至目的地的运费由买方负担。C 组包括 CFR、CIF、CPT、CIP 四种术语。采用这些术语时，卖方要订立运输合同，但不承担从装运地启运后所发生的货物损坏或灭失的风险及额外费用。D 组中包括五种术语，它们是 DAF、DES、DEQ、DDU 和 DDP。按照这些术语达成交易，卖方必须负担将货物运往指定的进口国交货地点的一切风险、责任和费用。

“2010 通则”不再按 E、F、C、D 分组，而是根据它们适用的运输方式分为两类，即适用于各种运输方式的术语和仅适用于水上运输方式的术语。按照新的分类，适用于各种运输方式的术语包括：EXW、FCA、CPT、CIP、DAT、DAP 和 DDP 七种，仅适用于水上运输方式的术语包括：FAS、FOB、CFR 和 CIF 四种。

## 六、《2020 年国际贸易术语解释通则》（INCOTERMS 2020）

2019 年 9 月 10 日，国际商会在举行百周年庆之际，正式发布《2020 年国际贸易术语解释通则》（以下简称“2020 通则”），并于 2020 年 1 月 1 日正式实行，该通则映射出现今国际贸易系统本质上的改变（见表 1－2）。

表 1-2　　“2010 通则”和“2020 通则”术语对比

| 术语种类 | “2010 通则” | “2020 通则” |
| --- | --- | --- |
| 适用于任何单一运输方式或多种运输方式的术语 | EXW（工厂交货）<br>FCA（货交承运人）<br>CPT（运费付至）<br>CIP（运费和保险费付至）<br>DAT（运输终端交货）<br>DAP（目的地交货）<br>DDP（完税后交货） | EXW（工厂交货）<br>FCA（货交承运人）<br>CPT（运费付至）<br>CIP（运费和保险费付至）<br>DAP（目的地交货）<br>DPU（目的地卸货后交货）<br>DDP（完税后交货） |
| 适用于海运和内河水运的术语 | FAS（船边交货）<br>FOB（船上交货）<br>CFR（成本加运费）<br>CIF（成本、运费险加运费） | FAS（船边交货）<br>FOB（船上交货）<br>CFR（成本加运费）<br>CIF（成本、运费险加运费） |

1. 对部分贸易术语进行了修改

在“2010 通则”中，DAT 与 DAP 的唯一区别是交货，DAT 项下的卖方将货物运至“终端”卸下交由买方处置，DAP 项下卖方将货物运输至指定地点，做好卸货准备交由买方处置。因为 DAP 交货发生于卸货之前，也就是说买卖双方费用划分节点比 DAT 靠前，所以“2020 通则”决定将两个术语的顺序对调。同时因为 DAT 中的“T”（Terminal，终端）其实表示任何地点，因此“2020 通则”决定用更忠实于术语原意的字符表示该规则，即 DPU（Delivered at Place Unloaded）。

2. CIF 和 CIP 术语中对保险范围的要求加以区分

在“2010 通则”中，CIF 与 CIP 对保险范围的要求是一致的，均在 A3 部分要求“卖方必须自付费用取得货物保险，该保险需至少符合《协会货物保险条款》（*Institute Cargo Clauses*，LMA/IUA）条款 C 或类似条款的最低险别”。在贸易实践中 CIF 多用于大宗商品海运交易，CIP 多用于制造产成品交易，CIP 有更高的保险需求，因此“2020 通则”中 CIP 术语规则对保险的最低要求由《协会货物保险条款》中条款 C 或类似条款升级为条款 A 或类似条款。

3. FCA 术语提供“已装运提单”的替代机制

如买方或卖方在交易安排中使用贸易融资，则银行大多要求提交已装运提单，但 FCA 项下常使用多式联运，第一承运人接收货物时尚未装船，因此无法开具已装运提单。在无法变更贸易术语的情况下，“2020 通则”允许买卖双方协商一致后，由买方指示承运人在货物装船后再出具已装运提单，并由卖方通过银行向买方交单。

4. FCA、DAP、DPU、DDP 术语中允许用户使用自有运输工具

我们在贸易中，特别是国际贸易中，习惯假定由第三方承运人负责货物运输，但 INCOTERMS 同样适用于国内贸易，这时可能由买方或卖方自己运输，或者在国际贸易中敢

用D组术语的强大卖方也可能会有自己的运输部门，“2020通则”尊重贸易实践，在FCA、DAP、DPU、DDP术语项下添加“自付费用安排运输”选项。

5. 改变了原来的术语分类标准（见表1-3）

表1-3　“2010通则”和“2020通则”术语分类标准对比

| 序号 | “2010通则” | “2020通则” |
|---|---|---|
| A1/B1 | General Obligations 一般义务 | General Obligations 一般义务 |
| A2/B2 | Licenses, Authorization, Security Clearances and Other Formalities 许可证、授权、安检通关和其他手续 | Delivery 交货 |
| A3/B3 | Contract of Carriage and Insurance 运输合同与保险合同 | Transfer of Risk 风险转移 |
| A4/B4 | Delivery 交货 | Carriage 运输 |
| A5/B5 | Transfer of Risk 风险转移 | Insurance 保险 |
| A6/B6 | Allocation of Costs 费用分担 | Deliver/Transport Document 交货凭证 |
| A7/B7 | Notices 通知 | Export/Import Clearance 进出口通关 |
| A8/B8 | Delivery Document 交货凭证 | Checking/Packaging/Marking 查对-包装-标记 |
| A9/B9 | Checking-packaging-marking 查对-包装-标记 | Allocation of Costs 费用分担 |
| A10/B10 | Assistance with Information and Related Costs 协助提供信息及相关费用 | Notices 通知 |

# 第二节　国际贸易术语分类

## 一、《国际贸易术语解释通则》的术语分类标准

传统上，2010年之前的INCOTERMS规则的版本将其分为四组，即E组、F组、C组和D组。就交货点而言，E组和D组处于相对的两个极端，而F组和C组则位于中间。虽然INCOTERMS规则自2010年以来已按运输方式进行分组，但以往的分组方式仍然有助于理解交货地点。

1. E 组贸易术语

E 组贸易术语只有一个，即 EXW。使用该组术语成交时，卖方在其营业场所将货物交与买方，完成交货义务，收回货款。因此，卖方所承担的风险和费用最小。

2. F 组贸易术语

F 组贸易术语共有三个，即 FCA、FOB、FAS。使用该组术语成交时，卖方将货物交给买方指定的承运人控制就完成交货义务，风险由此转移至买方，主要运费由买方承担。

3. C 组贸易术语

C 组贸易术语共有四个，即 CFR、CIF、CPT、CIP。使用该组术语成交时，卖方负有订立运输契约并支付运费的义务，但是，货物的风险在装船或发货后转移至买方。同时运输过程中因事故而产生的费用卖方也无义务承担。

4. D 组贸易术语

D 组贸易术语共有三个，即 DAP、DPU、DDP。使用该组贸易术语成交时，卖方须承担将货物运送至目的地为止的全部费用及风险。

## 二、按照卖方交货方式对贸易术语进行分类

### （一）采用实际性交货方式的贸易术语

实际性交货（Physical Delivery），指卖方将货物实际交给买方或其代理人，对货物的占有支配权直接而实际地转移至买方的交货方式。实际性交货的地点可以是在出口国，也可以是进口国，属于实际性交货的贸易术语有：EXW、FAS、DAP、DPU、DDP。实际性交货术语成交时，卖方只有将货物实际置于买方控制之下时才完成交货义务，才有权向买方收取货款。因此，买方原则上是凭货付款而非凭单据付款。在这种情况下，采用该术语在出口国交货对进口商不利，在进口国交货则对出口商不利。

### （二）采用象征性交货方式的贸易术语

象征性交货（Symbolic Delivery）又称为凭单据交货（Documentary Delivery），即当卖方将表明货物所有权的单据交与买方或其指定的代理人时就完成了交货义务。因此，无论货物是否到达目的（港口）地，卖方都有权利凭交付的货运单据向买方收取货款。属于象征性交货的典型贸易术语有 FOB、CFR 和 CIF。而采用 FCA、CPT、CIP 这些贸易术语成交时，只有卖方向买方提交了具有物权凭证的货运单据时，这些贸易术语才属于象征性交货贸易术语。

按照不同的标准对贸易术语进行分类就可以划分为不同类别，如还可以对贸易术语按照风险、费用及成本的承担标准进行划分，也可以按照适用运输方式的不同对贸易术语进行划分。但是无论怎样划分，其目的只有一个，即方便记忆、理解，以便能在实际业务中更好地利用贸易术语，简化磋商环节，提高贸易效率，使风险、费用成本的承担更加合理化。

### （三）按照货物适用运输方式分类

适用于任一或多种运输方式：EXW、FCA、CPT、CIP 、DAP、DPU、DDP；

仅适用于海运和内河水运：FAS、FOB、CFR、CIF。

## 第三节　适用于任一或多种交通方式的规则

### 一、EXW 术语

1. EXW 术语的含义

EXW，即 Ex Works（Insert Named Place of Delivery），中文含义是“工厂交货（插入指定交货地点）”，该术语买方应按照双方约定的时间安排运输工具到约定的地点提取货物，并承担获取提取后的一切风险和费用，按照合同规定支付货款。卖方的基本责任是在合同规定的时间、地点将符合合同要求的货物置于买方的处置之下，就算完成了交货义务。卖方承担的风险也随着交货义务的完成而转移给买方。买方则要负责将货物从交货地点运到最终目的地，承担其间的全部风险、责任和费用，包括货物出境和入境的手续及有关费用。这一贸易术语代表了在商品的产地和所在地交货的交货条件。按这一交货条件达成的交易，实质上类同于国内贸易，因为卖方是在本国的内地完成交货，他所承担的风险、责任和费用也都局限于出口国内，他不必过问货物出境、入境以及运输、保险等事项。在所有贸易术语中，该术语（工厂交货）的卖方所负责任及承担风险最小，买方所负责任及承担风险最大。因此，在各种报价中，以本术语报出的价格最低。

在贸易中使用该术语时，应在该术语的后面注明工厂的具体地址，卖方在交货时应给买方合理的通知，说明货物在何时可以置于买方的控制之下，当买方不能直接或间接地办理出口手续时，则买方应要求卖方负责办理出口通关手续，为此可在本术语后面加上“Cleared for Export（已办妥出口通关）”的字样，否则不能使用该条术语，而应该使用 FCA 术语。

2. 买卖双方义务与费用的规定

（1）卖方应承担的义务与费用。卖方负有在合同规定的时间和地点将合同要求的货物置于买方的处置之下。卖方所提供的货物必须与合同的要求相符，如果存在品质不良（Defective Quality）、品质不符（Different Quality）、品质错误（Wrong Quality）、品质低劣（Inferior Quality）、鱼目混珠（Different Quality Mixed in）、变质和褪色（Deterioration、Discoloration）及短运（Short Shipment）、短装（Short Landing）、重量不足（Under Weight）等情况，买方可以提出索赔。关于交货时间（Time of Delivery）、交货地点（Place of Delivery），合同有规定的服从其规定，如果没有明确规定的，则依据合同所适用的法律法规或惯例处理。承担包装、标识、检查及交货通知等将货物交与买方处置前的一切费用。提交商业发票（Commercial Invoice）或具有同等作用的电子信息，协助取得出口通关所需单据。

（2）买方应承担的义务与费用。买方负有在合同规定的时间和地点接受合同项下货物的义务，并按照合同规定支付相应货款。买方应承担货物交由其处置后发生的一切费用及风险，包括运输费用、通关费用、进出口许可证费用及保险费。

3. 使用该术语应注意的问题

（1）关于货物风险的转移。货物的风险包括货物灭失及损坏两个方面，指可能因受意外事故影响，导致获取灭失或者受到损坏。原则上，买方承担接受货物由其处置之后的一切风险和损失。但也存在例外情况，如买方按照约定，保留指定接货时间及或地点的权利，但却未将接受货物的时间及或地点适时地向卖方做充分的通知，在卖方已经将该批货物正式划拨于合同项下（Have Been Duly Appropriated to the Contract）的条件下，则自合同规定的提货日或受领期间期满日起，买方承担货物灭失或损坏的一切风险。同样，货物交由买方处置后，如果货物因非意外事件导致灭失或损坏，如因包装或标志不良或因货物本质或内在的瑕疵导致的灭失或损坏，该风险仍由卖方承担。

（2）关于货物的包装问题。在合同签订过程中，买方应根据货物运输情况向卖方提出对货物包装的具体要求。卖方应在获知有关的运输情况后，自负费用根据货物运输需要进行相应包装，这里必须考虑到货物的运输方式、目的地等因素，并考虑到货物的性质：如采取海运方式运输时，货物的包装必须适合海洋运输（Seaworthy Packing）的要求；如采取陆运方式，则货物的包装必须适合陆运包装（Land worthy Packing）的要求；如采取航空运输，则必须适合空运包装（Airworthy Packing）的要求；如果是易潮货物，必须考虑防潮；如果属于易腐货物，则应考虑其防范方法并采用适当包装。另外，卖方需要在货物的外包装上制作适当的标志（Mark），以便于买方及承运人识别货物并对其采取适当的操作，否则承运人对因标志不明确而导致的获取灭失或损坏不负任何责任。

## 二、FCA、CPT、CIP 术语

FCA、CPT 和 CIP 这三个贸易术语是为适应集装箱运输而产生的贸易术语，适用于各种运输方式。三个贸易术语都表示在卖方将货物交给买方指定的承运人就完成交货义务，但是，买卖双方所承担的义务和费用却存在着较大的差异。

### （一）FCA 术语

1. FCA 术语的含义

FCA 指 Free Carrier（Insert Named Place of Delivery），是货交承运人的国际标准代号，该术语的中文含义是“货交承运人（插入指定交货地点）”，是指卖方办理货物出口结关，将货物交至指定的地点，由买方指定的承运人照管，履行其交货义务。该术语适用于任何运输方式，“承运人”指在运输合同中，通过铁路、公路、海上、航空、内河运输或这些方式的联合运输，承担履行运输或承担办理运输业务的任何人。如果买方指示卖方将货物交给某一个人，例如一个非承运人的货运代理，当货物在该人照管之下，卖方就被认为履行了他的交货义务。“运输站”指铁路站、货运站集装箱站、码头多用途的货物站或类似的受货点。

2. 买卖双方义务与费用的规定

（1）卖方应承担的义务和费用。在指定地点（如运输站或其他受货地点）按约定的交货日期或期限以内，以约定的方式或该指定地点的习惯方式，将货物交由买方指定的承运人或其他人（如一个货运代理人）照管。承担在此之前货物灭失或损坏的一切风险，支付有关货物一切费用。同时给予买方“货物已交由承运人照管”的充分通知。如果习惯上需要，则由卖方负责费用，向买方提供通常的单证，证明货物已按规定交付给承运人。除非习惯上需要的单证是运输单证，卖方应买方的要求，并由买方承担风险和费用，给予买方一切协助以取得有关运输合同的单证（例如，可转让的提单、铁路托运单等）。如果买卖双方有约定的话，上述单证可以由相等的电子资料交换单证来代替。

（2）买方应承担的义务和费用。自行负担费用订立从指定地点承运货物的合同。受领卖方已交给承运人的货物。自货物已由卖方交给承运人时起，承担货物灭失或损坏的一切风险。自货物已由卖方交给承运人时起，支付有关货物的一切费用。给予卖方关于承运人名称的充分通知，并在必要时指定运输方式和向买方交货的日期或期限，以及应向承运人交付货物的可能的指定地点内的具体地点。

## （二）CPT 术语

1. CPT 术语的含义

CPT 指 Carriage Paid to（Insert Named Place of Destination），是运费付至（插入指定目的地）贸易术语的国际标准代码。按照该术语交易时，卖方须在规定的日期或期间内将货物交由其指定的承运人，并支付货物运往指定地点的运费。该术语适用于任何运输方式。与 FCA 相比较，此术语下卖方的责任和义务相对较重。

2. 买卖双方义务与费用的规定

（1）卖方承担的义务和费用。按照通常条件自行负担运费订立运输合同，将货物按惯常航线或使用习惯航线和习惯方式运至指定目的地的约定地点。在规定的日期或期限内将货物交付承运人照管，如果有后续承运人，将货物交付第一承运人，以运至指定目的地。承担货物灭失或损坏的一切风险直至货物交付承运人（或第一承运人）时为止。支付货物交付承运人以前的一切费用以及按运输合同将货物运至指定目的地所产生的运费和其他一切正常费用，包括装货费及在目的地的卸货费。给予买方关于货物已交付承运人的充分通知及其他任何必要的通知。自行负担运费向买方提供通常的运输单证（如提单、铁路运单等）或相等的电子单证。

（2）买方承担的义务和费用。接受卖方已交承运人的货物，并在指定的目的地从承运人处收取货物。自货物交付第一承运人照管时起，承担货物灭失或损坏的一切风险。

自货物交付承运人照管时起，除通常的运费和卖方在订立运输合同时已发生的费用外，支付有关货物在运输途中直至到达约定目的地之前的一切费用以及卸货费，如进口税费以及因罢工等而产生的费用。接受符合合同规定的运输单证。

### （三）CIP 术语

1. CIP 术语的含义

CIP 指 Carriage And Insurance Paid To (Insert Named Place of Destination)，是运费及保险已付至（插入指定目的地）贸易术语的国际标准代号。它是指卖方除负有与 CPT 条款相同的责任外，卖方还须自行负担费用来办理在运输途中应由买方承担货物灭失或损坏风险的货物保险，并向买方提供保险单或其他保险凭证。但应注意的是，在 CIP 下，卖方办理的保险为从交货地到目的地的保险，同时货物灭失或损坏的风险在货物交由第一承运人控制下时即由卖方转移至买方，因此保险收益人为买方，卖方属于代办保险。另外，按照通则规定，一般情况下，卖方按照双方协商确定的险别投保，如果双方没有约定，则根据《2020 年国际贸易术语解释通则》的规定，由卖方投保最高险别《协会货物保险条款》(Institute Cargo Clauses，LMA/IUA）条款 A 或类似条款，保险金额一般是在合同价格的基础上加成 10%。另外应卖方要求，买方必须向卖方提供购买额外险别所需要的信息。

2. 买卖双方义务与费用的规定

（1）卖方承担的义务和费用。按照通常条件自行负担运费订立运输合同，将货物按惯常航线或使用习惯航线和习惯方式运至指定目的地的约定地点。在规定的日期或期限内将货物交付承运人照管，如果有后续承运人，将货物交付第一承运人，以运至指定目的地。承担货物灭失或损坏的一切风险直至货物交付承运人（或第一承运人）时为止。支付货物交付承运人以前的一切费用以及按运输合同将货运至指定目的地所产生的运费和其他一切正常费用，包括装货费及在目的地的卸货费，如果这些费用包括在运费中或卖方在订立运输合同时已发生，则承担货物的卸货费即包括在运费中。给予买方关于货物已交付承运人的充分通知及其他任何必要的通知。向买方提供通常的运输单证（如提单、铁路运单等）或相等的电子单证。

（2）买方承担的义务和费用。接受卖方已交承运人的货物，并在指定的目的地从承运人处收取货物。自货物交付第一承运人照管时起，承担货物灭失或损坏的一切风险。接受符合合同规定的运输单证。

### （四）使用该组术语应注意的问题

1. 关于风险划分的问题

在该组术语下，买卖双方承担的货物风险是以货交承运人为界进行划分的，在陆运、空运及海洋运输方式下都是如此。但是如果买方没有将承运人名称、运输方式及货物交付承运人时间、地点充分通知卖方，或者承运人未能接管货物，而卖方已做好交货准备及安排，则买方承担自交货日期或交货期间届满日起货物灭失或损坏的一切风险，这就是所谓的“提前转移风险”。关于禁止进出口风险，进出口许可证或其他官方批准文件分别由买卖双方各自取得，一旦政府禁止进口或出口，则由买方或卖方各自承担。但是买卖合同中一般都有免责条款，另外一些国家的法律也规定，遇到禁止进口或出口的情况，合同失效。

2. 关于费用的划分与承担的问题

在该组术语中，卖方要自费取得出口许可证或其他官方批准文件，并负责办理出口货物通关所需要的一切费用。除此之外，卖方完成交货义务以前的相关费用也仍需要卖方承担，如出口税、包装标识费以及检验费等；相应地，在 CPT 和 CIP 术语下，卖方所应承担的费用分别相应增加了运费和运费加保险费。由于 CIP 多用于制造产成品交易，有更高的保险需求，因此在“2020 通则”中 CIP 术语规则对保险的最低要求，由《协会货物保险条款》（Institute Cargo Clauses，LMA/IUA）条款 C 或类似条款升级为条款 A 或类似条款。进口税费及进口过境通关费用、因为取得进口许可证等官方批准文件而发生的费用应由买方承担。

3. 关于交货地点的问题

双方在合同中规定了交货地点时，应在指定地点交货。但是，如果指定的交货地点是一个十分广泛的区域，而没有指定具体的交货地点，同时承运人在该区域内又有多处可供选择的交货地点时，卖方可选择对其最为有利的地点作为交货地点。对于多个承运人各自负责自交货地到目的地之间不同运输路程的常见情形，尽可能详细地确定交货地或交货点（如有）。在这种情形下，若双方没有约定具体的交货地或交货点，则默认的立场是当卖方在某个完全由其选择且买方不能控制的地点将货物交付给第一承运人时，风险即发生转移。

## 三、DAP、DPU、DDP 术语

### （一）DAP 术语

1. DAP 术语的含义

在“2020 通则”中，DAP 指 Delivered At Place（insert named place of destination），中文含义是“目的地交货（插入指定目的地）”。在 DAP 项下，卖方在合同中约定的日期或期限内将货物运到合同规定的目的地，并将货物从抵达的载货运输工具上卸下，交给买方处置时即完成交货。另外，卖方要提交商业发票以及合同要求的其他单证。

2. 买卖双方义务与费用的规定

（1）卖方应承担的义务与费用。卖方承担将货物交给买方控制之前的风险，自负风险和费用，取得出口许可证或其他官方批准证件，并且办理货物出口以及交货前通过第三国过境运输所需的一切海关手续。卖方负责订立运输合同，将货物运至约定港口或目的地的指定运输终端，如对运输终端未做具体规定，卖方可选择在约定港口或目的地最合适的运输终端。卖方对买方无订立保险合同的义务。但应买方的要求，并由其承担风险和费用的情况下，卖方必须向买方提供其办理保险所需的信息。卖方承担在交货地点交货前所涉及的各项费用，包括需要办理出口手续时所应交纳的关税和其他费用，包括经由第三国过境所涉及的费用。此外，卖方要负责签订从指定地点承运货物的合同，并支付有关的运费和相关费用，如装货费以及合同中约定由卖方支付的与卸货有关的费用。

（2）买方应承担的义务与费用。买方承担货物交给其控制之后的风险，也就是说以买方在交货地点控制货物作为风险转移的界限。买方自负风险和费用，取得进口许可证或其他官方批准证件，并且办理货物进口所需的一切海关手续。买方承担在交货地点交货后所涉及的各种费用，包括在目的地的卸货费用以及办理进口手续时应缴纳的关税和其他费用。

3. 使用该术语应注意的问题

（1）关于交货与风险的问题。卖方承担将货物运送到指定目的地或该指定目的地内约定交货地点的一切风险，因此，在 DAP 规则中，交货和到货的目的地是相同的，建议双方尽可能清楚地约定目的地或目的点。这基于几个原因：第一，货物灭失或损坏的风险在交货点/目的点转移至买方，因此买卖双方应清楚地知晓该关键转移发生的地点；第二，该交货地或交货点/目的地或目的点之前的费用由卖方承担，该地方或地点之后的费用则由买方承担；第三，卖方必须签订运输合同或安排货物运输到约定的交货地或交货点/目的地或目的点。如果卖方未履行此义务，卖方即违反了 INCOTERMS DAP 规则中的义务，并将对买方任何随之产生的损失承担责任。例如，卖方将负责承担承运人因额外的续运向买方收取的任何额外费用。

（2）关于卸货费用的问题。卖方不需要将货物从抵达的运输工具上卸载。但是，如果卖方按照运输合同在交货地/目的地发生了卸货相关的费用，除非双方另有约定，否则卖方无权另行向买方追偿该费用。

### （二）DPU 术语

1. DPU 术语的含义

在“2020 通则”中，DPU 指 Delivered At Place Unloaded（insert named place of destination），中文含义是“目的地卸货后交货”（插入指定目的地）。在 DPU 项下，卖方在合同中约定的日期或期限内将货物运到合同规定的港口或约定目的地，并将货物从抵达的载货运输工具上卸下，交给买方处置时即完成交货。另外，卖方要提交商业发票以及合同要求的其他单证。

2. 买卖双方义务与费用的规定

（1）卖方应承担的义务与费用。卖方承担将货物交给买方控制之前的风险，卖方自负风险和费用，取得出口许可证或其他官方批准证件，并且办理货物出口以及交货前通过第三国过境运输所需的一切海关手续。卖方负责订立运输合同，将货物运至约定港口或目的地的指定卸货地，如对卸货地未做具体规定，卖方可选择在约定港口或目的地最合适的卸货地。卖方对买方无订立保险合同的义务。但应买方的要求，并由其承担风险和费用的情况下，卖方必须向买方提供其办理保险所需的信息。

（2）买方应承担的义务与费用。买方承担货物交给其控制之后的风险，买方自负风险和费用，取得进口许可证或其他官方批准证件，并且办理货物进口所需的一切海关手续。

3. 使用该术语应注意的问题

（1）关于交货与风险的问题。卖方承担将货物运送到指定目的地以及卸载货物的一切风险，因此在 DPU 规则中，交货和到达的目的地是相同的，DPU 是唯一要求卖方在目的地卸货的规则。建议双方尽可能清楚地约定目的地或目的点。这基于几个原因：第一，货物灭失或损坏的风险在交货点/目的点转移至买方，因此买卖双方应清楚地知晓该关键转移发生的地点；第二，该交货地或交货点/目的地或目的点之前的费用由卖方承担，该地方或地点之后的费用则由买方承担；第三，卖方必须签订运输合同或安排货物运输到约定的交货地或交货点/目的地或目的点。如果卖方未履行此义务，卖方即违反了 INCOTERMS DPU 规则中的义务，并将对买方任何随之产生的损失承担责任，例如，卖方将负责承担承运人因额外的续运向买方收取的任何额外费用。

（2）关于出口/进口清关的问题。要求卖方办理出口清关。但是，卖方没有义务办理进口清关、交货后经由第三国过境的清关、支付任何进口关税或办理任何进口海关手续。因此，如果买方没有安排进口清关，货物将被滞留在目的地国家的港口或内陆运输终端。应由买方承担货物因此原因而被滞留在目的地国家的入境港时可能发生的损失的风险。如果想要避免这种情况，双方希望卖方办理货物进口清关、支付任何进口关税或税款并办理任何进口海关手续，可以考虑使用 DDP。

## （三）DDP 术语

1. DDP 术语的含义

DDP 指 Delivered Duty Paid（insert named place of destination），即目的地完税交货贸易术语的国际标准代码。该术语是“2020 通则”中包含的所有术语中卖方承担风险、责任和费用最大的一种术语。按照该术语成交，卖方必须将货物从启运地一直运到合同规定的进口国国内指定目的地，完成进口清关手续，将货物实际交到买方手中，才最终完成交货义务。

2. 买卖双方义务与费用的规定

（1）卖方应承担的义务与费用。卖方自负风险和费用，取得出口和进口许可证或其他官方批准证件，并且办理货物出口以及交货前通过第三国过境运输所需的一切海关手续。卖方负责订立运输合同，将货物运至约定港口或目的地的指定运输终端，如对运输终端未做具体规定，卖方可选择在约定港口或目的地最合适的运输终端。卖方对买方无订立保险合同的义务。但应买方的要求，并由其承担风险和费用的情况下，卖方必须向买方提供其办理保险所需的信息。卖方承担在交货地点交货前所涉及的一切费用，包括需要办理出口和进口手续时所应交纳的关税和其他费用，包括经由第三国过境所涉及的费用。

（2）买方应承担的义务与费用。买方承担受领货物之后发生的所有费用。

3. 使用该术语成交应注意的问题

（1）Duty 的含义：在“通则 2020”中，术语“Delivered Duty Paid”中的“Duty”包括办理清关手续的义务及风险和支付清关手续的费用、关税及其他有关费用。

（2）当事人双方最好从卖方责任中除掉支付进口国国内与财政制度有关的费用（如增值税），如果不这样做，将失去作为公民才享有的税收优惠的权利。如果在双方决定排除此义务，应该在合同中明示，应写为“Delivered Duty Paid，VAT Unpaid”，即完税后交货，增值税未付。

## 第四节　适用于海运和内河水运的规则

### 一、FAS 术语

1. FAS 术语的含义

FAS 指 Free Alongside ship（insert named place），装运港船边交货（插入指定装货港口），该术语仅用于海运或内河运输。按此术语，卖方必须在装运港将货物交到买方指定的轮船的船边，并负担货物交到船边为止的一切费用和风险。如买方所派船只靠不上码头，卖方需自费雇用驳船，将货物驳运到船边。如货物从码头装上驳船以及在驳船行驶到船边的过程中发生损坏或灭失，均由卖方负责。卖方还必须向买方提供“通常的清洁单据”（Customary Clean Document），证明他已履行了将货物交到船边的义务。这种单据可以是码头收据、仓库收据提货单（Dock or Warehouse Receipt or Warrant），对因此而发生的费用由卖方承担。

2. 买卖双方应承担的义务和费用

（1）卖方应承担的义务和费用。卖方负有按照合同规定的时间和装运港将合同规定的货物，交到买方指定的船只旁边并及时通知买方的义务。如买方船只不能靠岸，卖方应自费雇用驳船，将货物驳运到船边。卖方应向买方提供商业发票、交货证明、运输单据或具有同等作用的电子信息及出口所需要的一切单据。如买方要求或合同规定，卖方应提供货物符合合同规定的证据，协助取得买方进口过境所需要的单据、购买保险的信息并代订运输契约。卖方承担货物交到装运港船边之前的一切风险和费用，包括交货费用、包装标识费用，检验费用。

（2）买方应承担的风险和费用。买方负有在合同规定的港口接受货物并支付货款的义务。买方应自负费用订立自指定装运港起的运输契约，并及时将船名、装货地点和装货时间通知卖方。买方承担货物交至指定装运港船只旁边后的一切风险，包括货物灭失、损坏及禁止进口风险。买方应承担获得进口、过境许可证及进口通关费用、通知卖方费用及进口检验费用。

## 二、FOB 术语

1. FOB 术语的含义

FOB 是 Free on Board（insert need port of shipment），即装运港船上交货的国际标准代号。按此术语成交，卖方应在约定的装运港将货物装到买主指定的船上，当货物装上船后，卖方即履行了他的交货义务。该术语仅适用于海运和内河航运。但是，在海运和内河航运中，如要求卖方将货物交到港口货站或者使用滚装船运输或集装箱运输，在此情况下，使用 FCA 术语更为适宜。

2. 买卖双方应承担的义务和费用

（1）卖方应承担的义务和费用。在合同规定的装运港和规定的期限内，将货物装上买方指派的船只，并及时通知买方；承担货物装上船之前的一切费用和风险；自负风险和费用，领取出口许可证或其他官方证件，并办理出口手续；负责提供有关货运单、商业发票、交货证明或具有同等效力的电子单证。

（2）买方应承担的义务和费用。负责租船或订舱、支付运费，并将船期、船名及时通知卖方，承担货物装上船之后的一切费用和风险，接受卖方提供的各种合格单据，并按合同规定支付货款；自负风险和费用，领取进口许可证并办理收货和进口手续。

3. 使用该贸易术语应注意的问题

（1）FAS 与 FOB 术语比较，两者交货地点极为相近，但是在大宗货物交易时，其风险与费用的承担差别较大。因为 FAS 术语下，卖方将货物运至船边，风险与费用即转移至买方，而 FOB 术语下，风险与费用的分界点为船上，因此卖方应将货物装载于船上。

（2）"2020 通则"解释，该术语仅适用于海运在内的水上运输方式，交货地点只能是装运港。但是，由于某些国际贸易惯例及贸易双方协商，FAS 存在着一些例外情况，如《美国对外贸易定义》规定，FAS 为 free along side 的缩写，即运输工具旁边。所以在与美国的交易中要明确 FAS 的含义及适用惯例或法律。

## 三、CFR 术语

1. CFR 术语的含义

CFR 是 Cost and Freight（insert named port of destination），即成本加运费贸易术语的国际标准代码，按照此贸易术语成交，卖方在装运港应在双方约定的装运港和规定的期限内，将货物装上船，并及时通知买方相关情况。货物装上船后，风险由卖方转移至买方。

2. 买卖双方应承担的义务和费用

（1）卖方应承担的义务和费用。CFR 术语成交条件下，卖方要承担货物在装运港装上船之前的一切风险和费用，并负责订立租船订舱，支付到指定目的港的运输费用。同时卖方要自负风险和费用取得出口许可证和其他官方文件，并办理出口货物所需的一切海关手续。另外，卖方有义务向买方提供商业发票运输单据或具有同等作用的电子信息。

（2）买方应承担的义务和费用。买方在接受卖方提供的单据受领货物后要按照合同规定支付货款，并自己承担风险和费用办理进口许可证和其他官方文件，办理货物进口需要的一切海关手续，支付关税及相应的费用。

3. 使用该术语成交时应注意的问题

（1）卖方为了保证按时完成装运港交货义务，应根据货源和船源的实际情况合理地规定装运期。装运期一经确定，卖方应及时租船订舱和备货，并按规定的期限发货。因为《联合国国际货物销售合同公约》规定，卖方延迟装运或者提前装运都是违反合同的行为，并要承担相应的责任。另外，卖方在装船后应及时向买方发出装船通知，以便买方及时办理投保手续，否则将由卖方承担运输途中的风险。

（2）该术语下成交，由卖方负责办理租船订舱有利于卖方的船货衔接，但是如果卖方指定的船舶不当或者与船方勾结制造假单据，则买方可能蒙受损失，因此买方应考虑在合同中做具体的规定，以限制卖方随意安排运输，例如规定具体航线或指定承运人等。

## 四、CIF 术语

1. CIF 术语的含义

CIF 指 Cost Insurance and Freight（insert named port of destination），即成本、运费加保险贸易术语的国际标准代码。与 CFR 比较，该术语下卖方除承担 CFR 项下的义务外，还要负责办理从装运港到目的港的保险并支付保险费用。但是，卖方只需按照最低责任范围保险险别办理保险，假如买方需要更大责任范围的保险险别保障，可以与卖方达成明示的协议，或者自己办理额外保险。同时货物装上船后产生的除运费、保险费以外的任何费用仍要由买方承担。

2. 买卖双方应承担的义务和费用

（1）卖方应承担的义务和费用。CIF 术语成交条件下，卖方在装运港完成其交货义务，并负责订立租船订舱，支付到指定目的港的运输费用。同时卖方要自负风险和费用取得出口许可证和其他官方文件，并办理出口货物所需的一切海关手续。另外，卖方负责订立运输合同，将货物运至约定目的港口，对买方有订立保险合同的义务。

（2）买方应承担的义务和费用。买方承担风险和费用、办理进口许可证和其他官方文件，办理货物进口和从第三国过境运输需要的一切海关手续，支付关税及交货后涉及的有关费用。

3. 使用该术语成交时应注意的问题

（1）有关租船订舱的问题：在 CIF 合同中，卖方为装运货物出口，必须自行办理租船或订舱。根据 INCOTERMS 2020 规定，卖方必须按照通常条件及习惯航线，用通常类型可供运输合同货物之用的海轮，装运货物至约定的目的港。《华沙—牛津规则》第八条规定，“如买卖合同未规定装运船只的种类或者合同内使用‘船只’这样的笼统名词，除依照特定行业惯例外，卖方有权使用通常在此航线上装运类似货物的船只来装运。”因此，除非买卖双方另有约定，对于买方事后提出的关于限制装运船舶的国籍、船型、船龄、船级以及指定装载某班轮公会的船只等要求，卖方都有权拒绝接受。但是，在实际出口业务中，如国外买方提出上述要求，在能够办到又不增加额外费用的情况下，卖方也可考虑接受。

CIF 合同的卖方也必须于装船后及时向买方发出装船通知。尽管卖方于货物装船前已办妥货物运输保险，买方仍需要通过装运通知了解货运情况，及早做好到货前准备工作，以及必要时对装运货物增加投保险别和保险金额。

（2）有关货运保险的问题：在 CIF 术语下，卖方必须自费办理货物运输保险，但应投保何种险别，不同惯例所做规定不一。按 INCOTERMS 2020，卖方只需投保保险公司责任范围最小的一种险别，投保金额应为 CIF 价格加 10%。《华沙—牛津规则》则规定，需按照特定行业惯例所要求的险别投保，但没有责任投保战争险。保险金额应当依照特定行业惯例来定，如无此惯例，则按 CIF 价格加 10%。为明确责任，在外贸业务中按 CIF 术语成交时，应与国外客户明确投保险别的名称和投保金额。

（3）有关费用划分的问题：CIF 合同的卖方负担费用，只是在 FOB 基础上增加负担运费和保险费。运费是指正常运费，不包括在运输途中可能发生的额外费用。在装运港的装船费由卖方负担，货到目的港的卸货费可由买卖双方洽商如何划分。如果货物使用班轮运输，因班轮运费内包括船费和卸货费，由于运费由卖方支付，卸货费实际上也由卖方负担。如果双方所买卖的是大宗货物，使用租船装运，那么买卖双方应对卸货费由何方负担加以明确。其方法可以在合同中用文字做具体规定，也可在 CIF 术语后增列附加条件，即采用 CIF 术语的变形，例如：

CIF 班轮条件（CIF Liner Terms）：指卸货费按班轮的办法处理，即买方不予负担。

CIF 舱底交货（CIF Ex Ship's Hold）：指货到目的港后，由买方自负费用自舱底卸货。

CIF 着陆费在内（CIF Landed）：指由卖方负担到岸上为止的卸货费，包括从轮船到码头转运时可能发生的驳船费和码头费用。

CIF 吊钩下交货（CIF Ex Tackle）：指卖方负责将货物从船舱吊起，卸离吊钩，如果船舶无法靠上码头，应由买方自费租用驳船，卖方只负责将货卸到驳船上。

（4）单据买卖的问题：按 CIF 术语订立的合同，是一种特定类型的合同，特点是：卖方凭单据履行交货义务，买方凭单据付款。只要卖方所交的单据齐全（主要是提单、保险单和发票）和正确（符合合同或买方付款银行的要求），买方就必须付款，即使在付款时货物已经损坏或灭失，买方也不得拒付货款。因为，CIF 合同的卖方将有关货运单据交给（转让给）买方后，在买方与轮船公司和保险公司建立起了直接的关系，如货物在运输中发生损坏毁灭，买方可凭所得的货运单据，向轮船公司或保险公司交涉索赔，所以，按 CIF 术语达成的交易是一种“单据买卖”。但是，应该指出，CIF 合同的卖方除了提交齐全和正确的单据外，还应保证所交运的货物符合合同的规定，但卖方不保证货物必须到达目的港。

## 第五节　选用贸易术语应注意的问题

对于一笔交易而言，选用的贸易术语不同，价格也就不同。同时，国际贸易中的贸易术语是确定合同性质、决定交货条件的重要因素。选用适当的贸易术语对促进合同的订立和正常履行，提高对外贸易的经济效益具有重要的意义。因此，作为合同的当事人，在选用贸易术语时应注意以下几点：

### 一、要考虑运输条件和组织运输的能力

交易双方协商使用何种贸易术语，首先考虑的是采用哪种运输方式运送。当本身有足够的运输能力，具有组织运输优势，且在成本合理的情况下，可争取按照自己安排运输的条件成交，如按照 FCA、FAS 或 FOB 进口，CIP、CIF、CFR 等术语出口。否则应视情况由对方安排运输的条件成交。另外，各国为了发展本国的运输和保险事业，一般都鼓励本国厂商在国际贸易中以采用自己组织运输和保险的条件成交。

### 二、要考虑货源情况

国际贸易中成交的货物多种多样，不同类别的货物具有的特点各不相同，它们在运输过程中对运输条件的要求也不相同，因此安排运输的难易程度不同，运费开支的大小也存在很大的差异，这是选用贸易术语时应注意的问题。另外，成交量的大小对安排运输的选择也有较大的影响，如在成交量太小，又无班轮的条件下，负责安排运输势必增加运输成本，因此选用贸易术语时要注意成交量的情况。

### 三、要考虑运输费用变化趋势及运输途中风险

运费是价格构成因素之一，在选用贸易术语时，应该考虑货物经由路线的收费情况和航运市场的发展变化趋势。当运输市场供给不足或运费看涨时，可选由对方安排运输的贸易术语成交，如按照 C 组术语进口，而按照 F 组术语出口。另外，国际贸易货物运输途径较长，因此要对运输途中的各种自然风险、意外事故等进行充分考虑。

### 四、要考虑办理货物进出口通关手续及交易对方的信用

在国际贸易中，许多国家都规定，只能由本国的当事人安排或代为办理进出口通关手续。因此，选用贸易术语时必须考虑相关国家对办理进出口手续资格等问题的规定。例如，当出口国政府规定不能由买方直接或间接办理出口结关手续时，则不宜采用 E 组贸易术语成交，而当进口国规定卖方不能直接或间接办理相关进出口手续时，则不宜采用 D 组贸易术语成交。另外，交易对方的信用情况也是选用贸易术语应该重点考察的因

素，如果对方信用记录不是很好，则在出口过程中不宜采用FOB贸易术语，以便掌握对货物的控制权，有利于安全收汇。

## 本章小结

在国际贸易中，由于价格术语的出现，交易双方在磋商交易时就可以采用适当的价格术语来成交，而不需要把责任、费用、风险等内容经过商谈达成协议，然后一一写在合同中，而只用特定的符号代表就可以了。归纳起来，价格术语的作用主要有以下几点：

1. 价格术语可以起到简化交易内容、缩短谈判时间、促进成交，从而有利于国际贸易发展的作用。

2. 它可以表示商品价格的构成，如CFR表示除包括成本外，还有运费在内。采用CFR术语，卖方需要租船定舱，承担装船前的各项费用，以及从装运港到目的港的正常运费。

3. 一般来讲，价格术语表明合同性质。即用FOB价格术语成交的合同属于FOB性质的合同，而采用CIF术语成交的合同属于CIF性质的合同。明确合同的性质对于确定合同的条款意义重大，采用什么贸易术语即为什么性质的合同条款。但是，贸易术语只是表明合同性质的重要条件，而不是唯一条件。

### 【中英文术语】

工厂交货 EXW

装运港船边交货 FAS

装运港船上交货 FOB

成本加运费 CFR

成本、运费加保险费 CIF

货交承运人 FCA

运费付至 CPT

运费保险费付至 CIP

目的地交货 DAP

目的地卸货后交货 DPU

完税后交货 DDP

### 【思考题】

**一、问答题**

1. 某笔交易以FOB术语成交，在装船时，货物脱钩落入水中，请问该损失由何方承担？如果采用的是 CIF 贸易术语，该损失又将由何方承担？

2. 请问能否称 CIF 为到岸价格？

3. 在进出口贸易中应该如何选用贸易术语？

4. 请比较 FCA、CPT、CIP 的异同。

5. 请比较 DAP、DPU、DDP 的异同。

**二、单选题**

1. 象征性交货意指卖方的交货业务是（　　）。

A. 不交货　　B. 既交单又实际交货

C. 凭单交货　　D. 实际性交货

2. 下列术语中卖方不负责办理出口手续及支付相关费用的是（　　）。

A. FOB　　B. FAS

C. EXW　　D. FCA

3. 按照“2020 通则”的规定，若要求卖方在目的地卸货，则应该用（　　）。

A. DAP　　B. DPU

C. DDP　　D. FAS

4. 在以 CIF 和 CFR 术语成交的条件下，货物运输、保险分别由买方和卖方办理，运输途中货物灭失和损坏的风险（　　）。

A. 前者由卖方承担，后者由买方承担　　B. 均由卖方承担

C. 均由买方承担　　D. 前者由买方承担，后者由卖方承担

5. 某外贸公司对外以 CFR 报价，如果该公司先将货物交到货站或使用滚装与集装箱运输时，应采用（　　）为宜。

A. FCA　　B. CIP

C. CPT　　D. DDP

**三、判断题**

1. FOB 价格术语的变形是因装货费用的负担问题而产生的，而 CIF 价格术语的变形则是因卸货费用的负担问题而产生的。（　　）

2. 按一般惯例，凡是 FOB 后未加“理舱”或“平舱”字样，则由买方负担理舱或平舱的费用。（　　）

3. 以 FAS 术语成交，若装运港口吃水线浅使船舶不能靠岸，则货物从码头驳运到装运船只船边的一切风险及费用，应由买方负担。（　　）

4. 按 CIF 贸易术语成交，只要货物已在运输途中灭失，即使出口方提供全套正确的货运单据，进口方也是有权拒收单据和拒付货款的。（　　）

5. 在 FOB 条件下，如合同未规定“装船通知”条款，卖方将货物装船后可不发装船通知，此做法不算违约。（　　）

6. 买卖双方以 CIF 条件成交，若双方在洽商合同时未规定具体的险别，则卖方投保时，只有投保最低限度险别义务。（　　）

7. 国际贸易惯例已得到各国的公认，因此，它对于买卖合同中的当事人都具有普遍的法律约束力。（　　）

8. 我国从慕尼黑进口货物，如按 FOB 条件成交，需由我方派船到汉堡口岸接运货物；而按 CIF 条件成交，则由出口方租船将货物运往中国港口，可见，我方按 FOB 进口承担的货物运输风险比按 CIF 进口承担的风险大。（　　）

**四、案例分析**

1. 我国某公司与外商签订了一份 CIF 出口合同，我国公司在中国人民保险公司办理了保险。货物发出后，银行议付了货款，但货到目的港后发现严重破损，而保险没有投保破损险（因为买方没有指明），买方要求我国公司到保险公司办理索赔事宜。问：我方是否应该办理？

2. 某公司向国外出口 1000 公吨饲料，采用 FOB 术语。装船过程中，天气突变，暴雨导致已装船的货物中表面部分 200 公吨被淋湿，如继续运往国外，则到达目的地时势必造成变质无法使用。作为业务员应如何处理？

3. 我国某公司按 FCA 条件进口一批化工原料，合同中规定由卖方代办运输事项。结果在装运期满时，国外卖方来函通知，无法租到船，不能按期交货。因此我公司向国内生产厂家支付了 10 万元违约金，问：对我公司的这 10 万元损失，可否向国外的卖方索赔？

4. 我国 A 公司向俄罗斯某公司出口一批木质家具，成交条件为 CIP 莫斯科，采用铁路运输。双方签订的合同中没有详细规定投保的险别。于是，我国 A 公司向 PICC 投保了陆运一切险，A 公司与某运输公司签订了运输合同，并按时将货物交至承运人，但在运输途中，不幸遇到某地区铁路工人罢工，货物只好被停靠在该车站。当天突然大雨，货物公司因人手有限而未来得及防护，致使全部木质家具遭受雨水浸泡，严重掉漆变形。我方将包括保险单据在内的全套单据提交至俄罗斯进口公司要求其付款，但是对方以未投罢工险为由拒绝付款。根据“2020 通则”，俄罗斯进口公司是否该付款呢？

**五、操作题**

请翻译如下贸易条款：

1. Shipment：Not later than October 31，partial shipment and transshipment prohibited. The arrival date clause is consistent with the CIF term under INCOTERMS 2020. Arrival Date：Not later than November 30. Otherwise，the buyer is entitled to refuse the goods.

2. FOB contact ：The shipment will be effected in March 2020. If the vessel fails to arrive at the port of shipment on time，the seller agrees to set aside the goods for additional 27 days，and the buyer will bear all costs of delay.

# 第二章　合同中的价格条款

**学习目标**

通过对本章的学习，基本掌握国际贸易中商品作价的基本原则、作价方法、经佣金和折扣的表示方法以及拟订合同价格条款应注意的问题。

在国际贸易中，商品价格是交易双方磋商的一项重要内容，价格条款是买卖合同中必不可少的合同条款。买卖合同中的价格条款，一般包括商品的单价和总价值两项内容，价格条款的确定不仅直接关系买卖双方的利益，而且和合同中的其他条款有密切的联系。另外，国际贸易中经常使用的确定单价的作价方法及与单价密切相关的佣金和折扣，也属于价格条款的重要内容，必须在合同中给予明示。

在对外贸易的实际业务中，正确掌握进出口价格，合理地采用各种作价方法。选用有利的计价货币，适当地运用各种佣金和折扣，对于价格条款的确定和贸易合同的签订有着至关重要的意义。同时，对价格条款的熟练运用也是体现经营意图、完成进出口任务、提高对外贸易经济效益的必要条件。

## 第一节　作价原则及作价办法

### 一、进出口商品的作价原则

我国进出口商品的作价原则是：根据国际市场价格水平，结合国别（地区）政策及购销意图等制定适当的价格。

#### （一）参考国际市场价格水平

国际市场价格是在国际市场上某种商品的供求状况和竞争态势基础上形成的，是被买卖双方普遍接受的价格。因此，在其他条件相同或无较大差异的情况下，高于或低于国际市场价格是买卖双方都无法接受的。

另外，国际市场价格水平只是某种商品在国际市场上的具有代表性的成交价格，而不存在一个统一的市场价格；同时，国际市场价格水平也会随着供求和竞争等因素的变化而发生变化。因此，在参照国际价格水平作价的同时还要考虑到商品的质量差异、商品的成交数量、商品运输距离、支付条件以及合同中所使用的价格术语等因素。

### （二）结合国别和地区政策

外贸工作与外交工作密切相关，因此，应配合外交活动，在改革开放总方针的指引下，实行全方位协调发展的国别（地区）政策，对不同国家或地区采取与我国贸易政策相适应的作价原则。如，为了扩大同发展中国家的贸易往来，支持发展中国家的经济发展，在制定向这些国家出口的商品的价格时可以适当灵活。对于与我国贸易交往频繁、对我国贸易条件较为优惠、市场比较开放、技术转让等比较积极的国家的贸易往来，在制定价格时可以略低于国际市场价格水平。而对某些对华有歧视性贸易政策和措施的国家（地区），在商品价格的制定上要进行适当的斟酌。当然，这一原则主要体现在国有贸易商品价格的确定上，对于市场经济下其他微观主体进出口商品价格的制定，这一原则主要体现在国家税收政策的差异上。

### （三）要结合购销意图

出口商品价格的确定，在参考国际市场价格水平，并体现国别贸易政策的基础上，要根据出口商品的具体情况、特点灵活把握，体现出销售意图，实现产品销售的目的。如，对于风格独特、稀少、珍贵的工艺品，要注意研究市场容量，控制销售数量，制定相对较高的价格；而对于库存现货，要根据不同情况确定合理的推销价格。

国家贸易中的商品价格是受多种因素影响的，进出口作价除了遵循上述基本的作价原则外，有时还应考虑以下因素：

1. 商品的质量情况；
2. 交货数量的多少；
3. 交换时间的远近；
4. 运输距离；
5. 交货地点和交货条件；
6. 季节性需求的变化；
7. 支付条件及汇率变动的风险；
8. 国际市场价格变动情况。

## 二、作价办法

在国际货物买卖中，由于环节复杂、交易时间较长，因此买卖双方对商品价格的确定及未来走势极为关注。一般来说，买卖双方应事先确定价格，但在实际业务中，有的买卖双方为防止商品价格的大幅波动损害双方利益，约定以将来某个时点的市场价格作为具体成交价格，或者根据实际情况需要再调整。于是，买卖双方事先不确定或确定一个基础价格，而具体成交价格留待以后确定。具体的作价方法有以下几种：

1. 固定价格

固定价格是指明确而具体的商品成交价格。在我国的对外贸易合同中，绝大部分都是在交易双方协商一致的基础上确定了具体的成交价格，这也是国际贸易中最为普遍的做法。按照各国法律，合同价格一经确定，就必须严格执行。除非双方另有约定，否则任何一方都不能擅自更改。

在商品交易中使用固定价格方法作价，具有具体、明确、肯定和便于核算的优点，但是，由于国际商品生产行情的变动影响因素很多，市场价格瞬息万变，价格涨跌不定。因此，在国际货物贸易合同中规定固定价格，就意味着买卖双方要承担从订约到交货付款直至转售时价格变动的风险。如果市场行情变动过于剧烈，可能会影响到合同的顺利执行。

2. 非固定价格

非固定价格，在实际业务中通常称为“活价”，其具体可以分为以下几种：

（1）具体价格待定。具体价格待定是指在合同中对价格不做具体规定，只规定在某个未来时间按照某种原则来商定价格。这种待定价格的使用主要是由于某些货物的国际市场价格变动频繁，且幅度较大，双方对价格难以预测或一致地预测。买卖双方在约定了其他条件的情况下，订立合约，但对价格不做具体规定，具体又可分为两种方法：

第一，在价格条款中明确规定作价的时间和方法，如按照提单日期的国际市场价格确定。

第二，只规定作价时间，而对具体作价方式未做规定，如：装运前50天内，双方应协商价格。由于这种方式没有对作价方式做出具体的规定，因此双方缺乏明确的作价标准，有可能在双方商定具体价格时因缺乏标准而争执不下，导致合同无法执行。因此，这一方式一般只适用于双方有长期交往并已经形成比较固定的交易习惯的合同。

（2）暂定价格。暂定价格就是在合同中先确定一个价格，以后在某个时间，再由双方按照当时国际市场价格商定最后价格。此种方式是在合同中先订立一个初步价格，作为开立信用证和初步付款的依据，待双方确定价格后再进行清算，多退少补。如，每公吨200美元CIF纽约。备注：该价格以装船月的3个月期货的平均价格加8美元计算，并以此开立信用证。

（3）滑动价格。滑动价格是指在合同条款中规定一个基础价格，交货时或交货前一段时间，按照工资、原材料等变动情况对基础价格做相应调整，以确定最后价格。

3. 使用非固定价格法应注意的问题

非固定价格法是一种变通的做法，在国际市场价格行情变动剧烈的时候有利于双方取得一致意见，采取这种做法有助于暂时解决买卖双方在价格方面的分歧，先就其他条款达成协议，早日签约；同时能够解除客户对价格风险的顾虑，有利于交货期长的合同的签订；另外，该方法虽然不能完全排除风险，但是对出口人来讲，可以不失时机地出口，而对进口人来讲，可以保证转售利润的获得。但是，该种方式却也存在着，双方在具体作价时难以达成一致意见，或由于合同某些条款规定不当妨碍合同正常顺利执行的可能，因此，在签订非固定价格条款合同时，应注意以下几个问题：

（1）明确规定作价时间。采用非固定价格方法定价主要是因为交货期长，存在着从签订合同到履行完毕之间价格及相关因素变动幅度较大的可能，作价时间的确定对价格的选择及双方利益影响重要，因此必须明确规定作价时间。

（2）酌情确定作价标准。为了保障合同的顺利履行，减少双方在具体作价时的矛盾和差异，在订立非固定价格条款时，应对作价标准予以明确规定。如，根据某商品交易所在规定的作价时间公布的价格为准等。

（3）符合相关法律规定。在采用非固定价格签订货物买卖合同时，应注意法律对此的规定，即非固定价格条款合同是否有效。当然，目前大多数国家的法律都认为，合同只要规定了作价方法，即为有效合同。《联合国国际货物销售合同公约》允许合同只规定"如何确定价格"，但是对"如何确定价格"的程序和办法并没有做具体的解释。

4. 固定作价与非固定作价的优缺点比较

（1）固定作价。

优点：明确、具体，便于成本的控制和核算。

缺点：交易者需要承担从订约到交货付款直至转售时价格变动的风险，尤其当市场行情发生剧烈变动时，信用较差的商人可能寻找借口撕毁合同，而影响合同的履行。

（2）非固定作价。

优点：可暂时解决交易双方在价格方面的分歧；可解除客户对价格不确定问题的顾虑；可使交易双方排除价格风险。

缺点：先订约后定价的做法，给成本控制和核算带来一定的难度，并使合同的履行带有一定的不稳定性和不确定性，如果双方将来在价格上无法达成一致，合同也将面临无法履行的风险。

## 三、加强进出口贸易的成本核算

掌握正确的作价原则和具体方法是确定合理价格的前提，但是，这只是为确定合理价格提供了方向性的保障，公平合理的价格的确定还要以全面准确的成本核算为基础。因此，加强成本核算的作用是提高对外贸易经济效益，防止出现注重量的增长，忽视质量和外贸经济效益增长的倾向出现。特别是在出口方面，加强成本核算、掌握出口总成本、出口销售外汇净收入和人民币净收入的数据以及各种商品的盈亏情况和价格变动趋势，对我国出口贸易的发展、出口经济效益的提高更具有现实意义。

出口中的价格主要是由成本、费用、预期利润三部分构成，其中成本是整个价格的核心，它是出口企业或外贸单位为出口其产品进行生产、加工或采购所产生的生产成本、加工或采购成本；费用包括国内费用和国外费用两个部分。国内费用主要包括包装费、仓储费、国内运输费、认证费、港口费、商检报送费费、捐税、购货利息及经营管理费等；国外费用包括出口运输费、出口保险费以及佣金等。成本和费用构成出口总成本。

### （一）出口报价核算的基本点

1. 成本核算

一般来说，通过采购还是生产得到的货物的成本是采购成本或含税成本，即包含增值税。但很多国家为了降低出口商品的成本，增强其产品在国际市场的价格竞争力，往往对出口商品采取全部或部分退还已征增值税的做法。另外，在实施出口退税制度的情况下，在核算出口商品价格时，就应该将含税的采购成本中的税收部分根据出口退税比率予以扣除，从而得出实际采购成本。

含税采购成本 = 购货成本 = 货价 + 增值税税额

增值税税额 = 货价 × 增值税税率

货价 = 含税采购成本/（1 + 增值税税率）

实际采购成本 = 含税采购成本 - 退税收入

退税收入 = 货价 × 出口退税率

= 含税采购成本 × 出口退税率/（1 + 增值税税率）

因此，实际采购成本的公式为：

实际采购成本 = 含税采购成本［1 - 出口退税率/（1 + 增值税税率）］

例如，某品牌某型号皮鞋的购货成本是28元人民币，其中包括17%的增值税，若该产品出口退税率为13%，那么每双鞋的实际采购成本 = 含税成本［1 - 出口退税率/（1 + 增值税税率）］ = 28［1 - 13%（1 + 17%）］ = 24.89（元人民币）。

2. 运费核算

一般是计算出每一个个体的运费，海运运费计算标准主要包括重量法（W）、体积法（M）和从价法（AD VAL）三种方法。

3. 保险费核算

保险费 = 保险金额 × 保险费率

保险金额 = CIF 货价 ×（1 + 保险加成率）

CIF 报价 = CFR/［1 -（1 + 保险加成率）× 保险费率］

4. 在出口报价中，有时对方要求包含佣金，这时称为含佣价。

含佣价 = 净价/（1 - 佣金率）

### （二）出口商品成本核算的主要指标

1. 出口商品换汇成本（换汇率）

该指标反映出口商品每取得一美元的外汇净收入所耗费的人民币成本，是用来反映出口商品盈亏的一项指标。换汇成本越低，出口的经济效益越好，计算公式为：

出口成本 = 出口总成本（人民币）/FOB 出口外汇净收入

这里的出口总成本，包括进货（或生产）成本、国内费用（储运、管理，预期利润等，通常以费用定额率表示）及税金。出口外汇净收入指的是扣除运费和保险费后的FOB外汇净收入。

例如，某商品国内进价为7170元人民币，加工费1000元，流通费700元，税金30元，出口销售外汇净收入为1100美元，则：出口总成本＝7170＋1000＋700＋30＝8900（元人民币），换汇成本＝8900元人民币/1100美元＝8人民币元/美元。

2. 出口商品盈亏率

该指标说明出口商品盈亏额在出口总成本中所占的百分比，正值为盈负值为亏。其计算公式为：出口商品盈亏率＝出口人民币净收入－出口总成本/出口总成本×100%

其中：出口人民币净收入＝FOB出口外汇收入×银行外汇买入价

盈亏率和换汇成本之间的关系为：

出口商品盈亏率＝（1－出口换汇成本）/银行外汇买入价

因此，换汇成本高于银行买入价，盈亏率是负值。换汇成本低于银行外汇买入价，出口才有盈利。

3. 出口创汇率

出口创汇率指加工后成品出口的外汇净收入与原料外汇成本的比率。如果原料为国产品，其外汇成本可按照原料的FOB出口价计算。如果原料是进口的，则应该按照原料CIF价格计算成本。通过出口的外汇净收入和原料外汇成本的比较，可以看出商品的创汇情况，进而可以确定出口成品是否有利，这项指标在进料加工贸易的收益核算中具有重要的意义。其计算公式为：

出口创汇率＝（出口外汇净收入－原辅料外汇成本）/原辅料外汇成本×100%

# 第二节　净价及含佣价格的计算与运用

## 一、常用术语及换算

在国际商品交易的谈判过程中，对外报价成为双方争论的焦点。特别是贸易术语的使用，使对外报价中不仅包含着卖方的成本和预期收益，而且包含了运费、保险以及运输过程中的相应风险等因素。因此，由于国际商品市场、运输市场以及保险市场等因素的变化，交易双方会在报价贸易术语的选择等方面存在差异，这时就需要转换对外报价使用的贸易术语，因而需要根据不同贸易术语所包含的内容对所报价格水平进行调整，使卖方所期望的收益水平不变。如，将CIF报价转换为FOB报价时就需要剔除原报价中所包含的运费以及保险费。在国际经贸实践中，FOB、CFR及CIF三种贸易术语的使用及相互的换算较为常用，现将几种较为常用的贸易术语时间价格的转换公式简要介绍如下：

1. CIF价格换算为FOB价：FOB价＝CIF价－I（保险费）－F（运费）

2. CIF 价格换算为 CFR 价：CFR 价 = CIF 价 – I（保险费）

3. FOB 价换算为 CIF 价：$\frac{\text{FOB 价} + \text{F（运费）}}{1 - \text{保险费率} \times \text{（1 + 投保加成率）}}$

4. FOB 价换算为 CFR 价：CFR = FOB 价 + F（运费）

5. CFR 价换算为 FOB 价：FOB 价 = CFR 价 – F（运费）

6. CFR 价换算为 CIF 价：CIF 价 = $\frac{\text{CFR 价}}{1 - \text{保险费率} \times \text{（1 + 投保加成率）}}$

7. FCA 价换算为 CPT 价：CPT 价 = FCA 价 + F（运费）

8. FCA 价换算为 CIP 价：CIP 价 = $\frac{\text{FCA 价} + \text{F（运费）}}{1 - \text{保险费率} \times \text{（1 + 投保加成率）}}$

9. CIP 价换算为 FCA 价：FCA 价 = CIP 价 – I（保险费）– F（运费）

10. CIP 价换算为 CPT 价：CPT 价 = CIP 价 – I（保险费）

11. CPT 价换算为 CIP 价：CIP 价 = $\frac{\text{CPT 价}}{1 - \text{保险费率} \times \text{（1 + 投保加成率）}}$

12. CPT 价换算为 FCA 价：FCA 价 = CPT 价 – F（运费）

## 二、含佣价格的计算与运用

1. 佣金的含义

在国际贸易中，有些交易是通过中间代理商进行的，这就需要向中间代理商支付一定的酬金，此种酬金即为佣金（Commission）。如果合同中价格术语中不包含佣金所标示的价格，一般称为净价，如，每桶 12 美元 FOB 大连；在有些价格条款中，明确规定了佣金在价格中所占的比重，这些佣金称为“明佣”，如每桶 12 美元 $FOBC_3$；但是在有些价格条款中，并不明确规定佣金所占比重，甚至连“佣金”字样也不明确表示出来，有关佣金的问题由双方当事人另行约定，这样的佣金称为“暗佣”。很显然，货款中是否包含佣金和佣金比率的大小，会严重影响到商品价格的高低，含佣价格比净价要高。

2. 佣金的规定与计算

如果在商品价格中含有佣金，通常要用文字加以明确的说明，如：“每公吨 200 美元 CIF 伦敦，包括 3% 佣金（US $ 200 per M/T CIF London including 2% commission）”。

此外，也可以在贸易术语中以加注佣金的缩写字母“C”的百分比的形式来表示，如：“每公吨 200 美元 CIFC2% 伦敦（US $ 200 per M/T CIF London including 2% commission）”。佣金有时也可以不与价格挂钩，而与商品数量挂钩，用每单位商品佣金的绝对量来表示，如：“每公吨付佣金 30 美元（US $ 30 per M/T for Commission）”。

如果中间商要求不在价格条款中将佣金明确表示出来，其目的主要是为了逃税或者获取“双头佣金”。但无论采用何种形式的佣金规定形式，其所占比例一般掌握在 1% ~ 5%，不宜过高。在贸易的实务操作中，如果确定价格中不含有佣金，即以净价作为计算佣金的基数，则佣金的计算公式为：

佣金额 = 净价 × 佣金率

如果合同中没有表明净价，而只有含佣价时，计算佣金的公式为：

佣金额 = 含佣价 × 佣金率

很明显，合同中的净价和含佣价格的公式分别为：

净价 = 含佣价/（1 - 佣金率）

含佣价 = 净价/（1 - 佣金率）

3. 含佣价格的转换公式与运用

贸易术语之间的换算公式虽然简单，但是在实际业务中计算起来却是非常繁杂且容易出现问题的环节，特别是在考虑到上述公式中所含因素以外的其他因素时更是如此，如价格构成中含有佣金，需要转换对外报价中的贸易术语，这时的价格应该如何计算呢？为了简化问题，我们以两个实例进行说明。

实例1：2000年上海某农副土特产品进出口公司的某商品对外报价为每箱CIF200美元，佣金率为5%，在协商过程中外方要求改报FOB上海，佣金率不变，同时已知每箱货物运价为10美元，保险费率为0.5%，请问该公司改用FOB报价后价格应为多少？

要计算出改用FOB后的对外报价，首先需要知道CIF术语下的净价，根据含佣价 = 净价/（1 - 佣金率）公式可以得到该公司CIF净价计算公式，

其次，需要计算出该批货物的CIF价格中保险费的数额，

所以，最后根据含佣价格公式：含佣价 = 净价/（1 - 佣金率），可以求出转换FOB报价后的价格。

实例2：大连某公司出口某商品，原报价为FOB大连每箱60美元，客户要求改用CFR报价同时包含3%的佣金。请问应报价多少才使公司的收益保持不变？（该商品每箱毛重40KG，体积0.05 $M^3$，在运费表中的计费标准为W/M，每运费吨基本运费率为200美元，另加收燃油附加费10%。）

要计算出CFR含佣价格，必须先得到CFR净价，因为FOB = CFR - 运费，所以只要得到运费就能得到CFR净价。因为0.05 > 0.04，故应以体积为标准计算运费：

则CFR净价为：

最后根据含佣价计算公式得到。

由于佣金规定形式各异，因此佣金的计算方法也存在一定的差异。有些按照商品成交额计算，而有些则按照商品的成交数量计算；有些以发票金额为计算基数，有些则以FOB总额为计算基数。如果按CIFC成交，而以FOB值为基数计算佣金时，则应从CIF中扣除运费和保险费，求出FOB值，然后以FOB值乘以佣金率，即得出佣金额。因此，在合同中还要明确以何种贸易术语成交金额为计佣基数。理论上讲，以FOB成交额净价为计佣基数比较合理，如果以其他贸易术语成交的发票金额为计佣基数，则意味着中间商还要从运费、保险费，甚至佣金中获得佣金，这是不合理的。

对于佣金的支付，一般有两种方法：一是由中间商直接从货价中扣除佣金；二是在委托人收清货款后，按照事先约定的时间和佣金比率另行支付给中间代理商。

## 三、折扣

1. 折扣的含义

折扣是指出口方按原价给予进口方一定百分比的减让，即在原来价格基础上给予一定程度的优惠。如果在合同中明确规定了折扣的额度，这种做法称为“明折”；如果在合同价格条款中没有表示出折扣，而由买卖双方另行约定折扣的做法，则称之为“暗折”。在国际贸易实际业务中，折扣的使用方法多种多样，有为了扩大销量而给予的数量折扣（Quantity Discount），也有为了某种特别的目的而给予的特别折扣（Special Discount）以及年终折扣（Turnover Bonus）等。货款中是否包含折扣以及折扣率的大小直接关系成交价格的高低，折扣越高，价格越低。折扣是市场经济中竞争的必然结果，正确运用折扣，有利于调动经销商的积极性，扩大销路，因此折扣是国际贸易中加强对外竞销的一种手段。

2. 折扣的规定与计算

在规定合同的价格条款时，一般以文字的形式对折扣给予明确规定：

如价格折扣可以表示为：“每公吨 200 美元 CIF 伦敦，包括 3% 折扣”。

另外，对于数量折扣，则可以表示为：“每公吨折扣 30 美元”。

因此，折扣的计算公式根据折扣方式基本可以分为两种：一是按照成交金额规定的百分比计算；二是按照成交商品的数量来计算。计算公式分别为：

折扣额 = 含折扣的总价 × 折扣率

折扣额 = 成交商品数量 × 每单位数量折扣

与佣金一样，以 FOB 成交价格作为计算折扣的基数比较合理，因为如果以 CIF 成交金额为基数计算折扣，则意味着卖方不但要在商品的价格方面给予买方折扣优惠，还要在运费和保险费等方面给予一定的优惠。因此，在合同中一定要明确折扣的额度及计算折扣的基数。

折扣的支付与折扣类型有关，对于“明折”，买方一般在支付货款时就已经预先扣除；而对于“暗折”，则由达成协议的双方约定折扣的支付方式和期限。

佣金和折扣是国际贸易中为了扩大销售而经常使用的方法，但是两者有着明确的区别，主要体现在：佣金是买方或者卖方给予中间代理商的报酬，而折扣则是卖方给予买方的优惠；另外，两者的支付方式也不一样，如果卖方给中间商的佣金包含在货价中，中间商要按照货款金额支付货款，佣金则由卖方另行支付。而在一般情况下，买方在支付货款的时候就已经预先将折扣扣除，折扣不包含在保险金额中。在发达国家，对于佣金是要征税的，而对于折扣则不予征税。

# 第三节　合同中的价格条款

## 一、商品的单价和总值

国际贸易中，交易双方通常使用单价报价；在国际货物贸易合同条款中，一般包括单价和总值两项基本内容。

### （一）单价

单价，是指商品的每一计量单位的货币金额。一般有四个组成部分，即计量单位、单位价格金额、计价货币和价格术语。如：

每码 482 港元 CIF 新加坡（HKD 482 per YD CIF Singapore）

单价的四个组成部分必须表达明确、具体，并且注意四个组成部分的中英文书写次序，不能任意颠倒。由于不同国家（地区）使用不同的货币，有时候不同国家使用的货币名称虽然相同，但是币值却不相同，如“元”，就有“美元”“港元”“加元”等，“法郎”有“法国法郎”“瑞士法郎”等，因此在价格条款中必须具体、明确地规定计价货币的单位及国家。

### （二）总值

总值又称为总价，是商品单价和成交数量的乘积，即一笔交易的货款总额。总额使用的货币与单价使用的货币一致，同时总值除了用阿拉伯数字填写外，还应用文字表示。

## 二、计量单位

一般来讲，是采用数量条款中的计量单位，如计量单位为“公吨”，则数量和单价中都要用“公吨”，而不能数量条款用“公吨”，价格条款中采用“长吨”或“短吨”。

合同条款中的价格金额，在买卖双方协商一致后正确填写，防止写错，否则会给合同的顺利履行带来不必要的障碍。

## 三、计价货币

计价货币（Money of Account）是指合同中规定的用来计算价格的货币。在国际贸易中，计价货币与支付货币（Money of Payment）是一种货币，支付货币为另一种或另外几种。这些货币可以是买卖双方所在国的货币，也可以是第三国货币，经双方协商确定并在合同中以条款的形式明示。国际货物买卖周期长，从订立合约到交易完成往往需要一个过程，在此期间，计价货币的币值是要发生变化的，特别是目前大多数国家的货币都不是固定不变的，因此，选用货币不当会使其中一方遭受汇率风险的损失。所以，如何选择合同计价货币具有重大经济意义，是买卖双方在确定价格时必须注意的问题。理论上讲，在出口业务中，一般尽可能争取多使用从成交到收汇这段时间内汇价比较稳定且有上升趋势的货币，即所谓的“硬币”。相反，在进口业务中，则应争取选用从成交到收汇这段时间内汇价比较疲软且有下降趋势的货币，即所谓的“软币”。但是，在实际业务中，计价货币和支付货币的选择还应该考虑贸易惯例、经营意图及商品价格水平等因素。为了减少外汇风险，在进口和出口业务中，通常采用以下几种方式：

1. 调整对外报价

如果在协商出口合同时使用的货币的汇率有下降趋势，即采用软币做计价货币或支付货币，则在制定商品价格时应将此因素考虑进去，尽可能提高商品价格；而在商定进口合同中使用当时视为“硬币”的货币，也应该将货币的上涨幅度考虑进去，尽可能压低商品价格。由于汇率变动十分频繁，且影响因素众多，所以汇率变动趋势很难预测，特别是对于汇率长期趋势的预测更加困难，因此该方式适用于从成交到收（付）汇时间间隔较短的交易。

2. “软币”与“硬币”结合使用

在外汇市场上，两种货币往往是互为“软”“硬”的，甲币“软”，乙币则“硬”；从发展趋势上看，今日之“软”也许就是明日之“硬”。因此，在不同的合同中要适当地使用不同的货币，这样可以起到减少汇率风险的作用。

合同中订立外汇保值条款：（1）计价货币与支付货币均为同一“软币”时，将订约的“软币”与另一“硬币”挂钩，支付时按照当日汇率折算成原货币支付。（2）“软币”计价，“硬币”支付，即将商品单价或总额按照计价货币与支付货币当时的汇率，折合成另一种“硬币”，按照另一种“硬币”支付。（3）“软币”计价，“软币”支付，确定这一货币与另几种货币的算术平均数汇率，或用其他计算方式的汇率，按照支付当日与另几种货币算术平均汇率或其他汇率的变化做相应调整，折算成原货币支付，这种保值可称为“一揽子保值”。目前，国际上在商业中以特别提款权保值使用的范围日益扩大，例如，特别提款权的存款、放款等在国际贸易中也被广泛使用。例如，在合同中明确规定，按约定日《伦敦金融时报》所载支付货币的特别提款权汇率折算成若干特别提款权单位，同时规定付款时按付款日的特别提款权汇率折回到支付货币支付。

在国际进出口业务中，选择使用何种货币时，首先要考虑的是所选用的货币是否可以自由兑换。使用可自由兑换的货币，有利于调拨和运用，也有助于在必要时转移汇价风险。但是对于签订支付协定并限定使用某种货币的国家，则应使用协定所规定的货币。

## 四、贸易术语

在国际贸易中，买卖双方磋商价格时一般都采用一定的贸易术语。术语一方面表示商品价格的构成，另一方面表明了买卖合同的性质，一般说来，在单价中使用何种贸易术语，该合同就视为何种性质的合同。如签约后双方发生争议，就须按照不同合同的性质分清双方当事人的权利和义务。因此，在使用贸易术语时应注意下列问题：

1. 贯彻平等互利的原则。我方进口货物一般都力争按照 FOB 或 CFR 术语成交，必要时也可按照 CIF 价格进口，对于出口货物，在一般情况下应力争按 CIF 价格术语成交。但是有些国家为了节约外汇和扶植本国的保险事业而规定不得按 CIF 价格进口，我方则应力争按 FOB 或 CFR 成交。但使用 FOB 贸易术语出口时，一定对买方和船方资信详细调查后确定，以防买方和船方勾结骗取卖方货物。

2. 考虑运费因素。当运费看涨时，对于大宗商品，我方应尽量按 FOB 价格术语成交，如不得不按 CIF 或 CFR 价格术语成交，则应该在价格上进行适当调整，或在合同中明示运费上涨时的价格调整办法和承担方。

3. 考虑国外港口装卸条件及港口惯例。各国港口的装卸条件不一样，收费标准也不相同，并且各有各的惯例。对于装卸条件差，费用高和习惯上由买方承担装船费用、卖方负责卸货费用的港口，在确定商品价格时要合理考虑。

4. 收汇安全方面的考虑。在出口业务中，一般海上运输采用 CIF 和 CFR 术语，而非 FOB。如果采用 FOB 术语，买方租船订舱，有可能与承运人勾结，越过向银行赎单的正常渠道，向承运人无单提货，随后采用破产的手段，骗取货物。同样，在进口业务中，一般要求采用 FOB 术语而不是 CIF 或 CFR 术语也是有其意义的。在 CIF 或 CFR 术语下，因为有国外卖方租船或订舱，如果国外卖方所安排的船只不当，或与船方勾结出具假提单，将使我进口方收不到货。

5. 有利于资金的融通和周转。如果以远期信用证或托收远期方式支付，则采用 CIF 或 CFR 条件对买方有利，因为这两种贸易术语的运费和保险费由买方负担。卖方支出这两笔费用后，买方的付款却是远期的，这样，买方就得到了资金融通。如果采用即期信用证或托收即期支付，在运费、保险费所占成本比较大时，选择 FOB 对买方是有利的。因为在 FOB 术语下，一般是运费到付，买方可以减少开证金额和费用。此外，在出口时，卖方采用 CIF 或 CFR 术语可以及时装运货物，加速收汇；而如果采用 FOB 方式，买方船舶延期到达，将影响卖方获取提单的时间，从而影响卖方的资金周转。

## 第四节　订立价格条款应注意的问题

在国际贸易中，贸易双方对于价格条款的拟订非常重视，这关系贸易双方的盈利以及贸易合同能够正常履行。因此，在签订进出口合同时要注意以下问题：

### 一、明确计量单位以及单位价格金额

国际贸易中计量单位极其复杂，稍有不慎就有可能造成贸易双方对合同中计量单位理解的差异，进而影响到贸易合同的正常履行。因此，应在合同中明确规定所使用的计量单位类型，同时做到价格条款中的计量单位与数量条款中的计量单位相一致。而对于

双方协商一致的商品单价，一定要正确地写入合同。

## 二、注意贸易术语的选择

不同的贸易术语交易双方所承担的风险和责任各不相同，因而不同贸易术语下商品成交的价格也存在较大的差异。因此，应在综合考虑运输、保险条件，运费及风险状况，资金融通周转情况，货物进出口结关手续等各种因素的基础上合理确定贸易的选用。如，为了发展我国的运输和保险事业，在进口中应侧重采用 FOB 或 FCA，而在出口贸易中则侧重使用 CIF 或 CIP 方式成交。

## 三、注意不同贸易术语之间的换算

就同一笔交易而言，选用不同的贸易术语，商品的成交价格自然不同，如 CIF 术语下的成交价格自然高于 CFR 术语下的成交价格。但是，对于卖方而言，任何一种术语条件下成交所获得的收益应该是不变的。因此，在双方对贸易术语的选用存在矛盾时，就有必要更换贸易术语以促成交易。在这种情况下，了解贸易术语的价格构成及换算方法是更换贸易术语的前提，也是保证交易利益的前提，更是合理确定佣金、折扣等额度和比率的必要条件。因此，掌握贸易术语的价格构成及其换算方法就成为国际贸易从业人员必须掌握的基本知识和技能。

# 本章小结

在国际贸易中，如何确定进出口商品价格，并在合同中以文字的形式明确表示出来，是交易双方最为关心的一个问题。本章介绍了国际贸易中进出口商品的作价原则、方法以及与价格有关的佣金和折扣的种类、表示方法、计价货币的选择等问题，最后总结了拟订合同中价格条款应该注意的一些问题。对于这些问题的正确理解和熟练掌握，有助于在实际业务中正确掌握进出口商品的价格，合理采用各种作价方法，选用有利的计价货币，适当运用佣金和折扣，从而拟订出完善合理的价格条款，使得对外贸易政策和经营意图得以充分体现，提高对外贸易的经济效益。

## 【中英文术语】

固定作价 Fixed price
佣金 Commission
折扣 Discount
特别折扣 Special discount
数量折扣 Quantity discount

年终折扣 Turnover bonus

计价货币 Money of account

## 【思考题】

### 一、问答题

1. 进出口商品的作价原则是什么？具体的作价方法有哪些？

2. 在进出口贸易中为什么要重视计价货币的选择？

3. 国际贸易中的佣金和折扣有什么区别？

4. 出口某商品，出口总成本为每打 8.27 元人民币，出口价格为每打 3.80 美元 CIFC3% 香港（设运费为 0.35 美元，保险费为 0.20 美元，佣金为 0.11 美元）。请计算该商品的出口换汇成本。

### 二、单项选择题

1. 支付给中间商的酬金叫作（　　）。

A. 预付款　　B. 折扣

C. 佣金　　D. 订金

2. 凡货价中不包含佣金和折扣的被称为（　　）。

A. 折扣价　　B. 含佣价

C. 净价　　D. 出厂价

3. 在我国进出口业务中，选择应计价货币（　　）。

A. 力争采用硬币支付

B. 力争采用软币支付

C. 进口时采用软币计价付款，出口时采用硬币计价收款

D. 出口时采用软币计价收款，进口时采用硬币计价付款

4. 以下出口商品的单价，只有（　　）的表达是正确的。

A. 250 美元/桶　　B. 250 美元/桶 CIF 伦敦

C. 250 美元/桶 CIF 广州　　D. 250 美元/桶 CFR 德国

5. 在国际贸易中，含佣价的计算公式是（　　）。

A. 单价 × 含佣价　　B. 含佣价 × 佣金率

C. 净价 × 佣金率　　D. 净价/（1 - 佣金率）

6. 在货物买卖中，收取佣金的通常是（　　）。

A. 买方　　B. 保险公司

C. 船方　　D. 中间商

7. FCA、CPT、CIP 三种术语涉及的国内费用与 FOB、CFR、CIF 相比较，它们的区别是前者不包括（　　）。

A. 装船费　　B. 邮电费

C. 预计损耗　　D. 拼箱费

8. （　　）是含佣价。

A. FOBS　　B. FOBT　　C. FOBC　　D. FOB

9. 一笔业务中，若出口销售人民币净收入与出口总成本的差额为正数，说明该笔业务为（　　）。

A. 盈　　B. 亏

C. 平　　D. 可能盈，可能亏

**三、判断题**

1. 出口商品盈亏率是指出口商品盈亏额与出口总成本的比率。（　　）

2. 不论在何种情况下，固定作价都比非固定作价有利。（　　）

3. 从一笔交易的出口销售换汇成本中可以看出，在这笔交易中用多少人民币换回1美元，从而得出这笔交易为盈利还是亏损。（　　）

4. 佣金和折扣都可分为明佣（扣）和暗佣（扣）。（　　）

5. 出口销售外汇净收入是指出口商品的FOB价按当时外汇牌价折成人民币的数额。（　　）

6. 含佣价＝净价/（1－佣金率），其中的净价一定是FOB价。（　　）

**四、案例分析**

1. 1996年某出口公司，对加拿大魁北克某进口商出口500吨某品牌核桃仁，合同规定价格为每吨4800加元CIF魁北克，装运期不得晚于10月31日，不得分批和转运并规定货物应于11月30日前到达目的地，否则买方有权拒收，支付方式为90天远期信用证。

加方于9月25日开来信用证。我方于10月5日装船完毕，但船到加拿大东岸时已是11月25日，此时魁北克已开始结冰。承运人担心船舶驶往魁北克后出不来，便根据自由转船条款指示船长将货物全部卸在哈利法克斯，然后从该港改装火车运往魁北克。待这批核桃仁运到魁北克已是12月2日。于是进口商以货物晚到为由拒绝提货，提出除非降价20%以弥补其损失。几经交涉，最终以我方降价15%结案，我公司共损失36万加元。试评析此案例。

2. 我国某公司出口货物1000公吨，出口价格为每公吨2000美元CIF伦敦，客户还价为每公吨1800美元FOB上海。已知该货物每公吨出口运费为150美元，原CIF报价中，投保险别为一切险，保险费率为1%，按CIF价的110%投保。单纯从价格角度看，我方可否接受客户的该还价？

3. 某公司对外报价CIFC3，国外客商要求报CFRC5，该公司应如何报价？

4. 我某工程公司承建非洲某国水电项目，合同总额用该国货币计价，工程交付后该国货币对主要货币贬值近30%，试评析此案例，并设计一下，如何规避合同计价货币风险。

**五、操作题**

请翻译如下合同条款：

Under this contract, one Canadian Dollar is equivalent to ×× RMB. Both invoice and draft shall be made out in RMB.

# 第二篇

# 合同的标的

# 第三章　商品品名与品质

**学习目标**

通过本章的学习，应掌握商品品名条款的主要内容及确定该条款时应注意的问题；了解品质条款的重要性，掌握合同中品质条款的基本内容和规定方法。能运用所学的相关合同法学知识分析和处理与品名及品质有关的案例。

## 第一节　列明商品品名的重要性

商品的品名即商品的名称，也是货物买卖合同标的物的名称。在进行合同磋商过程中首先必须明确商品的品名，即究竟买卖什么物品。在进出口业务中，很少有现货成交。因此，具体地规定商品的名称，对其进行详细的描述就显得十分重要。

在合同磋商过程中，必须明确商品的品名。因为合同磋商过程中的每一个环节：品质表示方式、数量计算方式、包装方式、运输方式和保险险别都可能由于不同的商品而具有不同的特点。因此，只有明确具体的商品，才能据此进行品质、数量、包装、运输、保险及索赔条款的磋商。

在合同签订过程中，也必须在合同中具体注明商品的品名。因为这是买卖双方在交接货物时的依据及凭证。卖方在装运发货时以此为依据，买方在收货验货时也以此为准，若发现货物与合同规定的货物名称不符，也可以以此为凭证进行索赔。

按照有关的法律和惯例，对成交商品的描述，是构成商品说明（Description）的一个主要组成部分，是买卖双方交接货物的一项基本依据，它关系买卖双方的权利和义务。若卖方交付的货物不符合约定的品名或说明，买方有权提出损害赔偿要求，直至拒收货物或撤销合同。因此，列明成交商品的具体名称，具有重要的法律和实践意义。

# 第二节　品名条款的主要内容

## 一、品名条款的主要内容

国际货物销售合同中的品名条款一般比较简单，没有统一划定的格式，通常根据合同双方的意见或其他因素由买卖双方商定。最常见的是在商品名称或品名的标题下，列明双方同意买卖的商品的名称。有的合同则是在合同名称中规定“某某商品买卖合同”；有的则在开头部分列明买卖双方同意买入卖出的某种商品；有的则在合同中将商品名称与品质规格合为一栏，以便明确交易的商品。

就一般商品来说，有时只要列明商品的名称即可，但有的商品，往往具有不同的品种、等级和型号。因此，为了明确起见，有时也把有关具体品种、等级或型号的概括性描述包括进去，作为进一步的限定。此外，有的甚至把商品的品质规格也包括进去，这实际是把品名条款与品质条款合并在一起。

## 二、确定品名条款时应注意的问题

### （一）合同标的物的合法性及不可争议性

标的物的合法性是指不合法的商品不能作为买卖对象，主要包括禁止买卖的珍稀动物和珍贵文物等，否则，不仅合同属于违法，不具有法律效力，同时还要追究买卖双方的法律责任。标的物的不可争议性指买卖双方之外的任何第三方不会就合同标的物的权益提出异议，否则，合同是侵权的合同，容易引起冲突。这一点，在《联合国国际货物销售合同公约》（以下简称《公约》）第 41 条明确规定：“卖方所交付的货物，必须是第三方不能提出任何权利或要求的货物，除非买方同意在这种权利或要求的条件下收取货物。但是，如果这种权利或要求是以工业产权或其他知识产权为基础的，卖方的义务依照第 42 条的规定。”

### （二）恰当地选择商品的不同名称

有些商品具有不同的名称，如腰果又称鸣腰果，黄羊又称蒙古羚，菠萝又叫凤梨。同一商品由于名称不同而交付的关税和支付的班轮运费可能不同，同时所受到的贸易壁垒也可能各不相同，所以，在确定商品的名称时，应选择有利于减低关税、降低运费、避免贸易壁垒的名称。

### （三）尽可能使用国际通用的名称

有些商品名称在不同地方有不同叫法，尤其是译名，各有不同。为了避免误解，在合同中应尽量使用国际上用得较多而又明确易懂的名称。如果在《国际商品分类》表中已有正式名称的，就应当按照该表的统一叫法办理。这样，不仅符合国际惯例，同时也为采用电子数据交换准备了条件，也可以避免不必要的贸易纠纷。

### （四）注意选用合适的品名

选用合适的品名以减低关税，方便进出口和节省运费开支。

## 第三节　商品品质

### 一、品质的重要性

商品的品质（Quality of Goods）是指商品的内在素质和外在形态的综合，前者包括商品的物理性能、机械性能、化学成分和生物的物性等自然属性，后者包括商品的外形、色泽、款式或者透明度等。

提高商品的品质具有十分重要的意义，因为品质的优劣直接影响商品的使用价值和价值，它是决定商品使用效能和影响商品价格的重要因素。在当前国际竞争空前激烈的条件下，许多国家都把提高商品的品质，力争以质取胜，作为非价格竞争的一个主要组成部分，它是加强对外竞销的重要手段之一。因此，在出口贸易中，不断改进和提高出口商品的品质，不仅可以增强出口竞争能力、扩大销路、提高销价，为国家和企业创造更多的外汇收入，而且还可以提高出口商品在国际市场的声誉，并反映出口国的科学技术和经济发展水平。在进口贸易中，严格把好进口商品质量关，使进口商品适应国内生产建设、科学研究和消费上的需要，是维护国家和人民利益，并确保提高企业经济效益的重要问题。

为了使进出口商品的品质适应国内外市场的需要，在出口商品的生产、运输、存储、销售过程中，必须加强对品质的全面管理，在进口商品的订货、运输、接受等环节中，应当切实把好质量关。由于国际贸易的商品种类繁多，即使是同一种商品，在品质方面也可能因自然条件、技术和工艺水平以及原材料的使用等因素的影响而存在着种种差别。这就要求买卖双方在商订合同时首先就品质条件做出明确规定。

合同中的品质条件，是构成商品说明的重要组成部分，是买卖双方交接货物的依据，英国货物买卖法把品质条件作为合同的要件（Condition），《联合国国际货物销售合同公约》规定卖方交货必须符合约定的质量，如卖方交货不符约定的品质条件，买方有权要求损害赔偿，也可要求修理或交付替代货物，甚至拒收货物和撤销合同，这就进一步说明了品质的重要性。

商品品质条款是进出口贸易合同中的重要条款之一。因为品质的好坏，直接影响到商品的使用效能、销售价格，所以在任何一笔进出口业务中都应该首先考虑品质问题。同时，合同中拥有适当的、表达完整的品质条款是卖方履行交货义务的依据，也是买方提出索赔的依据。

## 二、对进出口商品品质的要求

### （一）对出口商品品质的要求

我国出口商品要同全世界广大用户和消费者见面，为了适应他们的需要，我们必须贯彻“以销定产”的方针和坚持“质量第一”的原则，大力提高出口商品质量，使其符合下列具体要求：

1. 针对不同市场和不同消费者的需求来确定出口商品质量

由于世界各国经济发展不平衡，各国生产技术水平、生活习惯、消费结构、购买力和各民族的爱好互有差异，因此，我们要从国外市场的实际需要出发，搞好产销结合，使出口商品的品质、规格、花色、式样等适应有关市场的消费水平和消费习惯。

2. 不断更新换代和精益求精

凡质量不稳定或质量不过关的商品，不宜轻易出口，以免败坏名誉。即使质量较好的商品，也不能满足现状，要本着精益求精的精神不断改进，提高出口商品质量，加速更新换代，以赶上和影响世界的消费潮流，增强商品在国际市场上的竞争力。

3. 适应进口国的有关法令规定和要求

各国对进口商品的质量都有某些法令规定和要求，凡质量不符合法令规定和要求的商品，一律不准进口，有的还要就地销毁，并由货主承担由此引起的各种费用。因此，我们必须充分了解各国对进口商品的法令规定和管理制度，以便使我国商品能顺利地进入国际市场。

4. 适应国外自然条件、季节变化和销售方式

由于各国自然条件和季节变化不同，销售方式各异，商品在运输、装卸、存储和销售过程中，其质量可能起某种变化。因此，注意自然条件、季节变化和销售方式的差异，掌握商品在流通过程中的变化规律，使我国出口商品质量适应这些方面的不同要求，也有利于增强我国出口商品的竞争能力。

### （二）对进口商品品质的要求

进口商品质量优劣，直接关系国内用户和消费者的切身利益，凡品质、规格不符合要求的商品，不应进口；国内生产建设、科学研究和人民生活急需的商品，进口时要货比三家，切实把好质量关，使其品质、规格不低于国内的实际需要，以免影响国家的生产建设和人民的消费与使用。但是，也不应超越国内的实际需要或任意提高对进口商品品质、规格的要求，以免造成不该有的浪费。总之，对进口商品品质的要求，要从我国现阶段的实际需要出发，针对不同情况，实事求是地予以确定。

## 三、表示品质的方法

在进出口业务中，由于商品种类繁多，表示品质的方法也各不相同，一般而言有如下两类方法：一类用样品表示，称凭样品买卖；一类用文字说明表示，称凭文字说明买卖。

### （一）凭样品买卖

凭样品交易是国际货物买卖活动中大量存在的一种交易方式。所谓样品，通常是从一批货物中抽取出来或由生产和使用部门设计加工出来的能够代表出售货物品质的少量实物。凭样品买卖则是指买卖双方同意根据样品进行磋商和成立合同，并以样品作为交货品质的依据。这种品质方法主要适用于难以标准化、规格化，难以用文字说明其品质的商品，如部分工艺品、服装、土特产品及轻工产品等。

凭样品买卖按样品来源不同分为凭卖方样品（Quality as Per Sale's Sample）和凭买方样品买卖（Quality as Per Buyer's Sample）。

1. 凭卖方样品买卖

凡凭卖方提供的样品作为品质依据进行的买卖称为凭卖方样品买卖。卖方在向国外客户寄送样品时，应留存一份或数份同样的样品，以备日后交货或处理争议时核对之用，该样品称为"复样"。寄发样品和留存的复样，都应编上相同的号码和/或注明提供（寄送）日期，以便日后联系时引用并便于查核。

有些货物还可能使用"封样"，即由第三者（如商检局）将从整批货物中抽取出来的样品分成若干份，每份样品经包裹捆扎后用火漆或铅封，除第三者留下若干份外，其余封样交卖方使用。封样有时也可以由卖方自封，或由买卖双方会同加封。

凭卖方样品买卖中主要应注意卖方提供的样品必须符合自己的生产能力。如提供的样品质量过高，虽然比较容易达成交易，但是在交货时，容易因所交货物与样品不一致而引起不必要的争议。因此，卖方以提供正常生产情况下生产的样品为最佳。

2. 凭买方样品买卖

由买方提供样品，卖方同意后以买方样品作为交货品质依据的买卖称为凭买方样品买卖。其中买方样品可以是照片，也可以是图案设计，或者实样。

在进出口业务中，对于买方出样，卖方往往必须"回样"，即制作一个对等样品，再寄给买方确认，经买方确认以后，卖方可以按"回样"交货。这样可以提高卖方产品的适应性和竞争性，避免在交货时因双方对样品的品质理解不同而引起贸易合同纠纷。

虽然凭样品买卖在理论上看来比较简单，但在实际操作中却往往引起贸易纠纷。这主要是因为凭样品买卖在合同中通常表示为"Quality same as the sample"，即所交货物品质与样品相同，或"The quality of the goods delivered shall not lower than the sample"，即所交货物品质不低于样品。这些表示方式中缺乏具体的衡量标准而容易引起歧义，最后导致贸易纠纷。因此，凭样品买卖合同中常用"quality to be considered as being about equal to the sample”，即货物品质与样品大致相同，以此来代替所交货物品质不低于样品。

### （二）凭文字说明买卖

在国际贸易中，除了用样品表示品质外，还有很多货物用文字说明来表示品质。买卖双方凭文字说明磋商交易和成立合同，交货品质以文字说明为依据，被称作凭文字说明买卖。这种方法又可以分为以下五种：

1. 凭规格买卖（Sale by Specification）

凭规格买卖在合同中一般应该明确商品的各项指标，如：“质量要求：卖方供应的大豆必须符合下列规格：水分最高 14%；含油量 18.5%，如低 1%，则按合同单价扣 1.5%；杂质 1%，最高不得超过 7%，如超过 1%，则按合同单价 1∶1 的比例扣价，不得含有带毒籽/壳。”

2. 凭等级买卖（Sale by Grade）

商品的等级制是就同一类商品，根据长期生产与贸易实践，按其规格的差异进行的分类。通常以甲级、乙级、丙级；一等、二等、三等；大型、中型、小型等文字、数码或符号来表示。例如，某等级黄大豆的品质为含水量不高于 14%，含油量不低于 17%；不完善粒不超过 1%，杂质不高于 1%。因此，凭等级买卖只不过是凭规格买卖的一种简化方式。

3. 凭标准买卖（Sale by Standard）

商品标准即将商品的规格和等级予以标准化。商品标准有的是由国家或有关政府部门规定，在我国即是如此；也有的由同业公会、交易所或国际性的工商组织规定，例如，国际标准化组织在 1987 年颁布了 ISO9000 质量管理体系，在 1996 年颁布了 ISO14000 环境管理标准体系。

由于农副产品品质变化较大而难以规定统一标准，在国际贸易中通常采用“良好平均品质”（Fair Average Quality，FAQ）这一术语来表示其品质，有时也采用“上好可销品质”（Good Merchantable Quality，GMQ）。所谓 FAQ，通常有两种解释方法：一是农产品的每个生产年度的中等货；二是指某一季度或某一装船月份在装运地发运的同一种商品的“平均品质”。FAQ 相当于我国的大陆货，通常在合同中除了标明采用 FAQ 外，必须加上最基本的规格，如中国花生仁 FAQ，水分不超过 13%，不完善粒最高 5%，含油量最低 44%。

4. 凭说明书买卖（Sale by Description）

凭说明书买卖一般用在技术密集型产品，由于构造复杂，对材料、性能、设计的要求严格，安装、使用、维修都有一定操作规程，无法简单地用几项指标来表示品质的全貌，因此，在洽谈此类商品买卖时，必须用产品说明书来介绍其形状、构造、性能、操作程序及包装条件等，必要时，还应辅以图样或照片。采用此表示方法时，还须订立相应的品质保证条款、技术服务条款和产品检验条款。在保证期内，买方如果发现货物品质与说明书不符，有权提出索赔或退货，如超过保证期，卖方不再承担上述保证。

5. 凭商标或牌号买卖（Sale by Brand or Trademark）

商标（Trademark）是指生产者或商号用来识别所生产或出售的商品的标志，它可由一个或几个具有特色的单词、字母、数字、图形或图片等组成。品牌（Brand Name）是指工商企业给制造或销售的商品所冠的名称，以便与其他企业的同类产品区别开来，一个品牌可用于一种产品，也可用于一个企业的所有产品。

当前，国际市场上行销的许许多多商品，尤其是日用消费品、加工食品、耐用消费品等都标有一定的商标或品牌。各种不同商标的商品都具有不同的特色，一些在国际上久负盛名的名牌产品，都因其品质优良稳定，具有一定的特色，并能显示消费者的社会地位，故售价远远高出其他同类产品。这种现象特别是在消费水平较高，对品质要求严格的所谓“精致市场（Sophisticated Market）”表现得尤其突出，而一些名牌产品的制造者为了维护商标的声誉，对产品都规定了严格的品质控制，以保证其产品品质达到一定的标准。因此，商标或品牌自身实际上是一种品质象征，人们在交易中就可以只凭商标或品牌进行买卖，无须对品质提出详细要求。但是，如果一种品牌的商品同时有许多种不同型号或规格，为了明确起见，就必须在规定品牌的同时，明确规定型号或规格。

6. 凭产地名称买卖

在国际货物买卖中，有些产品，因产区的自然条件、传统加工工艺等因素，在品质上具有其他产区的产品所不具有的独特风格和特色，对于这类产品，一般也可用产地名称来表示品质。上述各种表示品质的方法，一般是单独使用，但有时也可酌情将其混合使用。

## 四、品质条款的规定

品质条款的内容及繁简，应视商品特性而定，规定品质条款，需要注意下列事项：

### （一）对某些商品可规定一定的品质机动幅度

在国际贸易中，为了避免因交货品质与买卖合同稍有不符而造成违约，以保证合同的顺利履行，可以在合同品质条款中做出某些变通规定。常见的有下列一些变通规定办法：

1. 交货品质与样品大体相等或其他类似条款

2. 品质公差（Quality Tolerance）

公差是指国际上公认的产品品质的误差，为了明确起见，应在合同品质条款中订明一定幅度的公差。

3. 品质机动幅度

（1）品质机动幅度有两种订法：一是规定一定的范围。即对品质指标的规定允许有一定的差异范围。卖方交货，只要在此范围内都算合格。二是规定一定的极限，指对所交货物的品质规格规定上下极限，即最大、最高、最多为多少、最小、最低、最少为多少，卖方交货只要没有超过规定的极限，买方就无权拒收。

（2）为了体现按质论价，在使用品质机动幅度时，有些货物也可根据交货情况调整价格，即所谓品质增减价款，即对约定的机动幅度内的品质差异，可按照实际交货品质规定予以增价减价。

（二）正确运用各种表示品质的方法

品质条款的内容，必须涉及表示品质的方法。采用何种表示品质的方法，应视商品特性而定。一般来讲，凡能用科学的指标说明品质的商品，则适于规格、等级或标准买卖。有些难以规格化和标准化的商品，如工艺品，则适于凭样品买卖；某些性能复杂的机器、电器和仪表，则适于凭说明书和图样买卖；凡具有地方风味和特色的产品，则可凭产地名称买卖。上述这些表示品质的方法不能随意滥用，而应当合理选择。

（三）品质条件要有科学性和合理性

（1）要从产、销实际出发，防止品质条件规定偏高或偏低。

（2）要合理规定影响品质的各项重要指标，对于一些与品质无关紧要的条件，不宜订入。

（3）品质条件应明确具体，不宜采用诸如“大约”“左右”“合理误差”之类笼统含糊的字眼，以避免在交货的品质上引起争议。

## 第四节　订立品质条款时应注意的问题

### 一、表示品质的方法要选择得当

不同的商品有不同的表示品质的方法，应该遵循商业习惯。凡是可以用一种方法表示品质的，就不要用两种方法表示，以免顾此失彼。

### 二、品质条款要切合实际

订立品质条款时既要考虑到市场的消费水平和消费习惯，同时又要考虑到本国的生产能力，如果把质量订得太高，超过本国的生产能力，就很难保证交货质量，从而导致不必要的贸易纠纷；如果把质量订得太低，又会影响价格和商誉。

### 三、文字表达应该具体明确

在订立品质条款时，用词尽量做到明确具体，以便分清责任。切忌使用含混不清的词语或绝对化的词语。

## 四、要明确品质公差的允许值和品质机动幅度的上下限

品质公差是指国际上同行业所公认的或买卖双方所认可的品质差异，例如圆形物体的直径误差为0.01毫米等。品质机动幅度是指买方允许卖方所交货物品质在一定幅度内灵活浮动，例如上下1%等。在订立品质条款时应该写明品质公差值和品质机动幅度。如出口大豆时规定含油率不低于20%，以20%为基础，含油率每增加1%，价格增加2%（If the oil content of the goods shipped be 1% higher，the price will be accordingly increased by 2%.）。

# 本章小结

在进行合同磋商过程中首先必须明确商品的品名，即究竟买卖什么物品。在确定品名时应尽可能使用国际通用的名称，并恰当选择商品的名称，更需注意合同标的物的合法性及不可争议性。商品的品质可采用文字说明或实物来表达，具体采用哪一种方式或同时采用几种方式，应视商品性质而定。一般对出口商品交易而言，能用文字说明表示商品的品质，就不要选择样品成交；选择样品成交就不要再用文字说明加以规定；否则实际交货时，货物品质既要符合样品又要符合文字说明的要求。

## 【中英文术语】

要件 Condition
次要担保 Warrant
凭卖方样品 Quality as Per Sale's Sample
凭买方样品买卖 Quality as Per Buyer's Sample
对等样品 Counter Sample
凭等级买卖 Sale by Grade
凭标准买卖 Sale by Standard
良好平均品质 Fair Average Quality，FAQ
品质尚好合乎商销 Good Merchantable Quality，GMQ
凭说明书买卖 Sale by Description
凭商标或牌号买卖 Sale by Brand or Trade by Mark
品质公差 Quality Tolerance

## 【思考题】

### 一、简答题

1. 品名条款的主要内容是什么？

2. 确定品名条款时应注意哪些问题?

3. 货物销售合同中，约定商品品质的方法有哪几种?

4. 品质条款中的品质机动幅度有哪几种规定方式?

**二、单项选择题**

1. 在品质条款的规定上，对某些比较难掌握其品质的工业制成品或农副产品，我们多在合同中规定（　　）。

A. 溢短装条款　　B. 增减价条款

C. 品质公差或品质机动幅度　　D. 商品的净重

2. 凡货样难以达到完全一致的，不宜采用（　　）。

A. 凭说明买卖　　B. 凭样品买卖

C. 凭等级买卖　　D. 凭规格买卖

3. 我某进出口公司拟向马来西亚客商出口服装一批，在洽谈合同条款时，就服装的款式可要求买方提供（　　）。

A. 样品　　B. 规格

C. 商标　　D. 产地

4. 凭卖方样品成交时，应留存（　　）以备交货时核查之用。

A. 回样　　B. 复样

C. 参考样　　D. 对等样品

5. 在国际贸易中，品质的表示方法主要有文字说明和样品买卖，一般（　　）。

A. 选择样品买卖　　B. 不能单独使用

C. 可视具体情况结合使用　　D. 如果选其一，另一种最好不选

6. 如果货、样无法做到完全一致的货物，一般不应选用（　　）。

A. 样品买卖　　B. 凭规格买卖

C. 凭标准买卖　　D. 凭等级买卖

**三、判断题**

1. 按买方来样，我方复制一样品寄交买方确认，这个样品即为复样。（　　）

2.  在出口贸易中，表示品质的方法多种多样，为了明确责任，最好采用既凭样品，又凭规格买卖的方法。（　　）

3. 根据《公约》的规定，如卖方所交货物的品质机动幅度或品质公差范围内，除非买卖双方另有规定，一般不另行增减价格。（　　）

4. 某外商来电要我方提供大豆，要求按含油量 20%，含水 15%，不完善粒 6%，杂质 1% 的规格订立合同，对此，在一般情况下，我方可以接受。（　　）

5. 在出口贸易中，为了明确责任，最好既采用凭样品买卖的方法也采用文字说明的方法。（　　）

6. 为了适应国际市场的需要，我方出口工业品时，尽量采用买方样品达成交易。（　　）

## 四、案例分析

1. 青岛某纺织厂向加拿大出口一批绣花面罩，国外要求花绣在被罩的横面。但是合同签订后，该厂在加工时，认为花纹应绣在被罩的竖面才较明显，便自己决定改变了绣花部位。货物出口到国外后，买方以布局与合同不符为由，要求全部退货。请问我方应如何处理较为妥当？

2. 国内某单位向英国出口一批大豆，合同规定水分最高为14%，杂质不超过2.5%。在成交前我方曾向买方寄过样品，订约后我方又电告买方成交货品与样品相似。当货物运到英国后，买方提出货物与样品不符合，并出示相应的检验证书证明货物质量比样品低7%，并以此要求我方赔偿15000英镑的损失。请问在这种情况下，我方能否以该项交易并非凭样品买卖而不予理赔？

## 五、操作题

请翻译如下品质条款：

Sale by Specification

Specification:

| | | |
|---|---|---|
| Broken Grains | (Max) | 2% |
| Admixture | (Max) | 0.5% |
| Moisture | (Max) | 1% |

# 第四章　商品数量

**学习目标**

通过本章的学习，了解国际贸易经常采用的计量单位，熟悉重量的计算方法，掌握商品公量的计算方法和数量机动幅度的表示方法。

## 第一节　数量条款的重要性

数量条款是合同的实质内容之一。按照《公约》第52条第2款规定，按合同规定的数量交货是卖方的一项基本义务，如果卖方交付货物数量大于合同规定的数量，买方可以收取也可以拒绝收取多交部分的货物，如果买方收取多交部分货物的全部或部分，必须按合同价格付款。如果卖方交货数量少于约定的数量，卖方应在规定的交货期届满前补交，但不得使买方遭受不合理的不便或承担不合理的开支，即使如此，买方也有保留索赔的权利。《英国买卖法》则规定：买方可以拒收或接受超交部分，也可以拒收整批货物。

由于交易双方约定的数量是交接货物的依据，因此，正确掌握成交数量和订好合同中的数量条款十分重要。买卖合同中的成交数量的确定，不仅关系进出口任务的完成，而且还涉及对外政策和经营意图的贯彻，正确掌握成交数量，对促进交易的达成和争取有利的价格也具有一定的作用。因此，货物数量的多少，也是买卖双方交接货物的依据之一，没有货物数量也就无所谓交易。所以订好合同中的数量条款，具有十分重要的意义。

# 第二节　常用的度量衡制度和计量单位

由于世界各国的度量衡制度不同，以致所使用的计量单位也存在差异，即使是同一计量单位，所表示的数量差别也很大。因此，了解和熟悉不同的度量衡制度对于签订合同与交货非常重要。

## 一、常用的度量衡制度

目前，国际上常用的度量衡制度有四种：

（1）公制（the Metric System），又称米制，基本单位为千克和米，为欧洲大陆及世界大多数国家所采用。

（2）英制（the British System），基本单位为磅和码，为英联邦国家所采用，其中英国在加入欧盟的一体化进程中宣布放弃英制，采用公制。

（3）美制（the U. S. System），基本单位和英制相同，为磅和码，但有个别派生单位不一致，主要在北美国家使用。

（4）国际单位制（the International System of Units），以公制为基础，又称现代米制，1960 年第 11 届国际计量大会推荐各国采用，代号为 SI。

上述不同的度量衡制度导致同一计量单位所表示的数量有差异。例如，就表示重量的吨而言，实行公制的国家一般采用公吨，每公吨为 1000 千克；实行英制的国家一般采用长吨，每长吨为 1016 千克；实行美制的国家一般采用短吨。每短吨 907 千克。此外，有些国家对某些商品还规定有自己习惯使用的或法定的计量单位。为了解决由于各度量衡不一带来的弊端，国际标准计量组织在各国广为通用的公制的基础上采用国际单位制（SI），国际单位制的实施和推广，标志着计量的日趋国际化和标准化。现在已有越来越多的国家采用国际单位制。

根据《中华人民共和国计量法》规定："国家采用国际单位制。国际单位制计量单位和国家选定的其他计量单位，为国家法定计量单位。"因此，在出口的过程中，除按对方国家贸易习惯约定采用公制、英制或美制计量单位外，应使用我国法定的计量单位。对于仪器设备，一般不进口使用非法定计量单位的仪器设备。如确有特殊需要，也必须经有关管理部门批准。

## 二、货物计量单位

国际贸易中的不同商品，需要采用不同的计量单位，通常使用的有下列几种：

（1）按重量（Weight）计算。按重量计算是当今国际贸易中广为使用的一种，例如，许多农副产品、矿产品和工业制成品都按重量计量，按重量计量的单位有公吨、长吨、短吨、公斤、克、盎司等。

（2）按数量（Number）计算。大多数工业制成品，尤其是日用消费品、轻工业品、机械产品以及一部分土特产品，均习惯于按数量进行买卖，所使用的计量单位有件、双、套、打、卷、令、箩，以及个、台、组、张、袋、箱、桶、包等。

（3）按长度（Length）计算。在金属绳索、丝绸、布匹等类商品的交易中，通常采用米、英尺、码等长度单位来计量。

（4）按面积（Area）计算。在玻璃板、地毯等商品的交易中，一般习惯于以面积作为计量单位，常用的有平方米、平方尺、平方码等。

（5）按体积（Volume）计算。按体积成交的商品有限，仅限于木材、天然气和化学气体等。属于这方面的计量单位，有立方米、立方尺、立方码等。

（6）按容积（Capacity）计算。各类谷物和液体货物往往按容积计量，其中，美国以蒲式耳（Bushel）作为各种谷物的计量单位。但蒲式耳所代表的重量则因谷物不同而有差异，例如，每蒲式耳亚麻籽为56磅，燕麦为32磅，大豆和小麦为60磅；公升、加仑则用于酒类、油类商品的计量。

## 第三节　国际贸易中重量的计算方法

在国际贸易中，按重量计量的商品很多，根据一般商业惯例，通常有以下几种计算重量的方法：

### 一、毛重（Gross Weight）

毛重指货物本身的重量加上包装的重量，通常适合于低价值的商品。一般包装条款要规定商品包装的重量要求，以免不必要的权益损失。

### 二、净重（Net Weight）

净重指商品本身的重量，即除去包装物后的商品实际重量。在国际贸易中，合同中未明确规定用毛重还是净重计算的，按惯例应以净重计。但有些价值较低的农产品或其他商品，有时也采用“以毛作净”（gross for net）的办法计重，即以毛重当作净重计价。在采用净重计算时，对于如何计算包装物重量，国际上有以下几种做法：

1. 按实际皮重（Actual Tare）

即按包装的实际重量计算。将整批货物的包装逐个过秤后，称得的重量总和为包装总重量。这种方法计算的皮重最为精确，但也费时费力。因此，只有对单位价值较高的货物才采用这种方法。

2. 按平均皮重（Average Tare）

如果商品所使用的包装比较统一，重量相差不大，就可以从整批货物中抽出一定的件数，称出其皮重，然后求出其平均重，再乘以总件数，即可求得整批货物的皮重。

3. 按习惯皮重（Customary Tare）

对于比较规格化的包装，因其包装方法与包装材料已比较定型，其重量已经被公认，形成习惯，所以计算其皮重时不需单个称重，只需以习惯上认定的皮重乘以总件数即可。例如装运粮食的机制麻袋，每条重量公认为2.5磅，即为习惯皮重。

4. 按约定皮重（Computed Tare）

交易双方以事先约定的单件包装重量，乘以该批货物的总件数，求得的重量作为该批货物的总皮重。

### 三、按公量计算（Conditioned Weight）

公量计算指先用科学方法从商品中抽出所含的实际水分，然后加入标准水分而求得的重量。此法主要用于价值较高而水分不稳定的商品，如羊毛、生丝、棉纱、棉花等。其计算公式如下：

公量 = 商品实际重量 ×（1 + 标准回潮率）÷（1 + 实际回潮率）

所谓回潮率，是指水分与干量（抽掉水分后货物的重量）之比，即：

回潮率 = 水分/干量

按公量计算的商品通常在国际上有公认的标准回潮率。例如，国际上公认的羊毛、生丝的标准回潮率为11%。实际回潮率是指商品中所含的实际水分与剩余的干量之比。

### 四、按理论重量计算（Theoretical Weight）

理论重量计算指对一些按固定规格生产和买卖的商品，只要其重量一致，每件重量大体是相同的，一般可以从其件数推算出总重量，即理论重量。一般适用于马口铁、钢板等商品。

### 五、按法定重量计算（Legal Weight）

法定重量是指货物自身重量加上与货物直接接触的包装材料（内包装）的重量。法定重量是一些国家征收从量税的基础。货物本身的重量又习惯上称为“净净重”（net net weight），例如香皂、食用罐头等标签上标注的净含量指的便是净净重。

## 第四节　订立数量条款时应注意的问题

合同中的数量条款应包括交货数量、计量单位与计量方法等内容，是买卖双方交接货物和日后处理数量争议时的依据。为防患于未然，在制订数量条款中应注意：

## 一、正确掌握成交商品数量

### （一）对于出口商品数量的掌握

1. 国外市场的供求情况

要正确运用市场供求变化规律，按照国外市场实际需要合理确定成交量，以保证我国出口商品卖得适当的价钱，对于我国主销市场和常年稳定供货的地区与客商，应经常保持一定的成交量，防止因成交量过小或供应不及时，使国外竞争者乘虚而入，使我们失去原来的市场和客户。

2. 国内货源情况

在有生产能力和货源充足的情况下，可适当扩大成交量。反之，则不应盲目成交，以免给生产企业和履行合同带来困难。

3. 国际市场的价格动态

当价格看跌时，应多成交，快脱手；价格看涨时，不宜急于大量成交，应争取在有利时机出售。

4. 国外客户的资信状况和经营能力

对资信情况不了解和资信欠佳的客户，不宜轻易签订成交数量较大的合同，对小客户也要适当控制成交数量，而大客户成交数量过小，将缺少吸引力。总之要根据客户的具体情况确定适当的成交数量。

### （二）对进口商品数量掌握

1. 国内的实际需要

应根据实际需要确定成交量，以免盲目成交。

2. 国内的支付能力

当外汇充裕而国内又有需要时，可适当扩大进口商品数量；如外汇短缺，应控制进口，以免浪费外汇和出现不合理的贸易逆差。

3. 市场行情的变化

当行情对我方有利时，可适当扩大成交数量，反之应适当控制成交数量。

## 二、合理规定交货的机动幅度

有些商品，如粮食、食糖、矿产品之类的大宗商品由于受运输条件、包装条件的限制，装运时不易计算精确数量，往往不是多装就是少装，为了避免日后的争议，买卖双方一般都会订立一个双方都可接受的数量机动幅度，允许卖方交货数量在一定范围内上下浮动。这一机动幅度往往用溢短装条款（More or Less Clause）来表示。

所谓溢短装条款，是指在农副产品和工矿产品的大批量散装货物交易中，往往由于商品的特性、生产过程、船舶舱位、装载技术等原因，比较难以准确按合同规定的数量交货，为了照顾买卖双方的利益，按照国际惯例，双方在商定交货数量时，应该有一定的机动幅度，允许卖方多交或少交合同规定的若干百分比。例如，在条款中规定："中国东北大豆：5000 吨，净重，卖方可溢短装 5%"。这样卖方所交货物数量在 4750 吨和 5250 吨之间，都是符合合同规定的。

一个规范的溢短装条款应该包括以下三个方面内容：

（1）允许溢装或短装的比例。溢短装的比例要适当，不宜过高或过低，应视货物特性、行业或贸易习惯以及运输方式等因素而定，以 3% ~5% 为宜，一般不超过 10%。

（2）实际交货时由谁行使溢短装的权力。溢短装通常由卖方决定，也可以由买方或船方根据船容和装载情况决定。为明确起见，应在合同中做出明确合理的规定。

（3）溢短装部分货物价格的计算方法。一般情况下，对机动幅度范围内溢短装部分，是按照合同价格计价，多交多收，少交少收。多数情况下，合同中不再单独列明对溢短装部分的计价方式。但由于合同价格是固定的，而市场价格是波动的，当市场价格上涨时，卖方可能利用溢短装条款尽量少交货物，而在市场价格下跌时，卖方又想按照最高约定数量交货，买方的想法正好相反。因此，为防止有溢短装选择权的一方利用市场行情变动，故意多装或少装以获取额外好处，交易双方也可以在合同中规定对溢短装部分按照装船时或货到时的市价计算。

### 三、数量条款的订立应明确、具体

为了方便合同履行，避免不必要的争议，合同中数量条款的规定应明确、具体。

在规定成交商品数量时，应一并规定该货物的计量单位和计算数量的具体方法。如果采用重量计算，应写明是公吨还是长吨，是毛重还是净重；采用长度要明确是米还是英尺。

不仅要写明成交的总数量，如若干箱、桶、盒等，有时还要注明每箱、每桶、每盒内的货物净重。对于合同中规定的包装数量，不能擅自改动，否则容易引起争议。

在数量条款中，不要使用诸如"大约""左右"等笼统含糊的字眼，因为对这些词语的解释可能不一致，容易引起争议。

在以信用证支付方式成交时，按《跟单信用证统一惯例》第 30 条的规定，"约""大约"用于信用证的数量时，应解释为允许有关数量有不超过 10% 的增减幅度。同时又规定，在信用证未以包装单位件数或货物自身件数的方式规定货物数量时，货物数量允许有 5% 的增减幅度，只要总支取金额不超过信用证金额。

## 本章小结

商品的数量是条款合同中的主要交易条件，根据合同中的数量条款进行货物交接，是买卖双方的主要权利和义务。按照商品的特征，为保证合作双方的利益，有时需要在合同中规定数量机动幅度，如采用溢短装条款或规定约数。

## 【中英文术语】

公制 the Metric System

英制 the British System

美制 the U. S System

国际单位制 the International System of Units

毛重 Gross Weight

净重 Net Weight

公量 Conditioned Weight

理论重量 Theoretical Weight

法定重量 Legal Weight

溢短装条款 More or Less Clause

## 【思考题】

### 一、简答题

1. 国际贸易中的商品按重量计价时，怎样计算其重量？

2. 合同中约定数量机动幅度条款应该注意的问题有哪些？

3. 合同中关于溢短装部分货物计价方法有哪些？不同计价方法在装运时市场价格变化的前提下对卖方多交或者少交货物数量的影响各是什么？

4. 合同中规定数量条款应注意哪些问题？

### 二、单项选择题

1. 对于价值较低的商品，往往采取（　　）计算其重量。

A. 以毛做净　　B. 法定重量

C. 净重　　D. 理论重量

2. 对于大批量交易的散装货，因较难掌握商品的数量，通常在合同中规定（　　）。

A. 品质公差条款　　B. 溢短装条款

C. 立即装运条款　　D. 仓至仓条款

3. 我国现行的法定度量衡制度是（　　）。

A. 公制　　B. 国际单位制

C. 英制　　D. 美制

4. 在交货数量前加上“约”或“大约”字样，按 UCP600 的规定，这种约定可解释为交货数量不超过（　　）的增减幅度。

A. 10%　　B. 5%

C. 2.5%　　D. 1.5%

5. 如果合同中未明确规定采用何种方法计算重量，按惯例应以（　　）计算。

A. 净重　　B. 毛重

C. 理论重量　　D. 公量

6. 合同中的数量条款为“10000M/T with 5% more or less at seller's option”，则卖方交货数量可以是（　　）。

A. 9500M/T　　B. 10000M/T

C. 10050 M/T　　D. 15000 M/T

7.（　　）可以采取“以毛作净”的方式计重。

A. 裘皮　　B. 珠宝

C. 矿石　　D. 蚕豆

8. 我国出口一批大宗商品，国外来证规定“数量10000吨，散装，总金额为100万美元，禁止分批装运”，根据UCP600的规定，卖方交货的（　　）。

A. 数量和金额均不得增减

B. 数量和总金额均可在10%的范围内增减

C. 数量和总金额均可在5%范围内增减

D. 数量可有5%的伸缩，但总金额不得超过100万美元。

9. 国际贸易中最常见的计重方法是（　　）。

A. 净重　　B. 毛重

C. 公量　　D. 理论重量

10. 合同中未注明商品重量是按毛重还是净重计算时，习惯上应按（　　）计算。

A. 净重　　B. 毛重

C. 以毛作净　　D. 公量

三、判断题

1. “以毛作净”就是以净重代替毛重。（　　）

2. 交货数量的机动幅度可由卖方选择也可由买方选择，不论由何方选择，每次装货均不得超过承运人宣布的船舶载量。（　　）

3. 根据《公约》的规定，如卖方所交货物多于约定数量，买方可以全部收取，也可以全部拒收所有货物。（　　）

4. 为了防止在市价出现波动时，享有溢短装权利一方故意多装或少装，可以在合同规定固定价格。（　　）

5. 根据英国买卖法的规定，只要卖方所交货物数量与合同不符，买方有权全部拒收。（　　）

6. 我进口采用“吨”作为计量单位，多方就可以按“短吨”出口。（　　）

7. 在任何情况下，卖方所交货物的数量都必须与合同规定的数量相符，否则买方有权拒收货物并提出索赔。（　　）

8. 进口羊毛等纺织原料应该使用的计量单位是净重。（　　）

9. 我国某公司与外商按CIF条款每吨500美元的价格成交商品一批，合同规定数量可增减 10%，由卖方决定。我方按合同规定数量多装 5%，装船时该商品国际市场价格上涨 10%，我方可向用户要求多装部分按装船时的市价计算，对方不得拒绝。（　）

10. 溢短装条款只适用于散装货物，非散装货物不允许溢短装。（　）

**四、计算题**

1. A 公司与 B 公司签订了一份 100 公吨生丝出口合同，合同中规定以公量来计算商品的重量，商品的公定回潮率是 10%，交货时的实际回潮率是 8%，试计算实际应交货多少公吨？

2. 某公司出口水产品 10 公吨。合同规定为箱装，每箱净重为 10 千克，数量和金额均允许增减 5%。问该批货物最多能装多少箱？最少应装多少箱？

3. 已知某种钢板每平方米的理论重量如下：

| 厚度（毫米） | 重量（千克） |
| --- | --- |
| 0.20 | 1.57 |
| 0.25 | 1.96 |
| 0.30 | 2.35 |

现有钢板 500 张，每张长度为 5000 毫米，宽度为 500 毫米，厚度为 0.25 毫米，求该批货物的总重量。

**五、案例分析**

1. 我某外贸公司向日本出口和服绸缎一批，合同规定数量为 2000 米，在加工印染过程中，出现部分次品，最终符合合同品质规定的和服绸为 1900 米，我方遂以 1900 米交货，对方以我交货数量不足为由，提起索赔。我方认为，合同未规定包装单位，交货数量应允许有 5% 的增减幅度。对方提出，该批交易系以付款交单方式成交，不适用于《跟单信用证统一惯例》中对数量机动幅度的规定。经协商后，我方同意做出一定的补偿。请你分析一下为何出现这种结果。

2. 我方出口风扇 1000 台，国外来证规定不许分批装运。装船时发现有 40 包包装破裂，风罩变形或开关脱落。为保证质量，卖方认为根据 UCP600 的规定，数量上可以有 5% 的溢短装。于是少装 40 台。却遭到议付行的拒付，请问议付行的拒付是否有理？为什么？

3. 我国某出口公司按每公吨 500 美元的 FOB 大连价格成交某农产品 200 公吨，合同规定包装条件为每 25 千克双线新麻袋装，付款方式为信用证。该公司交货后办妥了结汇手续。但事后买方来电，称我方所交货物扣除皮重后实际到货不足 200 公吨，要求按净重计算价格，退回因短量多收的货款。我方公司则以合同未规定按净重计价为由拒绝退款。请分析该公司的做法是否可行，并说明理由。

4. 某外贸公司向国外出口冻羊肉 20 公吨，合同规定每公吨 FOB 价格 400 美元，数量可增减 10%。国外按时开来信用证，信用证规定：金额为 8000 美元，数量约 20 公吨。该外贸公司实际发货 22 公吨，后持单到银行办理议付却遭到拒付。问银行拒付是否有道理？

# 第五章　商品的包装

**学习目标**

通过本章的学习，了解包装的重要性，熟悉国际贸易商品包装的分类和特殊包装，掌握商品包装标志的种类、运输标志的内容和制作、包装条款的注意事项。

在国际货物买卖中，商品的包装也是磋商的重要内容之一。由于包装既可以对商品起保护作用，同时又可以对商品起装饰美化以达到促销作用，因而许多出口商已把改进包装作为自己提高对外竞争能力的重要手段之一。

## 第一节　包装的重要性及对包装的有关规定

### 一、商品包装的意义

商品种类繁多，性质特点和形状各异，因而它们对包装的要求也各不相同，除少数商品难以包装、不值得包装或根本没有包装的必要，而采取裸装或散装的形式外，其他绝大多数商品都需要有适当的包装。商品包装是商品生产的继续，凡需要包装的商品，只有通过包装，才算完成生产过程，商品才能进入流通领域和消费领域，才能实现商品的使用价值和价值。这是因为，包装是保护商品在流通过程中完好和数量完整的重要措施，有些商品甚至根本离不开包装，它与包装成为不可分割的统一整体。经过适当包装的商品，不仅便于运输、装卸、搬运、储存、保管、清点、陈列和携带，也不易丢失或被盗，为各方面提供了便利。在当前国际市场竞争十分激烈的情况上，许多国家都把改进包装作为加强对外销售的重要手段之一，因为良好的包装不仅可以保护商品，而且还能宣传美化商品，提高商品身价，吸引顾客，扩大销路，增加售价，并在一定程度上显示出口国家的科学、文化、艺术水平。鉴于包装如此重要，所以生产企业和销售部应共同搞好包装工作，使我国出口商品的包装符合科学、经济、牢固、美观、适销和多创汇的要求。

此外，在国际货物买卖中，包装还是说明货物的重要组成部分，包装条件是买卖合同中的一项主要条件，按照某些国家的法律规定，如卖方交付的货物未按照规定的条件包装，或者货物的包装与行业习惯不符，买方有权拒收货物，如果货物按约定的方式包装，但却与其他货物混杂在一起，买方可以拒收违反约定包装的那部货物，甚至可以拒收整批货物。由此或见，做好包装工作和按约定的条件包装，具有重要的意义。

## 二、国际贸易商品包装的有关规定

### （一）一般规定

（1）货物包装应坚固、完好，在运输过程中能防止包装破裂、内物漏出、散失；防止因码放、摩擦、震荡或因气压、气温变化而引起货物损坏或变质；防止伤害操作人员或污染飞机、地面设备及其他物品。

（2）包装除应适合货物的性质、状态和重量外，还要便于搬运、装卸和码放；包装外表面不能有突出的钉、钩、刺等；包装要整洁、干燥，没有异味和油渍。

（3）包装内的垫付材料（如木屑、纸屑）不能外漏。除纸袋包装的货物（如文件、资料等），托运货物都应使用包装带捆扎。严禁使用草袋包装或草绳捆扎货物。

（4）捆扎货物所用的包装带应能承受该货物的全部重量，并保证提起货物时不致断开。

（5）如果货物的包装不符合合同中的相关规定，应要求托运人改进或重新包装后方可收运。

### （二）部分货物的特殊包装要求

1. 液体货物

容器内部必须留有5%～10%的空隙，封盖必须平密，不得溢漏。用玻璃容器盛装的液体，每一容器的容量不得超过500毫升。单件货物毛重以不超过25千克为宜。箱内应使用衬垫和吸附材料填实，防止晃动或液体渗出。

2. 粉状货物

用袋盛装的，最外层应使用塑料涂膜纺织袋做外包装，保证粉末不致漏出，单件货物毛重不得超过50千克；用硬纸桶、木桶、胶合板桶盛装的，要求桶身不破、接缝严密、桶盖密封、桶箍坚固结实；用玻璃盛装的，每瓶内装物的重量不得超过1千克；用铁制或木制材料作外包装，箱内用衬垫材料填实，单件货物毛重以不超过25千克为宜。

3. 精密易损、质脆易碎货物

单件货物毛重以不超过25千克为宜，可以采用以下方法包装：

（1）多层次包装：即货物、衬垫材料、内包装、衬垫材料、运输包装（外包装）。

（2）悬吊式包装：即用几根弹簧或绳索，从箱内各个方向把货物悬置在箱子中间。

（3）防倒置包装：即底盘大、有手提把环或屋脊式箱盖的包装；不宜平放的玻璃板、挡风玻璃等必须使用此类包装。

（4）玻璃器皿的包装：应使用足够厚度的泡沫塑料及其他衬垫材料围裹严实，外加坚固的瓦楞纸箱或木箱，箱内物品不得晃动。

4. 裸装货物、不怕碰压的货物

可以不用包装，如轮胎等；不易清点件数、形状不规则、外形与运输设备相似或容易损坏飞机的货物，应使用绳、麻布包扎或外加包装。

5. 大型货物

体积或重量较大的货物底部应有便于叉车操作的枕木或底托。

### （三）部分包装类型的要求

1. 纸箱

应能承受同类包装货物码放 3 米或 4 层的总重量。

2. 木箱

厚度及结构要适合货物安全运输的需要；盛装贵重物品、精密仪器、易碎物品的木箱，不得有腐蚀、虫蛀、裂缝等缺陷。

3. 条筐、竹篓

编制紧密、整齐、牢固、不断条、不劈条，外形尺寸以不超过 50 × 50 × 60 厘米为宜，单件毛重以不超过 40 千克为宜，内装货物及衬垫材料不得漏出。应能承受同类货物码放 3 层高的总重量。

4. 铁桶

铁皮的厚度应与内装货物重量相对应。单件毛重 25 ~ 100 千克的中小型铁桶，应使用 0.6 ~ 1.0 毫米的铁皮制作，单件毛重在 101 ~ 180 千克的大型铁桶，应使用 1.25 ~ 1.50 毫米的铁皮制作。

## 第二节 包装的种类

国际市场上买卖的商品品种繁多，性质、特点各不相同，规格、形状各异，对包装的要求也有很大的差别。有的出口货物只需略加捆扎或以其自身加以捆扎，即以裸装（Nude Packed）货物出口，适用于钢材、木材、橡胶、车辆、铝锭等货物。有的出口货物可以采用散装（Bulk），以节省运输费用，加快装卸速度，从而降低成本。此种方式适用于煤炭、矿砂、粮食以及油类等液体货物。有的出口货物则需采用一定的包装容器，材料及辅助物进行包裹。有的出口货物属于危险品或半危险品，则需要防危包装。

根据商品包装在流通领域中所起的作用不同，可以分为运输包装和销售包装两种。

## 一、运输包装（Shipping Package）

运输包装又称外包装，其主要作用在于保护商品，以防止货物在储运过程中出现破损丢失。为了适应商品在运输、装卸、保管过程中的不同要求，运输包装又可以分为单件运输包装和集合运输包装。

1. 单件运输包装

单件运输包装指货物在运输过程中作为一个计件单位的包装。按照包装的造型不同可以分为箱装、捆包、袋装。而根据包装材料不同，又可分为纸制包装，金属包装，木制包装，塑料包装，麻制品包装，竹、柳、草制品包装，玻璃制品包装和陶瓷包装。

2. 集合运输包装

集合运输包装即将若干单件运输包装组合成一件大包装，以利更有效地保护商品，提高装卸效率和节省运输费用。常见的集合运输包装有集装包和集装袋，通常是用塑料重叠丝纺织成的圆形大口袋或方形大包，这种袋或包的容量不一，一般为1～4吨，最高达13吨左右。此外，随着集装箱运输和托盘运输的出现，将货物装在特制的集装箱内或固定在特制的托盘上进行运输的情况越来越多。虽然集装箱和托盘是运载工具的组成部分，但由于它们也起着保护商品的作用，故有人把它们也当作运输包装看待。

## 二、销售包装（Selling Package）

销售包装是指直接接触商品，并随商品进入流通市场直接与消费者见面的包装，因此又称内包装、小包装或陈列包装。这类包装除了具有保护商品的作用之外，现在更多地起到美化与促销作用，成为企业竞争的一种手段。尤其是随着零售业的发展，摆在货架上的商品除了以价格吸引消费者外，更多地表现在包装的促销作用上。

在销售包装上，一般都附有装潢画面和文字说明，有的还印有条形码的标志，在设计和制作的销售包装时，应一并做好这几方面的工作。

1. 包装的装潢画面

销售包装的装潢画面要美观大方，富有艺术上的吸引力，并突出商品特点，图案和色彩应适应有关国家的民族习惯和爱好。在设计装潢画面时，应投其所好，以利扩大出口。

2. 文字说明

在销售包装上应有必要的文字说明，如商标、品牌、品名、产地、数量、规格、成分、用途和使用方法等，文字说明要同装潢画面紧密结合，互相衬托，彼此补充，以达到宣传和促销的目的，使用的文字必须简明扼要，并让销售市场的顾客能看懂，必要时也可以中外文同时并用。在销售包装上使用文字说明或制作标签时，还应注意有关国家的标签管理条件的规定。

3. 条形码

商品包装上的条形码是由一组带有数字的黑白及粗细间隔不等的平行条纹所组成，

这是利用光电扫描阅读设备为计算机输入数据的特殊的代码语言。目前，世界上许多国家都在商品包装上使用条形码。只要将条形码对准光电扫描器，计算机就能自动识别条形码的信息，确定品名、品种、数量、生产日期、制造厂商、产地等，并据此在数据库中查询其单价，进行货款计算，打印出购货清单，这就有效地提高了结算的效益和准确性，也方便了顾客。目前，许多国家的超级市场都使用条形码技术进行自动扫描结算，如商品包装上没有条形码，即使是名优商品，也不能进入超级市场，而只能当作低档商品进入廉价商店。另外，有些国家对某些商品包装上无条形码标志，即不予进口。为了适应国际市场的需要和扩大出口，1988 年 12 月我国建立了“中国特品编码中心”，负责推广条形码技术，并对其进行统一管理。1994 年 4 月我国正式加入国际物品编码协会。该会分配给我国的国别号为“690”，凡标有“690”条形码的，即表示是中国生产的商品。

4. 一些国家对包装的特殊要求

（1）美国。美国食品药物局规定，所有医疗健身及美容药品都要具备能防止掺假、掺毒等防污能力的包装。美国环境保护局规定，为了防止儿童误服药品、化工品，凡属于防毒包装条例和消费者安全委员会管辖的产品，必须使用保护儿童安全盖。美国加利福尼亚、弗吉尼亚等 11 个州以及欧洲共同体负责环境和消费部门规定，可拉离的拉环式易拉罐也不能在市场上销售，目前已趋于使用不能拉离的掀扭式、胶带式易拉罐。美国规定，为防止植物病虫害的传播，禁止使用稻草做包装材料，如被海关发现，必须当场销毁，并支付由此产生的一切费用。根据美国药物调查局调查，在人体吸收的全部铅中，有 14% 来自马口铁罐焊锡料，因此，要求内焊缝含铅量减少 50%。我国香港特区卫生条例规定，固体食物的最高铅含量不得超过 6ppm（6%），液体食物含铅量不得超过 1ppm。

（2）欧盟。欧盟规定，接触食物的氯乙烯容器及材料，其氯乙烯单位的最大容器规定为每公斤 1 毫克成品含量，转移到食品中的最大值是每公斤 0. 01 毫克。希腊政府正式公布，凡出口到希腊的产品包装上必须要用希腊文字写明公司名称，代理商名称及产品质量、数量等项目。法国规定，销往法国的产品装箱单及商业发票须用法文，包括标志说明，不以法文书写的应附译文。德国对进口商品的包装禁用类似纳粹和军团符号标志。

（3）中东。阿拉伯国家规定进口商品的包装禁用六角星图案，因为六角星与以色列国旗中的图案相似，阿拉伯国家对有六角星图案的东西非常反感和忌讳。销往阿拉伯地区的食品、饮料，必须用阿拉伯文说明。

（4）其他国家的有关规定。新西兰农业检疫所规定，进口商品包装严禁使用以下材料：干草、稻草、麦草、谷壳或糠、生苔物、土壤、泥灰、用过的旧麻袋及其他材料。菲律宾卫生部和海关规定，凡进口的货物禁止用麻袋和麻袋制品及稻草、草席等材料包装。澳大利亚防疫局规定，凡用木箱包装（包括托盘木料）的货物进口时，均需提供熏蒸证明。

## 第三节　包装标志

为了方便运输、仓储、商检、通关和货物交接工作的顺利进行，货物在付运之前都要按一定的要求，在运输包装上面书写、压印、刷制简单的图形、文字、数字和字母。这些图形、文字、数字和字母就被称为包装标志。包装标志按照其作用可以分为运输标志、指示性标志和警告性标志。

### 一、运输标志（Shipping Mark）

运输标志俗称唛头。国际标准化组织建议的标准唛头包括四行：（1）收货人的缩写或代号；（2）参考号（合同号码、订单号码）；（3）目的港（地）；（4）箱号（件号）；但每一行不超过 17 个字母（包括数字和符号），不能采用几何图形。举例而言，标准唛头如下：

ABC— — — — — — —收货人缩写

961SC—15153— — — — — — —合同号码

LONDON— — — — — — —目的港名称

NO. 1/20— — — — — — —箱号

### 二、指示性标志（Indicative Mark）

指示性标志是在商品的运输包装上标明醒目的图形和简单文字，提示人们在装卸、运输和保管过程中加以注意，例如“小心轻放”“此端向上”等。

### 三、警告性标志（Warning Mark）

警告性标志又称危险品标志，是指对一些易燃品、爆炸品、有毒品、腐蚀性物品、放射性物品，在运输包装上应清楚明显地打上各种标明危险性质的标志，用以警告有关人员谨慎对待其运输、保管等。根据我国国家技术监督局发布的《危险货物包装标志》规定，在运输包装上应标明警告性标志。

## 第四节　定牌和中性包装

### 一、定牌生产

定牌生产指卖方按买方的要求在其出售的商品或包装上标明买方指定的商标和牌号，

称之为定牌生产。在国际或国内贸易中，有许多大百货商店、超级市场和专业商店，在其经营的商品中，有一部分商品使用该店专有的商标和牌名，这部分商品即是由商店要求有关厂商定牌生产的。

在国际贸易中，定牌商品有的在其定牌商标下标明产地，有的则不标明产地和生产厂商。后一种做法，称为定牌中性。

## 二、中性包装

在国际贸易中，有时买方会要求卖方在商品上和内外包装上不标注原有商标与品牌，这就是通常所说的中性包装。它包括两种方式：定牌中性包装和无定牌中性包装。前者指在包装上不注明生产国别，但有买方指定的商标或品牌，或采用买方指定的式样作为商标或品牌；后者是指在商品和包装上既无生产国别，也无商标品牌。

中性包装在国际贸易业务中较为常见，主要是为了避开一些国家的关税壁垒措施和非关税壁垒措施而产生的。为了把生意做活，我们对国际贸易中的这种习惯做法，可酌情采用，但应慎重对待。

# 第五节　订立包装条款时应注意的事项

1. 包装要求应当明确、具体

一般情况下，尽量避免使用“习惯包装”（Customary Packing）和“卖方习惯包装”（Seller's Customary Packing）等笼统的词语，否则易引起贸易纠纷。最好明确而具体地标明包装材料和包装方式以及单位包装内的商品含量。

2. 明确额外的包装费用由谁承担

包装费用通常包括在货价之内，由卖方负责。但有些特殊的附加值高的包装以及买方要求的额外包装所产生的费用由谁承担，必须在合同条款中明确规定，否则容易出现贸易纠纷。

3. 明确包装材料由谁提供

如果由买方提供包装材料，那么在合同中应该明确规定买方提供的包装材料的名称、规格、数量以及到达卖方的时限。如果是由于买方提供的包装材料未按期到达，导致卖方未能按时交货，那么，一切损失均由买方承担。

4. 注意各国有关包装的禁忌和特殊规定

由于各国都有自己的一些民族特色及禁忌，在向不同国家出口时应该避免触犯这些禁忌。同时，由于各国都有自己的包装偏好，因此，独特的包装也可以起到促进销售的作用。

## 本章小结

商品的包装包括运输包装和销售包装。运输包装上的标志，尤其是运输标志，在国际贸易中具有重要作用。运输标志又称为唛头，是合同或货物单据提单和发票的主要组成部分。

### 【中英文术语】

运输包装 Shipping Package
销售包装 Selling Package
运输标志 Shipping Mark
指示性标志 Indicative Mark
警告性标志 Warning Mark
中性包装 Neutral Packing

### 【思考题】

**一、简答题**

1. 简述在国际货物买卖中商品包装的意义。
2. 进出口商品的包装如何分类？各有什么作用？
3. 进出口合同中规定包装条款时，应该注意哪些问题？
4. 商品包装的运输标志有何作用？标准运输标志包括哪些内容？

**二、单项选择题**

1. 以下（　）属于唛头。
A. 运输标志　　B. 条形码
C. 指示性标志　　D. 警告性标志
2. 在国际贸易中，如果包装材料由买方提供，则（　）。
A. 买方需在签订合同时提交包装材料
B. 包装法材料费用卖方负担
C. 买方在装运期提交包装材料
D. 买方至少在装运期前提交包装材料
3. 我国出口商品采用中性包装是（　）。
A. 包装上只有商标或牌号
B. 包装上无商标、牌号，也无生产地和厂商名称
C. 包装上无商标和牌号只有“中国制造”字样

D. 包装上无商标和牌号，仅注明中国某产地名称。

4. 国际标准化组织向各国推荐使用的简化运输标志不包括（ ）。

A. 参考号码　　B. 几何图形

C. 收货人　　D. 目的地名称

5. 销往中东的商品包装不能有（ ）图形。

A. 圆形　　B. 三角形

C. 六角形　　D. 正方形

6. 出口商品外包装上写着“FRAGILE”，其含义是（ ）。

A. 指示性标志　　B. 警告性标志

C. 运输标志　　D. 产地标志

7. 国际物品编码协会使用的商品编码为（ ）。

A. UPC 码　　B. EAN 码

C. UPN 码　　D. IAN 码

8. 按照国际贸易惯例，在合同中不做规定时，运输标志的提供方一般是（ ）。

A. 中间商　　B. 卖方

C. 买方　　D. 船方

9. 在国际贸易中，关于包装由谁供应的通常做法是（ ）。

A. 由卖方提供包装，包装连同商品一起交付买方

B. 由卖方提供包装，但交货后，卖方将原包装收回

C. 由买方提供包装或包装材料

D. 由厂家免费提供包装

10. 包装条款的内容不包括（ ）。

A. 包装材料　　B. 包装方式

C. 包装规格　　D. 包装时间

**三、判断题**

1. 在国际贸易中，根据货物种类的不同，对包装方式的要求也不尽相同。对于大宗颗粒或液态商品，如粮食、水泥、石油等，可直接装入运输工具内运送，称为裸装。（ ）

2. 中性包装是指在商品和外包装上均不使用任何商标和牌号，也不注明生产国别。（ ）

3. 运输包装上的标志就是运输标志，也就是通常所说的唛头。（ ）

4. 运输包装上的标志都必须在运输单据上标明。（ ）

5. 包装费用一般包括在货价之内，不另计收。（ ）

6. 条形码是由一组规则排列的条、空及其相应字符组成的标记，它表示特定信息，是专供机器识读的一种特殊符号。（ ）

7. 在国际货物买卖合同中，“习惯包装”“适合海运包装”等常用的包装条款是一种

比较好的规定方法。 ( )

8. 若一方违反了合同中有关包装条款的规定，另一方不得拒收货物但可要求损失赔偿。 ( )

9. 按照国际贸易习惯，唛头一般由卖方决定，可以不在合同中具体规定。 ( )

10. 合同中的包装条款一般包括包装材料、包装方式和每件包装所包含的数量或重量。 ( )

**四、操作题**

1. 我国长城贸易公司向日本信诚贸易有限公司出口某产品500箱，已知收货人代号为：JQL；目的地为：Osaka Japan；参考号为：01－368－98，请根据以上已知条件制作一标准化唛头。

2. 请翻译如下包装条款：Small Red Beans，100M/T packed in single new gunny bags of about 100 kg each，gross for net.

**五、案例分析**

1. 某公司外售葡萄干2公吨，合同规定纸箱装，每箱20公斤（内装20小盒，每小盒1公斤）。交货时，由于货物短缺，于是将小包装（每箱仍为20公斤，但内装40小盒，每小盒0.5公斤）的货物发出。货到后，买方以包装不符为由拒绝收货，从而引起争议，据此评析此案例？

2. 国外某公司与上海某自行车厂洽谈进口业务，打算从我国进口1000辆“永久”牌自行车，但要求我方改用“剑”牌商标，并在包装上不得注明“made in China”字样。请问：我方是否可以接受对方要求？在处理此项业务时应注意哪些问题？

3. 一项国际贸易合同订明由我方提供双层旧麻袋包装，装船时，因缺少旧麻袋，我方自行换成单层新麻袋，也没有要求对方额外支付费用，但对方认为我方包装不符合合同规定，向我方索赔。请问对方是否有理？

4. 我国内地某公司按L/C付款方式向香港特区出售一批货物，买方开来的信用证中，指定包装运输标志为三角形中一个“東”字，卖方刷制包装唛头时，使用了简体的“东”字，开证行以包装唛头与L/C不符为由拒绝付款，后经卖方向开证行说明“东”是“東”的简体，并经开证人与开证行联系，后开证行才予以付款，结果卖方遭受晚收货款30天的利息损失。试分析从中应该吸取的教训。

5. 某公司出口水果罐头一批，合同规定为纸箱装，每箱30听，共80箱。但发货时改为每箱24听，共100箱，总听数相等。这样做妥当吗？

# 第三篇

# 国际货物交付

# 第六章 国际货物运输

**学习目标**

通过该章的学习，了解各种国际货物运输方式，掌握国际货物运输装运条款的基本知识，理解并能够正确制作运输单据。

## 第一节 国际货物运输方式

国际货物运输方式有：海洋运输、铁路运输、航空运输、内河运输、邮政运输、公路运输、大陆桥运输及国际多式联运等。

### 一、海洋运输

海洋运输是国际货物运输中使用最多的一种运输方式，它具有不受道路和轨道限制，通过能力大、运输成本低、运量大等特点。

海洋运输的当事人主要有承运人、托运人、货运代理。承运人是指承办运输货物事宜的人，如船公司、船方代理。他们有权签发提单。托运人是指委托他人办理货物运输事宜的人，如出口单位。货运代理是指货运代理人接受货主或者承运人委托，在授权范围内以委托人名义或以代理人身份，办理货物运输事宜的人。受货主委托的代理人，称“货代”；受承运人委托的代理人，称“船代”。

海洋运输按照海洋运输船舶营运方式不同，可分为班轮运输和租船运输两大类。

#### （一）班轮运输

班轮（Liner）是水上运输船舶的一种经营方式，在预先固定的航线上，按照事先规定的船期表在固定港口之间来往行驶。

1. 班轮运输的特点

其特点是固定航线、固定装卸港、固定船期、固定运价，船方管装管卸，即所谓：

“四固定”“两管”。

目前我国使用的班轮主要有三种：一是自营班轮，即中国远洋运输公司和中国对外贸易运输总公司经营的班轮；二是合营班轮，即我国与外国合资经营的班轮，如中波海运公司、中坦联合海运公司等；三是外国班轮，如 TOHOLINE、DSRLINE、RICERS LINE 等。

2. 班轮运费及班轮运价表

班轮运费（Liner Freight）是班轮公司为运输货物而规定的运输价格并按这种价格向货方收取运费（Loading Charge）和在目的港的卸船费用（Unloading Charge）。货方按班轮运价支付运费后，除有特殊规定外，对于载货船舶在任何港口的延误或速离，既不负经济责任，也不享受经济利益，即不计滞期和速遣费用。

班轮运费有印就的运价表，具有相对的稳定性，即在一定时期内，如半年、一年或更长时期内保持不变。贸易合同中如运输条款规定为“班轮条件”（Liner Term 或 Berth Term），其含义是货物必须以班轮方式承运，船方负担装卸费用和不计滞期、速遣费，并签发班轮提单。

班轮运价表（Liner Freight Tariff）也称班轮费率表，是班轮公司收取运费、货方支付运费的计算依据。目前通行的主要有四种班轮运价表：

（1）航运公会运价表。由航运公会制定并决定调整改变，由参加公会的班轮公司使用，货方按其付费。这种运价表运价水平高，承运条件也明显有利于船方，是一种垄断性运价表。

（2）班轮公司运价表。由班轮公司自己制定，并负责调整改变，货方可以提出意见，但解释权、决定权在船方。

（3）双边运价表。由船、货双方共同制定，共同遵守实行。运价的调整、改变须经船、货双方协商决定，这种运价表能体现平等互利的精神。

（4）货方运价表。由货方（托运人）制定，船方接受使用。对运价的调整、改变在与船方协商的基础上，货方有较大的权利。能制定运价表的货方，一般是较大的托运人，掌握较大量的货载，能常年供货。

班轮运价表的一般结构是：商品列名、计算标准和等级、基本港口、一般杂货的基本费率、化工品、冷冻品、危险品和活牲畜的费率、各种附加费的费率等。运价表的基本内容一般包括下列各项：

（1）说明、规则及港口规则条款。

（2）商品列名和商品目录。商品列名（Commodity Enumeration）部分，标列了各种货物的名称、运费计算标准、各种货物的基本运费率（单项费率运价表）或货物的运价等级（等级运价表）。商品列名一般都用英文名称并按英文字母顺序排列。也有的分列大类，最后都有一项“未列名货物”（Cargo Not Otherwise Enumerated），缩写为（CARGO N. O. E.），还有商品附录（Commodity Appendix），它是商品列名的补充。

（3）基本费率。基本费率是计算运费的基础，它不包括附加费。等级运价表的基本费率就是各航线的等级费率。

基本费率的计收标准有以下几种：

①按货物的毛重计收，亦称重量吨，即以每吨作为运费计算单位，用“W”（Weight）表示。

②按货物的体积计收，亦称按尺码吨（Measurement Ton）计收，即以每立方米或40立方尺作为一个运费计算单位，用“M”（Measurement）表示。

③按商品的价格计收，即所谓从价运费，用“A. V.”或“AD. VAL”（Advalorem）表示，其费率一般从占FOB货价的百分之零点几到5%不等。

④按货物的件数计收，如装运卡车，按辆数计收运费。

⑤按重量或体积计收，即按收费高者为准来计算运费，运价表内用“W/M”表示，即在重量与体积两者中，由船公司选择其中收费较高的一种计收运费。货物的重量吨或尺码吨都统称为运费吨（Freight Ton）。若有“W/M or A. V.”表示，即指船方可根据货物的重量、体积或货价三者中选取收费较高的一种计收运费：也有列明“W/M Plus A. V.”字样的，即指船方除先按货物的重量或体积中较高的一种计收运费外，还须另收一定百分比的从价运费。

⑥由货主和船公司临时议价，这种方法通常是在承运粮食、豆类、矿石、煤炭等运量较大、货价较低、装卸容易、装卸速度快的农副产品和矿产品时采用。

（4）附加费。运价表除基本费率外，还有各种附加费（Surcharges），用补充基本费率的不足，其计算方法，有的用百分比表示，是指在基本费率基础上计算；有的则用绝对数表示，一般指每运费吨若干元，可以与基本费率直接相加计算。常见的附加费有：

①燃油附加费（Bunker Adjustment Factor or Bunker Surcharge，简称BAF或BS）。几乎各条航线都有。

②港口附加费（Port Surcharge）。由于有些港口设备差，装卸效率低、费用高、增加船舶成本开支而加收的附加费。

③港口拥挤附加费（Port Congestion Surcharge）。

④货币贬值附加费（Currency Adjustment Factor，CAF）。

⑤绕航附加费（Deviation Surcharge）。

⑥转船附加费（Transshipment Surcharge）。对运往非基本港的货物，需在中途港转运至目的港，为此而加收的费用。

⑦直航附加费（Direct Additional）。去往非基本港口的货物，一次货量达到一定数量时，可以安排直接卸货，为此加收直航附加费。

⑧选港附加费（Additional for Optional Destination）。货物托运时不能确定具体卸货港，需要在两个或两个以上的卸货港中选择，为此而加收费用。货方必须在该航次中船舶抵达第一卸货港48小时前向船方宣布。

⑨变更卸货港附加费（Additional for Alternation of Destination）。如改卸的港口运价高

于原来的卸港，船方则另补运价差额；如运价低于原卸港运价，则已收运费不予退还。

上述各种附加费的计算方法根据不同的情况来确定，有的是按每运费吨加收多少金额计收，也有的是按基本费率的百分比计收，有的则是一些临时性措施。外贸企业在支付运费时，应根据实际情况进行认真审核，避免多付和错付，以节省运费支出。同时，应熟悉和掌握有关运价业务的专有名词和英文缩写以减少差错，提高工作效率。

需注意：同一包装、同一票货物或同一提单内出现混装情况时，计收运费的原则就高不就低：

①不同商品混装在同一包装内，则全部运费按其中较高者征收。

②同一票商品如包装不同，其计算标准及等级也不同。托运人应按不同包装分列毛重及体积，才能分别计收运费，否则全部货物均按较高者收取运费。

③同一提单内如有两种或两种以上不同货名，托运人应分别列出不同货名的毛重或体积，否则全部货物均将按较高者收取运费。

3. 班轮运费计算的步骤

（1）根据合同查明装货港和目的港所属航线；并查明该装货港和卸货港是否属于航线上的基本港口；是否需要转船；如果选择卸货港时，要确定选择哪一个港口作为卸货港。

（2）根据货物名称，从货物分级表中查出所属等级及计费标准。如属未列名货物，应参照性质相近货物的等级及计费标准计算。

（3）查出各种附加费的计算率表，找出等级货物的基本费率。

（4）查出各种附加费的计算办法及费率。

（5）根据运费计算公式：运费 = 基本运费（1 + 附加费率）×计费数量。

### （二）租船运输

国际上租船方式主要有三种：即程租（Voyage Charter）、期租（Time Charter）和光船租船（Bare Boat Charter）。

1. 程租

程租就是按航程租船舶。按照租船合同规定的条件，按时抵达装货港口，装上一定数量的指定货物，再驶抵卸货港口卸下货物，完成整个航程的运输任务。程租通常按所装吨数收取运费，即按每重量吨每尺码计算收费。有时也采用整船包干。在程租条件上，除了少数几项费用，如货物装卸费、平舱费、船舶滞期费等通常由租船人负担外，其他运输费用，如船员工资、港口使用费、港口代理费、船用燃料、隔垫物料等费用都由船东负担，程租的基本形式是单程。如果程租包括的航程是若干个，则称其为连续航次程租或包运合同。连续航次程租是船东和租船人一次成交，用一条船连续完成若干个相同的程租航次，包运合同也称大合同。船东和租船人约定承运若干数量的货物，在一定时间内派若干条船，按照同样的租船条件和运费来完成这批货的运输。

2. 期租

期租就是定期租船，船东把船舶出租给租船人使用一定时期的租船方式，在此期限内，由租船人自行调度和经营管理，按月（或30天）或日计算租金，一般每半月预付一次。租金不能直接表现为货物的运输成本，必须以各种费用进行计算才能得到。在期租条件下，由船东负担的船舶营运费用，只有船员工资、给养、船舶的维修保养、船壳机器保险；其他日常开支，如船用燃料、港口使用费、港口代理费、捐税，以及货物搬运费，如装货、理舱、平舱、卸货等费用都由租船人负担。

3. 光船租船

光船租船船东只提供空船由租船人配备船员，提供工资给养，负责船舶的经营管理和航行各项事宜。在租期内，租船人实际上对船舶有着支配权和占有权。

## （三）程租船合同主要内容

1. 租船合同当事人、船名、船旗

（1）前言部分，通常把船东作为一方，租船人作为另一方称为契约当事人，予以明确。

（2）船名是主要条件之一，不能有差错或任意替换。

（3）船旗也是重要条件之一，租船时必须弄清楚。未经租船人同意，船东不能更改船旗。

2. 货物

（1）货物的说明，包括货类、货名、包装和货物的积载系数。

（2）货物的数量，一般都规定，船东选择5%的伸缩，吨或长吨，以及溢短装或亏舱。

3. 装卸港口

（1）最简单的订法是把装卸港的数目和港口的名称订在合同中，比较灵活的订法是笼统地订装卸区，如一个中国港口由租船人选，通常要求指定的港口是安全的。

（2）除规定港口外，还规定每个港口的泊船数目，通常每港有一至二个安全泊位。

4. 受载日和解约日

（1）从受载日至解约日称为受载期，这是首先要考虑的条件之一。

（2）受载期是船东在报盘时提出，并由租船人接受，一般少则7~10天，多则15~20天。

5. 运费

（1）运费是船东提供运输服务的应得报酬，也是租船人必须履行的义务，因此是重要条款之一。

（2）对运费的计算方式，一般规定费率（Rate of Freight），即按所装货物每单位重量（或单位容积）所表示的金额：或整船包干运费（Lump - sum Freight），即按提供的船付一笔运费，不管实际装货多少，一律照付。

（3）运费的交付方式要明确币别和支付时间，并明确预付、到付，或是部分预付及其百分比。

6. 装卸费用的划分

如何划分装卸费用，在程租合同中是一个重要问题，划分的方法有以下四种：

（1）FIO（Free In and Out），即船东不负责装卸费用。同时要明确理舱（Stow）和平舱（Trim）由谁负担，FIOS或FIOT或FIOST。

（2）FO（Free Out），即船东负责装货费用，但不负责卸货和费用。

（3）FI（Free In），即船东负责卸货费用，但不负责装货和费用。

（4）Liner Terms，即船东负责装卸费用，又称班轮条件。

7. 许可装卸时间

对船东来说，装卸时间无法控制，必须要规定多少时间内完成装卸作业，一般用装卸率或装卸天数表示。规定装卸天数，常见的有以下几种方法：

（1）连续日（Running Days），是指不扣除周末和节假日，每天24小时。

（2）工作日（Working Days），是指每周扣除周末和节假日，每个工作日按8小时计算。

（3）累计8小时工作日（Working Days of 8 Hours），是指扣除周末和节假日后，每累计8小时算一个工作日。

（4）累计24小时工作日（Working Days of 24 Hours），是指不管港口作业几小时，均以累计达24小时才算一个工作日。

（5）晴天工作日（Weather Working Days），是指在“工作日”基础上，还要扣除不适宜装卸的刮风下雨等“坏天气”。

（6）连续24小时晴天工作日（Weather Working Days of 24 Consecutive Hours），是指在天气适宜装卸的情况下，每累计工作24小时算一个工作日。

（7）许可时间的扣除，星期日、假日除外；在除外的时间内，如实际上有作业，是否用了算，还是用了也不算，也需要明确。

（8）滞期费和速遣费。如租船人在许可时间内没有完成装卸，则需向船东支付一定金额罚款叫滞期费（Demurrage）；反之，在规定的装卸期限内如租船人提前完成装卸作业，船方向租船人支付一定的奖金作为速遣费（Despatch Money），订为每天若干金额，不足一天按比例计付，速遣费通常是滞期费的一半。

## 二、铁路运输

铁路运输是多种运输方式中的一种，它具有运量大、速度快、运输成本低、运输的准确性和连续性强等特点。目前，我国经由铁路运输的进出口货量，仅次于海洋运输而居于第二位。铁路运输在我国的对外贸易中起着非常重要的作用：第一，它把欧亚大陆连成一片，对我国发展与亚洲其他国家和欧洲各国的经济贸易提供了便利条件；第二，它联系我国香港和澳门特区，对开展相关贸易和经香港特区的转口贸易是必不可少的；第三，我国海运进出口货物的集散和我国各地区间有关外贸物品的调拨，主要是通过铁路运输来完成的。

### （一）国际铁路联运

国际铁路货物联运是这样一种运输方式：使用一份统一的国际联运票据，无须发、收货人参加，而由铁路部门负责办理两个或两个以上国家铁路全程运送的货物运输。

1.《国际货约》和《国际货协》

采用国际铁路货物联运，有关当事国事先必须有书面的约定。欧洲国家的铁路联运工作开始较早，1890 年欧洲各国在瑞士首都伯尔尼举行的各国铁路代表大会上制定了《国际铁路货物运送规则》，1938 年修改后称为《国际铁路货物运送公约》（以下简称《国际货约》)，又称《伯尔尼货运公约》。《国际货约》虽经多次修改，但至今仍在实行。1951 年 11 月，苏联和东欧各国签订《国际铁路货物联运协定》，简称《国际货协》。

《国际货约》和《国际货协》均规定区域内可以办理同一运单的联运。由于一些国家（如保加利亚、波兰、德国等）同时作为《国际货约》和《国际货协》的成员国，另外一些分属不同公约的接壤国之间亦缔结有双边协定，因此《国际货约》和《国际货协》之间的联运实际上亦可办理。1954 年 1 月我国参加了《国际货协》，开办了国际间的铁路联运。

2. 中欧班列

中欧班列是指中国开往欧洲的快速货物班列，是适合装运集装箱的货运编组列车。随着我国“一带一路”倡议的推进，目前有西、中、东三条运行线路：西部通道经新疆阿拉山口（或霍尔果斯）出境，中部通道经内蒙古二连浩特出境，东部通道经内蒙古满洲里（黑龙江省绥芬河）出境。截至 2017 年 4 月 16 日，这两条运行线路共连接国内 24 个城市、46 条运行线路，对接欧洲 11 个国家 36 个城市。中欧班列主要运行线路如下：

（1）中欧班列（重庆—德国杜伊斯堡）。该班列又称“渝新欧”班列，是首条中欧班列。从重庆团结村站始发，经西安、兰州、乌鲁木齐，向西过北疆铁路，由边境口岸阿拉山口出境，途经哈萨克斯坦、俄罗斯、白俄罗斯、波兰至德国杜伊斯堡站，全程 11179 千米，运行时间约 15 天。2016 年上半年，新增满洲里和霍尔果斯两个口岸。首列于 2011 年 3 月 19 日开行。截至 2016 年 6 月，据国家海关统计，重庆市开出的“渝新欧”班列班次数量占全国中欧班列数量的 45% 左右，货值占所有从新疆阿拉山口出境的中欧班列货值总量的 85%。2017 年 3 月 23 日，中欧（重庆）班列开行 6 年后突破 1000 列，成为中国首个突破千列的中欧班列。

（2）中欧班列（蓉欧快线)。蓉欧快线设计有“一主两辅”三条线路：“一主”为中线，从成都城厢站始发，由阿拉山口出境，途经哈萨克斯坦、俄罗斯、白俄罗斯，至波兰罗兹站，全程 9965 千米，运行时间约 14 天，仅为海运的 1/3，运输成本约为空运的 1/4，首列于 2013 年 4 月 26 日开行。“两辅”分别为北线和南线，其中北线为成都至白俄罗斯定制班列，从新疆阿拉山口出境，经哈萨克斯坦、俄罗斯，最终抵达白俄罗斯，全程 8866 千米，运行时间约为 12 天，该班列于 2017 年 3 月 1 日开通。南线的成都至土耳其伊斯坦布尔线路于 2017 年 9 月正式开通，该班列由成都国际铁路港始发，经新疆霍尔果斯口岸出境，途经哈萨克斯坦，阿塞拜疆、格鲁吉亚等国，最终抵达伊斯坦布尔，全程约13000千米。

（3）中欧班列（郑州—德国汉堡）。从郑州圃田站始发，由阿拉山口出境，途径哈萨克斯坦、俄罗斯、白俄罗斯、波兰至德国汉堡站，全程10245千米，运行时间约15天，首列于2013年7月18日开行。

（4）中欧班列（苏州—波兰华沙）。从苏州始发，由满洲里出境，途经俄罗斯、白俄罗斯至波兰华沙站，全程11200千米，运行时间约15天，首列于2013年9月29日开行。

（5）中欧班列（武汉—捷克、波兰）。从武汉吴家山站始发，经阿拉山口出境，途径哈萨克斯坦、俄罗斯、白俄罗斯到达波兰、捷克、斯洛伐克等国家的相关城市，全程约10700千米，运行时间约15天，首列于2012年10月24日开行。

（6）中欧班列（长沙—德国杜伊斯堡）。从长沙霞凝货场始发，同样实行“一主两辅”运行路线。“一主”为长沙至德国杜伊斯堡，通过新疆阿拉山口出境，途经哈萨克斯坦、俄罗斯、白俄罗斯、波兰、德国，全程11808千米，运行时间为18天，2012年10月30日首发。“两辅”一是经新疆霍尔果斯出境，最终抵达乌兹别克斯坦的塔什干，全程6146千米，运行时间为11天；二是经内蒙古二连浩特（或满洲里）出境后，到达俄罗斯首都莫斯科，全程8047千米（或10090千米），运行时间为13天（或15天）。

（7）中欧班列（义乌—西班牙马德里）。自浙江义乌铁路西站始发，贯穿新丝绸之路经济带，经安徽、河南、陕西、甘肃，通过阿拉山口口岸出境，途经哈萨克斯坦、俄罗斯、白俄罗斯、波兰、德国、法国、西班牙，全程13052千米，运行时间约21天。于2014年11月18日首发，是目前中国史上行程最长、途经城市和国家最多、境外铁路换轨次数最多的火车专列。

（8）中欧班列（哈尔滨—俄罗斯比克良）。2015年2月28日正式上线运营。从哈尔滨香坊火车站始发，经滨洲铁路1004千米到达满洲里口岸站出境，再经俄罗斯西伯利亚大铁路5574千米到达俄罗斯中部比克良站，全程运行6578千米。从黑龙江省到俄罗斯中部地区，通过铁路国际货物班列运输货物比空运可节省运费3/4左右；较普通零散运输，时间可缩短2/3以上，运费可节省25%以上。

（9）中欧班列（哈尔滨—德国汉堡）。哈欧班列东起哈尔滨，经满洲里、俄罗斯后贝加尔到赤塔，转入俄西伯利亚大铁路，经俄罗斯的叶卡捷琳堡和莫斯科到波兰的马拉舍维奇至终点德国汉堡，全程9820千米，首列哈欧班列于2015年6月13日开通。

（10）中欧班列（西宁—比利时安特卫普）。2016年9月8日，青藏高原首趟中欧班列从青海省西宁市双寨铁路物流中心发出，经甘肃、新疆，从阿拉山口口岸出境，途经哈萨克斯坦、俄罗斯、白俄罗斯、波兰、德国，最终抵达比利时第二大城市安特卫普，跨越6个国家，全程9838千米，历时约12天，比传统海运节省40天，主要运输藏毯、枸杞等青海当地特色产品。

（11）中欧班列（广州—莫斯科）。从广州大朗站始发，经满洲里出境，直达俄罗斯首都莫斯科，全程11500千米，用时15天，2016年8月28日首趟班列开出。

中欧班列沿线各国实行一次报关、一次查验、全线放行。采用统一运单，即只需要一张报关单，可以从起点直接到达欧洲终点，而且企业还可以灵活地选择就近的区域报关或者提货。中欧班列运行线路使中国内陆出口欧洲的货物比海运快了20多天，而运输成本仅为空运的1/10。

3. 中亚班列

（1）中亚班列（西安—哈萨克斯坦阿拉木图）。又称中亚班列“长安号”，从西安新筑车站出发，经宝鸡、天水、兰州、乌鲁木齐，从阿拉山口出境，一路向西最终到达哈萨克斯坦最大城市阿拉木图，运行时间约6天，比过去节省19天，自2013年11月28日开行。

（2）中亚班列（连云港—哈萨克斯坦阿拉木图）。从连云港出发，到新疆霍尔果斯换轨，前往哈萨克斯坦阿拉木图，全程运行约12天，2015年2月25日开通。

（3）中亚班列（厦门—土库曼斯坦）。从厦门海沧自贸区出发，经新疆阿拉山口直达中亚哈萨克斯坦、吉尔吉斯斯坦、塔吉克斯坦、乌兹别克斯坦、土库曼斯坦等5国，全程运行时间为5天，2015年8月16日开通。

（4）中亚班列（包头—哈萨克斯坦首都阿斯塔纳）。从包头市出发，经包兰线、临哈线、兰新线，由阿拉山口出境，途经哈萨克斯坦阿拉木图，终点到首都阿斯塔纳，运行总里程为4332千米，运行时间为8天，2016年7月27日开通。

（5）中亚班列（南通—阿富汗海拉顿）。从江苏南通铁路货运东站出发，自新疆阿拉山口出境后，途经哈萨克斯坦、乌兹别克斯坦，最终进入阿富汗重要的进出口岸和货运重镇——海拉顿，全程运行约7000千米，运行时间为15天，2016年8月25日首发。

中欧、中亚班列的开行，搭建了国际货运班列“大动脉”，让“中国制造”走出国门，也让海外产品走进中国千家万户。随着“一带一路”倡议的推进，国内越来越多的城市将会开通中欧班列和中亚班列，对加强我国与“一带一路”沿线欧亚国家的互联互通、促进国际贸易起到巨大推动作用。

## （二）国内铁路运输

国内铁路运输是指在本国范围内按《国内铁路货物运输规程》的规定办理的货物运输。我国出口货物经铁路运至港口装船及进口货物卸船后经铁路运往各地，都属于国内运输的范畴。内地对港澳特区的铁路运输也属于国内铁路运输的范围。

对港铁路运输由国内段和港段铁路运输两部分构成，它是一种特定的运输方式，即租车方式、两票运输。具体做法是：由发货地至深圳北站的国内段运输，由发货人或发货地外运机构依照对港铁路运输计划的安排，填写国内铁路运单，运往深圳北站，收货人为中国对外贸易运输公司深圳分公司。深圳分公司作为各外贸企业的代理，负责在深圳与铁路局办理货物运输单据的交换，并向深圳铁路局租车，然后申报出口，经查验放行后，将货物运输至九龙。货车过轨后，由深圳外运分公司在香港特区的代理人——香港中国旅行社向香港九广铁路公司办理港段铁路运输的托运、报关等工作，火车到达九龙站后，由香港中国旅行社将货物卸交给香港收货人。

澳门没有铁路直通，内地各省运往澳门的货物，先向铁路托运，办理国内段运输至广州南站，由广州外运公司办理中转手续，然后转水运去澳门特区。

## 三、航空运输

航空运输具有其他运输方式所没有的特点和优点。首先，运送速度快。这一特点使航空运输的进出口货物能够抢行就市，应付瞬息万变的市场行情，从而增强商品的竞争力。同时，运送急救物资、精密仪器、贵重物品、易腐鲜活物品和季节性强的商品也以采用航空方式为宜。目前，在我国的进口商品中，采用航空运输的主要有电脑、成套设备中的精密部件、电子产品和其他精密的高科技产品；出口商品主要有服装、丝绸、棉针织品、海鲜产品、水果和蔬菜等。不受地面条件限制，能够安全、准确地将货物运往世界各地，降低货物的破损率。其次，由于航空运输速度快，货物周转期短，货损货差少，可以减少货物的包装、保险和利息等方面的费用。

航空货物运输的方式主要有班机、包机、集中托运等方式。

### （一）班机运输的方式（Scheduled Flights）

班机是指定期开航的定航线、定始发站、定目的站和途经站的飞机。班机固定航线和停靠港，定期开航，因此国际间货物流通使用班机运输方式，能完全迅速地到达世界上的各通航地点。收、发货人可以确切掌握货物起运和到达的时间，这对市场上急需的商品、鲜活易腐货物以及贵重商品的运送是非常有利的。

### （二）包机运输方式（Chartered Carrier）

包机运输方式可分为整包机和部分包机两类：

（1）整包机即包租整架飞机，是指航空公司或包机代理公司，按照与租机人事先约定的条件与费率，将整架飞机租给包机人，从一个或几个航空站装运货物到指定目的地的运输方式。

（2）部分包机是由几家航空货运公司（或发运人）联合包租一架飞机，或者是由包机公司把一架飞机的舱位分别卖给几家航空货运代理公司，这种方式适用于不足一整架飞机的货物，或者 1 吨以上运量的货物。

### （三）集中托运方式（Consolidation）

航空货运代理公司把若干单独发运的货物组成一整批货物，用一份总运单整批运到同一站；或者交某一预定的代理收货，然后再报关，分拨后交给实际收货人，这种运输方式叫作集中托运。

## 四、公路运输

公路运输（Road Transportation）又称汽车运输，是以公路为运输线，利用汽车等陆路运载工具将货物从甲地运到乙地的运输方式。它是贸易运输和国内货物流程的主要方式之一，是车站、港口和机场集散物资的重要手段，具有灵活、简便、快捷、直达的特点。其缺点是运量不大，费用偏高。我国与毗邻国家如俄罗斯、朝鲜、缅甸、尼泊尔等国均有公路相通，与这些国家的贸易可采用公路运输方式。通过深圳文锦渡去香港特区的公路，将内地公路运输与香港特区海运、空运连接起来，便于国内物资外运。

## 五、邮包运输

邮包运输（Parcel Post Transport）是一种较简便的运输方式。各国邮政部门之间订有协定和公约，通过这些协定和公约，各国的邮件包裹可以互相传递，从而形成国际邮包运输网。

国际邮包运输具有国际多式联运和“门到门”运输的性质，托运人只需按邮局章程一次托运、一次付清足额邮资，取得邮政包裹收据（Parcel Post Receipt），交货手续即告完成。邮件在国际间的传递由各国的邮政部门负责办理，邮件到达目的地后，收货人可凭邮局到件通知向邮局提取。所以，邮政运输适用于重量轻、体积小的货物的传递。邮包运输具有广泛的国际性，具有国际多式联运性质，同时具有“门到门”运输的性质。

近年来，网上跨境电子商务飞速发展，针对消费者的小额国际贸易开始出现，使国际快递业务迅速发展。国际快递业务包括由国家邮政部门办理的邮包业务和私营公司的国际快递业务。目前，国际快递业务的主要承运人有：

1. DHL

DHL 信使快递是由三名美国人（Adrain Dalsey，Larry Hillblom and Robert Lynn）于 1969 年组建的敦豪国际信使专递和民航快递服务（AIR Express Service，AE）。DHL 是国际信使专递行业中具有代表性的专递公司，总部设在美国纽约，传递范围遍及世界各地。DHL 是全球快递、洲际运输和航空货运的领导者，也是全球海运和合同物流的提供商。

2. UPS

UPS 全称是 United Parcel Service（联合包裹服务公司）。UPS 于 1907 年作为一家信使公司成立于美国，通过明确致力于支持全球商业的目标，UPS 如今已发展为拥有 426 亿美元资产的大公司。作为世界上最大的快递承运商与包裹递送公司，管理着 200 多个国家和地区的物流、资金流与信息流。

3. FedEx

FedEx 全称是 Federal Express（联邦快递）。1973 年，FedEx 正式开展快递业务，现已成为世界上最具规模的速递运输公司之一，是全球最具规模的全货运航空公司，提供快捷、可靠的速递服务。联邦快递分为几个全球性区域：美国区、加拿大区、亚太地区、欧洲、中东和非洲地区、拉丁美洲和加勒比海地区。

4. TNT

TNT 全称是 Thomas Nationwide Transport（托马斯全国运输），于 1946 年创建于澳大利亚，公司总部位于荷兰，是欧洲最大的快递公司，在欧洲市场占有 65% 的市场份额，在欧洲和亚洲拥有高效的网络设施，并在世界范围内不断扩展业务网络，以实现其网络绩效的最大化。TNT 集团拥有 128000 多名员工，分布于 200 多个国家和地区。同前三个竞争对手的目标市场定位不同的是，TNT 以欧洲市场为中心业务市场。

5. EMS

EMS－全球邮政特快专递（Express Mail Service）由各国邮政联合创办，由万国邮政联盟统一指定名称和标志。我国于 1980 年开办 EMS 业务，到目前为止，我国邮政部门已与 80 多个国家和地区的邮政部门建立了业务联系，尚未与我国建立 EMS 业务联系的国家和地区的特快专递邮件，则通过与 TNT 的合作来补充 EMS 网络的不足，使我国特快专递邮件可以通达世界 200 多个国家和地区。

前四家公司当前被称为国际四大快递巨头，在全球各有优势。例如，FedEx 和 UPS 的强项在美洲线路、日本线路；TNT 在欧洲、西亚和中东有绝对优势；DHL 则是在日本、东南亚、澳洲有优势。

## 六、集装箱运输与国际多式联运

### （一）集装箱运输

1. 集装箱运输的特点

集装箱（Container）是指具有一定强度、刚度和规格，专供周转使用的大型装货容器。集装箱运输（Container Transport）是以集装箱作为运输单位进行货物运输的一种现代化运输方式，它可适用于海洋运输、铁路运输及国际多式联运等。从 20 世纪 70 年代以来，国际海上集装箱运输发展尤为迅速，迄今已形成了一个世界性的集装箱运输体系。目前，集装箱海运已经成为国际主要班轮航线上占有支配地位的运输方式。在我国，集装箱运输，尤其是集装箱海运已经成为普遍采用的一种重要的运输方式。

集装箱海运之所以如此迅速发展，是因为同传统海运相比，具有许多优越性，比如，大大地减少了货物的损坏、偷窃和污染的发生；降低了转运费用；加速了船舶的周转；更有效地利用了运输能力，并把传统单一运输串联为连贯的成组运输，从而促进了国际多式联运的发展。

2. 集装箱的类型

国际标准化组织为统一集装箱的规格，推荐了三个系列 13 种规格的集装箱，但在国际航运上运用的主要是 20 英尺和 40 英尺两种，即 IA 型 8’×8’×20’（可装货物重量约 17 吨、可装货物体积约 25 立方米）和 IC 型 8’×8’×40’（可装货物重量约 25 吨、可装货物体积约 55 立方米）。为适应运输各类货物的需要，集装箱除通用的干货集装箱外，还有罐式集装箱、冷藏集装箱、框架集装箱、平台集装箱、通风集装箱、牲畜集装箱、散装集装箱、挂式集装箱等种类。

为了便于统计集装箱运输的货运量，目前国际上都以 20 英尺集装箱作为计算衡量单位，以 TEU（Twentyfoot Equivalent Unit）表示，意为“相当于 20 英尺单位”。在统计不同型号的集装箱时，按集装箱的长度换算成 TEU 加以计算。

3. 集装箱运输货物的交接

集装箱货物根据装箱数量和方式可分为整箱货和拼箱货。

整箱货（Full Container Load，FCL）适用于货方有足够的货源装载一个或数个整箱的情况。整箱货由货方在工厂或仓库自行装箱，也可由承运人代为装箱，装箱后加锁、铅封，并打上印记，直接送往集装箱堆场（Container Yard，Cy）等待装运。承运人也可在内陆转运站（Inland Depot）接箱。货到目的港（地）后收货人可直接从目的港（地）集装箱堆场提走。

拼箱货（Less than Container Load，LCL）是指货量不足一整箱，由货方将货物运到集装箱货运站（Container Freight Station，CFS）或内陆转运站，再由承运人或其代理人根据货物的性质和所到目的地进行分类整理，将不同发货人的货物拼装在一个集装箱内，货到目的港（地）后，由承运人拆箱后分拨给各收货人。

集装箱货物不仅在起运地有整箱装与拼箱装的方式，而且在目的地卸货时也有整箱货交付与拆箱货交付的区别。因此，集装箱货物的交接方式和交接地点可以分为以下四类九个地点：

（1）FCL/FCL，即“整箱交/整箱收”，在这种方式下，集装箱的具体交接地点有以下 4 种情况：

A. Door to Door，即“门到门”，指在发货人的工厂或仓库整箱交货，承运人负责运至收货人的工厂或仓库整箱交给收货人。

B. Cy to Cy，即“场至场”，指发货人在起运地或集装箱港的集装箱堆场整箱交货，承运人负责运至目的地或卸货港的集装箱堆场整箱交给收货人。

C. Door to Cy，即“门到场”，指在发货人的工厂或仓库整箱交货，承运人负责运至目的地或卸货港的集装箱堆场整箱交给收货人。

D. Cy to Door，即“场到门”，指发货人在起运地或集装箱港的堆场整箱交货，承运人负责运至收货人的工厂或仓库整箱交给收货人。

（2）FCL/LCL，即“整箱交/拆箱收”，在这种交接方式下，集装箱的具体交接地点有以下两种方式：

A. Door to CFS，即“门到站”，指在发货人的工厂或仓库整箱交货，承运人负责运至目的地或卸货港的货运站。货运站拆箱按件分拨给有关收货人。

B. Cy to CFS，即“场到站”，指发货人在起运地或集装港的集装箱堆场交货，承运人负责运至目的地或卸货港的集装箱货运站，货运站负责拆箱分拨给有关收货人。

（3）LCL/LCL，即“拼箱交/拆箱收”，在这种交接方式下，集装箱的交接地点只有一种，为 CFS to CFS，即“站到站”，是指发货人将货物运往起运地或集装港的集装箱货运站，货运站将货物拼装后交承运人，承运人负责运至目的地或卸货港的集装箱货运站进行拆箱，当地货运站按件分拨给有关收货人。

（4）LCL/FCL，即“拼箱交/整箱收”，在这种交接方式下，集装箱的具体交接地点有以下两种情况：

A. CFS to Door，即“站到门”，指发货人在起运地或集装港的集装箱货运站按件交货，货运站进行拼箱，然后由承运人负责运至目的地的收货人工厂或仓库整箱交货。

B. CFS to Cy，即“站到场”，指发货人在起运地或集装港的集装箱货运站按件交货，货运站进行拼箱，然后由承运人负责运至目的地或卸货港的集装箱堆场，整箱交收货人。

### （二）国际多式联运

国际多式联运（International Multimodal Transport 或 International Combined Transport），是在集装箱运输的基础上产生和发展起来的一种综合性的连贯运输方式。它一般以集装箱为媒介，把海、陆、空各种传统的单一运输方式结合起来，组成一种国际间的连贯运输。国际多式联运在20世纪60年代首先在美国应用，随后在欧洲及亚洲一些地区得到推广，目前在国际上已相当普遍。

《联合国国际多式联运公约》对国际多式联运的定义是：“国际多式联运是指按照国际多式联运合同，以至少两种不同的运输方式将货物从一国境内接管货物的地点运至另一国境内指定交付货物的地点。为履行单一方式运输合同所规定的货物接送业务，不应视为国际多式联运。”根据上述定义，结合国际上的实际做法，构成国际多式联运的基本条件为：

（1）必须是国际间的货物运输（从一国运至另一国）；

（2）必须包括两种或两种以上不同的运输方式；

（3）必须有一张联运契约，由多式联运经营人签发对全程运输单一负责的多式联运单证，全程实行统一运费率。

多式联运经营人（Multimodal Transport Operator）是国际多式联运的当事人，是一个独立的经济实体，具有法人的身份。联运经营人是整个运输的总承运人和多式联运合同的履行者，而不是发货人或船方的代理人。但是，对于货方来说他是承运人。经营人开展业务必须得到政府主管行政机关的批准，要对从接受货物开始一直到交付货物时为止的全程运输负责，实行多式联运责任制，在这种制度下具体可分三种情况：①网关责任制：又称分段责任制，即整个运输过程中所包括的各个区段，以区段运输原有的责任为限。②统一责任制，即经营人对货主所负责任不分运输区段而制定一个统一的原则，按一个约定的赔偿限额处理。这个制度标准一致、手续简便，符合多式联运发展的需要。③修正统一责任制，即在责任范围方面实行统一责任制，在赔偿限额方面又实行分段责任制，按各运输区段的原有规定办理。

多式联统一费率（Multimodal Transport Single Factor Rate）是从发运地到目的地的全程单一联运费率，包括运输成本、管理费用及利润三部分。它既要把全程各段的运杂费用，包括合法利润、各段费用调整及货币贬值等因素考虑进去，又要使这个费率具有竞争性。统一费率的建立，是多式联运的特点之一，对于货主事先核算运输成本、选择合适的运送路线大为有益，同时也简化了各种费用的结算手续。

多式联运合同（Multimodal Transport Contract）是货主同多式联运经营人之间所订立的一种运输契约。合同内容有委托单位名称、货名、数量、装货港、目的地、交货条款及责任条款等，合同一经订立，立即确认委托关系。承运人组织和完成全程运输，最终向货主一次收取全程运费。合同中明确规定了委托方与承运方的责任，多式联运经营人从接管货物时起到交付货物时止，被视为其管辖之下，承担全部运输责任。货物有任何残损或灭失，货主只要找承运人就可解决赔偿问题，大大方便了货主。

### 七、其他

内河运输、管道运输等运输方式也在国际货物运输中发挥着重要的作用。

## 第二节 装运条款

装运条款的内容及其具体订立与合同的性质和运输方式有着密切的关系。《国际贸易术语解释通则》规定，对于FOB、CFR、CIF、FCA、CPT、CIP的合同，卖方只要在合同规定的装运地（港）将货物装到船上或交付承运人监管就算完成了交货义务，以这类贸易术语成交的合同是一种装运合同，合同中的交货时间实际上是装运时间，卖方对何时到货并不承担责任。而D组的贸易术语和EXW、FAS术语，则是卖方必须将货物置于买方的实际控制之下。因而，合同中规定的交货时间是买卖双方实际交接货物的时间。交货时间是合同中的重要条款。推迟和提前交货都构成违约。

我国的进出口合同大部分是FOB、CIF和CFR合同，而且大部分的货物是通过海洋运输。按照国际贸易惯例解释，在上述条件下，卖方只要将合同规定的货物在装运港履行交货手续，取得清洁的装船单据，并将其交给买方或其代理人，即算完成交货义务。因此，上述合同的装运条款应包括装运时间、装运港、目的港、是否允许转船与分批装运、装运通知，以及滞期、速遣条款等内容。

### 一、装运期（Time of Shipment）

装运期和交货期在国际贸易中是两个不同的概念，在时间上有区别；但是，在装运港交货和内陆交货的价格术语中，装运期一般早于交货期。合同中对装运期规定如下：

1. 明确规定具体的期限

（1）限于某月或几个月内装运：①20××年3月装运（Shipment during March 20××）；②20××年7~8月装运（Shipment during July、August 20××）；③20××年5

月底前装运（Shipment on/or before the End of May，20××）。

（2）限于某月某日前装运：20××年3月31日前装运（Shipment on/or before the End of May，20××）。

（3）装运日期规定跨月装（Shipment on Oct. /Nev. ）。

（4）装运期由卖方选择，允许分批、转运：

20××年5、6月装运，卖方选择，允许分批、允许转船（Shipment during May，June with Partial Shipment and Transshipment Allowed，at Seller's Option）。

上述规定，使卖方有一定时间进行加工备货和安排运输，同时也有利于买主掌握货物装运期，做好支付货款和接受货物的准备。

2. 规定在收到信用证后若干天装运

该规定适用于：

（1）根据买方来样加工的商品或国外定牌商品，此种商品既不能内销，也不能转销其他客户，卖方为了避免积压商品，可以采取这种方法。

（2）对外汇管制较严的国家的买主，买方定购商品还需申请进口配额或进口许可证。

（3）对某些信用较差，或对某些没有把握的客户。

这种规定，对卖方的好处是卖方的出口货运是以收到信用证为前提的，只要我们保证单货证一致，货款收回是没有问题的。但如果买方因某种原因开证无期，也将使卖方处于被动的地位。所以在实行这种规定时，就需要加列："买方如不按合同规定开证，卖方有权按买方违约提出索赔"或规定"买方最迟于×月×日以前将信用证开抵卖方"。

3. 避免使用下列表示时间的术语

下列术语规定含混、解释不一，容易造成误解，应避免使用或要求对方澄清，如立即装运（Immediate Shipment）、即刻装运（Prompt Shipment）、尽速装运（Shipment as soon as Possible）。根据UCP600规定：在信用证中，装运期不应使用该类词语，如若使用，银行将不予置理。

4. 签订合同装运期时应注意的问题

（1）货源情况。装运期规定远近，应和生产、库存情况相适应。如现货或加工需时较短，装运期可以规定近一些；加工费时较多，则远一些。对于粮油、矿砂等大宗交易的商品，在合同中应规定跨月装运。

（2）运输情况。在由我方负责租船订仓的条件下，对装运的规定必须考虑有关运输情况。例如航线是直达的，还是需要转船；是交通便利的，还是偏僻的；有没有班轮挂港，港口条件如何，有没有特殊的要求。

（3）市场需求。注意市场的销售季节，装运时间如能赶在销售季节之前，将是我方争取好价的因素之一。

（4）商品性质。某些商品由于本身性质的要求，例如某些商品梅雨季出运；要受潮、发霉、生锈；还有商品遇热溶化等。实际规定装运期时应尽可能避开。

## 二、装运港（Port of Shipment）和目的港（Port of Destination）

装运港又叫装货港，是货物起始装运的港口。如果使用装运港交货类价格术语时，那装运港同时也是货物的交货地点。目的港又叫卸货港，是指买卖合同规定的卸货港口。一笔交易达成，必须确定装运港和目的港，主要为了卖方安排装运，同时也为了买方接货。一般习惯是装运港由卖方提出，买方同意确定；目的港由买方提出，卖方同意确定。买卖双方在确定装运港和卸货港时，都可以规定一个，但也可以规定几个任选其一。

在我国的出口业务中，对装运港的规定主要应考虑货源比较接近的港口，以方便运输和节省费用。规定“中国口岸”为装运港比较灵活机动。注意装运港的规定必须和信用证一致。在我国的进口业务中，卸货港可规定为“中国港口”，具体卸货港应尽可能选择离用货单位和消费地区近的港口比较适宜。

采用 CIF、CFR 出口对目的港选择时应注意以下问题：

1. 要根据我国对外政策的规定来选择港口，不应规定我国政策不允许往来的港口为卸货港。

2. 目的港争取以航线多、装卸条件好、费用低的寄航港。特别应注意国外装卸港口的具体运输和装卸条件，例如：有无直达班轮，港口装卸设备，码头泊位的深度，冰冻期和港口的规章制度，已注册船只有无限制，以及运费、附加费的水平等。

3. 不能接受内陆城市为卸货港。

4. 对运往偏僻港口，应争取“允许转船”（Transshipment to be Allowed）。

5. 对装卸港的规定要明确，如“汉堡”“伦敦”。不要笼统定“欧洲主要港口”（European Main Ports – E. M. P）、“非洲主要港口”，容易引起误会。

6. 不能接受指定码头或泊位的装卸条款。如果因业务需要必须接受这种条款时，应在合同中加列下述内容：“载货船舶到达目的港时，为指定码头无泊位或吃水限制，则卖方或承运人有权命令该船前往其他码头卸货，除非买方坚持在指定码头卸货，在这种情况下所发生的费用均由收货人负担。”

7. 有的国外进口商在与我方成交时，尚未找到最终卖主，因此要求在几个港口中任选一个，即选择港（Optional Ports），又叫任意港。我方可以同意，但同时应规定：

（1）任意港不能超过三个；

（2）卸货港必须是同一航线上，班轮都挂港的港口，跨航线不能同意；

（3）运费按选择港中最高费率和附加费计算。选港附加费由买方负责加。如：CIF 伦敦/汉堡/鹿特丹，任选，选港附加费由买方负担。（CIF London、Hamburg、Rotterdam Optional, Additionals for Buyer's Account）；

（4）买方最后选择的任意港应在装船时明确，或最迟也不应晚于该船抵达第一选港前 48 小时宣布。

8. 对内陆国家的贸易，一般应选择最近的港口或传统的卸货港口。

9. 为防止发生差错，应注意国外港口有无重名，如有重名，要注明装卸港所在国家的地区。

## 三、装运通知

这是一项买卖双方相互配合、相互衔接的工作。在 FOB 条件成交时，卖方在约定装船期等开始前一个月，向买方发出货物备妥准备装船的通知（催派船电报 Shipping Instruction），买方接到卖方通知后，应及时将船舶名称、船期等用电报通知卖方准备接船。

在 CIF、FOB、CFR 条件成交时，卖方应于货物装船后，立即将合同号，货物的品名，件数，重量，发票金额，船名及装船日期电告买方（Shipping Advice），以便买方准备接货，办理进口手续及投保。

## 四、分批装运和转船

### （一）分批装运

凡一笔成交的货物，分若干批次装运叫作分批装运。根据 UCP600 第 40 条规定：同一运输工具、同一航次中多次装运货物，都不能叫分批。合同中的分运条款如下：

1. 允许分运（Partial Shipment Allowed）。该条款对同一信用证规定的多类商品，或一类商品的多种规格，可根据货源情况全部或分批多次装运。

2. 批内不能分运（Partial Shipment Prohibited Within Lots）。多种商品或一种商品多种规格，只能划分一种/次全部装运，在划分的范围内不能再分运。

3. 禁止分运（Partial Shipment Prohibited/not Permitted）。信用证下的货物，必须一次装运。

4. 其他分运条款

（1）定期分运，定量分运。例：4 月 100 箱、5 月 100 箱、6 月 100 箱。

（2）等量分运，按比例分运。例：每次 100 吨：一级品 40 吨、二级品 60 吨。

注意在信用证有效期内，分批装运中任何一期未按期完成，信用证对该期及各期货物均告失效。

另外，根据 UCP600 的规定，使用同一运输工具并经由同次航程运输的数套运输单据在同一次提交时，只要显示相同目的地，将不视为分批装运，即使运输单据上表明的发运日期不同或装货港、接管地或发运地点不同。

### （二）转船（Transshipment）

凡我国出口货物运往没有直达港的国家或地区，在合同中应订有“允许转船”的条款（Transshipment to be Allowed），同时应订明转船费由买方或卖方负担。

凡我国进口按 FOB 条件成交时，在合同和信用证中，为了灵活主动，不宜规定“不准转船”的条款。

根据银行办理信用证业务的习惯，凡信用证内未明确规定禁止转船者，即视为可以转船。

### 五、其他装运条款

其他常见的装运条款还有 OCP 条款。OCP（Overland Common Points）内陆地区，以美国洛基山脉为界，以东地区为内陆地区范围。不仅可以享受美国内陆运输的优惠，而且可以享受 OCP 海运的优惠费率。对进出口双方都有利。

适用 OCP 条款必须符合以下条件：

（1）货物最终目的地必须属于 OCP 地区；

（2）货物必须经过美国西海岸港口中转、目的港必须是美国西海岸港口；

（3）提单上必须标明 OCP 字样，在提单目的港一栏中除填明美国西部海岸港口名称外，还要加注内陆地区的城市名称。

## 第三节　主要运输单据

### 一、海运提单

提单（Bill of Lading）是由船长或承运人或其代理人签发，证明收到特定的货物，允许将货物运至特定的目的地并付于收货人的凭证。《汉堡规则》第 1 条第 7 款给提单下的定义是：“提单是指证明海上运输合同和货物由承运人接管或装载以及承运人保证凭以交付货的单据。单据中关于货物应按记名人的指示或不记名人的指示交付或交付给提单持有人的规定，即是这一保证。”

#### （一）提单的作用

根据上述定义，提单是运输合同的证明、货物收据和物权凭证，这就是提单的作用。

1. 提单是承运人出具的货物收据（Receipt for the Goods）

已装船货物提单是承运人出具的、已装船货物的收据。

2. 提单是物权凭证（Documents of Title）

提单是货物所有权的凭证，提单作为一种商业单据，经背书是可以转让的。提单的转让意味着货物所有权的转让。提单作为货权凭证可以买卖，它在国际贸易中起着极为重要的作用。在我国，目前提单只起提货的作用，而不能转让。

3. 提单是运输合同或运输合同成立的证明

承、托运人之间为了运输而订立的合同称为运输合同。海洋运输合同可以分为：租船运输下的租船合同和班轮运输下的提单，即提单也是运输合同。

但是，如果承运人与托运人之间订有运输合同，另签发了提单，则在把提单转让给第三方之前，提单条款内容只能认为是原订合同的补充，不能认为是一个新合同。如果提单条款与原订合同有冲突，应以原订合同为准。

### （二）提单的内容

提单正面的内容包括：

1. 承运人名称（Name of the Carrier）

2. 托运人名称（Name of the Shipper）

3. 收货人名称（Name of the Receiver）（直接记载或凭指示）

4. 通知人名称（Notify Party）

5. 船名（Name of the Vessel）（在指示提单上用）

6. 装货港、卸货港和转运港（Port of Loading，Port of Discharge，Port of Transshipment）

7. 货物名称、标志、包装、件数、重量和体积等

8. 运费的支付（Payment of Freight）

"预付运费"（freight prepaid）

"到付运费"（freight payable at destination）

第三地支付：列明付款人名称及详细地址，以保证收费

9. 提单的签发日期、地点和份数

10. 承运人或船长或由其授权的人签字或盖章

提单的背面是关于承运人与货方之间的权利、义务与责任豁免的条款。国际上通行的关于提单背面条款的惯例与规则有：1924 年的《关于统一提单的若干法律规定的国际公约》（The Hague Rules，简称《海牙规则》），1968 年的《布鲁塞尔议定书》（The Uisby Rules，简称《维斯比规则》），1978 年的《联合国海上货物运输公约》（The Hamburg Rules，简称《汉堡规则》）。

### （三）提单的种类

从不同角度可把提单分为几种类型：

1. 按货是否已装船区分

（1）已装船提单（Shipped or on Board B/L）。已装船提单是指承运人在货物已装船后签发给托运人的提单。这种提单还必须注明装货船名和装船日期，提单正面一般载有"货已装上船，其表面状况完好（Shipped on Board the Vessel in Apparent Good Order and Condition）"。

（2）收货提单或备运提单（Received for Shipment B/L）。备运提单是在装船前签发的提单。在提单开头声明"兹由收到下列货物，表面状况良好"，由于这种提单没有载

明船名、装船日期，对货方很不利，因而在跟单信用证支付方式下，银行一般都不接受这种提单。

随着集装箱运输的发展，备运提单日益增多。一方面承运人必须在内陆收货，而货运站不能签发已装船提单；另一方面，货物装入集装箱后只要没有特殊情况，一般货物质量不会受到影响，在装船前承运人可以签发证明已收到货物的提单。

2. 按提单抬头区分

（1）记名提单（Straight Bill of Lading）。记名提单也称收货人抬头提单，是由托运人指定收货人的提单。根据这种提单，承运人只能将货物交给托运人指定的收货人，托运人不得在记名提单上背书转让，记名提单失去了它代表货物转让流通的便利。由于这种原因，一般只有在运输贵重物品或展览品时采用。按一般的习惯，如果采用记名提单，收货人只要在“到货通知（Notice of Arrival）”上背书即可提货，而可以不凭记名提单提货。记名提单指定收货人也可在提单背后背书，委托其代理提货。

（2）指示提单（Order Bill of Lading）。指示提单是按照记名人（Named Person）的指示或不记名人（to Order）的指示交货的提单。这种提单只在提单“收货人”一栏内填写“凭指示”（to Order）或“凭某人指示”（Order of ×××）字样。这种提单可以通过背书的方式转让给他人提货。

背书（Endorsement）有“空的背书”和“记名背书”两种形式，前者是指仅由背书人（提单的转让人）签字盖章而不注明被背书人（提单受让人）的名称；后者是指提单背书人签名签章后，还列明被背书人的名字（Delivered/Endorsed to the Order of Sb. ×××co.）

（3）不记名提单（Blank B/L、Open B/L）。不记名提单是指记载应向提单持有人交付货物的提单，在提单收货人一栏内填写交与持有人（to Bearer），而不填收货人名称，也不填写“凭指示”。承运人应将货物交与提单持有人。谁持有提单，谁就可以提货。这种提单是可转让提单。转让时不须经过背书，故手续简便。但是如果提单遗失或被窃，然后再转入第三者手中时，极易引起纠纷。由于这种提单风险大，目前经银行开证凭单付款或押汇的提单，几乎很少采用这种提单。

3. 按承运人对货物外表状况有无不良批注区分

（1）清洁提单（Clean B/L）。清洁提单是指未被承运人加注的提单，如果装上船货物表面状况良好、不短少，承运人在签发提单时不做任何批注，这种提单即为清洁提单，银行办理结汇时，都规定必须交付清洁提单。

（2）不清洁提单（Foul B/L）。不清洁提单又称有批注提单，该种提单的签发是由于发货人所交付的货物包装及外表状况有缺陷，如污染、潮损、破包、短少等，承运人为分清责任而在提单上做出批注。

不清洁提单一般不能结汇，习惯上托运人为了取得清洁提单结汇，往往向承运人或其代理人出具保函，以换取清洁提单。

4. 按收费方式区分

（1）运费预付提单（Freight Prepaid B/L）。成交价格中 CIF/CFR 条件为运费预付，上述条款成交的货物托运时，必须预付运费。在运费预付情况下出具的提单为预付提单。这种提单正面载明“运费预付”字样。付费后，如货物丢失，运费也不退还。

（2）运费到付提单（Freight Collect B/L）。以 FOB 价格条款成交的货物，不论是买方订舱还是买方委托卖方订舱，运费均为到付，提单载明“运费到付”，这种提单就是运费到付提单。

5. 按其他情况区分

（1）舱面货提单（on Deck B/L）。舱面货提单俗称甲板货提单。这是指装于露天甲板上的货物，其提单上注明“装甲板”（on Deck）字样。一般提单均载有舱面货提单条款，但只有在提单上注明“装甲板”字样才能算甲板货提单。只有以下几种货物才能载装于甲板：经与托运人协商同意的货物；商业习惯允许的货物；法律规定的货物，如危险装甲板货比之于装舱内货更容易遭到灭失。对于这种来灭失，只要不是承运人的故意行为，承运人则对此不负责任，装舱面上的集装箱所载货物不能算舱面货，不出舱面货提单。如果货装甲板，但未在提单上注明“on Deck”字样，其货物仍享有正常货运的权利。承运人对此要像舱内货一样负责。

（2）预借提单（Advanced Bill of Lading）。由于信用证规定的要汇日期到期，货主因未能及时备妥货物装船或尚未装船，或因为船期延误，影响货物装船，托运人要求承运人先行签发已装船提单，以便结汇。这种在货物装船前或开始装船前已为托运人“借”走的提单，称为“预借提单”。在第一种情况下，虽然托运人在签发预借提单时须出具“保函”承担一切责任，但承运人仍需承担风险。收货人（或货主）可以向法院控告承运人的诈骗行为，而“保函”在法律上的有效性，往往是不成立的。

（3）倒签提单（Anti - dated Bill of Lading）。由于货物实际装船日期迟于信用证规定的装运日期，如仍按实际装船日期签署提单，可能影响结汇。为了使签发提单日期与信用证规定装运日期相符，以利结汇，承运人应托运人的要求，在提单上仍按信用证规定的装运日期填写，这种提单风险，特别是货价下跌时，收货人可以“伪造提单”（False B/L）为理由，拒绝提货并向法院起诉，扣留船只，直到取得补偿或保证金为止。

（4）过期提单（Stale B/L）。货到目地港而提单后到；在信用证支付方式下，卖方持单向银行议付的时间过晚都属于过期提单。UCP600 规定，银行将不接受晚于装运日 21 天后提交的单据。

## 二、电子提单

随着科学技术和现代通信的发展，国际运输已开始利用现代化的计算机技术，通过电子数据交换信息系统，来实现在国际运输途中货物所有权的转移。在这个背景下，电子提单应运而生。

1. 电子提单的含义

电子提单（E - B/L）是一种利用 EDI 系统对海运途中的货物支配权进行转让的程序。而 EDI（Electronic Data Interchange，电子数据交换）系统是利用计算机联网设施，使用专用密码将一定的标准信息进行传递，通告货物支配权转移的一种特殊的通信工程，以实现交易双方开展商业交往的目的。运用 EDI 系统后，托运和承运行为都是通过 EDI 网络相连的计算机系统来进行，待货物装上船后，承运人使用计算机向托运人计算机发出确认信息，整个过程都通过计算机完成，承运人和托运人签订的是电子提单。

在国际贸易中，按国际贸易惯例，买卖双方约定使用电子通信条件的，凡卖方应出具提交的各种单据和凭证均可以用具有同等法律效力的电子单证所代替。

2. 电子提单的特点

电子提单的载体和操作过程不同于传统书面提单。与传统提单相比，电子提单具有以下特点：

（1）货物运输过程中所涉及的当事人均以承运人（或船舶）为中心，通过专有计算机密码告知运输途中货物所有权的转移时间和对象。承运人在收到托运人货物后，即会将一份货物收据连同一个密码传送给发货人，发货人就可以凭密码提货或指定收货人。在转让货物时，承运人会取消原由出让人所掌握的密码，并向受让人核发新的密码，从而谁持有密码，谁就持有货物的所有权。

（2）在完成货物的运输过程后使用电子提单时，在通常情况下，不出现任何书面文件。目前，国际上使用的电子提单转让程序是利用 EDI 系统根据特定密码使用计算机实现的。收货人提货，只要出示有效证件证明身份，由船舶代理验明即可。

（3）电子提单表现为储存于计算机存储器中的电子数据，其交换和处理也由计算机自动进行。应用 EDI 时，租船订舱由计算机自动进行，承运人在收到货物之后发给发货人一份收讯电，这相当于传统上的承运人签发提单；该收讯电除包含装运货物的说明外，还包括传统提单在反面所记载的条款内容。

## 三、海运单

海运单（Sea Waybill，Ocean Waybill）是证明海上运输合同和货物由承运人接管或装船，以及承运人保证据以将货物交付给单证所载明的收货人的一种不可流通的单证，它又称为不可转让海洋运单（Non-Negotiable Sea Way-Bill，简称 N/N SWB）。

海运单的前身是 1974 年的 SWEPRO 格式，1977 年英国“联合王国标准班轮运单”在大西洋航线上被 22 家英国航运公司首用，此后，它便为许多著名的船公司所采用并加以发展。

### （一）海运单的特点

1. 海运单是承运人收到由他照管的货物收据；
2. 可作为运输合同的证明；
3. 解决经济纠纷时，作为货物担保的基础，但它不是物权凭证，也不能背书转让。

### （二）海运单收货人提货程序

1. 海运单通常只签发一张正本给托运人（或发货人）；

2. 公司在船舶抵达卸货港前一星期，向运单上注明的收货人发出到货通知单；

3. 收货人在目的港出示身份证件，证明是运单的收货人，并将签署完的到货通知单交给船公司当地代理机构；

4. 公司代理据以签发取货单交给收货人；

5. 船方查明收货人已将运费结清，办理结关手续，船方就可放货。

### （三）使用海运单的便利之处

从以上特点可以看出，海运单上注明货物的指定收货人，其他人不能提货，因此交货时只要收货人能够证明自己的身份就可以提货，而无须交来正本海洋运单，这就使得买方可以方便地收货，同时可使货物船只到卸货港口时避免延误提货。这是使用海洋运单的一大便利。此外，海运单可以用 EDI 传输，这也是海洋运单使用日益增加的原因。

### （四）使用海运单应注意的几个问题

1. 使用海运单订立合同时不能使用 CIF 和 CFR 价格术语，而应代之以 CPT 和 CIP 价格术语。按照 INCOTERMS2020 的规定，在 CFR 和 CIF 术语中，卖方应向买方提供提单，这是卖方必须承担的义务。而在 CPT 和 CIP 条件下，则没有要求卖方必须提供提单，因而可以改用海运单。

2. 使用海洋运单时，合同双方应明确买方无意销售在途货物，买方自身为目的地收货人，如买方意欲销售在途货物，则不能使用海洋运单，它不是物权凭证，不能背书及转让。

3. 海运单的内容必须符合 UCP600 有关海运单的规定，主要包括：（1）只有信用证要求海运单时，银行才接受 N/N SWB；（2）海运单应由承运人或其代理人、船长或其代理人签字；（3）如不可流通海运单含有“预期船只”标注，或关于船只有类似称谓，则已装指名船只需由运单上的已装船批注予以证明，该批注中除货物已装船日期外，还需包括货物实际所装船名，即使货物已装载于所称“预期船只”也不例外；（4）如不可转让海运单注明的收货地或接受监管地不同于装货港，已装船批注还须注明信用证规定的装运港有货物所装载的船名。

## 四、铁路运输单据

### （一）铁路运单

国际铁路联运运单（Railway Bill）是铁路承运联运货物时签发给托运人的单据。它对发、收货人和铁路都具法律效力，是国际联运中重要的运输单据。当发货人提交了运单上所列的全部货物和支付了所负担的一切费用后，发货站在运单上加盖发站日期戳记，表明货物已经承运。运单一般由 5 联组成：第一张为运单、第二张为运行报单、第三张为运单副本、第四张为货物交付单、第五张为货物到达通知单。运单正本随同货物从发货站至最终到站，交给收货人。第三联运单副本交发货人向银行办理结汇使用。

（二）承运货物收据

我国内地通过铁路运往港澳地区的货物，一般多委托中国对外贸易运输公司承办。当出口货物装车发运后，对外贸易运输公司即签发一份承运货物收据（Cargo Receipt）给托运人，作为办理结汇的凭证。同时它也是收货人凭以提货的凭证。

只有第一联为正本。反面印有“承运简章”。

## 五、航空运单

航空运单（Air Waybill）是一个不可转让的单据，是一种运输合同，它不同于海运提单，并不代表所托运货物的所有权。航空运单是由承运人或其授权的代理人出具的，是航空运输中的一个最重要的货物单据。

航空运单的主要用途：

1. 承运合同

航空运单一旦发出，即作为签署承运合同的一个书面证据，该承运合同必须由发货人或其代理与承运人或代理签署后方能生效。

2. 接收货物的证明

当发货人将其货物托运后，承运人或其代理将航空运单的第一份正本（Original for the Shipper）交给发货人（即托运人），作为接受货物的证明。

3. 运费账单

航空运单可作为运费账单和发票。因为它分别记载着属于收、发货人应负担的费用和属于代理的费用，承运人将运单的第二份正本（Original for the Issuing Carrier）由航空公司作为运费账单。

4. 随货同行

第三份正本（Original for the Consignee）由航空公司随机带交收货人。

5. 报关单证

在航空货物到达目的地后，是报关所需要的单证。航空运单通常是海关放行检查时的基本单据。

6. 保险证书

如果承运人承办保险或者发货人要求承运人代替保险，那么，航空运单即可用来作为保险证书。

7. 承运人处理内部业务的依据

每份航空运单是承运人在办理该支单项下货物的发货、转运、交付的依据，承运人根据运单上所记载的内容办理这些事项。

每份航空运单有 3 份正本和至少 6 份副本，3 份正本的背面印有承运条款。这 3 份正本的用途反映出航空运单的重要作用，即第 1 份交给发货人，是承运人或其代理收到货物后出具的收据；第 2 份由承运人留存作为记账凭证；第 3 份随货同行，交给收货人作为核收货物时的依据。

## 六、邮政收据

邮包收据（Parcel Post Receipt）是邮政运输的主要单据，它既是邮局收到寄件人的邮包后所签发的凭证，也是收件人凭以提取邮件的凭证，当邮包发生损坏或丢失时，它还可以作为索赔和理赔的依据，但邮包收据不是物权凭证。

邮寄证明（Certificate of Posting）是邮政局出具的证明文件，据此证实所寄发的单据或邮包确已寄出和作为邮寄日期的证明。有的信用证规定，出口商寄送有关单据、样品或包裹后，除要出具邮政收据外，还要提供邮寄证明，作为结汇的一种单据。

特快专递收据（Courier Receipt）是特快专递机构收到寄件人的邮件后签发的凭证。

根据《跟单信用证统一惯例》规定，如信用证要求邮政收据或邮寄证明，银行将接受的邮政收据或邮寄证明表面上应有信用证规定的寄发地盖戳并加注日期，该日期即为装运或发运日期；如信用证要求专递或快递机构出具的单据，银行将接受的快递单据的表面应注明专递或快递机构的名称并盖戳、签字并经证实，表明取件或收件日期，此日期即为装运日期或发运日期。除非信用证特别规定由指定的专递或快递机构出具的单据，银行将接受由任何专递或快递机构开立的单据。这种专递和快递采用先进的运输工具和方式，实行门到门（Door to Door）和桌到桌（Desk to Desk）的服务，所以银行接受快递的单据。

## 七、多式联运单据

多式联运单据（Combined Transport Document，Intermodal Transport Document，Multimodal Transport Document）：证明多式联运合同以及证明多式联运经营人接管货物并负责按照合同条款交付货物的单据。

一般由承担海运区段运输的船公司签发，但是若经买卖双方同意，并通过信用证明确规定，也可由其他承运人，甚至只经营集装箱货运揽货、装船、拆箱、内陆运输和经营中转站或内陆站业务，而不经营船舶的所谓“无船公共承运人”（Non-vessel Operations Common Carrier，NVOCC）签发。

# 本章小结

国际货物运输是国际贸易不可缺少的重要环节。海洋运输是运用最广泛的一种运输方式，其经营方式有班轮运输和租船运输两类。班轮运输运费由基本运费和附加费两部分组成。租船运输包括航次租船运输、定期租船和光船租船。租船合同用以明确双方的权利和义务。

除了海洋运输外，国际贸易中常见的运输方式还包括铁路运输、航空运输、邮包运输以及公路、内河运输、国际多式联运等。

在国际货物买卖合同中，买卖双方必须就交货时间、装运地和目的地、能否分批装运和转船、转运等问题在合同中做出明确规定。

运输单据是承运人收到承运货物签发给出口商的证明文件，它是交接货物、处理索赔与理赔以及向银行结算货款或进行议付的重要单据。不同的运输方式使用的运输单据也各有不同，主要有海运提单、电子提单、海运单、铁路运单、承运货物收据、航空运单和多式联运单据等。

## 【中英文术语】

班轮 Liner
程租船 Voyage Charter
期租船 Time Charter
光船租船 Bare Boat Charter
国际多式联运 Multimodal Transport
装运期 Time of Shipment
装运港 Port of Shipment
目的港 Port of Destination
分批装运 Partial Shipment
转船 Transshipment
提单 Bill of Lading
海运单 Sea Waybill
铁路运单 Railway Bill
承运货物收据 Cargo Receipt
航空运单 Air Waybill
多式联运单据 Multimodal Transport Document

## 【思考题】

### 一、简答题

1. 班轮运输的特点是什么？

2. 在定程租船方式下，对装卸费的收取方法有哪几种规定？

3. 采用定期租船时，船、租双方各有什么权利和义务？

4. 在选择进出口货物的运输方式时，应考虑哪些因素？

5. 买卖合同中的装运港和目的港有哪些规定办法？规定装运港和目的港应注意哪些问题？

6. 为什么在国际货物买卖合同中要规定装运通知条款？

7. 海运提单的性质和作用是什么？

8. 构成国际多式联运的条件是什么？

**二、单项选择题**

1. 关于程租船装卸费用划分问题，使用较多的是（　　）。

A. FO　　B. FIO 或 FIOST

C. FOB Liner terms　　D. FI

2. 海运提单日期应理解为（　　）。

A. 货物开始装船的日期　　B. 货物装船过程中任何一天

C. 货物装船完毕的日期　　D. 签订运输合同的日期

3. 按 UCP 600 的解释，若信用证条款中未明确规定是否“允许分批装运”“允许装运”，则应视为（　　）。

A. 可允许分批装运，但不允许转运　　B. 可允许装运和转运

C. 可允许转运，但不允许分批装运　　D. 不允许装运和转运

4. 经过背书才能转让的提单是（　　）。

A. 指示提单　　B. 不记名提单

C. 记名提单　　D. 清洁提单

5. 我国对北美出口通常所使用的运输单据是（　　）。

A. 铁路运单正本　　B. 城运货物收据

C. 海运提单　　D. 航空运单

6. 签发多式联运提单的承运人的责任是（　　）。

A. 只对第一程运输负责　　B. 必须对全程运输负责

C. 对运输不负责　　D. 只对最后一程运输负责

7. 信用证的到期日为 12 月 31 日，最迟装运期为 12 月 16 日，最迟交单日期为运输单据出单后 15 天，出口人备妥货物安排出运，并于 12 月 10 日装货完毕取得提单，则出口人最迟应于（　　）向银行交单议付。

A. 12 月 16 日　　B. 12 月 25 日

C. 12 月 28 日　　D. 12 月 31 日

8. 我某公司与外商签订一份 CIF 出口合同，以 L/C 为支付方式。国外银行开来的信用证中规定：“信用证有效期为 8 月 10 日，最迟装运期为 7 月 31 日。”我方加紧备货出运，于 7 月 21 日取得大副收据，并换回正本已装船清洁提单，我方应不迟于（　　）向银行提交单据。

A. 7 月 21 日　　B. 7 月 31 日

C. 8 月 10 日　　D. 8 月 11 日

9. 在海运提单中，就收货人抬头而言，国际上使用最为普遍的是（　　）。

A. Straight B/L　　B. Order B/L

C. Bearer B/L　　　　　　　　　　D. Open B/L

10. 按照货物重量、体积或价值三者之中较高的一种计收运费，运价表中以（　　）表示。

A. Straight B/L　　　　　　　　　B. Order B/L

C. Bearer B/L　　　　　　　　　　D. Open B/L

**三、判断题**

1. 在规定装运期条文时，如使用了“迅速”“立即”“尽速”或类似词句者，按 UCP600 规定，银行将不予置理。（　　）

2. 国外开来信用证规定的装运期限为“after 12$^{th}$ May 2019”，应理解为在 2019 年 5 月 12 日或以后装运。（　　）

3. 在班轮运输中，承运人和托运人双方的权利和责任以提单条款为依据，并要计算装卸时间、滞期费和速遣费。（　　）

4. 所有运输单据都是承运人签发给托运人的货物收据，故都是物权凭证，都可凭此向目的地承运人提货。（　　）

5. 不清洁提单是指船公司或其代理在签发提单时，在提单上对货物的品质加注不良批注的提单。（　　）

6. 海运提单的签发日期是指货物开始装船的日期。（　　）

7. 在光船租船方式下，船舶出租人提供船舶并配备船员，承租人负责船舶的营运调度，并承担相应的营运费用。（　　）

8. 在定期租船方式下，船舶出租人提供船舶但不配备船员，船舶由承租人支配使用，并向出租人支付租金。（　　）

9. 买卖双方以 CIF 价达成一笔贸易合同，制作海运提单时，运费一栏应填写“Freight Prepaid”。（　　）

10. 不记名提单不载明具体的收货人，无须背书就可以转让，使用十分便捷，所以在国际贸易中使用较多。（　　）

**四、计算题**

1. 我方某公司向美国出口自行车 200 箱，每箱 1 辆，每箱体积为 20 厘米 ×50 厘米 ×120 厘米，计收运费的标准为 M，基本运费为每运费吨 240 美元，另加收燃油附加费 30%，港口拥挤费 10%，问该批商品的运费是多少?

2. 某公司出口货物共 100 箱，对外报价为每箱 420 美元 CFR 大阪，日本商人要求将价格改为 FOB 价。已知该批货物每箱的体积为 45 厘米 ×35 厘米 ×25 厘米，毛重为 30 千克，商品计费标准为 W/M，每运费吨基本运费为 100 美元，到大阪需收燃油附加费 20%，货币附加费 10%，港口拥挤费 20%。试求每箱货物应付的运费及改报的 FOB 价为多少?

3. 我国大连运往某港口一批货物，计收运费标准为 W/M，共 200 箱，每箱毛重为 25 千克，每箱体积为 0.03 立方米，基本运费为每运费吨 60 美元，港口拥挤附加费为

15%，200 箱货物应付多少运费？

## 五、单据制作

我国汕头宏昌进出口公司向英国 ABC 有限公司出口玩具 6 000 件，每件 6.5 美元 CFR 伦敦，玩具 12 件装一纸箱，每箱毛重 5.5 千克，箱的尺寸为 20 厘米 ×30 厘米 ×30 厘米，唛头为：ABC/LONDON/NOS：500。

货物于 2019 年 10 月 15 日在汕头港装“远洋”轮运往英国伦敦。请根据上列条件填制一份“清洁、已装船、空白抬头”提单，要求通知买方并注明“运费已付”，见表 7－1。

**表 7－1　　　　海运提单**

<table>
<tr><td colspan="5">1）托运人 SHIPPER</td><td colspan="4" rowspan="6">10）提单号码 B/L NO.<br>88888<br>CO SCO 中国远洋运输（集团）总公司<br>CHINA OCEAN<br>SHIPPING（GROUP）CO.<br>正本<br>SHIPPING（GROUP）CO.<br>正本<br>ORIGINAL<br>多式联运提单条例草案 COMBINED<br>TRANPORT BILL OF LADING</td></tr>
<tr><td colspan="5">2）收货人 CONSIGNEE</td></tr>
<tr><td colspan="5">3）被通知人 NOTIFY PARTY</td></tr>
<tr><td colspan="2">4）收货地点 PLACE OF RECEIPT</td><td colspan="3">5）船名 OCEAN VESSEL</td></tr>
<tr><td colspan="2">6）航次 VOYAGE NO.</td><td colspan="3">7）装运港 PORT OF LOADING</td></tr>
<tr><td colspan="2">8）卸货港 PORT OF DISCHARGE</td><td colspan="3">9）交货地点 PLACE OF DELIVERY</td></tr>
<tr><td>11）唛头 MARKS</td><td colspan="2">12）包装与件数<br>NOS. &KINDS<br>OF PKGS</td><td colspan="2">13）商品名称<br>DESCRIPTION<br>OF GOODS</td><td colspan="2">14）毛重<br>G. W.（kg）</td><td colspan="2">15）体积 MEAS<br>（$m^3$）</td></tr>
<tr><td>16）集装箱数或个</td><td colspan="8">合计（大写）TOTAL NUMBER OF CONTAINERS OR PACKAGES（IN WORDS）</td></tr>
<tr><td colspan="2">运费与附加费<br>FREIGHT & CHARGES</td><td colspan="2">计费吨 REVENUE TONS</td><td>费率 RATE</td><td>每…PER<br>CARTON</td><td colspan="2">预付<br>PREPAID</td><td>到付<br>COLLECT</td></tr>
<tr><td colspan="2">预付地点 prepaid AT</td><td colspan="3">到付地点 PAYABLE AT</td><td colspan="4">17）签发地点与日期 PLACE AND DATE OF ISSUE</td></tr>
<tr><td colspan="2">总计预付<br>TOTAL PREPAID</td><td colspan="3">18）提单签发的份数 NUMBER OF ORIGINAL</td><td colspan="4">19）日期 DATE</td></tr>
<tr><td colspan="5">装船船名<br>LOADING ON BOARD THE VESSEL</td><td colspan="4">20）承运人或代理人签名 BY</td></tr>
</table>

## 六、案例分析

1. 我国向科威特出口茶叶 600 箱，合同和信用证均规定“从 4 月份开始，连续每月 200 箱”，请问：我方于 4 月份装 200 箱，5 月份没装，6 月份装 200 箱，7 月份装 200 箱，共发货 600 箱。请问这种做法是否可以？

2. 中国甲公司于2018年8月与日本乙公司签订聚酯切片进口合同，甲公司拟将货物转售给下家公司。日方负责租船，中方开立有效期为2018年11月15日的不可撤销的信用证，规定装船期不迟于2018年10月31日。

日方于2018年10月10日通知中方已经安排好轮船承运货物，预计在10月28日离开日本港口。但由于风浪影响，该船11月7日才装货完毕驶往中国，中国丙运输公司在签发提单时，将装船时间倒签为10月31日，与信用证的规定在表面上吻合起来。

2018年11月10日，船抵中国目的港。甲公司初步确定丙公司倒签提单的情形，传真至乙公司，指出不能接受倒签的提单，鉴于当时市场行情趋跌，要求给予赔偿，否则将拒绝接受货物。

乙公司没有理会，直接向银行提交了单据，得到货款，并中止了与甲公司就此事进行的接触。甲公司为避免扩大损失，只能在2019年3月10日将货物提出，因市场价格下跌，下家公司拒绝接货，甲公司比预期收益减少35万元。

2019年4月25日，甲公司向法院提起诉讼，要求丙公司赔偿甲公司的货物销售损失及利息，以及货物仓储保管费等约40万元。

丙公司称，其是在接受乙公司保函后倒签提单的。因此不应当承担倒签提单的责任。

思考：甲公司是否应该对丙公司提起诉讼？倒签提单的法律后果如何？

3. 我国某出口公司按CFR条件向日本出口红豆250公吨，合同规定卸货港为日本口岸，发货时，正好有一船驶往大阪，我公司打算租用该船，但在装运前，我方主动去电询问在哪个口岸卸货时正值货价下跌，日方故意让我方在日本东北部的一个小港卸货，我方坚持要在神户或大阪港卸货。双方争执不下，日方就此撤销了合同。我方做法是否合适？日本商人是否违约？

4. 我国某公司对南非出口一批化工产品2000公吨，采用信用证支付方式。国外来证规定：禁止分批装运，允许转运。改证注明：按此办理。现已知装运期临近，已订妥一艘驶往南非的“东风”号货轮，该船先停靠新港，后停靠青岛港。但此时该批化工产品在新港和青岛港各有1000公吨尚未集中在一起。我方出口公司应如何处理？为什么？

## 案例分析

### 一、案例背景

2020年6月30日，重庆两江新区人民法院（重庆自由贸易试验区人民法院）对于铁路提单持有人提起的物权纠纷案做出一审判决，支持其确认货物所有权归属提单持有人以及提取货物的诉求。本案系全国首例涉及铁路提单纠纷案件，受到国内外法律界、商界、金融界的广泛关注。

#### （一）铁路提单产生的场域：中欧班列加速陆上贸易

随着“一带一路”倡议的顺利实施，陆上贸易迎来新的发展机遇。中欧班列的开行联通亚欧大陆，扩大亚欧大陆的经贸往来、增加贸易物流总量、铁路在途运输时间变长，市场主体产生了快速实现在途运输货物转卖、实现资金回笼的需求，轻资产企业更有通过在途货物进行融资从而扩大商业规模的需求，他们迫切需要一种一定程度上能够代表货物而又与货物相分离的运输单证。

### （二）铁路提单的诞生：商业实践的创新产物

中欧班列途径多国，沿途各国分属《国际铁路货物联运协定》和《国际铁路货物运输公约》两大公约缔约国，导致中欧班列适用国际规则的情况较为复杂。且两大公约均以铁路运单作为基础，铁路运单只能收货人凭身份提货而不能凭单提货，没有实现货物和权利的分离，不便于转卖和融资。因此，相关市场主体在依托中欧班列（重庆）开展国际货物运输及国际贸易时，通过合同约定由货运代理企业（缔约承运人）签发铁路提单，约定铁路提单是唯一提货凭证，并以此开展运输、买卖、融资活动。

### （三）铁路提单伴生的法律“难题”

2017 年 3 月，发展国际铁路联运就写入了重庆自贸区总体方案，而铁路提单属于自贸区发展国际铁路联运的先行先试举措；2019 年 8 月，国家发改委印发《西部陆海新通道总体规划》，正式提出了“铁路提单”概念，并规划“推动并完善国际铁路提单融资工程，使其在国际贸易中更好发挥作用”。重庆作为中欧班列始发站，在中欧班列运行过程中率先探索使用铁路提单。市场主体约定使用与货物相分离的铁路提单，并利用铁路提单进行货物转让、质押，在此基础上形成陆上贸易的新型经营模式。铁路提单及相关经营模式是否能够得到法律上的肯定与支持，核心在于通过铁路提单的流转实现货物流转的做法是否合法、有效，司法面临如何认定铁路提单流通效力的法律适用难题。

## 二、案件基本情况

### （一）基本案情：持铁路提单提取进口车辆引发纠纷

英飒（重庆）贸易有限公司（以下简称英飒公司）是一家从事汽车贸易的公司，长期从德国进口奔驰汽车在国内销售。就奔驰轿车进口事项，其与重庆中外运物流有限公司（以下简称中外运公司）、重庆物流金融服务股份有限公司（以下简称物流金融公司）签订三方协议，委托中外运公司通过中欧班列（重庆）将车辆从德国杜伦运输至中国重庆，中外运公司在境外接收车辆时签发铁路提单，铁路提单是提取车辆的唯一凭证；英飒公司为支付货款向银行办理托收押汇，物流金融公司为英飒公司向银行提供担保，英飒公司将铁路提单质押给物流金融公司作为反担保。中外运公司依约在境外接收进口奔驰轿车后向出口商签发铁路提单。英飒公司向银行付清垫付的货款及相关费用后，物流金融公司的担保责任解除，将铁路提单背书后交给英飒公司。英飒公司将铁路提单项下的两辆奔驰轿车销售给孚骐公司，并约定交付铁路提单视为交付车辆，英飒公司将铁路提单交给孚骐公司。孚骐公司持单向中外运公司要求提货，中外运公司拒绝放货。孚骐公司遂以中外运公司为被告、英飒公司和物流金融公司为第三人，向重庆两江新区（自贸区）法院提起诉讼，要求确认其享有案涉铁路提单项下两辆轿车的所有权，并要求被告交付提单项下的轿车。

### （二）争议焦点：提单持有人是否可以提货

原告孚骐公司认为铁路提单是唯一提货凭证，其持有铁路提单就有权提取货物。中外运公司则认为，根据三方协议约定，其只能向英飒公司交付货物，英飒公司转让铁路提单后，应对铁路提单背书，且运费尚未付清，因此拒绝放货。

### （三）裁判结果：支持原告诉讼请求

重庆两江新区（自贸区）法院经审理后，做出一审判决，确认原告享有铁路提单项下车辆的所有权，被告向原告交付车辆。

### （四）裁判要旨：依法支持商业实践的创新做法

1. 确认铁路提单及其交易方式合法、有效，交付铁路提单是指示交付的一种特殊形式，铁路提单持有人具有提货请求权。

2. 当铁路提单经过多次转让，铁路提单的背书是当事人意思表示的最直接反映，交易各方均应在铁路提单上背书，以保证背书真实地反映交易的全过程，使货物交付始终能够通过铁路提单流转来完成并确保其安全性。

### （五）裁判理由

1. 鉴于此案是商业实践发展而产生的新类型纠纷，在走访相关部门、了解市场主体需求和铁路提单实际状况以及多方查询资料、反复探讨论证的基础上，法院认为，通过铁路提单流转来实现货物流转在现行物权法上有法律支撑。

2. 市场主体在国际铁路货物运输过程中约定使用铁路提单，并承诺持有人具有提货请求权，系创设了一种特殊的指示交付方式，即商业主体之间通过交付铁路提单来完成指示交付，从而以铁路提单的流转代替货物流转，该做法不违反法律、行政法规强制性规定和社会公共利益，合法、有效。这种预设的交付规则使铁路提单具有了一定的流通性，铁路提单的合法持有人可以要求提取货物。

3. 本案孚骐公司与英飒公司之间交付铁路提单系提货请求权的转让，应视为完成车辆交付。结合孚骐公司和英飒公司所建立的车辆买卖合同这一基础法律关系，孚骐公司取得车辆所有权，应予确认。

4. 尽管法院对国际铁路货物运输参与各方在法律框架内的商业创新予以尊重，但是对于新生事物伴生的法律问题，仍认为应保持必要的审慎态度，以确保交易安全，因此，倡导交易各方均应在铁路提单上背书，以保证背书真实地反映交易的全过程，使货物交付始终能够通过铁路提单流转来完成并确保其安全性。

## 三、案件价值意义

1. 探索铁路提单交易规则指引陆上贸易活动。

2. 铁路提单第一案的一审判决结果对铁路提单及其基本交易模式予以肯认，并明确了铁路提单交易的相关规则。

3. 本案通过司法裁判对国际贸易中的新类型纠纷予以回应。依据指示交付规定确认通过铁路提单流转能够实现货物流转，可以弥补运单必须依附于运输合同相对人身份才能取货，导致货物无法流转，从而影响市场行为效率的缺陷。

4. 本案判决有助于促进贸易、运输、金融等相关行业主体厘清铁路提单的相关法律问题，有利于稳定市场主体对铁路提单的预期，增强市场主体之间的信赖，回应市场主体的贸易和融资需求；而与贸易和融资需求形成良性关系可反作用于运输行业，促进国际铁路联运行业发展，进而带动贸易、金融、保险等相关行业发展。

5. 本案裁判结果既支持了商业创新，又从交易安全角度指明贸易行为规范，契合陆上贸易的现实需求和未来发展；既有利于铁路提单相关商业模式的复制推广，也有利于进一步规范铁路提单的创新实践，防范制度风险。展示了司法对社会创新的开放态度以及对交易秩序的审慎态度。

6. 铁路提单产生于中欧班列（重庆）运行过程中，其交易规则的确立有益于铁路提单交易行为的规范，推动陆上贸易规则的建立，促进中欧班列进一步规范有序运行，助推“一带一路”倡议的实施。

# 第七章 国际货物运输保险

**学习目标**

通过本章的学习，了解国际海洋货物运输保险承保范围，掌握国际货物运输保险险别，货物运输保险条款；理解我国进出口货物保险的做法。

国际货物运输路途长、环节多，运输过程中会遇到各种风险而造成货物损失，买卖双方通过投保货物运输险，将不定的损失转变为固定的费用。投保后万一货物在运输过程中发生约定范围内的损失，可从保险公司得到经济上的补偿。货物在运输过程中可能遭受的风险和损失是多种多样的，为了明确责任，保险公司在其保险条款中，对不同险别所承保的风险和损失都做了规定。有关货物保险事宜，买卖双方应该在买卖合同中订立保险条款，主要内容包括被保险人、保险人、保险险别、保险费率和保险金额等。

## 第一节 国际货物运输保险的原则

货物运输保险就是投保人对某一特定的运输货物，按一定的险别和费率，向保险公司办理投保手续，并缴纳保险费，保险公司依约承保并发给投保人保险单作为凭证。保险公司对所承保的风险损失承担赔偿责任。

保险的基本原则是在保险的发展过程中逐步形成并为国际保险业所公认的，投保人和保险人在订立保险合同时需共同遵守的原则。按照保险标的的不同，保险可以分为财产保险、责任保险、信用保险和人身保险，国际货物运输保险是财产保险的一种。无论哪种保险，其投保人和保险人都应遵守下列原则。

### 一、货物运输保险的作用

货物运输保险的作用是使运输中的货物在水路、铁路、公路和联合运输过程中，因保险责任范围内的自然灾害或意外事故所造成的损失能够得到经济补偿，并加强货物运输的安全防损工作，以利于商品的生产和流通。货物运输保险的具体作用体现在以下几个方面：

1. 转移风险

投保就是把自己的风险转移出去，而接受风险的机构就是保险公司，它为众多有危险顾虑的人提供保险保障。

2. 分摊损失

转移风险并非灾害事故真正离开了投保人，而是保险人借助众人的财力，给遭受损失的投保人补偿经济损失。自然灾害、意外事故造成的经济损失有时是巨大的，是受灾的个人难以应付与承担的。保险人以收取保险人的保险费用和支付赔款的形式，将少数人的巨额损失分散给众多的被保险人，从而使个人难以承受的损失变成可以承受的损失，这实际上是把损失分摊给有相同风险的投保人。

3. 实施补偿

实施补偿要以双方当事人签订的合同为依据，其补偿的范围主要有：第一，投保人因灾害事故所遭受的财产损失；第二，投保人因灾害事故依法对他人应付的经济赔偿；第三，灾害事故发生后，投保人因施救保险标的物所发生的一切费用。

## 二、保险原则

保险原则是指在保险活动中当事人应当遵循的行为准则。根据国际惯例，这些基本原则可归纳为保险利益原则、最大诚信原则、损失赔偿原则、近因原则和代位追偿原则。

### （一）保险利益原则

保险利益又称可保利益，是指投保人（或被保险人）对保险标的因具有各种利害关系而享有的、法律上承认的经济利益。就货物运输保险而言，反映在运输货物上的利益，主要是货物本身的价值，但也包括与此相关联的运费、保险费、预期利润等费用。

投保人（或被保险人）对保险标的具有保险利益是保险合同生效的前提条件，也是索赔的重要依据，但是国际货物运输保险不像其他保险那样要求投保人（或被保险人）在投保时便具有保险利益，而仅要求其在保险标的物发生损失时必须具有保险利益。也就是说，在国际货物运输保险中，投保人投保时，尚不具有保险利益的情况下，可视为其具有预期的保险利益，保险人可予以承保；但保险标的物发生损失时，投保人必须对其具有保险利益，否则他与保险人订立的保险合同就是无效的，就不能得到保险人的赔偿。

### （二）最大诚信原则

最大诚信原则是指保险合同的双方当事人在签订和履行保险合同时，必须保持最大程度的诚意，双方都应遵守信用，互不欺骗和隐瞒。保险人应当向投保人说明保险合同的条款内容，并可以就保险标的物或被保险人的有关情况提出询问，投保人应当如实告知。对被保险人来说，最大诚信原则主要有两方面的要求：一是重要事实的申报，即投保人在投保时应将自己知道的或者在通常业务中应当知道的有关保险标的物的重要事实如实告知保险人，以便保险人判断是否同意承保或决定承保的条件；二是保证，即被保险人在保险合同中保证要做或不做某种事情，保证某种情况的存在，或保证履行某一条件。

保险合同是以最大诚信原则为基础的，如果一方当事人不遵守最大诚信原则，另一方当事人可以声明该保险合同无效。如在国际货物运输保险中，投保人没有向保险人提供保险标的物、运输条件、航程、包装条件等方面的真实情况，或者违反了保险单中的保证条款，则保险人有权解除合同。

### （三）补偿原则

补偿原则是海上保险合同最基本的原则之一。损失补偿原则是指保险合同生效后，如果发生保险合同责任范围内的损失，被保险人有权按照合同的约定，获得全面、充分的赔偿；保险赔偿弥补被保险人由于保险标的遭受损失而失去的经济利益，即保险人对被保险人的赔偿恰好使保险标的恢复到未出险前的状况，被保险人不能因保险赔偿而获得额外的经济利益。

当保险标的发生保险范围内的损失时，保险人在对被保险人理赔时，对补偿原则掌握的标准是：

（1）赔偿金额既不能超过保险金额，也不能超过实际损失。

（2）被保险人必须对保险标的具有可保利益。同时，赔偿金额也以被保险人在保险标的中所具有的保险利益为限。

（3）被保险人不能通过保险赔偿而得到额外利益。因此，如果保险标的遭受部分损失，仍有残值，保险人在计算赔偿时，对残值做相应扣除；保险标的由于第三者责任导致损失，保险人向被保险人支付保险赔款后，依法取得对第三者的索赔权，被保险人不能再从第三者那里得到任何赔偿。在重复保险的情况下，当保险事故发生时，各保险人应采取适当的分摊方法分配赔偿责任，使被保险人既能得到充分的补偿，又不会超过实际损失而获得额外的利益。

### （四）近因原则

所谓的“近因”，是指引起保险标的损失的直接、有效、起决定作用的因素；而引起保险标的损失的间接的、不起决定作用的因素，称为“远因”。在保险理赔中，近因原则的运用具有普遍的意义。

近因原则是指在处理赔偿案件时，赔偿的条件是，造成保险标的损失的近因必须属于保险责任。若造成保险标的损失的近因属于保险责任范围内的事故，则保险人承担赔付责任。只有当保险事故的发生与损失的形成有直接因果关系时，才构成保险人赔付的条件。

损失与近因存在直接的因果关系，因而，要确定近因，首先要确定损失的因果关系。确定因果关系的基本方法有从原因推断结果和从结果推断原因两种。从近因认定和保险责任认定看，可分为下述两种情况。

1. 损失由单一原因所致

若保险标的损失由单一原因所致，该原因则为近因。若该原因属于保险责任事故，则保险人应负赔偿责任；反之，若该原因属于责任免除项目，则保险人不负赔偿责任。

2. 损失由多种原因所致

如果保险标的遭受损失为两个或两个以上的原因，即一果多因或同果异因的情况，则应区别分析。一般来说，保险人只对承保风险与损失之间有直接因果关系的损失负责赔偿，而对于非直接由于承保风险所致的损失，则不负责赔偿。

### （五）代位追偿原则

代位追偿原则是指当保险标的发生保险责任范围内的由第三者责任造成的损失时，保险人向被保险人履行损失赔偿责任后，有权在其已经赔付金额的限度内取得被保险人在该项损失中向第三者责任方要求赔偿的权利。保险人取得该项权利后，即可取代被保险人的地位向第三者责任方索赔。

## 第二节　海上货物运输保险承保的范围

海上货物运输保险承保的范围，包括海上风险、海上损失与费用以及海上风险以外的其他外来原因所引起的风险与损失。正确理解海上货物运输保险的范围，对于我们了解保险条款、选择投保险别，以及一旦货物发生损坏和灭失，如何正确处理索赔等方面，都具有十分重要的意义。

### 一、海上风险

海上风险（Perils of the Sea）又称海难，是指运载货物的船只在海上航行过程中所遇到的风险，包括海上发生的自然灾害和意外事故。

### （一）自然灾害（Natural Calamity）

自然灾害指不以人的意志为转移的自然界力量所引起的灾害，自然灾害如恶劣气候、雷电、海啸、地震、洪水、火山爆发、浪击落海等。这些灾害在保险业务中都有其特定的含义。

### （二）意外事故（Fortuitous Accidents）

意外事故指由于偶然的、难以预料的原因造成的事故，意外事故，如船舶搁浅、触礁、沉没、焚毁、互撞或遇流冰或其他固体物体，如与码头碰撞以及失火、爆炸等原因造成的事故。

## 二、外来风险

外来风险（Extraneous Risks）是指由于外来原因引起的风险。外来原因是指导致上述海上自然灾害或意外事故发生之外的风险。外来风险又分为一般外来风险和特殊外来风险两类。

### （一）一般外来风险（General Extraneous Risks）

一般外来风险指被保险的货物在运输途中由于偷窃、雨淋、短量、玷污、渗漏、破碎、钩损、受潮、受热、霉变、串味、失火等一般外来原因所造成的风险和损失。

### （二）特殊外来风险（Special Extraneous Risks）

特殊外来风险指由于一国的政策、法令、行政命令等政府行为以及军事政变、罢工等其他非政府行为等所造成的运输货物的损失。

## 三、海上损失

海上损失简称海损，是指被保险货物在海运过程中由于各类灾害所造成的损失或灭失。根据国际保险市场的一般解释，凡是与海运连接的陆运过程中发生的损失或灭失，也属海损范围。就货物损失的程度而言，海损可分为全部损失和部分损失两种。

### （一）全部损失（Total Loss）

全部损失简称全损，系指整批或不可分割的一批被保险货物在运输途中全部遭受损失。全损又分为实际全损和推定全损两种。

1. 实际全损（Actual Total Loss）

实际全损指该批被保险货物在运输途中完全灭失，或者受到严重损坏完全失去原有的形体、效用，或者不能再归被保险人所拥有。实际全损分为以下四种情况：

（1）被保险的货物完全灭失。例如，船舶遭遇海难后沉没，货物随之沉入海底。

（2）被保险货物的丧失已不可避免。例如，船只被海盗劫持，货物被敌方扣押等，虽然货物本身并未受到损失，但货物已无法复归于被保险人。

（3）被保险货物已丧失商业价值或失去原有用途。例如，茶叶经海水或雨水浸泡而无法饮用，水泥被水浸泡后失去效用，货物虽没有灭失，但已失去了其商业价值或用途。

（4）载货船舶失踪达到一定时期。船舶失踪超过半年仍杳无音讯，则可视为全损。

被保险货物在遭到实际全损时，被保险人可按其投保金额获得保险公司全部损失的赔偿。

2. 推定全损（Constructive Total Loss）

推定全损指被保险货物在运输途中受损后，实际全损已经不可避免，或者为避免发生实际全损所需支付的费用与继续将货物运抵目的地的费用之和超过保险价值，也就是恢复、修复受损货物并将其运送到原定目的地的费用将超过在该目的地的货物价值。推定全损也分为四种情况：

（1）被保险货物受损后，修理费用预计将超过修复后货物的价值。

（2）被保险货物受损后，整理和续运至目的地的费用，估计要超过货物到达目的地的价值。

（3）被保险货物实际全损已经无法避免，或者为了避免实际全损需要花费的施救费用将超过货物获救后的价值。

（4）被保险货物遭遇保险责任范围内的事故，使被保险人失去货物所有权，而收回这一所有权所花的费用将超过收回后货物的价值。

在发生推定全损的情况下，被保险人有两种选择：一种选择是被保险人保留对受损货物的所有权，并要求按部分损失赔偿。另一种选择是要求保险人按全部损失赔偿，这时被保险人必须向保险人转让被保险货物的全部权利，即“委付”（Abandonment）。所谓委付，就是被保险货物在发生推定全损时，被保险人将被保险货物的一切权利（包括货物的所有权在内）转让给保险人，而要求保险人按全损给予补偿。

委付的成立，必须具备下列条件：（1）委付必须经保险人明示的或默示的承诺才能生效；（2）委付时，必须对被保险货物的全部进行委付；（3）委付不得附带任何保留条件。

### （二）部分损失（Partial Loss）

部分损失指不属于实际全损和推定全损的损失，即没有达到全部损失程度的损失。在保险业务中，按照造成损失的原因不同，部分损失又分为共同海损与单独海损两种。

1. 共同海损（General Average）

共同海损指在同一海上航程中，船舶、货物和其他财产遭遇共同危险，为了共同安全，有意地、合理地采取措施所直接造成的特殊牺牲、支付的特殊费用。

构成共同海损的必备条件：

第一，导致共同海损的危险必须是真实存在的或不可避免的；

第二，船方所采取的措施，必须是为了解除船、货的共同危险，有意识而且是合理的；

第三，所做的牺牲具有特殊性，支出的费用是额外的，是为了解除危险，而不是由危险直接造成的；

第四，牺牲和费用的支出最终必须是有效的。

由于共同海损的牺牲和费用支出是为了船、货等各方共同利益而做出的特殊的损失或费用，因此，共同海损的费用分摊应该由所有涉及利益的各方来承担，如船方、货方以及承运方，各方所分摊到的比例通常是依据获救财产价值或获益大小来确定的。分摊方法是将总损失额除以总财产额求出分摊率，再用分摊率乘以各方财产额即为各方应承担的共同海损的损失。被保险人所分摊的共同海损的费用，原则上保险人是予以赔偿的。

【例】有一艘载货船舶在航行途中发生共同海损，其中货方甲、乙、丁分别损失 10 万美元、20 万美元、20 万美元，货方丙没有损失，船体损失 25 万美元，救助费 3 万美元，运费损失 1 万美元。货方甲、乙、丙、丁的货物价值分别为 120 万美元、140 万美元、120 万美元、100 万美元，载货船舶价值 500 万美元，承运人运费 20 万美元。请问各方应分摊多少？

分摊率 =（10 + 20 + 20 + 25 + 3 + 1）÷（120 + 140 + 120 + 100 + 500 + 20）×100% = 7.9%

船方应分摊额 = 500 × 7.9% = 39.5（万美元）

货方甲应分摊额 = 120 × 7.9% = 9.48（万美元）

货方乙应分摊额 = 140 × 7.9% = 11.06（万美元）

货方丙应分摊额 = 120 × 7.9% = 9.48（万美元）

货方丁应分摊额 = 100 × 7.9% = 7.9（万美元）

承运人应分摊额 = 20 × 7.9% = 1.58（万美元）

尽管货方丙的货物没有损失，但也需分摊同货方甲同样的损失。如果货方都办理了保险，各自的分摊额就是其索赔金额。

2. 单独海损（Particular Average）

单独海损指除共同海损以外的部分损失，即被保险货物遭遇海上风险受损后，其损失未达到全损程度，而且该损失应由受损方单独承担的部分损失。

构成的条件：

第一，必须是意外的、偶然的和承保风险直接导致的保险标的物的本身受损；

第二，必须是船方、货方或其他利益方单方面所遭受的损失，而不涉及他方的损失；

第三，仅指保险标的物本身的损失，而不包括由此而引起的费用损失。

3. 共同海损和单独海损的区别

共同海损和单独海损都属于部分损失，两者的主要区别是：

（1）造成海损的原因不同。单独海损一般是由海上风险直接造成的损失；而共同海损则不是承保风险所直接导致的损失，而是为了船、货的共同安全而发生的人为故意的损失。

（2）损失的承担方不同。单独海损由受损方自行承担；而共同海损则是由各受益方依据获救财产价值的大小，按比例共同分摊。

## 四、海上费用

### （一）施救费用（Sue and Labor Expenses）

施救费用指保险标的在遭遇保险责任范围内的灾害事故时，被保险人或其代理人、雇用人员和保险单受让人对保险标的所采取的各种抢救、防止或减少货损的措施而支出的合理费用。保险人对这种施救费用负责赔偿。施救费用应符合下列三个条件：

第一，施救行为必须是由被保险人及其代理人、雇员或受让人所采取的，如属其他与被保险人无关的人员采取抢救行为所产生的费用，不属于施救费用的范畴。

第二，只有承保责任范围内的施救费用，才能得到保险人的补偿。

第三，施救费用应当是必要的、合理的，施救行为不当引起的费用，保险人不予补偿。施救费用的赔偿金额受保险金额限制，最多不能超过保险金额。

### （二）救助费用（Salvage Charges）

救助费用指保险标的遭遇保险责任范围内的灾害事故时，由保险人和被保险人以外的第三者采取了救助措施并获得成功而向其支付的报酬。保险人对这种费用也负责赔偿。海上救助的成立和救助费用的产生，必须具备下列三个条件：

第一，被救助的船舶或货物必须处于不能自救的危险境地，只要船舶或货物的一方遇难，即可采取海上救助。

第二，救助人必须是与被保险人或保险人无关的第三者。

第三，救助行为必须有实际效果，救助人才有权获得适当的报酬，即保险人才赔付救助费。

可以看出，施救费用和救助费用是不同的。

（1）采取行为的主体不同。施救是被保险人或其代理人自身采取的行动，而救助是被保险人和保险人以外的第三方采取的行动。

（2）支付报酬的原则不同。施救费用无论有无效果，保险人均予赔偿；而救助费用的赔偿原则是“无效果则无报酬”。

（3）保险人的赔偿责任不同。施救费用独立于保险货物的保额以外；而保险人对救助费用的赔偿责任是以不超过获救财产的价值为限，即救助费用与保险货物本身损失的金额之和不得超过货物的价值。

### （三）其他费用

船舶中途遭遇海上风险，为防止或减轻货物的损害，在中途港或避难港，由于卸货、存仓和运送货物所产生的费用，以及保险索赔成立时，对保险货物进行检验、查勘、公证、理算和拍卖受损货物等所支付的额外费用，保险人均负责赔偿。

## 第三节　我国海运货物保险的险别

保险险别是保险人对风险和损失的承保责任范围，它是保险人与被保险人履行权利与义务的基础，也是保险人承保责任大小和被保险人缴付保险费多少的依据。为了适应国际货物海运保险的需要，中国人民保险公司根据我国保险实际情况并参照国际保险市场的习惯做法，分别制定了各种保险条款，总称为“中国保险条款”（China Insurance Clause，CIC），投保人可以根据货物特点和航线与港口实际情况自行选择投保适当的险别。

按照现行的《海洋货物运输保险条款》规定，我国海洋运输货物保险的险别包括基本险别、附加险别和其他专门险别三大类。

## 一、基本险别

中国人民保险公司规定的基本险别中包括平安险、水渍险和一切险三种。

### （一）平安险（Free from Particular Average，FPA）

投保了平安险，保险公司对下列损失负赔偿责任：

1. 被保险货物在运输途中由于恶劣气候、雷电、海啸、地震、洪水等自然灾害造成整批货物的全部损失或推定全损。

2. 由于运输工具遭受搁浅、触礁、沉没、互撞、与流冰或其他物体碰撞以及失火、爆炸等意外事故造成被保险货物的部分损失。

3. 运输工具发生搁浅触礁、沉没等意外事故，不论这意外事故发生之前或者之后，货物在海上又遭受了恶劣气候、雷电、海啸等自然灾害所造成的被保险货物的部分损失。

4. 在装卸或转船过程中，被保险货物一件或数件落海所造成的全部损失或部分损失。

5. 运输工具遭受自然灾害或意外事故，在避难港卸货所引起的损失及需要在中途港口或者避难港口停靠，因而引起的卸货、装货、存仓以及运送货物所产生的特别费用。

6. 被保险人对遭受承保责任内危险的货物采取抢救、防止或减少货损的措施而支付的合理费用，但以不超过该批被保货物的保险金额为限。

7. 发生共同海损所引起的牺牲、分摊费和救助费。

8. 运输契约订有“船舶互撞责任”条款，根据该条款规定由货方偿还船方的损失。

在平安险下，自然灾害造成的单独海损不赔，意外事故造成的单独海损赔偿。如发生意外事故，则之前或之后由于自然灾害所造成的单独海损，保险公司也负责赔偿。

### （二）水渍险（With Particular Average，WPA 或 WA）

除包括“平安险”的各项责任外，保险公司还对被保险货物由于恶劣气候、雷电、海啸、地震、洪水等自然灾害造成的部分损失负赔偿责任。

### （三）一切险（All Risks，AR）

除包括“平安险”和“水渍险”的所有责任外，保险公司还对货物在运输过程中，因一般外来原因所造成的全部或部分损失负赔偿责任。

一切险是平安险、水渍险加一般附加险的总和，并非一切风险都在赔偿范围内。

## 二、附加险别及其责任范围

海洋运输货物保险的附加险种类繁多，归纳起来，可分为一般附加险和特别附加险两类：

### （一）一般附加险（General Additional Risk）

一般附加险不能作为一个单独的项目投保，只能在投保平安险或水渍险的基础上，根据货物的特性和需要加保一种或若干种一般附加险。如加保所有的一般附加险，则等同于投保一切险。一般附加险包括下列 11 种：

1. 碰损、破碎险（Clashing and Breakage ）。
2. 串味险（Taint of Odour）。
3. 淡水雨淋险（Fresh Water and/or Rain Damage）。
4. 偷窃、提货不着险（Theft，Pilferage and Non - Delivery，TPND）。
5. 短量险（Shortage）。
6. 渗漏险（Leakage）。
7. 混杂、玷污险（Intermixture and Contamination）。
8. 钩损险（Hook Damage）。
9. 受潮受热险（Sweat and Heating）。
10. 锈损险（Rust）。
11. 包装破裂险（Breakage of Packing）。

### （二）特殊附加险（Special Additional Risk）

特殊附加险承保由于特殊外来原因，如政治、军事、国家政策法令等风险所造成的损失。特殊附加险也不能单独投保，必须在投保三种基本险别之一的基础上加保。常见的特殊附加险主要有：

1. 战争险（War Risks），承保由于战争和其他各种敌对行为所造成的损害。

2. 罢工险（Strikes Risks），只承保罢工行为所致的被保险货物的直接损失，如因罢工行为使货物无法正常运输装卸导致的间接损失，保险人不负责赔偿。被保险人在投保基本险的基础上如果已加保战争险，再加保罢工险的话，按国际保险市场习惯，不需另缴罢工险的保险费。

3. 黄曲霉素险（Aflatoxin）
4. 交货不到险（Failure to Deliver）
5. 舱面险（on Deck）
6. 进口关税险（Import Duty Risks）

7. 拒收险（Rejection Risk）

8. 出口货物到中国香港特区（包括九龙在内）或澳门特区存仓火险责任扩展条款（Fire Risk Extension Clause for Storage of Cargo at Destination Hong Kong Including Kowloon or Macao）

## 三、其他专门险别

在我国海洋运输货物保险中，根据被保险货物的特性，还专门制定了海洋运输冷藏货物保险条款和海运散装桐油保险条款。除此之外，为了促进出口贸易的发展，我国保险公司还专门设立了卖方利益险。

## 四、除外责任（限基本险别）

1. 被保险人的故意行为或过失所造成的损失；

2. 发货人的责任引起的损失；

3. 保险责任开始时被保险货物已存在的品质不良或数量短差；

4. 被保险货物的自然损耗、本质缺陷、市价跌落以及运输延迟所引起的损失和费用；

5. 属于海洋运输货物战争险和罢工险条款规定的责任范围和除外责任。

## 五、责任起讫

"仓至仓条款"（Warehouse to Warehouse Clause，W/W Clause）

"仓至仓条款"即保险责任自被保险货物运离保险单所载明的起运点仓库或储存处所开始运输时生效，包括正常运输过程中的海上、陆上、内河和驳船运输在内，直至该项货物到达保险单所载明目的地收货人最后仓库或储存处所或被保险人用作分配、分派或非正常运输的其他储存处所为止。

仍未抵达上述仓库或储存所，则以被保险货物在最后卸载港全部卸离海轮后满60天为止。

如在上述60天内被保险货物需转运至非保险单所载明的目的地时，则以该项货物开始转运时为止。

例外：战争险的保险责任期限不采用"仓至仓条款"，而仅以水面危险为限。

即货物在起运港装上海轮或驳船时开始，直到目的港卸离海轮或驳船时为止；如不卸离海轮或驳船，则从海轮到达目的港的当日午夜起算满15天，保险责任自行终止。如在中途港转船，不论货物在当地卸货与否，保险责任以海轮到达该港或卸货地点的当日午夜起满15天为止，待再装上续运海轮时恢复有效。

# 第四节 伦敦保险协会海运货物保险条款

在世界海运保险中，英国保险业历史悠久，其所制定的各种保险规章制度对各国的保险业务影响很大。目前，世界上很多国家都采用英国伦敦保险协会所制定的“协会货物保险条款（Institute Cargo Clauses，ICC）”。

英国的“协会货物保险条款”最早制定于1912年，1963年和1981年曾进行过修订和补充，而最新版的“协会货物保险条款”于2009年1月1日起正式开始实施。在新条款中，将险别分成六种，即ICC（A），ICC（B），ICC（C），战争险，罢工险，恶意损害险和偷窃、提货不着险。前五个险别结构统一，都包含承保责任、除外责任、保险期间、索赔、保险的利益、减少损失、防止迟延和法律与惯例这八项内容，可以单独投保。而恶意损害险和偷窃、提货不着险属于附加险，不能单独投保。

## 一、协会货物保险条款种类（ICC）

1. A险：大体相当于CIC的一切险
2. B险：大体相当于CIC的水渍险
3. C险：仅承保重大意外事故的风险
4. 协会战争险条款
5. 协会罢工险条款
6. 恶意损害险条款
7. 偷窃、提货不着险

## 二、协会货物保险主要险别的承保风险与除外责任

### （一）ICC（A）的承保风险与除外责任：一切险减除外责任

1. 一般除外责任

（1）归因于被保险人故意的不法行为造成的损失或费用；

（2）自然渗漏、重量或容量的自然耗损或自然磨损；

（3）包装或准备的不足或不当所造成的损失或费用；

（4）保险标的内在缺陷或特性所造成的损失或费用；

（5）直接由于延迟所引起的损失或费用；

（6）由于船舶所有人、代理人、租船人或经营破产或不履行债务造成的损失或费用；

（7）由于使用任何原子或热核武器等所造成的损失或费用。

2. 不适航、不适货除外责任

（1）保险标的在装船时，如被保险人或其受雇人已经知道船舶不适航，以及船舶、装运工具集装箱等不适货。

（2）如违反适航、适货的默示保证为被保险人或其受雇人所知悉。

3. 战争除外责任

（1）由于战争、内战、敌对行为等造成的损失或费用；

（2）由于捕获、拘留、扣留等（海盗除外）所造成的损失或费用；

（3）由于漂流水雷、鱼雷等造成的损失或费用。

4. 罢工除外责任

（1）由于罢工者、被迫停工工人等造成的损失或费用；

（2）罢工、被迫停工造成的损失或费用；

（3）任何恐怖主义者或出于政治动机而行动的人所致损失或费用。

海上风险与损失和外来风险与损失，均在保险人的承保责任范围内。

共同海损和救助费用以及根据运输合同中“船舶互撞责任”条款应由货方偿还船方的损失，亦属保险人的承保责任。

### （二）ICC（B）的承保风险与除外责任

1. 承保风险：列明风险

（1）火灾、爆炸；

（2）船舶或驳船触礁、搁浅、沉没或倾覆；

（3）陆上运输工具倾覆或出轨；

（4）船舶、驳船或运输工具同水以外的外界物体碰撞；

（5）在避难港卸货；

（6）地震、火山爆发和雷电；

（7）共同海损牺牲；

（8）抛货；

（9）浪击落海；

（10）海水、湖水或河水进入船舶、驳船、运输工具、集装箱、大型海运箱或贮存处所；

（11）货物在装卸时落海或摔落造成整件的全损。

2. ICC（B）的除外责任

（1）保险人对被保险人以外的其他人的故意非法行为所致损失也不负赔偿责任。因此，如果要获得“恶意损害险”，就需加保“恶意损害险”。

（2）对“海盗行为”不负赔偿责任。

### （三）ICC（C）的承保风险与除外责任

1. ICC（C）的承保风险：列明风险

只承保“重大意外事故”，而不承保自然灾害及非重大意外事故所致风险损失。

（1）火灾、爆炸；

（2）船舶或驳船触礁、搁浅、沉没、或倾覆；

（3）陆上运输工具倾覆或出轨；

（4）船舶、驳船或运输工具同除水之外的任何外界物体碰撞；

（5）在避难港卸货；

（6）共同海损牺牲；

（7）抛货。

2. ICC（C）的除外责任

与ICC（B）的除外责任相同。

### （四）协会海运货物战争险的承保风险与除外责任

1. 战争、内战、革命、叛乱、造反或由此引起的内乱，或交战国针对交战国的任何敌对行为；

2. 由于上述承保风险引起的捕获、拘留、扣留、禁制或扣押及其后果，或任何有关企图；

3. 遗弃的水雷、鱼雷、炸弹或其他遗弃的战争武器；

4. 由于上述原因导致的共同海损和救助费用。

除外责任：与ICC（A）的“一般除外责任”及“不适航、不适货除外责任”基本相同。但在“一般除外责任”中增加了“航程挫折条款（Frustration Clauses）”，规定由于战争原因造成航程中止，货物未能运达保险单所规定的目的地而引起的间接损失，保险人不负赔偿责任。

### （五）协会海运货物罢工险的承保风险与除外责任

承保风险：

1. 罢工者、被迫停工工人或参与工潮、暴动或民变人员所致的灭失的损害；

2. 任何恐怖主义者或任何出于政治目的采取行为的人引起的灭失或损害；

3. 为了避免或有关避免以上承保风险所造成的共同海损和救助费用。

除外责任：

与ICC（A）的“一般除外责任”及“不适航、不适货除外责任”基本相同。但由于罢工险只负责由于承保风险直接造成的损失，所以下列损失与费用保险人不负赔偿责任：

1. 由于罢工、停工、工潮、暴动和民变等造成劳动力缺乏，缺少或扣押所引起的损失或费用；

2. 由于航程挫折而引起的损失；

3. 由于战争、内战、革命、叛乱或由此引起的内乱或交战国针对交战国的任何敌对行为所造成的损失或费用。

### （六）恶意损害险的承保风险

承保的是被保险人以外的其他人（如船长、船员等）的故意破坏行为所致保险货物的灭失或损害。但是，如果恶意损害是出于政治动机的人的行动，便不属于本险别的承保风险。

恶意损害的风险除了在 ICC（A）中被列为承保风险之外，在 ICC（B）及 ICC（C）中均列为除外责任。

### （七）偷窃、提货不着险的承保风险

本条款承保两类风险：一是偷窃（Theft，Pilferage），二是提货不着（Non-delivery）。所谓“偷”（Theft）是指海上袭击性偷窃，需伴有暴力或暴力威胁，不包括暗中的小偷小窃。而“窃”（Pilferage）是指暗中进行的小偷小摸。提货不着指由于任何不明原因造成整件货物不知去向，或者误交给不知姓名的其他提货人而无法追回。而货物短量或件数不足的短交不属于这个范畴。另外，如果交货不到的原因和货物所在的处所是知道的，那么也不属于“提货不着”的范畴。

# 第五节　我国陆运、空运货物与邮包运输险

陆运、空运货物与邮包运输保险是在海上保险的基础上发展起来的。

## 一、陆运货物保险

货物在陆运过程中，可能遭遇各种自然灾害和意外事故以及各种外来风险，这些风险会使运输途中的货物遭受损失，货主为了转嫁运输途中的风险与损失，就需要办理陆运货物的保险，并酌情选择适当的险别。

### （一）陆上运输货物保险的基本险别

根据中国人民保险公司制定的《陆上运输货物保险条款》的规定，陆上运输货物保险的基本险别有陆运险（Overland Transportation Risks）和陆运一切险（Overland Transportation All Risks）两种。

1. 陆运险

陆运险的承保责任范围与海洋运输货物保险条款中的“水渍险”相似，即保险公司负责赔偿被保险货物在运输途中遭受暴风、雷电、洪水、地震等自然灾害或由于运输工具遭受碰撞、倾覆、出轨或在驳运过程中因驳运工具遭受搁浅、触礁、沉没、碰撞，或由于遭受隧道坍塌、崖崩或失火、爆炸等意外事故所造成的全部或部分损失。此外，被保险人对遭受承保责任内危险的货物采取抢救、防止或减少货损的措施而支付的合理费用，保险公司也负责赔偿，但以不超过该批被救货物的保险金额为限。

陆运险的责任范围适用于火车和汽车运输，并以此为限。

陆运险的除外责任与海洋运输保险条款中规定的除外责任基本相同。

陆运险责任的起讫也采用“仓至仓”责任条款。按此条款规定，保险人负责自被保险货物运离保险单所载明的起运地仓库或储存处所开始运输时生效，包括正常运输过程中的陆上和与其有关的水上驳运在内，直至该项货物运达保险单所载目的地收货人的最后仓库或储存处所或被保险人用作分配、分派的其他储存处所为止。如未运抵上述仓库或储存处所，则以被保险货物运抵最后卸载的车站满 60 天为止。

2. 陆运一切险

陆运一切险的承保责任范围与海洋运输货物保险条款中的“一切险”相似，即保险公司除承担上述陆运险的赔偿责任外，还负责承担被保险货物在运输途中由于外来原因所造成的全部或部分损失。

陆运一切险的责任范围，也仅适用于火车与汽车运输。

陆运一切险的除外责任也与海洋运输货物险的除外责任基本相同。

此外，陆运一切险的责任起讫和保险索赔时效同陆运险完全相同，故在此从略。

### （二）陆上运输冷藏货物险（Overland Transportation Insurance for Frozen Products）

陆上运输冷藏货物险是陆运货物保险中一种专门的险别，它适用于陆运冷藏货物的专门保险，并具有基本险的性质。其主要责任范围除负责陆运险所列举的自然灾害和意外事故所造成的全部或部分损失外，还负责赔偿由于冷藏机器或隔温设备的损坏，或者车厢内储存冰块的融化所造成的被保险货物的解冻融化以致腐败的损失。但对于因战争、罢工或运输延迟而造成的被保险冷藏货物的腐败或损失，以及被保险冷藏货物在保险责任开始时未能保持良好状况，包括整理、包扎不妥，或冷冻上的不合规定及骨头变质所造成的损失则除外。一般的除外责任条款也适用本险别。

根据中国人民保险公司对本险别条款的规定，装货的任何运输工具，必须有相应的冷藏设备或隔温设备；或供应和储存足够的冰块使车厢内始终保持适当的温度，保证被保险冷藏货物不致因融化而腐败，直至目的地收货人仓库为止。本险别责任的起讫为，被保险货物运离保险单所载明的起运地冷藏库装入运送工具开始运输时生效，包括正常的陆运及与其有关的水上驳运在内，直至货物到达保险单所载明的目的地收货人仓库为止。但最长保险责任的有效期限以被保险货物到达目的地车站后10天为限。

### （三）陆上运输货物战争险（Overland Transportation Cargo War Risks）

陆上运输货物战争险是陆上运输货物保险的一种特殊附加险，只有在投保了陆运险或陆运一切险的基础上方可加保。这种陆运战争险，国外私营保险公司大都不予承保，但为适应外贸业务发展的需要，我国保险公司接受加保，但目前仅限于火车运输，若使用汽车运输则不能加保。

加保陆上运输货物战争险后，保险公司负责赔偿在火车运输途中由于战争、类似战争行为和敌对行为、武装冲突所致的损失，以及各种常规武器包括地雷、炸弹所致的损失。

但是，由于敌对行为使用原子或热核武器所致的损失和费用，以及执政者、当权者或其他武装集团的扣押、拘留引起的承保运程的丧失和挫折而造成的损失除外。

陆上运输货物战争险的责任起讫与海运战争险相似，以货物置于运输工具时为限。即自被保险货物装上保险单所载起运地的火车时开始到卸离保险单所载目的地火车时为止。如被保险货物不卸离火车，则以火车到达目的地的当日午夜起计算，满48小时为止；如在运输中途转车，则不论货物在当地卸载与否，保险责任以火车到达该中途站的当日午夜起计算满10天为止。如货物在此期限内重新装车续运，仍恢复有效。但需指出，如运输契约在保险单所载目的地以外的地点终止时，该地即视作本保险单所载目的地，在货物卸离该地火车时为止，如不卸离火车，则保险责任以火车到达该地当日午夜起计算满48小时为止。

在加保陆上运输货物战争险外，如想再加保罢工险，不另收费。如仅加保罢工险，则按战争险费率收费。陆上运输罢工险的承保责任范围与海洋运输货物罢工险的责任范围相同。

## 二、空运货物保险

随着航空运输的发展和航空运输货运量的迅猛增长，航空运输货物保险也相应发展起来。为了适应航空运输货物保险的需要，中国人民保险公司制定了空运货物保险方面的条款。

根据我国现行的《航空运输货物保险条款》规定，空运货物保险的险别包括航空运输险（Air Transportation Risks）和航空运输一切险（Air Transportation All Risks）两种基本险条款，此外，我国还制定了《航空运输货物战争险条款》。

### （一）航空运输基本险

1. 航空运输险

航空运输险的承保责任范围与海洋运输货物保险条款中的“水渍险”大致相同。保险公司负责赔偿被保险货物在运输途中遭受雷电、火灾、爆炸或由于飞机遭受恶劣气候或其他危难事故而被抛弃，或由于飞机遭受碰撞、倾覆、坠落或失踪等自然灾害和意外事故所造成的全部或部分损失。

航空运输险的除外责任，与海洋运输货物险的除外责任基本相同。

航空运输险的保险责任，也采用“仓至仓”条款。但应当指出的是，本条款同海洋运输险的“仓至仓”责任条款有下列几点不同之处：

第一，若货物运达保险单所载目的地而未运抵保险单所载明的收货人仓库或储存处所，则以被保险货物在最后卸载地卸离飞机以后满 30 天为止。如在上述 30 天内被保险货物需转送到非保险单所载明的目的地时，则以该项货物开始转运时终止。

第二，由于被保险人无法控制的运输延迟、绕道、被迫卸货、重新装载、转运或承运人运用运输契约赋予的权限所做的任何航行上的变更或终止运输契约，致使被保险货物运到非保险单所载目的地时，在被保险人及时将获知的情况通知保险人并在必要时加缴保险费的情况下，本保险单继续有效，保险责任按下述规定终止：一是被保险货物如在非保险单所载目的地出售，保险责任至交货时为止。但不论任何情况，均以被保险货物在卸载地卸离飞机后满 30 天为止。二是被保险货物在上述 30 天期限内继续运往保险单所载原目的地或其他目的地时，保险责任仍按上述规定的在保险单所载目的地或其他目的地卸离飞机后满 30 天终止。

2. 航空运输一切险

航空运输一切险的承保责任范围，除包括上述航空运输险的全部责任外，保险公司还负责赔偿被保险货物由于外来原因所造成的全部或部分损失。

航空运输一切险的除外责任和责任起讫，与航空运输险的除外责任和责任起讫相同。

### （二）航空运输货物特殊附加险

1. 航空运输货物战争险

航空运输货物战争险是航空运输货物险的一种特殊附加险，它只能在投保了航空运输险或航空运输一切险的基础上方可加保。

加保航空运输货物战争险后，保险公司承担赔偿在航空运输途中由于战争、类似战争行为、敌对行为或武装冲突所致的损失，以及由于上述行为引起的捕获、拘留、扣留、扣押所造成的损失，及各种常规武器和炸弹所造成的货物的损失，但不包括因使用原子或热核武器所造成的损失。

航空运输货物战争险的保险责任起讫是，自被保险货物装上保险单所载明的起运地的飞机时开始，直到卸离保险单所载明的目的地的飞机时为止。若被保险货物不卸离飞机，则以飞机到达目的地当日午夜起计算满 15 天为止，如被保险货物需在中途转运时，则保险责任以飞机到达转运地的当日午夜起计算满 15 天为止；待装上续运的飞机，保险责任再恢复有效。

2. 航空运输罢工险

航空运输货物保险的特殊附加险，除战争险外，还可加保罢工险，航空运输罢工险的责任范围与海洋运输罢工险的责任范围相同。与海运险、陆运险相同，在加保战争险前提下，再加保罢工险，不另收费。如仅要求加保罢工险，则按战争险费率收费。

## 三、邮包运输货物保险

邮包运输虽是一种较为简便的运输方式，但由于邮包运输一般须经海、陆、空辗转运输，在运送过程中遭受自然灾害与意外事故而导致损失的可能性较大。故保险公司在确定其承保责任范围时，必须综合考虑邮包在整个运输过程中可能出险的因素。

中国人民保险公司参照国际保险市场的通行做法，并结合我国邮政包裹业务的实际情况，制定了一套较为完备的邮包运输保险条款，其中包括邮包险条款和邮包战争险条款。

### （一）邮包险条款

本条款对邮包险（Parcel Post Risks）和邮包一切险（Parcel Post All Risks）的承保责任范围、除外责任、保险责任起讫和索赔时效等都做了具体规定。这两种险别都可以单独投保。

1. 邮包险

邮包险的承保责任范围包括负责赔偿被保险邮包在运输途中由于恶劣气候、雷电、海啸、地震、洪水、自然灾害或由于运输工具搁浅、触礁、沉没、碰撞、出轨、倾覆、坠落、失踪，或由于失火和爆炸意外事故造成的全部或部分损失；另外，还负责被保险人对遭受承保责任范围内风险的货物采取抢救、防止或减少货损的措施而支付的合理费用，但以不超过该批被救货物的保险金额为限。

邮包险的除外责任包括下列几个方面：即保险公司对因战争、敌对行为、类似战争行为、武装冲突、海盗行为、工人罢工所造成的损失；直接由于运输延迟或被保险物品本质上的缺陷或自然损耗所造成的损失；属于寄件人责任和被保险邮包在保险责任开始前已存在的品质不良或数量短差所造成的损失被保险人的故意行为或过失所造成的损失。上述各种损失，保险公司不负责赔偿。

邮包险保险责任的起讫是自被保险邮包离开保险单所载起运地点寄件人的处所运往邮局时开始生效，直至被保险邮包运达保险单所载明的目的地邮局发出通知书给收件人当日午夜起算满 15 天为止，但在此期限内邮包一经递交至收件人的处所时，保险责任即行终止。

2. 邮包一切险

邮包一切险的承保责任范围大于邮包险的承保责任范围，邮包一切险除包括邮包险的全部承保责任外，还负责被保险邮包在运输途中由于外来原因所致的全部或部分损失。

邮包一切险的除外责任、保险责任起讫和索赔时效，均与邮包险的规定相同。

### （二）邮包战争险条款

邮包战争险（Parcel Post War Risks）是一种特殊附加险，它只能在投保了邮包险或邮包一切险的基础上方可加保。

加保邮包战争险后，保险公司负责赔偿在邮包运输过程中由于战争、类似战争行为、敌对行为、武装冲突、海盗行为以及各种常规武器包括水雷、鱼雷、炸弹所造成的损失。此外，保险公司还负责被保险人对遭受以上承保责任内危险的物品采取抢救、防止或减少损失的措施而支付的合理费用。但保险公司不承担因使用原子或热核制造的武器所造成的损失的赔偿。

邮包战争险的保险责任是，自被保险邮包经邮政机构收讫后自储存处所开始运送时生效，直至该项邮包运达保险单所载明的目的地邮政机构送交收货人为止。

邮包运输保险的特殊附加险，除战争险外，还有罢工险。在投保战争险前提下，加保罢工险不另收费。若只加保罢工险，按战争险费率收费。邮包罢工险的责任范围与海洋运输罢工险的责任范围相同。

## 第六节　买卖合同中的保险条款

### 一、保险投保人

由卖方或卖方投保，完全取决于买卖双方约定的交货条件和贸易术语。例如，按FOB和CFR条件成交时，在买卖合同中的保险条款一般只订明“保险由买方自理”。如买方要求卖方代办保险，则应在合同保险条款中订明：“由买方委托卖方按发票金额××%代为投保××险，保险费由买方承担。”按DES和DEQ条件成交时，在合同保险条款中，也可以订明“保险由卖方自理”。凡按CIF和CIP条件成交时，由于货价中包含保险费，故在合同保险条款中，需要详细约定卖方负责办理货运保险的有关事项，如约定投保的险别、支付保险费和向买方提供有效的保险凭证等。

### 二、保险公司和保险条款的规定

在按CIF和CIP条件成交时，保险公司的资信情况与卖方的关系不大，但与买方却有重大关系。因此，买方一般要求在合同中限定保险公司和所采用的保险条款，以利日后保险索赔工作的顺利进行。例如，我国按CIF和CIP条件出口时，买卖双方在合同中，通常都订明：“由卖方向中国人民保险公司投保，并按该公司的保险条款办理。”

### 三、保险险别的规定

按CIF和CIP条件成交时，运输途中的风险本应由买方承担，但保险费包含在货价中。买卖双方约定额险别通常为平安险、水渍险和一切险三种基本险中的一种。但有时也可以根据货物特性和实际情况加保一种或几种附加险。如约定采用英国伦敦保险协会条款，也应根据货物特性和实际需要约定该条款的具体险别。在双方未约定险别的情况下，按惯例，卖方可按最低险别予以投保。如果买方要求加保战争险等特殊附加险，则费用一般由买方负担。

总之，出口商投保时，通常要对以下几个因素进行综合考虑：（1）货物的种类、性质和特点；（2）货物的包装情况；（3）货物的运输情况，包括运输方式、运输工具、运输路线等；（4）发生在港口和装卸过程中的损耗情况等；（5）目的地的政治局势。

## 四、保险金额（Insurance Amount）

保险金额也可称为投保金额，是指被保险人向保险公司投保的金额，也是保险公司承担的最高赔偿金额，还是计算保险费的基础。保险金额一般应买卖双方协商确定。按照国际保险市场的习惯做法，出口货物的保险金额一般按照 CIF 或 CIP 价格加成计算，即按发票价格再加上一定的百分率。此项保险加成率，主要是作为买方的预期利润，通常按 10% 计算。如果买方要求保险加成超过 10%，卖方也可酌情接受。如果要求加成过高，则应同有关保险公司商妥之后方可接受。保险金额的计算公式：

保险金额 = CIF 货价 ×（1 + 加成率）

保险费（Premium）是指被保险人向保险人缴纳的费用。保险费率（Premium Rate）是由保险公司根据一定时期、不同种类的货物的赔付率，按不同险别和目的地确定的。保险费则根据保险费率按保险金额计算，其计算公式为：

保险费 = 保险金额 × 保险费率

若对外报价为 CFR 价，而对方要求改报 CIF，或者在 CFR 合同项下，卖方代买方办理投保，应先把 CFR 转化为 CIF 价格再加成计算保险金额，公式如下：

CIF 价 = CFR 价 ÷ [1 –（1 + 加成率）× 保险费率]

保险金额 = CFR 价 ÷ [1 –（1 + 加成率）× 保险费率] ×（1 + 加成率）

## 五、保险单的约定

在买卖合同中，如约定由买方投保，通常还规定卖方应向买方提供保险单，如被保险的货物在运输途中发生承保范围内的风险损失，买方即可凭卖方提供的保险单向有关保险公司索赔。在国际贸易业务中，常用的保险单据主要有下列形式：

### （一）保险单（Insurance Policy）

保险单是保险人和被保险人之间成立保险合同关系的正式凭证，是被保险人向保险人索赔或对保险人上诉的正式文件，也是保险人理赔的主要依据。在实务中又称“大保单”。保险单可转让，通常是被保险人向银行进行押汇的单证之一。在 CIF 合同中，保险单是卖方必须向买方提供的单据。

保险单的主要内容包括：

（1）保险人和被保险人；

(2) 保险标的的名称;
(3) 保险金额;
(4) 保险期限;
(5) 保险费数额和交费期限;
(6) 保险人名称及签章;
(7) 保险单签订日期;
(8) 保险条款及特别约定条款。

此外,在背面列有保险公司的责任范围以及保险公司与被保险人之间的权利、义务等详细条款。

### (二) 保险凭证 (Insurance Certificate)

又称“小保单”,它是一种简化的保险合同,除其背面没有列入详细保险条款外,其余内容与保险单相同,保险凭证也具有与保险单同样的法律效力。

### (三) 联合凭证 (Combined Certificate)

又称承保证明,是我国保险公司特别使用的、比保险凭证更简化的保险单据。保险公司仅将承保险别、保险金额及保险编号加注在我国进出口公司开具的出口货物发票上,并正式签章即作为已经保险的证据。

### (四) 预约保单 (Open Policy)

预约保单又称预约保险合同,它是被保险人与保险人之间订立的合同。订立这种合同的目的是为了简化保险手续,又可使货物一经起运即可取得保障。合同中规定承保货物的范围、险别、费率,责任、赔款处理等条款,凡属合同约定的运输货物,在合同有效期内自动承保。预约保险单主要适用于进口货物的保险。

### (五) 批单 (Endorsement)

保险单出立后,如需变更其内容,可由保险公司另出的凭证注明更改或补充的内容,称为批单。它须粘贴在保险单上,并加盖骑缝章,作为保险单不可分割的一部分。

## 本章小结

为了使货物可能遭到的意外损失得到补偿,合同的一方当事人需要按合同规定向保险公司办理保险手续。投保人同保险公司订立保险契约,被保险人(买方或卖方)向保险人(保险公司)按一定的金额投保一定的险别,交付一定的保险费,从而将货物风险交由保险公司承担。

国际货物运输保险包括海上货物运输保险、陆地货物运输保险、航空货物运输保险、邮包货物运输保险等多种形式。

目前，我国海运货物保险的险别包括基本险和附加险，其中，基本险又分为平安险、水渍险和一切险；附加险分为一般附加险和特殊附加险。

英国伦敦保险协会制定的“协会货物保险条款”（ICC）对世界各国有着广泛的影响，因此，对其必须有所了解，以利于订好保险条款和正确处理有关货运保险事宜。

为了明确买卖双方在货运保险方面的责任，应在合同中订立保险条款，对投保人、保险人、险别、保险金额等事项加以规定。

## 【中英文术语】

实际全损 Actual Total Loss
推定全损 Constructive Total Loss
单损海损 Particular Average
共同海损 General Average
施救费用 Sue and Labour Expenses
救助费用 Salvage Charges
平安险 FPA
水渍险 WPA
一切险 All Risks
战争险 War Risks
罢工险 Strikes Risks
仓至仓条款 Warehouse to Warehouse Clause
保险金额 Insurance Amount
保险费 Insurance Premium
保险单 Insurance Policy
保险凭证 Insurance Certificate
预约保单 Open Policy

## 【思考题】

### 一、简答题

1. 保险的基本原则是什么？
2. 我国海上货物运输保险的险别有哪几种？各自的责任范围有何区别？
3. 什么是共同海损？构成共同海损的条件有哪些？
4. 什么是单独海损？它与共同海损相比有什么区别？
5. 按 CIF 贸易术语对外发盘，若按下列险别作为保险条款提出是否妥当？如有不妥，试予更正并说明理由。

（1）一切险、偷窃提货不着险、串味险；

（2）平安险、一切险、受潮受热险、战争险、罢工险；

（3）水渍险、碰损破碎险；

（4）偷窃提货不着险、钩损险、战争险、罢工险；

（5）航空运输一切险、淡水雨淋险。

**二、单项选择题**

1. 某公司出口稻谷一批，因保险事故被海水浸泡多时而丧失其原有用途，货到目的港后只能低价出售，这种损失属于（　　）。

A. 单独损失　　B. 共同损失

C. 实际损失　　D. 推定损失

2. 根据我国“海洋货物运输保险条款”规定，“一切险”包括（　　）。

A. 平安险加 11 种一般附加险　　B. 一切险加 11 种一般附加险

C. 水渍险加 11 种一般附加险　　D. 11 种一般附加险加特殊附加险

3. 我方按 CIF 条件成交出口一批罐头食品，卖方投保时，按下列（　　）投保是正确的。

A. 平安险 + 水渍险　　B. 一切险 + 偷窃提货不着险

C. 水渍险 + 偷窃提货不着险　　D. 平安险 + 一切险

4. 按国际保险市场惯例，投保金额通常在 CIF 总值的基础上（　　）。

A. 加一成　　B. 加二成

C. 加三成　　D. 加四成

5. 某批出口货物投保了水渍险，在运输过程中由于雨淋致使货物遭受部分损失，这样的损失保险公司将（　　）。

A. 负责赔偿整批货物

B. 负责赔偿被雨淋湿的部分

C. 不给予赔偿

D. 在被保险人同意的情况下，保险公司负责赔偿被雨淋的部分

6. 有一批出口服装，在海上运输途中，因船体触礁导致服装严重受浸，如果将这批服装漂洗后再运至原定目的港所花费的费用已超过服装的保险价值，这批服装应属于（　　）。

A. 共同海损　　B. 实际全损

C. 推定全损　　D. 单独海损

7. 战争险的责任起讫以“水上责任”为限，如果货物不卸离海轮或驳船，则从货物到达目的港之日无业起计（　　）天，保险责任终止。

A. 60　　B. 30

C. 15　　D. 45

8. 航空运输险和航空运输一切险的责任中保险公司负“仓至仓”责任，如货物未运抵目的地仓库或储存处所，则以北保险货物在最后卸离飞机后满（　　）天保险责任终止。

A. 30　　B. 60

C. 45　　D. 15

9. 下列属于推定全损的有（　　）。

A. 载货的货轮触到暗礁而沉没且无法再找到该货轮

B. 货物由于海上风浪大被摔到船舱的地上，修复费用相当于货物原值

C. 石灰被海水全部浸湿

D. 货物被海盗全部劫走

10. CIC“特殊附加险”是指在特殊情况下要求保险公司承保的险别，（　）。

A. 一般可以单独投保

B. 不能单独投保

C. 可单独投保两项以上的“特殊附加险”

D. 在被保险人同意的情况下可以单独投保

**三、判断题**

1. 海运提单的签发日期应早于保险单的签发日期。（　　）

2. 伦敦保险协会指定的“协会货物条款”中的A险、B险和C险，其保险公司承保的范围与我国海运货物保险的FPA、WPA和ALL RISKS三种险别的承保范围大致相当。（　　）

3. 按国际保险市场惯例，大保单于小保单具有同等法律效力。（　　）

4. 在国际贸易中，向保险公司投保了一切险后，货物运输原因造成的一切货损，均可向保险公司索赔。（　　）

5. 根据保险利益原则的规定，国际货运保险的被保险人在投保时对保险标的应具有保险利益。（　　）

6. 共同海损是为了维护船、货等的共同安全，有意识且合理地采用抢救措施所直接造成的某些特殊牺牲或者支出的额外费用。因此共同海损的损失应该由相关的利害关系方平均分摊。（　　）

7. 出口的茶叶在运输途中面临的最大问题是串味，因此，投保货运险时，除投保一切险之外，还应加保串味险。（　　）

8. 伦敦保险协会保险条款中的战争险和罢工险都可以独立投保。（　　）

9. 救助费用无论有无效果，保险人均应给予赔偿。（　　）

10. 在CIF条件下，由卖方办理投保，而CFR由买方办理投保，因此，货物离开装运港之后的风险CIF由卖方承担，CFR由买方承担。（　　）

**四、计算题**

1. 我方出口CIF合同规定按发票金额110%投保一切险和战争险，如出口发票金额

为15 000美元，一切险保险费率为0.6%，战争险保险费率为0.03%。试问，投保金额是多少？应付保险费是多少？

2. 某公司出口报价为CIF价每公吨2 000美元，现客户要求改报CIF价，加投保一切险和战争险，经查一切险费率为1%，战争险费率为0.03%。试计算在不影响利润前提下的CIF报价。

3. 某公司对外出售货物一批，单价为每公吨1 000英镑CIF伦敦。按合同规定，卖方按CIF发票金额的110%投保，保险险别为水渍险和受潮受热险，两者费率合计为0.9%。现客户要求改报CFR价，试计算在不影响收汇前提下的CFR伦敦价。

4. 一批出口货物的CFR价为250 000美元，现客户要求改CIF价加二成投保海运一切险，出口公司同意照办，如保险费率为0.6%时，出口公司应向客户收取保险费多少？

**五、案例分析**

1. 某公司以FOB贸易术语出口货物一批，在从出口公司仓库运到码头待运过程中，货物发生损失，该损失应由何方负责？如买方已经向保险公司办理了“仓至仓”的一切险，保险公司对该项损失是否给予赔偿？并说明理由。

2. 某外贸企业进口散装化肥一批，曾向保险公司投保海运一切险。货抵目的港后，全部卸至港务公司仓库。在卸货过程中，外贸企业与装卸公司签订了一份灌装协议，并即开始灌装。某日，由装卸公司根据协议将已灌装成包的半数货物堆放在港区内铁路堆场，等待铁路转运至他地以交付不同买主。另一半留在仓库尚待灌装的散货，因受台风袭击，遭受严重湿损。于是，外贸企业遂就遭受湿损部分向保险公司索赔，被保险公司拒绝。对此，试予评论。

3. 某货轮从天津新港驶往新加坡，在航行途中船舶货舱起火，大火蔓延到机舱，船长为了船、货的共同安全，下令往舱内灌水，火很快被扑灭，但由于主机受损，无法继续航行，于是船长雇用拖轮将船拖回新港修理，修好后继续驶往新加坡。这次造成的损失共有：

（1）1 000箱货被火烧毁；

（2）600箱货被水浇湿；

（3）主机和部分甲板被烧坏；

（4）拖轮费用；

（5）额外增加的燃料和船上人员的工资。

问：从损失的性质来看，上述损失各属何种损失？为什么？

4. 我国某进出口公司以CIF价格向非洲某国出口小麦一批。由于当地存在部族冲突等不安定因素，故进口商要求卖方投保一切险，加保战争险。该批货物顺利运抵对方港口后，卸船暂储码头上，拟于第二天转运至买方仓库。卸货当晚，发生当地两部族之间的武装冲突，致使该批货物部分被毁。买方向保险公司提出赔偿要求，保险公司拒绝赔偿。问：保险公司的做法有无道理，为什么？

5. 我国某公司向海外出口花生糖一批，投保的是一切险。由于货轮陈旧，速度慢，加上该轮沿途到处揽载，结果航行3个月才到达目的港。卸货后，花生糖因受热时间过长，已全部潮解软化，无法销售。问这种情况保险公司是否拒赔？

**六、制作单据**

我国天津市富国进出口公司向澳大利亚EFG公司出口陶瓷餐具3 600套，每套20美元CIF悉尼，纸箱包装，每箱6套。合同规定投保平安险和淡水雨淋险，运输标志（唛头）为：

BT/NOS1 - 600/SYDNEY/MADE IN CHINA

该货物于2019年6月20日在天津新港装"新丹"号轮运往悉尼。请根据上列条件填制一份保险单。

PICC 中国人民保险公司天津分公司

The People's Insurance Company of China, Tianjin Branch

---

货物运输保险单

CARGO TRANSPORTATION INSURANCE POLICY

发票号（INVOICE NO.）　　　　保单号（POLICY NO.）

合同号（CONTRACT NO.）

信用证号（L/C NO.）

被保险人：

Insured：

中国人民保险公司（以下简称本公司）根据被保险人的要求，由被保险人向本公司缴付约定的保险费，按照本保险单承保险别和背面所列条款与下列特款承保下述货物运输保险，特立本保险单。

THIS POLICY OF INSURANCE WITNESSES THAT THE PEOPLE'S INSURANCE COMPANY OF CHINA（HEREINAFTER CALLED "THE COMPANY"）AT THE REQUEST OF INSURED AND IN CONSIDERATION OF THE AGREED PREMIUM PAID TO THE COMPANY BY THE INSURED UNDERTAKES TO INSURE THE UNDER MENTIONED GOODS IN TRANSPORTATION SUBJECT TO THE CONDITIONS OF THIS POLICY AS PER THE CLAUSES PRINTED OVERLEAF AND OTHER SPECIAL CLAUSES ATTACHED HEREON

标　记 MARKS & NOS.　数量及包装 QUANTITY

保险货物项目 DESCRIPTION OF GOODS　　保险金额 AMOUNT INSURED

总保险金额

TOTAL AMOUNT INSURED：

保费　　　启运日期：　　　装载运输工具：

PREMIUM　　DATE OF COMMENCEMENT　　PER CONVEYANCE：

自　　　　　经　　　　　至

FROM　　　　VIA　　　　TO

承保险别：

CONDITIONS：

所保货物，如发生保险单项下可能引起索赔的损失或损坏，应立即通知本公司下述代理人查勘。如有索赔，应向本公司提交保险单正本（共2份正本）及有关文件。如一份正本已用于索赔，其余正本自动失效。

IN THE EVENT OF LOSS DAMAGE WHICH MAY RESULT IN A CLAIM UNDER THIS POLICY, IMMEDIATE NOTICE MUST BE GIVEN TO THE COMPANY AGENT AS MENTIONED HEREUNDER CLAIMS IF ANY, ONE OF THE ORIGINAL POLICY WHICH HAS BEEN ISSUED IN 2 ORIGINAL TOGETHER WITH RELEVANT DOCUMENTS SHALL BE SURRENDERED TO THE COMPANY IF THE ORIGINAL POLICY HAS BEEN ACCOMPLISHED, THE OTHERS TO BE VOID

赔款偿付地点

CLAIM PAYABLE AT　　　　中国人民保险公司天津市分公司

出单日期　　　　The People's Insurance Company of China ISSUINGDATE

Tianjin Branch

# 第八章 进出口货物的报关

学习目标

通过本章的学习，了解一般货物报关的程序，重点掌握报关单的填制和一般货物进出口税费的计算。

国际贸易和国际交流、交往活动都是通过运输工具、货物、物品和人员的进出境实现的。《中华人民共和国海关法》（以下简称《海关法》）第五条规定，进出境运输工具、货物、物品，必须通过设立海关的地点进境或者出境。《海关法》第二条规定，"中华人民共和国海关是国家的进出境监督管理机关"，所以，一切从事国际贸易及交流的企业、个人都与海关业务密不可分。

## 第一节 海关管理与报关概述

《海关法》第2条规定，"中华人民共和国海关是国家的进出境监督管理机关。"这一规定明确限定了海关作为特定的行政管理机关的特点，即海关行政管理的内容是进出境过程中包括的进出境运输工具、货物、物品及其相关进出境行为，并且海关对相关行为的管理是严格限制在进出境环节之内的，与进出境活动无关的任何行为均不属于海关管辖范围之内。

（一）海关组织机构

国务院在北京设立海关总署，统一管理全国海关。国家在港口、车站、机场、国界孔道、邮局等设立直属和隶属海关。海关总署为全国海关的最高领导机构，统一领导全国各地海关；直属海关由海关总署领导，向海关总署负责；隶属海关由直属海关领导，向直属海关负责。

### （二）海关权力

海关权力，是指国家为保证海关依法履行职责，通过《海关法》和其他法律、行政法规赋予海关的，进出境运输工具、货物、物品的监督管理权能。海关权力属于公共行政职权，其行使受一定范围和条件的限制，并应当接受政法监督。

海关的权力主要包括：行政许可权；税、费征收权；行政裁定权；行政强制权；行政处罚权。

### （三）海关基本任务

《海关法》明确规定海关有四项基本任务，即海关监管、海关征税、海关缉私和编制海关统计。

1. 海关监管

海关监管不是海关监督管理的简称，海关监督管理是海关全部行政执法活动的简称，而海关监管则是指海关运用国家赋予的权力，通过一系列管理制度与管理程序，依法对进出境运输工具、货物、物品及相关人员的进出境活动所实施的一种行政管理。海关监管是一项国家职能，其目的在于保证一切进出境活动符合国家政策和法律的规范，维护国家主权和利益。根据监管对象的不同，海关监管分为货物监管、物品监管、运输工具监管和加工贸易监管等若干工作体系。海关监管的对象不仅仅是进出境的“物”，还包括当事人对这些物品的相关行为。海关监管是海关最基本的任务，是四项任务的基础，海关的其他任务都是在监管工作的基础上进行的。

2. 海关征税

代表国家征收关税和其他税、费是海关的另一项重要任务。关税是指由海关代表国家，按照《海关法》和进出口税则，对准许进出口的货物、进出境的物品征收的一种间接税。其他税、费是指在货物进出口环节，由海关代征进口环节增值税和消费税。

依法征收关税和其他税、费是《海关法》明确规定的海关重要任务之一，也是国家保护国内经济、实施财政政策、调整产业结构、发展进出口贸易的重要手段。

3. 海关缉私

走私是伴随着进出境活动的发展和国家管理上的限制而产生的一种非法的行为，它以逃避监管、偷逃关税、牟取暴利为目的，扰乱经济秩序，冲击民族工业，腐蚀干部群众，败坏社会风气，引发违法犯罪，对国家危害极大。

由于我国的社会、经济、文化等方面的原因，走私的形势严峻，查缉走私成为当前海关的主要任务之一。《海关法》规定，“国家实行联合缉私、统一处理、综合治理的缉私体制。海关负责组织、协调、管理查缉走私工作。”海关是打击走私的主管机关，此外，为了严厉打击走私犯罪活动，根据党中央、国务院的决定，我国组建了专司打击走私犯罪的海关缉私体制，公安、工商、税务、烟草专卖等部门也有查缉走私的权力，但这些部门查获走私案件，必须按照规定，统一处理。

4. 海关统计

海关统计是国家进出口贸易统计，是国民经济统计的组成部分，是国家制定对外经济贸易政策、进行宏观调控、实施海关严密高效管理的重要依据，是研究我国对外经济贸易发展和国际经济贸易关系的重要资料。

我国海关的统计制度规定，对于凡能引起我国境内物资储备增加或减少的进出口货物，均列入海关统计。对于部分不列入海关统计的货物和物品，则根据我国对外贸易管理和海关管理的需要，实行单项统计。

## 第二节　进出口货物报关

进出口货物报关是进出口货物收发货人或其代理人，按照海关有关法规的要求，出具相关的许可证件，缴纳相应的进出口各项税费，履行各项海关监督义务，经海关审查、核实后准许有关货物进口或出口的过程。

### 一、报关程序

在我国，货物的进出境须经过海关审单、查验、征税、放行四个环节。与之相适应，进出口货物收发货人或其代理人应当在按程序办理相应对的进出口申报、配合查验、缴纳税费、提取或装运货物等手续后，货物才能进出境。一般来说，报关程序按时间先后可以分为三个阶段：前期阶段、进出境阶段和后续阶段。

为便于说明报关程序三个阶段的内容，我们把进出境货物按照海关监管的基本特征大致分为一般进出口货物、保税货物、特定减免税货物、暂准进出境货物、其他进出境货物五大类。

#### （一）前期阶段

前期阶段是指根据海关对保税货物、特定减免税货物、暂准进出境货物、其他进出境货物的监管要求，进出口货物收发货人或其代理人在货物进出境以前，向海关办理备案手续的过程。其主要包括：

1. 保税货物中的保税加工货物进口之前，进口货物收货人或其代理人应当办理加工贸易备案和申领加工贸易电子的或纸质的登记手册的手续；

2. 特定减免税货物在进口之前，进口货物收货人或其代理人应当办理企业的减免税申请和申领减免税证明的手续；

3. 暂准进出境货物在进口之前，进口货物收发货人或其代理人应当办理展览品进境备案申请的手续；

4. 其他进出境货物中的出料加工货物实际出口之前，出境货物发货人或其代理人应当办理出料加工的备案手续。

（二）进出境阶段

进出境阶段是指根据海关对进出境货物的监管制度，进出口货物收发货人或其代理人在一般进出口货物、保税货物、特定减免税货物、暂准进出境货物、其他进出境货物进出境时，向海关办理进出口申报、配合查验、缴纳税费、提取或装运货物手续的过程。

进出境阶段主要包括四个环节的工作：

1. 进出口申报

进出口申报即进出口货物收发货人或其代理人在海关规定的期限内，按照海关规定的形式，向海关报告进出口货物的情况，提请海关按其申报的内容放行进出口货物的工作环节。

申报的具体步骤包括：准备申报单证、申报前提货样、申报。

（1）作为申报的第一步，准备单证的原则是：基本单证、特殊单证、预备单证必须齐全、有效、合法；报关单填制必须真实、准确、完整；报关单与随附单证数据必须一致。

向海关递交纸质报关单可以使用事先印制的规定格式报关单或直接在A4型空白纸上打印。

进口货物纸质报关单一式五联：海关作业联、海关留存联、企业留存联、海关核销联、证明联（进口付汇用）。

出口货物纸质报关单一式六联：海关作业联、海关留存联、企业留存联、海关核销联、证明联（出口收汇用）、证明联（出口退税用）。

进、出口货物报关单应当附随的单证包括：合同；发票；装箱清单（舱单）；提（运）单；代理报关授权协议；进出口许可证件；海关要求的加工贸易手册（纸质或电子数据）及其他进出口有关单证。海关应当留存进出口许可证件的正本，其余单证可以留存副本或复印件。

（2）提取货样的目的是为了确定货物的品名、规格、型号和归类。货样提取需经海关的同意并在海关监督下完成。

（3）目前海关实行的申报方式是电子申报与纸质申报相结合的。电子申报包括终端申报、委托EDI方式、自行EDI方式、网上申报方式等四种。海关电子放行10日内，再持打印好的纸质报关单证到货物所在地海关申报。

2. 配合查验

海关查验是为了确定货物的性质、价格、数量、状况等与申报相符。进出口货物的收发货人或者办理进出口申报具体手续的报关员应到达查验现场，配合海关查验货物，并负责按照海关的要求搬移、开拆或重封被查验货物。海关可决定查验时间，并可进行复检和径行查验。由于海关关员的责任造成被查验货物在查验过程中损坏，海关负责赔偿直接经济损失。

3. 交纳税费

进出口货物收发货人或其代理人在接到海关填发的税款缴款通知书之日起 15 日内，向海关指定的银行办理关税，进口环节增值税、消费税等款项的缴纳手续。逾期缴纳，海关将依法在原应纳税款基础上，按日加收滞纳税款 0. 5‰的滞纳金。

4. 提取或装运货物，即提取进口货物或装运出口货物

提取货物是指进口货物的收货人或其代理人，在完成上述三个环节的手续，海关决定放行后，持海关加盖“放行章”的进口提货凭证或海关通过计算机系统发送的放行通知书，提取进口货物的工作环节。

装运货物是指出口货物的发货人或其代理人，在完成上述三个环节的手续，海关决定放行后，持海关加盖“放行章”的出口提货凭证或海关通过计算机系统发送的放行通知书，通知港口、机场、车站及其他有关单位装运出口货物的工作环节。

对于一般进出口货物而言，放行即结关，货主可以对货物进行任意处置，并可向海关申请如下证明：进口付汇证明、出口收汇证明、出口收汇核销证明、出口退税证明、进口货物证明书。

### （三）后续阶段

后续阶段是指根据海关对保税货物、特定减免税货物、暂准进出境货物、部分其他进出境货物的监管要求，进出口货物收发货人或其代理人在货物进出境存储、加工、装配、使用、维修后，在规定的期限内，按照规定的要求，向海关办理上述进出口货物核销、销案、申请解除监管等手续的过程。

1. 对保税货物，进口货物收货人或其代理人应当在规定期限内办理核销手续。

2. 对特定减免税货物，进口货物收货人或其代理人应当在海关监管期满后或者在海关监管期内经海关批准出售、转让、推运、放弃并办妥有关手续后，向海关申请办理解除海关监管的手续。

3. 对暂准进出境货物，收发货人或其代理人应当在暂准进出境规定期限内，或者在海关批准延长暂准进出境期限到期前，办理复运出境或复运进境或正式进出口手续，然后申请办理核销手续。

4. 对其他进出境货物中的出料加工货物、修理货物、部分租赁货物等，进出境货物收发货人或其代理人应当在规定期限内办理销案手续。

## 二、报关内容

进出口货物申报以货物本身为中心、以进出口报关单为媒介进行。在报关单中，须按要求申报进出口货物的进出口日期、运输工具名称、托运单号码、税号、品名、规格型号、价格、原产地、数量、质量、收发货单位、经营单位、申报单位等海关监管和进出口统计所必需的信息。

### 三、报关时限

《海关法》第二十四条规定，进口货物的收货人应当自运输工具申报进境之日起十四日内，出口货物的发货人除海关特准的外应当在货物运抵海关监管区后、装货的二十四小时以前，向海关申报。

进口货物的收货人超过前款规定期限向海关申报的，由海关征收滞报金。申报最后一天为法定节假日的，顺延至节假日结束后的第一个工作日。滞报金按日征收，起征日为规定申报时限的次日，截止日为申报日，起征日与申报日均记入滞报时间。滞报金起征点为 50 元。滞报金的日征收金额为进口货物完税价格的 0.5‰。

自运输工具申报进境之日起 3 个月未向海关申报的进口货物，海关可依法变卖处理，所得价款在扣除运输、装卸、储运等费用和税款后，尚有余款的，自货物依法变卖之日起 1 年内，经收货人申请予以发还，逾期上缴国库。

经海关批准，进出口货物的收发货人、受委托的报关企业可以在进口货物启运后、抵港前或出口货物运入海关监管场所前 3 日内提前申报；也可以自装载货物的运输工具申报进境之日起一个月内向指定海关办理集中申报。

## 第三节　报关基本技能

进出口报关是类似会计师、审计师等专业性较强的工作。虽然从业资格的取得并不十分困难，在操作过程中却需要耐心、细心和责任心。了解进出口税费的计算可以更好地核算成本和价格，报关单则是报关员工作中需要掌握的最基本、最核心的单证。

### 一、进口税费的计算

#### （一）关税

海关在征收关税的工作中，要做到依率计征，除了要对进出口货物进行税则归类，确定应按照哪个税号的适用税率征税外，还要正确审定计征关税的计税价格，计税价格即海关完税价格，是海关计征关税的依据。

1. 进口货物完税价格

进口货物完税价格由海关以进出口货物的成交价格为基础审核确定。一般包括货价、货物运抵中华人民共和国海关境内输入地点起卸前的运费和保费，通常以 CIF 价为基础。若货物在交易的过程中，卖方付给我方正常的折扣，则应从成交价格中扣除。

进口货物采用 CFR 价格术语成交，应加保险费组成完税价格。其公式为：

完税价格 = CFR ÷ （1 - 保险费率）

进口货物采用 FOB 价格术语成交，还应加保险费和运费组成完税价格，其公式为：

完税价格 = （FOB 价 + 运费） ÷ （1 - 保险费率）

2. 进口货物应纳关税计算

完税价格确定后，查出适用的税率就可以直接进行计算了。其公式为：

应纳从价关税税额 = 完税价格 × 法定进口关税税率

应纳从量关税税额 = 货物数量 × 单位税额

3. 出口货物完税价格

完税价格 = FOB ÷ （1 + 出口关税税率）

### （二）应纳消费税的计算

从国外进口应税消费品，海关要征收消费税。消费税的计算执行从量税和从价税两种计算方法。

1. 从价消费税征收

我国消费税采用价内税，即计税价格组成中包括消费税税额，因此：

单位货物应纳消费税税额 = 组成计税价格 × 适用消费税税率

组成计税价格 = 完税价格 + 关税税额

其中，关税完税价格即上述进口货物完税价格。故公式可整理为：

组成计税价格 = ［关税完税价格 × （1 + 适用关税税率）］ ÷ （1 - 适用的消费税税率）

2. 实行从量定额征收应税消费税

以海关核定的应税消费进口数量为计税依据，计算公式为：

应纳消费税额 = 应纳税进口数量 × 适用定额税率

### （三）应纳增值税计算

增值税属于价外税，其大小由组成应纳增值税价格与适用的增值税税率计算所得，即：

应纳增值税税额 = 组成计税价格 × 适用税率 × 应税进口数量

组成计税价格 = 关税完税价格 + 关税税额 + 消费税税额

例如，我国 A 公司进口雪茄烟 100 箱，每箱价格为 1500 元 FOB 伦敦，设每箱运费为人民币 100 元，保险费率为 1%，要求计算该批货物应纳关税税额、消费税额、增值税率。

解答：

查得海关税则，雪茄烟进口关税为 65%，消费税税率为 40%，增值税率为 17%

进口关税完税价格＝（FOB＋运费）÷（1－保险费率）

＝（1500＋100）÷（1－1%）

＝1616.16（元）

应纳关税额＝应纳进口货物数量×单位完税价格×适用税率

＝100×1616.16×65%

＝105050.4（元）

组成消费税计税价格＝（关税完税价格＋关税税额）÷（1－适用消费税税率）

＝（1616.16＋105050.4）÷（1－40%）

＝177777.6（元）

应纳消费税额＝组成消费税计税价格×适用消费税率×进口数量

＝177777.6×40%×100

＝71111104（元）

组成增值税计税价格＝关税完税价格＋关税＋消费税

＝1616.16＋105050.4＋71111104

＝7217770.56（元）

应纳增值税额＝组成增值税计税价格×适用税率

＝7217770.56×17%

＝1227021.00（元）

## 二、进出口报关单的填制（见表8－1）

正确填制报关单的一般要求如下：

1. 报关单填写必须真实，特别是对货物的品名、规格、数量、原产地、单价等内容必须真实，以免涉及伪报及虚报的情形。报关单填写要做到真实，需要遵守两个原则：其一是单证相符，即与报关单有关的合同、批文、发票、装箱单等必须相符；其二是单货相符，即报关单申报内容必须与实际所进口的物品相同。

2. 每份报关单须遵守唯一性，即不同合同或批文的货物、同一批货物中不同贸易方式的货物、不同备案号的货物、不同提运单的货物、不同征免性的货物、不同运输方式或相同运输方式但不同航次的货物，不能填在同一份报关单中。

3. 每份报关单填报的货物编号有限制，以及一份报关单最多不能填写超过五项海关统计商品编号的货物，且需分别填报清楚。

4. 报关单填写应按照《海关法》《中华人民共和国海关进出口货物申报管理规定》和《填制规范》的有关规定和要求如实填报。

5. 申报有误且有正当理由的，申报人应向海关递交书面申请进行更正。

**表 8－1　　中华人民共和国海关进口货物报关单**

预录入编号：海关编号

| | | | | |
|---|---|---|---|---|
| 进入口岸 | 备案号 | 进口日期 | 申报日期 | |
| 经营单位 | 运输方式 | 运输工具名称 | 提运单号 | |
| 收货单位 | 贸易方式 | 征免性质 | 值税比例 | |
| 许可证号 | 起运国（地区） | 装运港 | 境内目的地 | |
| 批准文号 | 成交方式 | 运费 | 保费 | 杂费 |
| 合同协议号 | 件数 | 包装种类 | 毛重（千克） | 净重（千克） |
| 集装箱号 | 随附单据 | 用途 | | |

标记唛码及备注

| 项号 | 编号 | 名称规格 | 数量单位 | 原产国 | 单价 | 总价币制 | 征免 |
|---|---|---|---|---|---|---|---|
| | | | | | | | |
| | | | | | | | |
| | | | | | | | |
| | | | | | | | |
| | | | | | | | |

税费征收情况

| | |
|---|---|
| 报关员<br>兹声明以上申报无讹并承担法律责任 | 海关审单批注及放行日期（签章）<br>审单　　审价 |
| 申报单位（签章）<br>单位地址 | 征税　　统计 |
| 邮编　　电话　　填制日期 | 查验　　放行 |

# 本章小结

报关程序按时间先后可以分为三个阶段：前期阶段、进出境阶段和后续阶段。前期阶段是指根据海关对保税货物、特定减免税货物、暂准进出境货物、其他进出境货物的监管要求，进出口货物收发货人或其代理人在货物进出境以前，向海关办理备案手续的过程。进出境阶段是指根据海关对进出境货物的监管制度，进出口货物收发货人或其代理人在一般进出口货物、保税货物、特定减免税货物、暂准进出境货物、其他进出境货物进出境时，向海关办理进出口申报、配合查验、缴纳税费、提取或装运货物手续的过程。后续阶段是指根据海关对保税货物、特定减免税货物、暂准进出境货物、部分其他进出境货物的监管要求，进出口货物收发货人或其代理人在货物进出境存储、加工、装配、使用、维修后，在规定的期限内，按照规定的要求，向海关办理上述进出口货物核销、销案、申请解除监管等手续的过程。海关在征收关税的工作中，要做到依率计征，除了要对进出口货物进行税则归类，确定应按照哪个税号的适用税率征税外，还要正确审定计征关税的计税价格。计税价格即海关完税价格，是海关计征关税的依据。报关单填写必须真实、每份报关单须遵守唯一性。

## 【中英文术语】

报关单 Customs declaration

出口报关单 The Export declaration

进口报关单 The Import declaration

装箱单 Packing list

重量单 Weight list

原产地证明 Certificate of origin

品质证书 Quality certificate

## 【思考题】

### 一、简答题

1. 进出口货物不同时期，报关的准备工作各是什么？

2. 某公司自中国香港购进美国纽约产钢铁盘条 80000 千克，成交价格为 FOB 纽约 USD10000，另付港商佣金 3%，求关税、增值税。（单位运费 USD50/公吨）（该商品海关编号是 7310，税率 15%，增值税 14%）

## 二、单选题

1. 根据《中华人民共和国海关法》的规定，进口货物的收货人向海关申报的时限是（　　）。

A. 自运输工具申报进境之日起 7 日内

B. 自运输工具申报进境之日起 10 日内

C. 自运输工具申报进境之日起 14 日内

D. 自运输工具申报进境之日起 15 日内

2. 某外贸公司以一般贸易方式从境外订购一批进口货物，在如实申报、接受查验、缴纳进口税费后由海关放行，该公司应凭（　　）单据到海关监管仓库提取货物。

A. 由海关签发“进（出）口货物证明书”

B. 由海关加盖了放行章的货运单据

C. 由海关签发的“税款缴纳证”

D. 由海关签发的“进口收汇核销专用报关单”

3. 根据《中华人民共和国海关稽查条例》的规定，海关稽查的时限是：（1）尚在监管期内的减免税进口货物；（2）保税货物自进境之日起至海关核销结束后三年内；（3）一般进出口货物，应自海关放行之日起（　　）。

A. 一年内　　B. 三年内

C. 五年内　　D. 八年内

4. 根据《中华人民共和国海关稽查条例》的规定，海关对保税货物自进境之日起至海关核销结束后的稽查时限是（　　）。

A. 一年内　　B. 三年内

C. 五年内　　D. 八年内

5. 某公司进口电信设备零件一批，价格 CIF 天津 1000 美元（1 美元 = 8.5 元人民币），装载货物的船舶于 2000 年 4 月 4 日进境，4 月 19 日该公司来向海关申报，请问这种情况海关应征收（　　）滞报金。

A. 不征收　　B. 滞报一天，滞报金为 4.25 元

C. 滞报两天，滞报金为 8.5 元　　D. 滞报三天，滞报金为 12.75 元

6.（　　）不是海关接受进出口货物申报的方式。

A. 口头申报　　B. 书面申报

C. 电子数据交换（EDI）申报　　D. 电子邮件

## 三、判断题

1. 某专业报关公司受境内一企业的委托，在向海关办理货物进口申报手续时，按规定交验了报关单及随附的货运和商业单证。海关认为，以上单证还不足以证明该批货物的进口经营是否合法，故应当要求报关公司另呈委托单位的报关委托书和工商营业执照等文件。（　　）

2. 对进出口大宗散装货，收发货人或其代理人可向海关申请，要求海关结合装卸环

节，在作业现场予以查验放行。但必须在申报时提供担保。（　　）

3. 对于进出口大宗散货、危险品、鲜活商品、落驳运输货物，收发货人或其代理人可向海关申请结合装卸环节在作业现场予以查验放行，但必须在申报时提供担保。

（　　）

4.《中华人民共和国海关法》规定，进出口货物，除另有规定者外，由海关准予注册的报关企业或者有权经营进出口业务的企业负责办理报关纳税手续。（　　）

5. 按照现行规定，进口机械产品成套散件或零部件，每套价格总额已经达到同型号整机价格的60%及以上的，视同整机进口，海关按照整机进口的规定办理进口手续。

（　　）

6. 某汽车进出口公司进口50辆德国产小轿车，每辆车上附带一套法国生产的维修工具。进口报关时，维修工具的原产国应按小轿车填报德国。（　　）

**四、案例分析**

根据资料填制报关单

1MARTIME SQUARE#07－01
WORLD TRADE CENTRE
SINGAPORE　　09925
PHONE：2732244（12 LINES）
（CABLES：FORELPONT）
TELES：DUFE RS 21963

DO PONT SINGAPORE FOBRES PTE LTD
INVOICE
SHANGHAI WORLDBEST MACHINERY
I. &E. CO.，LTD
RM 723 7/F HUAYUAN WORLD PLAZA
上海华源机械进出口公司（浦东）
SHANGHAI CHINA. 200. 080
CONTACT PERSON：MR. QIAN WEIFENG
TEL：0086－21－63033442
SHIP TO SHANGHAI WORLDBEST MACHINERY
SHIP I. &E. CO.，LTD
RM 723 7/F HUAYUAN WORLD PLAZA
1958 ZHONGSHAN NORTH ROAD

| INVOICE NUMBER | PAGE |
|---|---|
| 1G20303463 | 1 |

| | |
|---|---|
| MAR. 27th. 2004 | |
| ACCOUNT　NUMBER<br>00352125 | |
| CUSTOMER NO CUSTOMER PURCHASE ORDER NO.<br>10152345　　04L－025SH | |
| SHIPING TERMS<br>CIF SHANGHAI<br>VIA：OCEAN FREIGHT PREPAID<br>SHIP FROM：SINGAPORE SG | |

| PRODUCT AND DESCRIPTION | QUANTITY | UNIT | UNIT ORICE | AMOUNT |
|---|---|---|---|---|
| 010015937<br>“LYCRA” ELASTANE 氨纶弹力丝<br>40 DENIER TYPE 149B<br>MERGE17 124. 5KG TUBE<br>COUNTRYOF ORIGIN：SINGAPORE<br>KENNETH CHOY. LYCRA | 10332. 00 | kg | 19. 0000 | 196 308. 00 |
| 企业海关注册编号：3122210736<br>预录入编号：108007846 | TOTAL | PAYBLE IN<br>USD DOLLAR | | 196 308. 00 |

DO PONT SINGAPORE

PACKING LIST

MAR 27th，2004

CUSTOMER REF : \

VESSEL/VARAGE： HYUNDAI BARON VOY. 3068

DEPARTURE DATE ON/ABOUT ： 03/27/2004

PORT OF DISCHARGE ： SHANGHAI

| MARKING DESCRIPTION | GROSS WEIGHT (kgs) | NET WEIGHT (kgs) | MIMET (M3) |
|---|---|---|---|
| SHANGHAI WORLDBEST | | | |
| 041 -025SH 1X40’CIBTAUBER | 13 285. 10 | 10 332. 00 | 50 400 |

C/NO. 1 -420 420 CARTONS OF

SHANGHAI 10 332 kgs “LYCRA” ELASTANE 40. 5 kgs TUBE

COUNTRY OF ORIGIN ： SINGAPORE

（CONTACT NO：04L -025SH）

CONTAINER NO . SEAL NO.

NO. SU4371790 NO. LZ00349

DU PONT SINGAPORE

DATE ： 03/23/2004

SALES AGREMENT

WHEREBY DU PONT SINGAPORE PTE LTD . THE SELLERS HAVE THIS DAY SOLD TO THE BUYER No. 04L025SH
SHANGHAI  WORLDBEST MACHINERY IMPORT AND EXPORT CO. , LTD

All the goods stated in the schedule hereto subject to the terms and conditions below and on the reverse of this form

Place of delivery  shanghai
Time to delivery  March-APRIL
Price  40 DENIER TYPE 149B 17124 – USD19/KG
Terms of payment  CIF SHANGHAI – NET 90 DAYS

SCHEDULE

| Item No. | Quantity | Details of goods | AMOUNT |
|---|---|---|---|
| 04L – 025SH | 10 332 kgs | "LYCRA" ELASTANE 40 DENIER USD 40 DENIER TYPE 149B 17124 | 196 308 |
| TOTAL AMOUNT | US $ 196 308. 00 | | |

APL  CAL#1 (Q00001)

BILL OF LADING

03/27/2004

| | |
|---|---|
| SHIPPER (Principal or seller licensee and full Address)<br>DU PONT SINGAPORE FIBRES PTE LTD<br>1 MARITIME AQUARE NO. 07 – 01<br>WORLD TRADE CENTER<br>SINGAPORE 099253 | BOOKING NUMBER  B/L NUMBER<br>007137686  APLU 7137686<br><br>EXPORT REFFERENCES |
| CONSIGNEE (Name and full address /Non-Negotiable unless consigned to order)<br>(Unless provided otherwise a consignment "to order" means to order of shipper)<br>SHANGHAI WORLDBEST MACHINERY<br>I. &E. CO. , LTD<br>RM 723 7/F HUAYUAN WORLD PLAZA<br>1958 ZHONGSHAN NORTH ROAD<br>SHANGHAI CHINA<br>200080CONTACT PERSON:<br>NOTIFY PARTY (Name and full address) | FOR WARDING AGENT<br>(Reterebcesm, F, M, CM, No)<br><br>POINT AND COUNTRY OF ORIGIN OF GOODS<br>ALSO NOTIFY (Name and full address)<br>/DOMESTIC ROUNTING<br>EXPORT INSTRUCTIONS/PIER<br>TERMINAL/ONWARD ROUNTING |

| | |
|---|---|
| SHANGHAI WORLDBEST MACHINERY<br>I. &E. CO. , LTD<br>RM 723 7/F HUAYUAN WORLD PLAZA<br>1958 ZHONGSHAN NORTH ROAD<br>SHANGHAI CHINA<br>200080CONTACT PERSON: ** | * MR. QIAN WEIFENG<br>FAX: 0086 - 21 - 62033441 |
| INTIAL CARRAGE (MODE)<br>PLACE OF RECEIPT<br>SINGAPORE | * * MR. QIAN WEIFENG<br>FAX: 0086 - 21 - 62033441 |
| EXPORT CARRIER (Vessel, voyage, &flag) PORT OF LADING<br>Hyundai baron 3068 SINGAPORE | |
| PORT OF DISCHARGE PLACE OF DELIVEERY<br>SHANGHAI SHANGHAI | |
| Excess Valution Please refer to Clause 7 iii on Reverse Side | |

| MKS A NOS/COS/<br>CONTAINER NOS | NO<br>OF | PKGS DESCRIPTION OF GOODS | GROSS<br>WEIGHT | MEAS-<br>UREMENT |
|---|---|---|---|---|
| SHANGHAI<br>WORLDBEST<br>04L - 025SH<br>C/NO. 1 - 420<br>SHANGHAI | 420 | CTNS AA FA 07 - 0550 SLAC CY/<br>CY<br>1X 40'CIBTAUBER<br>420 CARTONS OF<br>10332KGS "LYCRA" ELASTANE<br>40 DENIER TYPE 149BMERGE<br>IU124. 5kg TUBE | 13 285kg | 50 400 |
| ** CTR NRB ** SEAL<br>NOSU 437179 - 0<br>NOL Z00349<br>ON BOARD HYU NDA<br>1 BARON | CIF<br>306B | COUNTRY OF ORIGIN:<br>SINGAPORE<br>ORDER NO: 04L - 025SH<br>NBR **** T/X MODE 4. 06<br>QUANT/TYPE<br>D40 CY/CY 420 CTBS | APLU<br>007137686 | |
| | | 新加坡 HYUNDAI BARON<br>420<br>ON MAR 27th 2004<br>AT SINGAPORE | 上海浦东新区<br>** FREIGHT<br>*** COPY<br>* NON - NEGOTIABLE | 纸箱<br>PREPAID<br>**** |

/E TO BE RELESED AT SINGAPORE OCEAN PREIGHT PAYABLE AT SINGAPORE

**中华人民共和国海关进口货物报关单**

预录入编号：　　　　　　　　　　　　　　海关编号：

| | | | | |
|---|---|---|---|---|
| 进口口岸 | 备案号 | 进口日期 | 申报日期 | |
| 经营单位 | 运输方式 | 运输工具名称 | 提运单号 | |
| 收货单位 | 贸易方式 | 征免性质 | 征税比例 | |
| 许可证号 | 起运国（地区） | 装货港 | 境内目的地 | |
| 批准文号 | 成交方式 | 运费 | 保费 | 杂费 |
| 合同协议号 | 件数 | 包装种类 | 毛重（公斤） | 净重（公斤） |
| 集装箱号 | 随附单据 | 用途 | | |
| 标记唛码及备注 | | | | |

| 项号 | 商品编号 | 商品名称、规格型号 | 数量及单位 | 原产国（地区） | 单价 | 总价 | 币制 | 征免 |
|---|---|---|---|---|---|---|---|---|
| | | | | | | | | |
| | | | | | | | | |
| | | | | | | | | |
| | | | | | | | | |
| | | | | | | | | |

税费征收情况

| | | |
|---|---|---|
| 录入员　　录入单位 | 兹申明以上申报无效并承担法律责任 | 海关审单批注及放行日期（签章） |
| 报关员 | | 审单　　审价 |
| 单位地址 | 申报单位(签章) | 征税　　统计 |
| 邮编　　电话 | 填制日期 | 查验　　放行 |

# 第四篇

# 国际货款结算

# 第九章　支付工具

**学习目标**

通过本章的学习，应掌握汇票的主要内容及主要种类，汇票各当事人的责任与义务，并能熟练签发汇票。

国际贸易货款的收付，以现金结算的较少，大多使用非现金结算，即使用代替现金作为流通手段和支付手段的信用工具来结算国际的债权债务。票据是国际通行的结算和信用工具，是可以流通转让的债权凭证，国际贸易中使用的票据主要有汇票、支票和本票，其中以使用汇票为主。

## 第一节　汇票

### 一、汇票（Bill of Exchange，Draft）的基本含义

《英国票据法》关于汇票的定义是："汇票是由一个人开至另一人的书面无条件命令，即发出命令的人签名，要求接受命令的人，立即或定期或在可以确定的将来时间，把一定金额的货币，支付给一个特定的人，或他指定的人，或来人。"

《中华人民共和国票据法》关于汇票的定义是："汇票是出票人签发的，委托付款人在见票时或者在指定日期无条件支付确定的金额给收款人或者持票人的票据。"

### 二、汇票的基本内容

1. 写明"汇票"字样

汇票上注明"汇票"字样的目的在于与其他票据如支票、本票加以区别，以免混淆，如"Exchange for USD 18，320.00"，《英国票据法》虽然认为可以不写票据名称，但从实际业务而言，写汇票名称可给有关当事人带来不少方便。

2. 无条件书面支付命令（Unconditional Order to Pay）

（1）命令。必须用英语的“祈使句”。例如：Pay to John Smith ... 若出于礼貌加上please亦可，但绝对不能用“虚拟句”，如Would you please pay to Smith... 这类句子不是命令而只是请求。

（2）无条件。支付这个命令不得以其他行为或事件为条件。

（3）书面的。《英国票据法》强调必须是书面的（in Writing）。票据是非书面不可，不然根本无法签字，在实务处理上，为了字迹容易辨认，一般除签字以外的一切内容都是打印好的。

3. 一定货币金额（Certain in Money）

（1）以货币表示。票据上的权利必须以货币表示，不然票据无效。

（2）确定的金额。指任何人根据票据文义计算出来的结果都一样。例USD 100, 000.00汇票除了写明应付的确定的金额外有时还有下列情况：①带有利息的要注明利率。例如：GBP 100.00 plus interest at 6% p. a。②支付等值其他货币的，必须注明汇率。例如：USD equivalent for GBP 100.00 at the prevailing in New York。

（3）大小写一致。《中华人民共和国票据法》规定，票据大小写金额必须一致，二者不一致的，票据无效。《英国票据法》规定，如果大小写不一致，应以大写金额为准。

4. 付款期限（Tenor）

（1）种类：①即期（at sight），即见票立即付款。例如：At sight pay to the order of... ②见票后定期（at a fixed period after sight），即见票后若干天内付款。例如：At 60 days after sight pay to... ③出票后定期（at a fixed period after date），即出票后若干天内付款。例如：At 60 days after date pay to... ④定日（fixed date），即固定日期付款。例如：On $5^{th}$ Nov. 2019, fixed pay to...

（2）到期日算法。原则：见票、出票日以后若干天付款的算法是“算尾不算头”，若干天的最后一天是到期日，如遇假日顺延。例如：At 90 days after sight 见票日如为4月15日，从4月16日起算，末尾一天计算为7月14日，所以到期日为7月14日。

5. 付款地点（Place of Payment）

付款地点是持票人提示票据请求付款的地点，付款地点具有非常重要的作用，即根据国际私法的“行为地原则”，在付款地发生的汇票行为适用付款地法律。

《中华人民共和国票据法》规定，汇票上未记载付款地的，付款人的营业场所、住所或者经常居住地为付款地。

6. 出票日期（Date of Issue）

出票日期具有三个重要作用：（1）决定票据有效期。《日内瓦统一法》规定即期汇票的有效期是从出票日期起算一年。（2）决定票据到期日。计算出票后若干天付款，远期汇票的到期日必须知道出票日期。（3）决定出票人的行为力。若出票时法人已宣告破产或清算，已丧失行为力，则票据不成立。

7. 出票地点（Place of Issue）

出票地点对国际汇票具有重要意义，因为票据是否成立是以出票地法律来衡量的。

8. 付款人（Drawee）

从英文字面翻译，应称为受票人，事实上付款人只是接受命令者，并不一定付款，他可以拒付，也可以指定其他付款人付款，但只要其在汇票上注明“承兑”字样，其就成为主债务人。

9. 收款人（Payee）

汇票是债权凭证，而收款人则是汇票上记明的债权人。汇票上“收款人”的记载常称为“抬头”。汇票上的“收款人”可以有许多种类：

（1）限制性抬头（Restrictive Order）。实务中有以下三种做法：Pay to Henry Brown Only；Pay to Henry Brown Not Transferable；Pay to Henry Brown，但在票据其他地方有“Not Transferable”的字样。

限制性抬头票据不可流通转让，票据的债务人只对记明的收款人负责。

（2）指示性抬头（Demonstrative order）。实务中有三种做法：Pay to the Order of Henry Brown；Pay to Henry Brown or Order；Pay to Henry Brown。

指示性抬头票据可由收款人背书后交付票据转让权利。

（3）来人抬头（Payable to Bearer）。实务中有两种做法：Pay Bearer；Pay Henry Brown；Bearer。来人抬头的票据不需背书，只要交付就可转让票据权利。

10. 出票人及其签名（Drawer and Signature of the Drawer）

（1）出票人：指签发汇票并发出支付命令的人。在进出口业务中，出票人通常是出口商或其指定的银行，在受票人未承兑之前其为主债务人。

（2）出票人签字：票据法是根据某人在票据上的签字来确定他的票据责任的，不签字就不负责，出票人的签字是承认自己的债务，收款人因此有了债权，从而票据成为债权凭证。

## 三、汇票行为

一张汇票使用过程中究竟涉及哪几个方面，各国都有有关票据方面的法律。一般来讲，汇票流通过程中涉及出票、提示、承兑、付款等，如需转让通常经过背书行为转让。汇票遭到拒付时，还要涉及作成拒绝证书和行使追索等法律权利。

1. 出票（Issue）

出票是指出票人在汇票上填写付款人、付款金额及受款人等项目，经签字交给受票人的行为。出票有两个动作构成：一个是做成汇票，另一个是交付。出票后，出票人成了汇票的主债权人，对汇票负有担保承兑和担保付款两方面责任；对付款人来说，他可以根据自己与出票人的资金关系来决定是否付款；对于收款人，获得了汇票就成为持票人，得到债权，他具有付款请求权和追索权。出票是出票人为了清偿与付款人之间的债务的一种付款手段，以汇票清偿债务必须符合出票人与收款人之间的约定。

2. 背书（Endorsement）

背书是指汇票债权人在汇票的背面签名，并把汇票权利交付被背书人的行为。背书有两个动作，其一是做成背书，即背书人在汇票背面签上自己的名字和日期，或再加上受让人的名字；其二是交付，即将汇票交给受让人。

背书的效力：对于背书人来说，意味着他对被背书人以及其后的一切背书人进行担保，保证该汇票将会被承兑及付款。当然，从债务角度说，背书人只是“从债务人”。

对于被背书人来说，背书使他获得了付款请求权和追索权。

背书的种类：(1) 特别背书（Special Endorsement），又称记名背书。做记名背书时，由背书人在汇票背面签字付给某个被背书人或其指定人的字样，如 Pay to A or Order 然后再签字。经过记名背书的汇票被背书人可以再做背书，转让给他人。(2) 空白背书（Black Endorsement），又称不记名背书，即不记载被背书人名称，只有背书人的签字的背书。当汇票空白背书后，交付转让给一个不记名的受让人，他与来人抬头汇票的来人相同，可以不须背书，仅凭交付再转让。(3) 限制性背书（Restrictive Endorsement），指背书人在汇票背面签字，指定某人为被背书人，被背书人不得再行转让票据权利。

3. 提示（Presentation）

提示是持票人将汇票提交付款人要求承兑或要求付款的行为。提示承兑指远期汇票，持票人在一定时间内向付款人做承兑提示。提示付款指即期汇票或已到期的远期汇票，由持票人向付款人做付款提示。

4. 承兑（Acceptance）

承兑是指远期汇票的付款人明确表示同意按出票人的指示，于票据到期日付款给持票人的行为。承兑有两个动作：第一，写明“Accepted”字样和签字；第二，将已承兑汇票交付持票人。承兑的效力：承兑汇票意味着承兑人对于汇票付款做了进一步保证，承兑人是汇票主债务人，出票人则退居为从债务人。

汇票的承兑有两种：普通承兑和限制承兑。(1) 普通承兑（General Acceptance）。普通承兑是承兑人对出票人的指示不加限制地同意确认，通常所称的承兑即指普通承兑。(2) 限制承兑（Qualified Acceptance）。限制承兑是指承兑时用明白的措辞，改变汇票承兑后的效果。常见的限制性承兑有以下几种：有条件承兑（Conditional Acceptance），即承兑人的付款依赖于承兑时所提条件的完成。部分承兑（Partial Acceptance），仅是承兑和支付票面金额的一部分。限定地点承兑（Local Acceptance），即承兑仅在某一特定地点支付。付款人作限制性承兑是因为不同意汇票载明的“条件”，因此，持票人应将限制性承兑当作拒付处理。

5. 付款（Payment）

付款是即期汇票或经过承兑的远期汇票到期时，持票人提示汇票由付款人或承兑人履行付款。在汇票的付款人向持票人做正当付款之后，付款人一般均要求收款的持票人在背面签字作为收款证明，并收回汇票注上“付讫”（Paid）字样，还可要求持票人出收据。此时汇票就注销了，不仅付款人解除了付款义务，所有票据的债务人的义务都解除了。

6. 拒付（Dishonour）

包括拒绝承兑和拒绝付款两种情况。

汇票在合理时间内提示遭到拒绝承兑时，或汇票在到期日提示遭到拒绝付款时，持票人将有追索权，他有权向背书人和出票人追索欠款。

7. 追索（Recourse）

持票人在票据被拒付时，对背书人、出票人及其他票据债务人行使请求赔偿的权利，这种行为称为追索。

## 四、汇票的贴现

商人以未到期票据向银行兑换现款，银行在付款时预先扣除利息，这种金融交易就称为贴现（Discount）。

对于银行来说，贴现实际上是做了笔贷款，只是预先扣除了利息。由于一般商业票据有贸易背景，银行有货物做担保，比较安全。一般商业银行也就不再收其他抵押品。

对于商人来说，有票据就可以贴现，非常方便。所以通常用汇票进行的商业票据贴现是一种相当不错的融资渠道。但是并不是所有票据都能向银行进行贴现的，因为票据毕竟不是现金。票据只是由签字于其上的债务人担保的债权凭证，汇票的贴现性取决于在汇票上签字的债务人的信用。

由于将汇票贴现可得到融资，因此汇票也成为一种很常用的信贷工具。

## 五、汇票的种类

按照汇票的期限、货币、当事人等不同特征，汇票有以下各种分类：

1. 商业汇票（Commercial Draft）和银行汇票（Banker's Draft）

这主要按出票人的不同来划分的，也就是说看这张汇票是谁签发的。商业汇票就是个人或商号签发的汇票。业务中通常是进出口公司。银行汇票就是指出票人是银行，同时付款人也是银行的汇票。

2. 光票（Clean Bill）和跟单汇票（Documentary Bill）

主要从这张汇票在流转过程是不是附有货运单据来看。光票就是仅凭这张汇票来收取货款，银行汇票多是光票。跟单汇票是指附有其他的货运单据，一同来收取货款，商业汇票一般是跟单汇票。跟单汇票所跟的单据，主要有海运提单、保险单、商业发票等。跟单汇票对卖方收取货款保证较大，在国际贸易中，大部分货款是用跟单汇票来收取，而光票只是用来收取货款的一些尾数。

3. 即期汇票（Sight Draft）和远期汇票（Time Draft）

即期汇票是指在提示或见票时立即付款的汇票。一般在银行的 2 ~ 3 个工作日之内付款。远期汇票是指在一定期限或特定的日期付款的汇票。

4. 商业承兑汇票（Commercial Acceptance Bill）和银行承兑汇票（Banker's Acceptance Bill）

这是从承兑人的不同来区分的。商业承兑汇票是以工商企业出票而以另一工商企业为付款人的远期汇票经付款人承兑的汇票。银行承兑汇票是以工商企业出票而以银行为付款人的汇票经付款银行承兑的汇票。由于银行承兑汇票是建立在银行信用基础上的，所以在市场上流通性强，应用较广。

上述汇票的种类是从不同角度来划分的，实际上，一张汇票可以同时具备几种不同性质。比如一张商业汇票可以同时是即期汇票；一张远期商业汇票又可能是跟单汇票。

## 第二节　其他支付工具

### 一、本票（Promissory Note）

《英国票据法》对本票的定义是，“本票是一人向另一人签发的，约定即期或定期或在可以确定的将来时间，向指定人或根据其指示向来人无条件支付一定金额的书面付款承诺。”《中华人民共和国票据法》规定：“本票是出票人签发的，承诺自己在见票时无条件支付确定的金额给收款人或者持票人的票据。本法所称本票，是指银行本票。”

简而言之，本票是出票人对受款人做承诺无条件支付一定金额的票据。在本票情况下，付款人就是出票人。在实际业务中使用的本票，有的可以由银行签发，有的可由工商企业签发，而在国际贸易中使用的本票，大多是银行。有的银行发行见票即付，不记载收款人的本票或是来人抬头的本票，它的流通性与纸币相似。

### 二、支票（Cheque or Check）

《中华人民共和国票据法》规定，“支票是出票人签发的，委托办理支票存款业务的银行或者其他金融机构在见票时无条件支付确定的金额给收款人或者持票人的票据。”《英国票据法》的定义是，“支票是以银行为付款人的即期汇票。”

简单地说，支票作为以银行作为付款人的即期汇票，支票的出票人在签发支票时，要承担两方面的责任：一是出票人要承担票据上的责任，出票人签发这张支票以后要向收款人担保支票的付款；二是要承担法律上的责任。出票人在签发支票时，应在付款银行存有不低于票面金额的存款，如果存款不足，支票持有人向付款银行提示支票要求付款时，就会遭到拒付。这种支票叫空头支票。开空头支票的出票人要负法律责任。支票主要用于国内结算中。

# 本章小结

在国际货款结算业务中，只有少数采用货币支付，其余绝大部分都采取非现金结算方式，也就是以金融票据作为支付工具。金融票据主要有汇票、本票、支票，其中以汇票的使用最为普遍。另外，在实际业务中应根据合同的要求使用不同的汇票。

## 【中英文术语】

汇票 Bill of Exchange，Draft
一定货币金额 Certain in Money
付款期限 Tenor
付款地点 Place of Payment
出票日期 Date of Issue
出票地点 Place of Issue
付款人 Drawee
收款人 Payee
出票 Issue
背书 Endorsement
特别背书 Special Endorsement
限制性背书 Restrictive Endorsement
提示 Presentation
承兑 Acceptance
付款 Payment
拒付 Dishonour
追索 Recourse
贴现 Discount
商业汇票 Commercial Draft
光票 Clean Bill
跟单汇票 Documentary Bill
即期汇票 Sight Draft
远期汇票 Time Draft
商业承兑汇票 Commercial Acceptance Bill
本票 Promissory Note
支票 Cheque or Check

## 【思考题】

### 一、简答题

1. 汇票的主要内容有哪些?
2. 汇票的主要种类有哪些?
3. 汇票行为应注意哪些问题?
4. 本票和汇票有什么区别?
5. 支票和汇票的关系是怎样的?

### 二、单项选择题

1. 出口人开具的汇票，如遭遇付款人拒付时（　　）。

A. 开证行有权行使追索权　　B. 保兑行有权行使追索权

C. 议付行有权行使追索权　　D. 付款行有权行使追索权

2. 在其他条件相同的前提下，（　　）的远期汇票对收款人最为有利。

A. 出票后 30 天付款　　B. 提单签发日后 30 天付款

C. 见票后 30 天付款　　D. 货到目的港后 30 天

3. 下列说法中，正确的是（　　）。

A. 本票有 3 个当事人　　B. 本票的付款人是买方

C. 本票只有即期　　D. 本票的付款人是出票人

4. 以银行为受票人，见票即付的票据是（　　）。

A. 汇票　　B. 本票

C. 支票　　D. 信用证

5. 银行托收方式使用的汇票是（　　）。

A. 商业汇票，属于商业信用　　B. 商业汇票，属于银行信用

C. 银行汇票，属于商业信用　　D. 银行汇票，属于银行信用

6. 票据的有效性应以（　　）国家的法律解释。

A. 出票地　　B. 行为地

C. 付款地　　D. 交单地

7. 本票和支票的付款人分别为（　　）。

A. 出票人、银行　　B. 出票人或承兑人、银行

C. 出票人、企业　　D. 承兑人、企业

8. 公司签发一张汇票，上面注明“At 90 days after sight”，则这是一张（　　）。

A. 即期汇票　　B. 远期汇票

C. 跟单汇票　　D. 光票

9. 某汇票其见票日为 5 月 31 日，(1)“见票后 90 天”；(2)“从见票日后 90 天”；(3)“见票后 1 个月”的付款日期分别是（　　）。

A. 8 月 28 日、8 月 29 日、6 月 29 日

B. 8 月 28 日、8 月 29 日、6 月 30 日

C. 8 月 29 日、8 月 28 日、6 月 30 日

D. 8 月 29 日、8 月 28 日、6 月 29 日

10. 一张见票后 90 天付款、票面金额为 8000 美元的汇票已被承兑，承兑日为 4 月 1 日，持票人要求承兑行于承兑当日贴现，该行按贴现率 6%，则获净款为（　　）美元。

A. 120　　　　B. 7880

C. 8000　　　　D. 7660

**三、判断题**

1. 汇票经背书后，使汇票的收款权利转让给背书人，被背书人若日后遭到拒付可向前手行使追索权。（　　）

2. 汇票经过背书后，被背书人有权向汇票付款人要求付款。（　　）

3. 任何汇票都可以自由转让。（　　）

4. 汇票遭拒付时，汇票持有人可以直接向汇票出票人行使追索权。（　　）

5. 汇票是无条件支付命令，所以，汇票一经签发，汇票付款人就必须履行付款义务。（　　）

6. 开出汇票必须是无条件的支付命令，若附带条件则无效。（　　）

7. 已作空白背书的汇票，任何持票人可将空白背书转为记名背书。（　　）

8. 即期汇票和远期汇票都须向付款人提示两次。（　　）

9. 支票的付款人一定是银行。（　　）

10. 支票的主债务人始终是出票人。（　　）

**四、案例分析**

1. 2005 年 5 月，美国一家公司通过书面形式与我北京一家出口公司达成购买某小五金协议，合同规定采用 CIF 天津，装运期 8 月；付款交单支付方式。7 月底，美国公司以考察名义来北京，并要求马上采用空运发货，并凭美国某银行签发汇票付款；针对此案例，经办的业务员该如何处理？

2. 中国 G 公司（进口商）与新加坡 H 公司（出口商）签订进口一批纤维板的合同，金额为 800 万美元，分 8 批交货，每批 100 万美元，使用远期汇票付款。合同订立后，新加坡出口商按时发来第一批货物，同时开立了 8 张远期汇票，每张汇票金额为 100 万美元。但中国进口商的开户银行 S 银行将 8 张汇票全部承兑并退还给新加坡出口商。此后，新加坡出口商不再发货，同时将全部汇票转让给美国花旗银行。汇票到期后，花旗银行作为汇票的持票人要求 S 银行付款。该案导致中国 G 公司巨额损失，分析该案损失的主要原因。

3. 中国香港 K 公司与内地 D 公司达成买卖镀锌铁皮交易，并同意 2 个月付款。K 开立了一张期限为 2 个月的汇票，其付款人是 D，但受款人是内地 C 公司。该汇票经 D 承兑，C 于汇票到期时向 D 要求支付款项，但 D 以 K 没有向其发货为理由拒付汇票金额。本案中，汇票的主债务人是谁？C 应不应该获得汇票款项？为什么？

4. 我国上海工艺品进出口公司向日本丽智贸易公司出口真丝手绢 2400 件，每件 20 美元 CIF 东京，日本东京银行于 2001 年 5 月 12 日开出不可撤销信用证，证号为 01－33498，上海工艺品进出口公司于 2001 年 5 月 25 日装运，请根据上面内容填制一张即期汇票（见表 9－1）。

**表 9－1　　空白汇票**

Drawn under ______________________ L/C No. ________

Dated ________ Payable with interest @ ________ % per annum

No ________ Exchange for Shanghai. China ________

At ________________ sight of this FIRST of Exchange (Second of exchange being unpaid)

Pay to the order of ______________ The sum of ________

To ____________

# 第十章　汇付与托收

**学习目标**

通过本章的学习，应掌握汇付的三种形式；掌握托收的两种主要形式；付款交单和承兑交单；熟练掌握托收业务的一般流程。

国际贸易中货款结算除与支付工具有关外，还要涉及利用何种信用，采取何种支付方式，以及在何时何地支付等问题。

随着国际贸易的发展，货款结算的支付方式也在不断地发展变化，现常用的支付方式主要有汇付、托收、信用证、银行保函等。本章只介绍汇付及托收两种方式。

## 第一节　汇付

汇付（Remittance）大多是通过银行来办理的，是由买卖双方根据贸易合同互相提供信用，故属于商业信用。

### 一、汇付及其当事人

汇付是指付款人主动通过银行或其他途径将款项汇交收款人。在汇付业务中，通常有四个关系人。

1. 汇款人（Remitter），指汇出款项的人，在进出口交易中，汇款人通常是进口商。

2. 收款人（Payee or Beneficiary），指收取款项的人，在进口交易中通常是出口商。

3. 汇出行（Remitting Bank），指受汇款人委托，汇出款项的银行。通常是进口地的银行。

4. 汇入行（Paying Bank），指受汇出行委托解付汇款的银行。因此又称解付行，在对外贸易中，通常是出口地的银行。

办理汇付需要由汇款人向汇出行填交汇款申请书，汇出行有义务按申请书上的要求，通过它的代理行（汇入行）给收款人解付汇款。汇出行和汇入行对不属于自身的过失而造成的事故不负责任。

## 二、汇付的种类

汇付有电汇、信汇和票汇三种方法。

1. 电汇（Telegraphic Transfer，T/T）

是汇出行应进口人的申请，用电报或电传委托国外的汇入行向出口人付款。加押电报或电传一般包括如下内容：（1）密押；（2）收款人名称及地址；（3）币别和金额；（4）汇款人名称及地址；（5）附言；（6）头寸拨付办法。采用电汇时，付款人要填写电汇申请书，向汇出行交付全部的货款和手续费，并支付使用电报电传等通信工具的费用。汇出行根据电汇申请书的指示向汇入行发出电报，电传委托汇入行向指定的收款人付款。汇入行在收到加押电报或电传后核对“密押”无误，通知收款人来取款。

电汇方式的优点是收款比较迅速安全，其缺点是涉及的费用较高。

2. 信汇（Mail Transfer，M/T）

指汇出行应汇款人的申请，将信汇委托书寄给汇入行授权解付一定金额给收款人的一种方式。采用信汇时，付款人要填写信汇申请书，向汇出行交付全部的货款和手续费，在申请书中要求汇出行以航空邮寄付款通知书的方式给汇入行，汇入行在收到信汇通知书后核对签字或印签无误后，就将货款交收款人。

信汇的特点是费用比较低廉，但收款人收款时间比较慢。

3. 票汇（Demand Draft，D/D）

指汇出行应汇款人的申请，代汇款人开立以其分行或代理行为解付银行的即期汇票，支付一定金额给付款人的一种汇款方式。在票汇情况下使用的汇票是由银行开出的，所以是银行汇票。采用票汇方式时，付款人在填写票汇申请书交付了全部货款和手续费给汇出行后，汇出行就开出一张即期汇票给汇款人，由汇款人自行递交给收款人或者通过银行递交给收款人。收款人收到银行汇票后，就可以主动上门取款。

电汇、信汇、票汇的区别：第一，票汇的汇入行也就是汇票的付款行，不需要通知受款人，而由收款人自己上门去取款。第二，票汇的收款人可以通过背书把这张银行汇票进行转让，到银行领取票款的人可能不是汇票上的收款人，而是其他的人，所以在这种情况下所涉及的当事人就比较多，而信汇、电汇受款人是不能将收款的权利进行转让的。票汇使用的汇票有效期有的为一年，有的为半年，各国的法令规定和各银行的做法有所不同，我国中国银行签发的汇票有效期大都规定为一年。

无论采用何种汇款方式，货运单据都由出口人自行寄交进口人，银行并不经手，所以又称单纯支付（Clear Payment or Simple Payment）。

在国际贸易中，汇款方式通常用预付货款（Payment Advance）、随订单付现（Cash With Order，C. W. O.）、交货付现（Cash on Delivery，C. O. D.）和记账交易（Open Account Trade）。采用预付货款和随订单付现，对出口人来说，是先收款后交货，资金不受积压。这是进口人对出口商一种信任的表示。反之，采用交货付现和记账付现时，对出口人来说，先交货后收款，积压资金，这是出口人对进口人的信任，对出口人有一定的风险。

# 第二节　托收

汇付方式风险大，这是因为不能钱货当面两讫，因而无法约束对方。贸易上常用跟单托收形式，把交易变成一手交钱一手交货，大大降低了交易的风险，但仍属于商业信用。

## 一、托收方式的概念及其当事人

托收结算方式是由卖方开立汇票，委托出口地银行通过其在国外的分行或代理行，向买方收取货款或劳务费用的一种结算方式。

托收方式的当事人一般有四个：

（1）委托人（Principal）或货物的卖方，是开立汇票委托银行向国外付款方收款的人。

（2）托收行（Remitting Bank）或寄单行，或称为出口方银行（Exporter's Bank），是接受委托人的委托，转托国外银行代为收款的银行。

（3）代收行（Collecting Bank），又称进口方银行（Importer's Bank），是接受托收行的委托，代向付款方收款的银行。

（4）付款人（Drawee），是支付货款的买方。

近些年来，出口贸易采用托收方式结算有所增加，其原因是国际市场竞争激烈，为了扩大出口，而采取有利于进口人灵活支付的方式。

## 二、托收方式的种类

托收方式依据汇票是否随附装运单据来分，可以分为光票托收与跟单托收。

1. 光票托收

光票托收是指出口人在收取货款时，仅凭汇票，不随附任何装运单据，这种方式一般用于信用证收取货款余额的结算、代垫费用、佣金以及样品等结算。

2. 跟单托收

跟单托收依据交单条件的不同，可以为付款交单和承兑交单两种。

（1）付款交单（Documents Against Payment，D/P）。是指出口商的单据在进口商付清票款之后，才能交给进口商。

付款交单又可分为即期付款交单和远期付款交单两种。即期付款交单（Documents Against Payment at Sight，D/P at Sight）是指出口商装运之后开具即期汇票，连同装运单据交当地银行，通过银行向进口商提示，进口商见票后须立即付款，付清货款后，领取装运单据。付款交单主要是指这种即期付款交单。远期付款交单（Documents Against

Payment after Sight，D/P after Sight）是指出口商装运之后，开具远期汇票连同装运单据交当地银行，通过银行向进口人提示，由进口人承兑远期汇票，于汇票到期日付清货款后领取装运单据。

采用远期付款交单的方式，目的在于给进口商一段时间以准备或筹备资金。在到期付款之前，单据仍由代收行掌管，以维护出口商的权益。但如果远期付款交单的期限较长，而有关货物运抵目的地时间相对较短，如果坚持到期日付款赎单，则影响进口商提货，进口商多不愿意接受。另外进口商为了抢行应市，不失时机地转销货物，可与代收行商量在汇票到期前借单提货，待汇票到期日再付清货款，这是代收行给予资信较好的进口商的一种通融方式。代收行要求进口商出具信托收据，借取货运单据，先行提货，待货物出售取得货款后，再行付款给代收行，换回信托收据。

信托收据（Trust Receipt，T/R）从性质上说是一张保证书，保证如果货物售出，货款将用以抵补汇票款项，付款人借出单据后，货权仍属代收行；货物存仓时须以货主的名义；如果代收行因借出单据而遭受损失，借单人负责赔偿，代收行可以随时取消信托收据，收回货物等，而如代收行到期收不到货款，则代收行应对出口商负全部责任。

（2）承兑交单（Documents Against Acceptance，D/A）。是指出口商装运之后，开具远期汇票连同装运单据交当地银行，通过银行向进口商提示，由进口商承兑远期汇票之后即可取得装运单据，提取货物，待汇票到期再付清货款。这种方式，出口商通过银行向进口商交单，是以进口商承兑远期汇票为条件的，所以对于出口商来说，风险较大。

## 三、托收业务程序

按照一些国家银行办理托收业务的做法，委托人在送交银行办理托收时，须填写一份托收申请书，申请书中应提出确切的指示，银行接受委托后，则按照申请书规定内容办理，银行在执行中遇到困难，有权不予照办，但必须立即转告委托人。

几种托收方式支付程序见图 10－1～图 10－3。

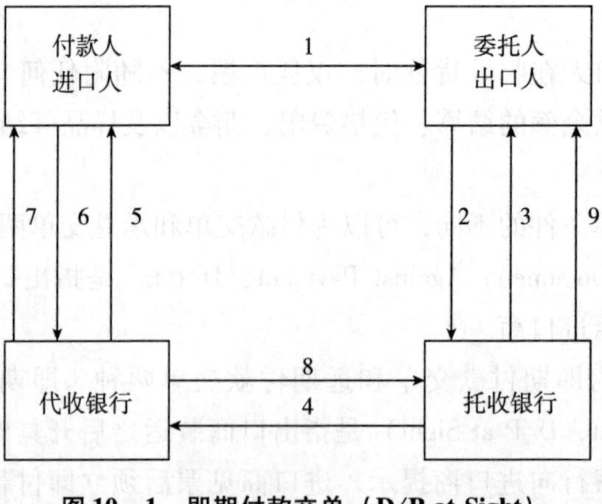


**图 10－1　即期付款交单（D/P at Sight）**

图 10－1 说明：

（1）进出口人订立买卖合同，规定采用即期付款交单方式结算货款。

（2）出口人发货后，填写托收申请书，声明“付款交单”开具即期汇票，连同全套货运单据交托收银行，委托代收银行，委托代收货款。

（3）托收银行在审查托收申请书和单据无误后出具回单给出口人，作为接受委托和收到汇票和单据的凭证。

（4）托收银行填制和寄送托收委托书和汇票、货运单据、委托代收行收取货款。

（5）代收行收到汇票及货运单据，向进口人做出付款指示。

（6）进口人验单无误后，向代收行付清货款 。

（7）代收银行将全套货运单据交给进口人。

（8）代收银行通知（电告函告）托收银行，款已收妥并记入银行账户。

（9）托收行将货款交给出口人。

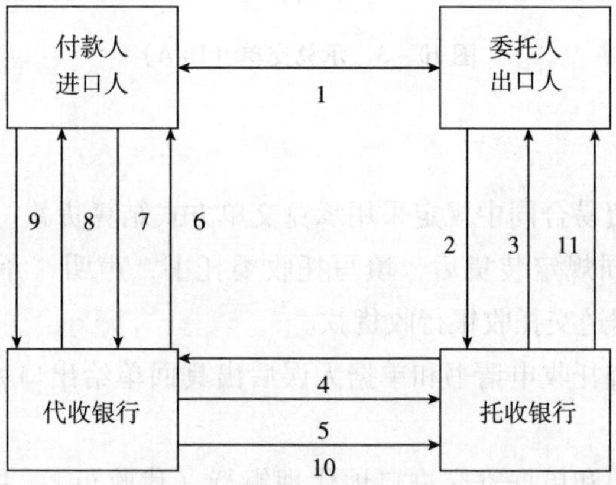


**图 10－2　远期付款交单（D/P after Sight）**

图 10－2 说明：

（1）进出口人订立买卖合同，规定采用远期付款交单结算货款。

（2）出口人按合同规定发货后，制作有关的单据和汇票，填写托收申请书，交托收行，并声明“付款交单”。

（3）托收行在审查托收申请书和单据无误后出具回单给出口人，作为接受委托和收到汇票和单据的凭证。

（4）托收行将有关单据交代收银行，并说明委托书中的各项指示，委托代收货款。

（5）代收行寄发回单作为接受委托和收到汇票与单据的凭证。

（6）代收行收到汇票及有关单据，向进口人提示汇票和单据，要求承兑。

（7）进口人承兑汇票后，汇票和全套单据由代收行保管

（8）汇票到期日代收行做付款提示。

(9) 进口人付款，收到全套货运单据。

(10) 代收银行通知（电告或函告）托收银行款已收妥，并记入托收银行账户。

(11) 托收银行将货款交给出口人。

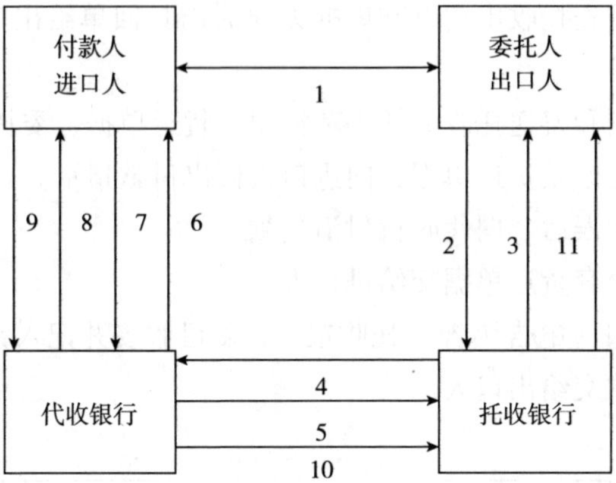


**图 10－3　承兑交单（D/A）**

图 10－3 说明：

(1) 进出口人在贸易合同中规定采用承兑交单方式结算货款。

(2) 出口人按合同规定装货后，填写托收委托书，声明“承兑交单”开出远期汇票，连同全套货运单据送交托收银行收货款。

(3) 托收行在审查托收申请书和单据无误后出具回单给出口人，作为接受委托和收到汇票和单据的凭证。

(4) 托收行将汇票和单据寄交进口地代理银行（代收行），并说明委托书中的各项指示，委托代收行代收货款。

(5) 代收行寄发回单作为接受委托和收到汇票与单据的凭证。

(6) 代收行收到汇票和有关单据后，向进口人做出承兑提示。

(7) 进口人承兑汇票后，取得全套货运单据。代收行保留汇票。

(8) 汇票到期日代收行再做付款提示。

(9) 进口人付清货款。

(10) 代收行通知（电告或函告）托收行，款已收妥转账。

(11) 托收行将货款交给出口人。

## 四、托收的国际惯例

在托收业务中，银行与委托人之间的关系往往由于各方对权利、义务和责任的解释有分歧，加上不同银行等具体做法也存在差异，从而引起纠纷以致争议。

国际商会为调和各有关当事人间的矛盾，以利商业和金融活动的展开，曾于 1958 年草拟《商业单据托收统一规则（Uniform Rules for Collection of Commercial Paper)》并建议各国银行采用。1967 年国际商会订立并公布该规则，从而对银行托收业务下的术语、定义、程序和原则取得统一做法，同时也作为出口商在办理托收货款时的依据和参考。根据国际贸易的发展情况，1978 年国际商会吸取了十多年来的实践经验，对该规则再一次进行了修订，改名为《托收统一规则（Uniform Rules for Collection，Publication NO. 332)（即 332 出版物)》于 1979 年实施。其后，国际商会于 1995 年 4 月又一次颁布了新的修订本：《托收统一规则（Uniform Rules for Collections）国际商会第 522 号出版物（ICC Publication No. 522)》，简称（"URC522"），现行的规则于 1996 年 1 月 1 日起正式实施。新规则已经被许多国家的银行采纳，并据此处理托收业务中各方的纠纷和争议。我国银行在接受托收业务时，也遵循该规则办理。

《托收统一规则》分总则及定义、托收大型实际结构、提示方式、义务与责任、付款、利息、手续费及其他费用及其他规定 7 大部分，共计 26 条。此外，URC522 还对托收费用、部分付款、拒绝证明、托收情况的通知等问题做了具体规定。

应当指出，《托收统一规则》只是一项国际惯例，不是国际上公认的法律，只有在有关当事人事先约定的条件下，才受其约束，但它在一定程度上符合了在托收业务中存在问题，并提供一些指导性的意见，故自公布以来，在银行间已逐步推广，并广泛采用。我国银行在办理托收业务中，一般都参照该规则的解释办理。

### 五、使用托收方式应注意的问题

为了加强对外竞销能力和扩大出口，在我国出口业务中，针对不同商品、不同贸易对象和不同国家与地区的贸易习惯做法，适当采用托收方式是必要的，如运用得当也是有利的。但由于托收属商业信用，出口人收取货款的保障就是进口人的信用，一旦进口人所经营的企业破产、倒闭，出口人便会遭受货款两空的损失。因此，为了有效地利用托收方式，必须注意以下事项：(1) 调查和考虑进口人的资信情况和经营作风，成交金额应妥善掌握，不宜超过其信用程度。(2) 了解各进口国家的贸易和外汇管制条例，以免货到目的地后，由于不准进口或收不到外汇而造成损失。(3) 了解进口国家的商业惯例，以免由于当地习惯做法，影响安全迅速收汇。(4) 出口合同应争取 CIF 条件成交，由出口人办理货运保险；或也可投保出口信用险。在不采取 CIF 术语时，应投保卖方利益险。(5) 对托收方式的交易，要建立健全管理制度，定期检查，及时催收清理，发现问题迅速采取措施，以避免或减少可能发生的损失。

## 本章小结

国际货款的支付方式，主要包括汇付、托收和信用证付款。其中，汇付和托收属于商业信用。在国际贸易中汇付方式中的电汇使用较为广泛。常用的托收方式是跟单托收中的即期付款交单。以托收方式成交时，因为卖方先行发货，所以存在一定的风险。

## 【中英文术语】

汇付 Remittance

电汇 Telegraphic Transfer，简称 T/T

信汇 Mail Transfer，简称 M/T

票汇 Demand Draft，简称 D/D

预付货款 Payment Advance

随订单付现 Cash With Order，简称 CWO

交货付现 Cash on Delivery，简称 COD

记账交易 Open Account Trade

付款交单 Documents Against Payment，简称 D/P

信托收据 Trust Receipt，简称 T/R

承兑交单 Documents Against Acceptance，简称 D/A

《商业单据托收统一规则》Uniform Rules for Collection of Commercial Paper

## 【思考题】

### 一、简答题

1. 汇付有哪三种方式？有何区别？

2. 托收有哪些方式？不同种类的托收方式使用中应注意哪些问题？

3. 远期付款交单条件下，凭信托收据借单提货，如日后收不回货款，责任由谁承担？

4. 托收业务中，出口商可能承担的风险有哪些？

5. 阐明电汇、信汇、票汇的异同。

### 二、单选题

1. 承兑是（　　）对远期汇票表示承担到期付款责任的行为。

A. 付款人　　B. 收款人

C. 出口人　　D. 议付银行

2. 托收和信用证两种支付方式使用的汇票都是商业汇票，都是通过银行收款，（　　）。

A. 但是托收属于商业信用，信用证属于银行信用

B. 但是托收属于银行信用，信用证属于商业信用

C. 两者都属于商业信用

D. 两者都属于银行信用

3. 国际贸易中，常见的支付方式有（　　）。

A. 预付　　B. 汇付

C. 托收　　D. 信用证

4. 采用汇付支付方式，对出口商有利的支付方式是（　　）。

A. 货到付款　　B. 托收

C. 预付货款　　D. 付款交单

5. 在托收结算方式下，一旦货款被买方拒付，在进口地承担货物的提货、报关、存仓、转售等责任的当事人是（　　）。

A. 委托人　　B. 托收银行

C. 代收银行　　D. 付款人

6. 票汇采用的支付工具是（　　）。

A. 电报　　B. 信汇委托书

C. 支付委托书　　D. 银行即期汇票

7. 跟单托收业务中，即期 D/P、远期 D/P、D/A 做法步骤不同主要发生在（　　）之间。

A. 委托人与托收行　　B. 委托人与代收行

C. 托收行与代收行　　D. 代收行与付款人

8. 以下关于托收指示说法错误的是（　　）。

A. 是根据托收申请书缮制的

B. 是代收行进行托收业务的依据

C. 是托收行制作的

D. 是托收行进行托收业务的依据

9. 银行办理业务时通常无法占用客户资金的汇款方式是（　　）。

A. 电汇　　B. 票汇

C. 信汇　　D. 以上都是

10. 在托收业务中，以下关系中不属于委托代理关系的是（　　）。

A. 委托人和委托行　　B. 委托行和代收行

C. 代收行和付款人　　D. 委托人和“需要时的代理”

三、判断题

1. 出口商采用 D/A30 天比采用 D/P30 天承担的风险要大。（　　）

2. 汇付属于商业信用，托收属于银行信用。（　　）

3. 只有银行承兑汇票才可在贴现市场上贴现。（　　）

4. 汇票一经承兑，汇票到期时承兑人一定保证付款。（　　）

5. 汇票的被背书人既有付款请求权，又有追索权。（　　）

6. 托收项下，汇票的出票人是出口商或卖方，付款人是进口商或买方。（　　）

7. 票汇是用银行即期汇票作为结算工具的汇款方式。（　　）

8. 采用承兑交单方式对进口商有利而对出口商不利。（　　）

9. 从汇款人的成本费用来看：电汇收费较高，信汇与票汇费用较电汇低。（　　）

10. 使用票汇时，银行即期汇票一经交付，通常不能主动止付；但若遗失或被偷盗，则可办理挂失止付。（ ）

**四、案例分析**

1. 国内某公司以 D/P 付款交单方式出口，并委托国内 A 银行将单证寄由第三国 B 银行转给 C 银行托收。后得知 C 银行破产收不到货款，该公司要求退回单证却毫无结果，请分析托收银行应负什么责任？

2. 我某出口公司在广交会上与一外商签订一笔出口合同，并凭外商在广交会上递交的以国外某银行为付款人的金额为 5 万美元的支票在 2 天后将合同货物装运出口。随后，我出口公司将支票通过我国内银行向国外付款行托收支票时，被告知该支票为空头支票，由此造成钱货两空的损失。试分析该案中我出口公司应接受的教训。

3. 中国 A 公司与德国 B 公司签订出口合同，支付方式为 D/P 90 DAYS AFTER SIGHT。中国 C 银行将单据寄出 2 个月后尚未收到款项，遂应 A 要求指示德国 D 银行退单，但到 D 回电才得知，单据已凭进口商 B 承兑放单。几经交涉，B 以种种理由不付款，进出口商之间交涉无果。中国 C 认为是德国 D 错误放单造成出口商货款损失，要求 D 承担责任，但 D 对中国 C 的催收拒不答复。又过了 2 个月，D 告知中国 C 进口商已宣布破产，并随附法院破产通知书，致使出口商货款两空。请分析选择远期 D/P 时，出口商应把握的要点。

4. 天津 M 出口公司出售一批货给香港 G 公司，价格条件为 CIF 香港，付款条件为 D/P 见票 30 天付款，M 出口公司同意 G 公司指定香港汇丰银行为代收行，M 出口公司在合同规定的装船期限内将货装船，取得清洁提单，随即出具汇票，连同提单和商业发票等委托中行通过香港汇丰银行向 G 公司收取货款。五天后，所装货物安全抵达香港，因当时该商品的行市看好，G 公司凭信托收据向汇丰银行借取提单，提取货物并将部分货物出售。不料，因到货过于集中，货物价格迅速下跌，G 公司以缺少保险单为由，在汇票到期拒绝付款。请分析 M 公司应如何处理此事，并说明理由。

# 第十一章 信用证与银行保函

**学习目标**

通过本章的学习，应了解信用证的性质及一般业务程序；重点掌握信用证的主要种类；并要求学会审核信用证，能够读懂英文信用证。

前面，我们已经介绍了汇付和托收两种支付方式，可以看出，托收对于出口商要比汇款安全，因为在一般情况下，买方不付款得不到货物。但在托收方式下，出口商能否收款，仍然是依靠进口商的商业信用，在对进口商资信不是很了解的情况下，风险是相当大的。随着国际贸易的发展，信用证支付方式在银行与金融机构参与国际贸易的过程中逐步形成。

## 第一节 信用证概述

### 一、信用证（Letter of Credit，L/C）的定义

根据国际商会《跟单信用证统一惯例》（2007 年修订本，国际商会第 600 号出版物，简称 UCP600），对跟单信用证定义如下：

跟单信用证是指一项约定，不论其如何命名或描述，该约定不可撤销并因此构成开证行对于相符提示予以兑付的确定承诺。兑付是指：（1）对于即期付款信用证即期付款；（2）对于延期付款信用证发出延期付款承诺并到期付款；（3）对于承兑信用证承兑由受益人出具汇票并到期付款。

定义中的开证行通常是一家进口地银行，申请人是进口商，受益人则是出口商。简而言之，信用证是一种银行开立的有条件的付款保证。

### 二、信用证的内容

开证行可以用信函，也可以用电报的方式开立信用证，因此常见的信用证有信开信

用证和电开信用证两种形式。电开信用证中又包括简电本（Brief Cable）、全电本（Full Cable）和 SWIFT 信用证。一般来说，简电本内容简单，方便预先通知出口商及早备货。不论其形式如何，一个完整的信用证，应该包括以下内容。

1. 关于信用证首部

（1）开证行名称、地址；

（2）开证日期；

（3）信用证号码；

（4）受益人；

（5）信用证种类；

（6）开证申请人；

（7）信用证金额；

（8）有效日期和有效地点。

2. 关于汇票

（1）出票人；

（2）付款人；

（3）汇票期限；

（4）汇票金额；

（5）出票条款。

3. 关于基本单据

（1）商业发票；

（2）提单或运输单据；

（3）保险单证。

4. 关于附属单据

包括产地证、检验证、许可证和重量单等。

5. 关于商品的描述

包括货名、数量、单价条件等。

6. 关于运输

（1）装货港；

（2）装船期限；

（3）卸货港或目的港；

（4）可否分批装运；

（5）可否转船。

7. 其他事项

（1）开证行对议付行的指示条款；

（2）开证行承诺付款条款；

（3）开证行名称和签字；

(4) 其他特别条款。

信用证上一般还印有“按照国际商会跟单信用统一惯例600号出版物办理。(This Credit is Subject to Uniform Customs and Practice for Documentary Credit, International Chamber of Commerce Publication NO. 600.)”

## 第二节 信用证的业务程序及特点

### 一、信用证当事人

信用证结算方式的基本当事人有四个，即开证申请人、开证行、通知行和受益人。此外，还有其他关系人，如保兑行、付款行、议付行、偿付行等。

1. 开证申请人 (Applicant)

是指向银行申请开立信用证的人，即进口人或实际买主，在信用证中往往又称开证人。

2. 开证行 (Opening Bank/Issuing Bank)

是指接受开证申请人的委托，开立信用证的银行，它承担保证付款的责任。开证行一般是进口人所在地银行。

3. 通知行 (Advising Bank)

是指受开证行的委托，将信用证转交出口人的银行。它只证明信用证的真实性，并不承担其他义务。通知银行一般是出口人所在地银行。

4. 受益人 (Beneficiary)

是指信用证上所指定的有权使用信用证的人，即出口人或实际供货人。

5. 议付行 (Negotiating Bank)

是指根据开证行的授权买入或贴现受益人开立和提交的符合信用证规定的汇票或单据的银行。它可以是指定的银行，也可以是非指定的银行，由信用证的条款来规定。

6. 付款行 (Paying Bank)

是指定的付款银行。它一般是开证行，也可以是它指定的另一家银行，根据信用证的条款的规定来决定。

7. 保兑行 (Confirming Bank)

是指根据开证行的请求，在信用证上加具保兑的银行。它一般是通知行或其他出口地银行，一旦加具保兑它就承担了与开证行相同的承诺和独立的付款责任。

8. 偿付行 (Reimbursing Bank)

是指信用证中指定的代开证行向议付或付款行清偿垫款的银行。偿付银行的出现，往往是由于开证银行的资金调度或集中在该第三国银行，而要求该银行代为偿付信用证规定的款项。

## 二、信用证业务处理程序

在采用信用证支付方式时，买卖双方先签订货物销售合同。在合同中规定采用信用证方式结算，为履行合同义务，进口商去进口地一家银行即开证行申请开立信用证，进口地银行开立信用证以后，通知其在出口地银行的一家代理行，再由这家银行即通知行通知受益人。受益人一般在收到信用证以后才备货装船，在发出货物、取得运输单据并备齐了信用证要求的其他单据以后，就可将单据交给一出口地银行，这家出口地银行往往是通知行。在这里，若是议付信用证，那么该银行就是议付行，议付行审单后立即将向出口商议付货款，同时通知开证申请人付款赎单。接到通知后，进口商应立即向开证行付款，获得单据，向船公司提取货物。有时，出口地银行还可以应开证行邀请，成为保兑行或付款行。在使用第三国货币结算时，开证行往往会在信用证中指定一家该货币支付中心的银行代理其偿付，出口地银行可以直接向该行即偿付行要求划款，以早日收回所垫付的资金（见图 11－1）。

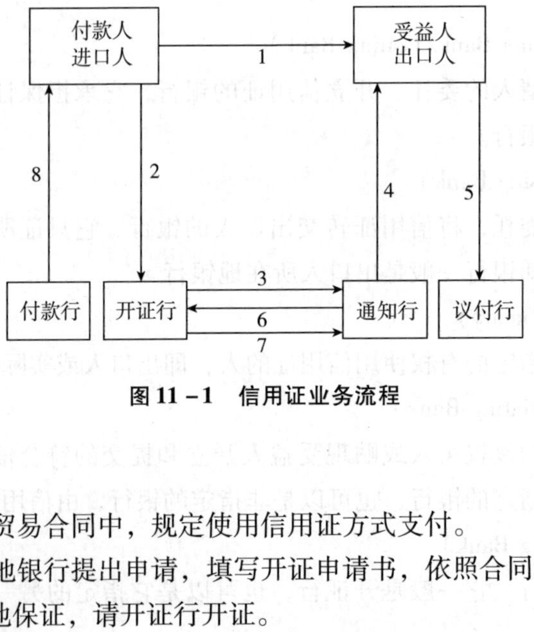


**图 11－1　信用证业务流程**

图 11－1 说明：

（1）买卖双方在贸易合同中，规定使用信用证方式支付。

（2）进口人向当地银行提出申请，填写开证申请书，依照合同填写各项规定和要求，并交纳押金或提供其他保证，请开证行开证。

（3）开证行根据申请书内容，向出口人开出信用证，并寄交出口人所在地分行或代理行（统称通知行）。

（4）通知行核对印鉴无误后，将信用证交与出口人。

（5）出口人审核信用证与合同相符后，按信用证规定装运货物，并备齐各项货运单据，开出汇票，在信用证有效期内，送请当地银行议付。议付行按信用证条款审核单据无误后，按照汇票金额扣除利息，把货款垫付给出口人。

（6）议付行将汇票和货运单据寄开证行（或其指定的付款行）索偿。

（7）开证行（或其指定的付款行）核对单据无误后，付款给议付行。

（8）开证行通知进口人付款赎单。

### 三、信用证支付方式的特点

1. 开证行负第一性付款责任

这是指交来单据只要符合信用证的条款，开证行不管进口商能否付款给它，它都必须付款给受益人或被指定银行。开证行承担了第一性的、首要的付款责任，它不能将责任推卸给进口商，必须自己承担责任，从而履行开证行的付款承诺，这体现了信用证下的银行信用。

2. 信用证是一项独立文件，不依附于贸易合同

信用证是以合同为依据而开立的，信用证内容也应当与合同一致，但信用证并不依附于贸易合同。信用证当事人只受信用证条款的约束，不受合同条款的约束。

3. 信用证的处理是以单据为准，而不是以货物为准

在信用证业务中，银行处理的是单据，不是货物，只要交来的单据符合信用证条款，银行就必须付款。因此信用证交易是一种只管单据是否相符的单据交易。

信用证方式，是以银行信用代替了商业信用，对进出口商双方以及银行都很方便。总体来说，它使受益人（出口商）收款有保障。与托收相比，资金负担较平衡。银行一般是收取一定押金或获得保证后才办理业务，可以有效防范风险，同时还可以收取手续费。但是，信用证结算方式也并非完美无缺，出口商可能以次货、假货或伪造单据进行诈骗；另外信用证业务手续较多、费时，而且每一个环节都发生费用，增加了业务成本。

## 第三节　常用的信用证

信用证根据它的性质、期限、流通方式的不同，可以分为很多种。我们这里主要介绍在实际业务中经常使用的一些信用证。

### 一、按信用证项下的汇票是否附有货运单据，可分为光票信用证和跟单信用证

所谓光票信用证（Clean Credit），是指开证行仅凭不附有单据的汇票付款的信用证。

所谓跟单信用证（Documentary Credit），就是凭跟单汇票或仅凭货运单据付款的信用证。

### 二、按开证行所负的责任，可分为可撤销和不可撤销信用证

所谓可撤销的信用证（Revocable Letter of Credit），是指开证行对所开出的信用证不

必征得受益人或有关其他当事人的同意，可以随时撤销或修改信用证条款。凡是信用证中注明“可撤销”字样，这个信用证就是“可撤销”的。当然，这种信用证对出口人的利益是毫无保障的。因此，出口人一般不愿接受这种信用证。

所谓不可撤销信用证（Irrevocable Letter of Credit），是指信用证一经开出，在有效期内没有得到受益人或者其他有关当事人的同意，开证行不得片面地撤销或者修改信用证，只要受益人提交了符合信用证的有关单据，开证行必须履行付款的义务。这种信用证对受益人收取货款的保证是较大的，在国际贸易中使用较多。

根据UCP500的规定，信用证应明确注明是否可撤销。信用证如无此项注明，就视为不可撤销。信用证上应载有开证行保证付款的文句。而UCP600则修改了这条规定，确定了信用证的不可撤销性，可撤销信用证退出历史舞台。当前，所有的信用证都是不可撤销的。

## 三、按信用证有没有另外一家银行加以保兑，可分为保兑信用证和不保兑信用证

所谓保兑信用证（Confirmed Letter of Credit），是指开证行开出信用证后，又由另一家银行保证对符合信用证条款的单据也履行付款的义务。对信用证承担保证兑付义务的银行通常叫保兑行。保兑行对信用证加保以后，就构成了开证行以外的确定的承诺，也就是说保兑行的付款也是第一性的，付款后没有追索权，所以，这种保兑的信用证对于出口人来说等于是两家银行承担了付款的责任，一家是开证行，另一家是保兑行，对出口人来说收取货款的保证是比较大的。保兑行的保兑是不可撤销的，保兑行通常是通知行，有时也可以是出口地的其他银行或第三国银行。保兑的手续一般是由保兑银行在信用证上加注保兑文句。如，“此证已由我行保兑（This credit is confirmed by us）”。我们说信用证一开出就可以付款，那么为什么要找另一家银行加以保兑呢？保兑一般是受益人（卖方）对开证行的资信不够了解或不足以信任时，如一笔业务涉及的金额较大，数量较多，或受益人对进口国家的政治上或经济上有顾虑时才提出这种要求。

所谓不保兑信用证（Unconfirmed Letter of Credit），是指未经另一家银行加以保兑的信用证。当开证行资信好和成交金额不大时，一般都使用这种不保兑的信用证。

## 四、按付款的时间不同，信用证可分为即期信用证和远期信用证

所谓即期信用证（Sight Credit），是指开证行或付款行在收到了符合信用证条款的跟单汇票或装运单据后，立即履行付款义务的信用证，这种信用证的特点是对出口人来说，收取货款安全迅速，有利于资金的周转。

所谓远期信用证（Usance Letter of Credit），指开证行或付款行收到信用证单据后，在规定的时间内履行付款义务的信用证。远期信用证又可分为下列两种：一种是银行承兑远期信用证（Banker's Acceptance Credit），也就是指开证银行作为远期汇票付款人的信用证。这种信用证项下的汇票，在承兑前，银行对出口商的权利、义务以信用证为准；

在承兑后，银行作为汇票的承兑人，应按票据法规定，对出票人、背书人、持票人承担付款责任。另一种是延期付款信用证（Deferred Payment Credit），也就是指开证行在信用证上规定，货物装运后若干天付款的信用证。延期付款信用证不要求出口人开具汇票，所以，出口人不能利用贴现市场上的资金，只能自行垫款或向银行借款，在出口业务中，如果使用此种信用证，货价应比银行承兑远期信用证高一些，以拉平利息率与贴现率之间的差额。此外，还有一种信用证，规定受益人开立远期汇票，由付款行进行贴现，并且规定贴现利息和贴现费用由进口人担负，这种信用证表面上看是远期信用证，但从上述的条款规定来看，出口人则可以收到十足的货款。所以又叫作假远期信用证。这种信用证对出口人而言，实际上仍属于即期收款。为什么要使用假远期信用证呢？这主要是有的进口国家的银行由于外汇紧张，不允许开出即期的信用证，所以进口人常利用这种方式来取得国外银行或第三国银行的资金的便利。

## 五、根据受益人对信用证的权利能否转让，信用证可分为可转让和不可转让信用证

所谓可转让信用证（Transferable Credit），指信用证的第一受益人可以将信用证的全部或部分权利转让给一个或数个收益人（第二受益人）使用的信用证。可转让信用证的受益人往往是中间商，他将信用证转让给实际出口人，由实际出口人办理装运交货收款。

UCP600 规定，可转让的信用证，只有在信用证中注明“可转让”字样，那么这张信用证才可以转让。同时，明确了信用证转让时由转让行办理，信用证转让以后也就由第二受益人来办理交货，但第一受益人仍需负责买卖合同上卖方的责任。如果信用证上允许分装，信用证可分别转让给几个第二受益人，这种转让可看成一次转让。如果信用证被转让给一个以上的第二受益人，其中一个或多个第二受益人拒绝接受某个信用证修改并不影响其他第二受益人接受修改。对于接受修改的第二受益人，信用证已做相应修改；对于拒绝接受修改的第二受益人，该可转让信用证仍未被修改。

所谓不可转让的信用证（Non-Transferable Credit），是指受益人不能将信用证的权利转让给其他人的信用证。信用证中没有注明“可转让”，均为不可转让的信用证。

## 六、循环信用证（Revolving Credit）

循环信用证是指受益人全部或部分使用完信用证的金额以后，其信用证的金额又恢复到原金额，受益人可再次使用，直至达到规定的次数或累计总金额为止。

循环信用证有两种形式：（1）按时间循环信用证。按时间循环的信用证是指受益人在一定的时间内可以支取信用证规定的金额。（2）按金额循环信用证。按金额循环的信用证是指信用证金额议付后，仍恢复到原金额可再次使用，直到用完规定的金额为止。循环信用证恢复到原金额的具体方法可分为三种：①自动式循环。即受益人按规定时间装运货物交单议付一定金额后，不需要等待开证行的通知，信用证可自动恢复到原金额，可再次按原金额使用。例如：信用证中规定“本证将再次自动恢复每月一期，每期金额

130 000 英镑，总金额为 390 000 英镑”。②非自动式循环。即受益人每次使用信用证时，必须等待开证银行的通知到达后，信用证才恢复到原金额继续使用。例如，信用证中规定：“本金额须在每次议付后收到开证行关于本证可以恢复的通知，方可恢复”。③半自动式循环。受益人每次装货交单议付后，在若干天内开证行未提出中止循环的通知，信用证可自动恢复到原金额，并可再次使用。例如，信用证规定：“议付银行在每次议付后×天内未通知中止恢复，则信用证未用余额即增至原金额”。

## 七、对开信用证（Reciprocal Credit）

对开信用证是进出口双方各开一张以对方为受益人的信用证。对开信用证的特点是：第一张信用证的受益人是第二张信用证（或称回头证）的开证人。两张信用证的金额相等或大体相等，两证可以分别生效，即先开的生效，也可以同时生效，即第一张信用证先开但暂不生效，须等另一方开出的回头信用证经受益人接受时，才通知对方银行两证同时生效。因此，对开信用证是两张相互联系、互为条件的各自向对方开出的信用证。

对开信用证多用于易货贸易或来料加工、来件装配业务中。因交易双方担心对方凭第一张信用证出口或进口后而不再履行进口或出口义务，所以采取这种相互联系、互为条件的开证办法。

## 八、预支信用证（Anticipatory Credit）

预支信用证是指开证行允许受益人在未交装运单据以前，可凭汇票或其他证件支付货款的信用证。使用预支信用证常见的情况有以下几种：（1）在市场缺货的情况下，进口商需货心切而预支货款；（2）进口大型成套设备、船舶、飞机等投资较大、出口商资金短缺的情况下，先备料需进口商预支货款；（3）进口人通过银行实行外汇转移而预付货款等。预支信用证与远期信用证相反，开证人付款在先，受益人交单在后，预支信用证凭出口人的光票付款，也有要求出口人附一份负责补交信用证规定单据的声明书的。如果出口人以后不交单，开证行及代付行并不承担责任。当货运单据交到后，代付行在付给剩余货款时，一并扣除预支货款和利息。预支信用证又可分为全部预支和部分预支两种。为引人注目，这种预支信用证条款通常用红字打出，故又称为“红条款信用证”。现今信用证的预支条款也有用别的颜色表示的，但效力相同。

## 九、背对背信用证（Back to Rack Credit）

背对背信用证也称转开信用证，是指受益人（出口人）凭进口人开来的信用证作为抵押，要求出口地银行再向实际的出口人另开一张内容相似的新信用证。背对背信用证的开证银行只能根据不可撤销信用证来开立，背对背信用证的开立通常是中间商转售他人货物，从中图利，或两国不能直接办理进出口贸易时，通过第三者以此种方法来沟通贸易。

## 十、备用信用证（Standby L/C）

备用信用证，称为商业票据信用证（Commercial Paper L/C），是指开证行应开证申请人的请求，对受益人开立的承诺承担某项义务的凭证。即开证行保证在开证申请人未能按时偿还贷款或货款时，受益人只要凭备用信用证的规定向开证行开具汇票（或不开汇票），并提交开证申请人未履行义务的声明或证明文件，开证行为其支付。

备用信用证是属于银行信用，开证银行保证在开证申请人未履行其义务时，即由开证银行付款。因此，备用信用证对受益人来说是备用于开证申请人发生毁约时，取得补偿的一种方式，如：某一资金需求者向银行申请开立以资金供给者为受益人的备用信用证，由开证行担保如开证申请人不能如期偿还本息时，受益人可凭其出具的汇票取得信用证上的金额。

备用信用证与跟单信用证一样都受国际商会《跟单信用证统一惯例》的约束，银行均承担第一性付款的责任。但二者又有一定的区别。其区别主要表现在：首先，备用信用证常常是备而不用的文件，受益人只有在开证申请人未能履行其义务时，才能行使信用证所规定的义务，即可向付款行要求付款。其次，备用信用证使用的范围比跟单信用证广泛。备用信用证不仅可适用于货物买卖的支付方式，还可适用于货物以外的多方面交易。例如，投标担保、履约担保、贷款担保、还款担保等多方面交易。跟单信用证只适用于货物买卖支付方式。最后，备用信用证一般仅凭受益人所开出的证明开证申请人已经违约的证明书付款；跟单信用证一般以符合信用证规定的代表货物的货运单据为付款依据。

## 十一、SWIFT 信用证

1. SWIFT 简介

SWIFT 是“环球同业银行金融电讯协会”的简称（Society for Worldwide Interbank Financial Telecommunication）。SWIFT 是国际银行同业间的国际合作组织，成立于 1973 年，目前全球大部分国家大多数银行已使用 SWIFT 系统。SWIFT 的使用，为银行的结算提供了安全、可靠、快捷、标准化、自动化的通讯业务，从而大大提高了银行的结算速度。由于 SWIFT 的格式具有标准化的特点，目前信用证的格式主要都是用 SWIFT 电文，因此有必要对 SWIFT 进行介绍。

2. SWIFT 的特点

（1）SWIFT 需要会员资格。我国的大多数专业银行都是其成员。

（2）SWIFT 的费用较低。同样多的内容，SWIFT 的费用只有 TELEX（电传）的 18% 左右，只有 CABLE（电报）的 2.5% 左右。

（3）SWIFT 的安全性较高。SWIFT 的密押比电传的密押可靠性强、保密性高，且具有较高的自动化。

（4）SWIFT 的格式具有标准化的特点。对于 SWIFT 电文，SWIFT 组织有着统一的要求和格式。

3. SWIFT 电文表示方式（见表 11－1～表 11－3）

（1）项目表示方式。SWIFT 由项目（FIELD）组成，如：59。

BENEFICIARY（受益人），就是一个项目，59 是项目代号，可以用两位数字表示，也可以两位数字加上字母来表示，如 51a APPLICANT（申请人）。不同的代号表示不同的含义。项目还规定了一定的格式，各种 SWIFT 电文都必须按照这种格式表示。

在 SWIFT 电文中，一些项目是必选项目（MANDATORY FIELD），一些项目是可选项目（OPTIONAL FIELD），必选项目是必须要具备的，如：31D DATE AND PLACE OF EXPIRY（信用证有效期），可选项目是另外增加的项目，并不一定每个信用证都有的，如：39B MAXIMUM CREDIT AMOUNT（信用证最大限制金额）。

（2）日期表示方式。SWIFT 电文的日期表示为：YYMMDD（年月日）。

如：1999 年 5 月 12 日，表示为：990512；

2001 年 12 月 9 日，表示为：011209；

2018 年 4 月 10 日，表示为：180410。

（3）数字表示方式。在 SWIFT 电文中，数字不使用分隔号，小数点用逗号“，”来表示。

如：5，152，286. 36 表示为 5152286，36；

4/5 表示为：0，8；

5% 表示为：5 PERCENT

（4）货币表示方式。

如：澳大利亚元表示为 AUD；

人民币元表示为 CNY；

美元表示为 USD。

**表 11－1　　MT700 格式项目**

| 必选与可选（M/O） | 项目号码（TAG） | FIELD NAME | 项目名称 |
|---|---|---|---|
| M | 27 | Sequence of Total | 报文页次 |
| M | 40A | Form of Documentary Credit | 跟单信用证形式 |
| M | 20 | Documentary Credit Number | 跟单信用证号码 |
| O | 23 | Reference to Pre – Advice | 预先通知编号 |
| O | 31C | Date of Issue | 开证日期 |
| M | 31D | Date and Place of Expiry | 到期日及到期地点 |
| O | 51a | Applicant Bank | 申请人银行 |
| M | 50 | Applicant | 开证申请人 |
| M | 59 | Beneficiary | 受益人 |

续表

| 必选与可选（M/O） | 项目号码（TAG） | FIELD NAME | 项目名称 |
|---|---|---|---|
| M | 32B | Currency Code，Amount | 货币及金额 |
| O | 39A | Percentage Credit Amount Tolerance | 信用证金额允许的浮动范围 |
| O | 39B | Maximum Credit Amount | 信用证金额最高限额 |
| O | 39C | Additional Amounts Covered | 附加金额 |
| M | 41A | Available with... by... | 指定银行及信用证兑付方式 |
| O | 42C | Draft at... | 汇票付款期限 |
| O | 42A | Drawee | 汇票付款人 |
| O | 42M | Mixed Payment Details | 混合付款条款 |
| O | 42P | Deferred Payment Details | 迟期付款条款 |
| O | 43T | Transshipment | 转运条款 |
| O | 44A | Loading on Board/Dispatch/ Taking in Charge at/from... | 装船、发运、接受监管的地点 |
| O | 44B | For Transportation to... | 目的地 |
| O | 44C | Latest Date of Shipment | 最迟装运日期 |
| O | 44D | Shipment Period | 装运期 |
| O | 45A | Description of Goods and/or Services | 货物/服务描述 |
| O | 46A | Documents Required | 所需单据 |
| O | 47A | Additional Conditions | 附加条款 |
| O | 71B | Charges | 负担费用 |
| O | 48 | Period for Presentation | 交单期限 |
| M | 49 | Confirmation Instructions | 保兑指示 |
| O | 53A | Reimbursement Bank | 偿付行 |
| O | 78 | Instructions to the Paying/ Accepting/Negotiation Bank | 给付款行/承兑行/议付行的指示 |
| O | 57A | "Advice through" Bank | 通知行 |
| O | 72 | Sender to Receiver Information | 银行间备注 |

M = Mandatory（必选）；O = Optional（可选）

注：MT700 格式开立的信用证通知书最后的通知行应主动加列“此证受到 UCP600 的约束（This credit is subject to UCP600）”。

表 11-2　　MT701 格式项目

| 必选与可选（M/O） | 项目号码（TAG） | FIELD NAME | 项目名称 |
|---|---|---|---|
| M | 27 | Sequence of Total | 报文页次 |
| M | 20 | Documentary Credit Number | 跟单信用证号码 |
| O | 45B | Description of Goods and/or Services | 货物/服务描述 |
| O | 46B | Documents Required | 所需单据 |
| O | 47B | Additional Conditions | 附加条款 |
| M = Mandatory（必选）；O = Optional（可选） | | | |

注：若信用证条款能够全部容纳在 MT700 报文中，则不需要使用 MT701，此时报文页次的内容为“1/1”；若该信用证由 MT700 报文和 MT701 报文组成，那么在 MT700 报文页次中填入“1/2”，在 MT701 报文页次中填入“2/2”。

表 11-3　　修改已开出 SWIFT 信用证的 MT707 项目

| 必选与可选（M/O） | 项目号码（TAG） | FIELD NAME | 项目名称 |
|---|---|---|---|
| M | 20 | Sender's Reference | 发报行编号 |
| M | 21 | Receiver's Reference | 收报行编号 |
| O | 23 | Issuing Bank's Reference | 开证行编号 |
| O | 52a | Issuing Bank | 开证行 |
| O | 31C | Date of Issue | 开证日期 |
| O | 30 | Date of Amendment | 修改日期 |
| O | 26E | Number of Amendment | 修改次数 |
| M | 59 | Beneficiary (before this amendment) | 受益人（修改以前的） |
| O | 31E | New Date of Expiry | 修改后的到期日 |
| O | 32B | Increase of Documentary Credit Amount | 信用证金额的增加 |
| O | 33B | Decrease of Documentary Credit Amount | 信用证金额的减少 |
| O | 34B | New Documentary Credit Amount after Amendment | 修改后新的信用证金额 |
| O | 39A | Percentage Credit Amount Tolerance | 修改后信用证金额允许的浮动范围 |
| O | 39B | Maximum Credit Amount | 修改后信用证金额最高限额 |
| O | 39C | Additional Amounts Covered | 附加金额 |
| O | 44A | Loading on Board/Dispatch/Taking in Charge at/from... | 修改装船、发运、接受监管的地点 |

续表

| 必选与可选 (M/O) | 项目号码 (TAG) | FIELD NAME | 项目名称 |
|---|---|---|---|
| O | 44B | For Transportation to... | 修改目的地 |
| O | 44C | Latest Date of Shipment | 修改最迟装运日期 |
| O | 44D | Shipment Period | 修改装运期 |
| O | 79 | Narrative | 修改详述 |
| O | 72 | Sender to Receiver Information | 银行间备注 |
| M = Mandatory（必选）；O = Optional（可选） | | | |

注：对已开出的 SWIFT 信用证进行修改，需要采用 MT707 标准格式。

## 第四节　信用证有关的国际惯例

### 一、国际商会《跟单信用证统一惯例》（Uniform Customs and Practice for Documentary Credits，UCP）

自 19 世纪末开始使用信用证以来，随着国际贸易的发展，跟单信用证已渐渐成为国际贸易结算中一种通行的支付方式。但是，由于国际上对跟单信用证有关当事人的权利、责任、信用证所用条款和术语的定义等缺乏统一的解释和公认的准则，各国银行根据各自的习惯和利益自行其是，因此信用证各有关当事人之间的争议和纠纷经常发生。在这种情况下，国际商会为了减少因解释或操作不同而引起的争端，于 1929 年制定了《商业跟单信用证统一规则（Uniform Regulations for Commercial Documentary Credits）》（以下简称《规则》），对跟单信用证的定义、有关名词和术语以及信用证业务的有关各方的权利和义务做了统一的解释，并建议各国银行采用。但由于这个《规则》只反映了个别国家银行的观点，所以只被极少数国家的银行采用。为此，国际商会于 1931 年组织专门小组着手进行修改，于 1933 年作为第 82 号出版物颁布了第一个跟单信用证的惯例，定名为《商业区跟单信用证统一惯例（Uniform Customs and Practice for Commercial Documentary Credits)》。其后，随着国际贸易的发展，新的运输技术和运输方式的出现和广泛运用，以及在使用《统一惯例》过程中暴露了一些问题，国际商会先后于 1951 年、1962 年、1974 年、1983 年和 1993 年对该惯例进行了修订。此后，随着国际运输工具和运输方式的发展，通信工具的电子化、网络化和电脑的广泛使用，国际贸易金融、保险、单据处理和结算工作也发生了许多变化。因此，国际商会于 2006 年 10 月的巴黎年会上通过了对《跟单信用证统一惯例》的修订，新版本定名为《跟单信用证统一惯例，2007 年修订本，国际商会第 600 号出版物》，该惯例的英文全称是 *Uniform Customs and Practice for*

*Documentary Credits*, 2007 revision, ICC Publication No. 600（UCP600），于 2007 年 7 月 1 日起正式实施。

由于《跟单信用证统一惯例》能够协调和解决有关当事人之间的矛盾，有利于国际贸易的发展和国际结算的进行，至今已为世界上 160 多个国家和地区的银行和银行公会所采用，并已成为国际上处理信用证业务的惯例。但是，《跟单信用证统一惯例》毕竟不是各国共同制定的法律，只是一项国际贸易惯例，因此要得到这个“法律准则”的保护，必须在信用证上注明根据该惯例开立的文字。如开证行可在信用证中加注：“除另有规定外，本证根据国际商会《跟单信用证统一惯例（2007 年修订）》即国际商会 600 号出版物办理。”

UCP600 在 UCP500 的基础上进行了修改。UCP500 共 49 条，包括：总则和定义、信用证的格式和通知、义务和责任、单据、其他规定、可转让信用证和款项让渡等 7 个部分。UCP600 在此基础上新增 11 项内容，删减 12 项内容，其中对一些条款进行了必要的合并和拆分。总体上来看，将原来的 49 个条款缩减为 39 条，整个惯例条款基本按照流程排列，使排列次序更符合操作逻辑、更清晰、更易于查阅。

## 二、《关于审核跟单信用证项下单据的国际标准银行实务》（ISBP）

由于各国银行对 UCP 理解不一致，在审单过程中时常发生争议，为了统一各国银行的审单标准，国际商会银行委员会于 2000 年 5 月成立了一个专门工作组对世界主要国家审单惯例加以统一编纂和解释，于 2002 年 4 月份完成了《关于审核跟单信用证项下单据的国际标准银行实务》的初稿并向全世界的银行征询意见。2003 年 1 月，ISBP 作为国际商会第 645 号出版物（ISBP645）正式出版。ISBP645 面世时，UCP500 正在修订，因此国际商会银行委员会有对 ISBP645 进行了修订，产生了 ISBP681，与 UCP600 一起于 2007 年 7 月 1 日实施。

ISBP681 是供单据审核员在审单时使用的，是对 UCP 的补充、细化和解释，包括引言和 200 个条文。2013 年 4 月 17 日，继 ISBP645 和 ISBP681 之后，国际商会银行委员会在里斯本春季年会上通过了最新的国际标准银行实务 ISBP745，也是 UCP600 项下的第二个版本。ISBP745 较 ISBP681 做了重大修订，定义更加全面、措辞更加严谨、条理更加清楚、示例更加丰富。ISBP745 包含总则部分和分项单据部分，涉及 16 类单据。

## 三、《〈跟单信用证统一惯例〉电子交单补充规则》（eUCP）

20 世纪中后期，信用证开始进入电子时代。电子信用证其实就是在传统的信用证业务中加入大数据、电子技术和人工智能的元素，实现开立信用证、通知信用证、交单、审单乃至付款的全电子化流程运作。电子信用证时代的来临为信用证信用危机的解决提供了契机，大数据通过人工智能，借助电子平台给贸易金融行业提供信用评估和信息匹配，从而大大降低了欺诈等风险。UCP500 实施以来，电子信用证开始在国际贸易中出现。为了适应这一形式，2000 年国际商会在 UCP500 的基础上制定了《〈跟单信用证统一惯例〉

电子交单补充规则 1.0 版［Supplement, the Uniform Customs and Practice for Documentary Credits for Electronic Presentation（version 1.0），eUCP1.0］》，于2002 年4 月生效。

2007 年，伴随着 UCP600 的生效，国际商会又对 eUCP1.0 进行了更新，即《跟单信用证统一惯例 UCP600 关于电子交单的附则（eUCP Supplement to UCP600 for Electronic Presentation，eUCP1.1）》。UCP600 本身的相关条款也明确承认了电子信用证的法律效力，并专门规定了电讯传递的信用证及其修改规则。

2019 年6 月 eUCP2.0 的发布，正式开启了电子信用证的 2.0 时代。eUCP2.0 在细节上弥补了部分此前 eUCP1.0、eUCP1.1 版本的不足：首先，在第 1 条 d 款明确规定，电子信用显示开证行（包括指定行、保兑行在内）实体地址的要求，解决了此前无法确认纸质交单时间、制裁政策等系列难题；其次，在第 3 条增加了相关电子词汇的定义，还特别强调了作为审单要求的电子记录与基础交易无关，这相当于再次重申了传统信用证的独立性原则同样适用于电子信用证；再次，在第 6 条扩展了银行的审单条款，明确指出，只要银行传递电子记录的行为表明其已确认电子记录的表面真实性，明确指定行发出相符电子记录后即使开证行（保兑行）不能审核也必须付款；最后，还分别在第 13 条和第 14 条增加了两类银行可以免责的情形：即对自身之外的数据处理系统不能运行的免责和对不可抗力的免责条款。

## 第五节　银行保函

除信用证以外，银行开立的信用凭证还有银行保证书（Letter of Guarantee，L/G），又称银行保函。

### 一、银行保函及其当事人

银行保函是由银行开立的承担经济赔偿责任的一种担保凭证。银行根据保函的规定承担绝对付款责任。银行保函属于银行信用。银行保函的当事人主要有以下三个：

1. 委托人（Principal）又称申请人，是指申请开立保证书的当事人，即为被保证人。
2. 受益人（Beneficiary），是指凭银行保证书要求银行承担经济赔偿责任的当事人。
3. 保证人（Guarantor），也称担保人。即保证书的开证人。属银行信用的保证书的保证人一般是银行，有时也可能是其他金融机构，如保险公司或信托投资公司。保证人根据委托人的申请在委托人提供一定担保的情况下向受益人开具保证书。

银行保证书的当事人主要是以上三个，有时根据需要，可能涉及传递银行、转开行、保兑行等。

## 二、银行保证书的主要内容

由于银行保证书的用途不一，各种保证书的内容也不是完全相同的。但总体来说，其订立内容应包括以下几项。

1. 当事人

保证书中应写明主要当事人，即委托人、受益人、保证人的名称和地址，保证书通常受开立保证书的机构所在地的法律约束，所以保证人的地址是非常重要的。

2. 责任条款

责任条款是保证人所应承担的责任，是银行保证书的主体。保证人向受益人承担的责任以保证书内所列的条款为限。保证人担保的金额，通常是受益人索偿的金额。责任条款是银行保证书的主要内容。

3. 保证书的有效期限

银行保证书一般规定一个明确的有效期限，这是指受益人索偿要求送达保证人的最后期限。

如受益人提出索偿，应在保证书所规定的有效期或以前，以书面（电报、电传）形式，将索偿要求送达保证人。保证人收到索偿要求后，应立即将索偿内容及收到的任何证件通知申请人，不得延误。

4. 保证书的终止到期日

保证书的终止到期日是指保证书终止失效的日期，通常有下列两种情况：

（1）如保证人在到期日或到期日以前，未接到受益人的索赔要求，保证人的担保责任则告终止，保证书即自动失效。

（2）如保证书项下发生索偿，受益人按保证书规定应享受的一切权利已得到满足而了结时，该保证书即告终止。

保证书终止后，受益人应立即将保证书退还保证人注销。

5. 保证书的修改

保证人对保证书条款和任何内容所做的修改，必须得到受益人同意才能生效。当然，事先须经委托人或指示人的同意。近年来，银行保证书在国际使用的范围不断扩大，内容也逐步复杂化。为了便于研究和使用，国际商会于1978年制定了《合约保证书统一规则（Uniform Rules for Contract Guarantees International Chamber of Commerce Publication NO. 325，1978 Edition）》，1982又制定了《开立合约保证书规范格式（Model Forms for Issuing Contract Guarantees Publication NO. 406，1982 Edition）》，供实际业务参考和使用。随着国际经济贸易的发展和变化，1991年国际商会又对《合约保证书统一规则》进行了修订，并于1992年4月出版发行《见索即付保函统一规则（The Uniform Rules for Demand Guarantees ICC Publication No. 458. 1992 Edition）》（国际商会第458号出版物，URDG458）。国际商会对《见索即付保函统一规则》进行了几次修订，现行版本是URDG758，于2009年通过。修订后的URDG758是见索即付保函业务的权威业务指南，不仅是对原有规则的完善，更是适应新形势下保函业务发展趋势和需求的一套更清晰简洁、更系统科学的业务规则。

## 第六节　各种支付方式的结合使用

在国际货物贸易中，上述各种贸易方式，除根据交易双方约定分别采用外，有时也可将几种方式结合起来使用。主要有以下几种形式：

### 一、汇付和托收相结合

具体做法：买卖双方约定，买方先预付一部分货款，待货物出运后，卖方从发票金额中扣除对方已预付的货款，其余部分则通过银行托收。

### 二、信用证与汇付相结合

这种结合形式是指部分货款凭信用证方式支付，余下货款采用汇付方式。例如，在铁矿等大宗初级产品的交易中，通常的做法是：买卖双方约定，大部分货款凭信用证规定的装运单据先付发票金额若干成，余数则待货到目的地后，根据验收结果计算出确切的金额，由买方另行汇付给卖方。

### 三、信用证与托收相结合

这是指大部分货款凭信用证支付而余数采用托收结算的一种支付方式。其具体做法一般是：信用证规定卖方开立两张汇票，属信用证部分的货款凭光票付款，而全套货运单据则附在托收部分汇票项下，按即期或远期付款交单方式托收。

### 四、托收与备用信用证相结合

由于跟单托收对卖方有一定风险，为使卖方收款有保障，便采取托收与备用信用证相结合的做法，即卖方在收到符合合同规定的备用信用证后，就可凭光票与声明书向银行收回货款。采用此种支付方式时，备用信用证的有效期必须晚于托收付款期限后一定的时间，以便被买方拒付货款后能有充足的时间向银行办理追偿手续。

### 五、托收与银行保函相结合

在采用跟单托收时，为使卖方收款能得到保证，可要求买方提供以卖方为受益人的相当于合同金额的银行保函，卖方收到符合合同规定的银行保函后，如买方拒付货款，即可凭光票与声明书向出具保函的银行收回货款。采用此种方式时，交易双方应在买卖合同中具体列明：

即期付款交单付款，并以卖方为受益人的总金额为××××美元的银行保函担保。银行保函应载有以下条款：如××号合同项下跟单托收的汇票付款人不能在预定日期付款，受益人有权在本银行保函项下，凭其汇票连同一份列明××号合同的款项已被拒付的声明书支款。

采用这种结算方式时，银行保函的有效期必须晚于托收付款期限后一定时间，以便在货款遭到买方拒付时卖方能有足够时间向出具保函的担保行办理追偿手续。

### 六、分期或延期付款情况下结算方式的使用

在成套设备、大型机械产品和交通工具的交易中，因为成交金额较大，产品生产周期较长，一般采取按工程进度和交货进度分若干期付清货款，即分期付款和延期付款的方法。

1. 分期付款

买卖双方约定，在投产前，买方用汇付方式，先预交部分货款作为定金；在买方付出定金前，卖方应向买方提交银行保函或备用信用证；除定金外，其余货款可按不同阶段分期支付，买方开立不可撤销的信用证，即期付款，但最后一笔货款一般是在交货或卖方承担质量保证期满时付清。货物所有权则在买方付清最后一笔货款时转移。在分期付款的条件下，货款在交货时付清或基本付清。因此，按分期付款条件所签订的合同是一种即期合同。

2. 延期付款

在成套设备和大宗交易的情况下，由于成交金额较大，买方一时难以付清全部货款，可采用延期付款的办法。做法是买卖双方签订合同后，买方一般要预付一小部分货款作为定金。有的合同还规定按工程进度和交货进度分期支付部分货款，但大部分货款是在交货后若干年内分期摊付，即采用远期信用证支付。延期支付的那部分货款实际上是一种赊销，等于是卖方给买方提供的商业信贷，因此，买方应承担延期付款的利息。在延期付款的条件下，货物所有权一般在交货时转移。

## 本章小结

信用证是以银行信用为基础，对先行发货的卖方而言，降低了结算风险。但信用证的资金和费用成本较高，尤其对买方而言，还要承担单货不符的风险。所以在国际贸易中应慎重使用。信用证的种类很多，应结合具体的业务择优选用。银行保函属于银行信用，故它同汇付、托收结合使用，为收付货款的安全提供了有力的保障。

### 【中英文术语】

信用证 Letter of Credit，简称 L/C

开证申请人 Applicant
开证行 Opening Bank/Issuing Bank
通知行 Advising Bank
受益人 Beneficiary
议付行 Negotiating Bank
付款行 Paying Bank
保兑行 Confirming Bank
偿付行 Reimbursing Bank
光票信用证 Clean Credit
跟单信用证 Documentary Credit
不可撤销信用证 Irrevocable Letter of Credit
保兑信用证 Confirmed Letter of Credit
即期信用证 Sight Credit
远期信用证 Usance Letter of Credit
可转让信用证 Transferable Credit
不可转让的信用证 Non – Transferable Credit
循环信用证 Revolving Credit
对开信用证 Reciprocal Credit
预支信用证 Anticipatory Credit
背对背信用证 Back to Rack Credit
备用信用证 Standby L/C
银行保证书 Letter of Guarantee 简称 L/G
委托人 Principal
受益人 Beneficiary
保证人 Guarantor
国际商会《跟单信用证统一惯例》UCP，Uniform Customs and Practice for Documentary Credits

## 【思考题】

### 一、简答题

1. 信用证的性质、特点有哪些？它与买卖合同什么关系？
2. 用图示简述一下信用证的一般业务程序。
3. 银行保函的性质和作用是什么？
4. 备用信用证与跟单信用证有何区别？
5. 备用信用证与银行保函有何相似和不同之处？

二、单项选择题

1. 出口人开具的汇票，如遭遇付款人拒付时（　）。

A. 开证行有权行使追索权　　B. 保兑行有权行使追索权

C. 议付行有权行使追索权　　D. 付款行有权行使追索权

2. 国外开来的可撤销信用证规定，汇票的付款人为开证行，货物装船完毕，开证行没有撤销信用证，但出口人闻悉申请人已破产倒闭，则（　　）。

A. 由于付款人破产，货款将落空

B. 开证行得悉申请人破产后，即使货已装船，仍可撤回信用证，受益人未能取得货款

C. 只有单证相符，受益人仍可从开证行取得货款

D. 代付款人财产清算后方可收回货款

3. L/C 与托收相结合的支付方式，其全套货运单据应（　　）。

A. 随信用证项下的汇票

B. 随托收项下的汇票

C. 50% 随信用证项下，50% 随托收项下

D. 单据与票据分列在信用证和托收汇票项下

4. 在其他条件相同的前提下，（　　）的远期汇票对收款人最为有利。

A. 出票后 30 天付款　　B. 提单签发日后 30 天付款

C. 见票后 30 天付款　　D. 货到目的港后 30 天

5. 根据 UCP600 的解释，信用证的第一付款人是（　　）。

A. 开证人　　B. 开证行

C. 议付行　　D. 通知行

6. 信用证上未注明汇票的付款人，根据 UCP600 的解释，汇票的付款人应是（　　）。

A. 开证人　　B. 开证行

C. 议付行　　D. 出口人

7. 信用证经保兑后，保兑行（　　）。

A. 只有在开证行没有能力付款时，才承担保证付款的责任

B. 和开证行一样，承担第一性付款责任

C. 需和开证行商议决定双方各自的责任

D. 只有在买方没有能力付款时，才承担保证付款的责任

8. 承兑是（　　）对远期汇票表示承担到期付款责任的行为。

A. 付款人　　B. 收款人

C. 出口人　　D. 议付银行

9. 中国香港特区某公司出售一批商品给美国 ABC Co.，美国银行开来一份不可撤销可转让信用证，香港某银行按香港公司委托，将信用证转让给我某进出口公司，如信用证内未对转让费用作明确规定，按惯例应由（　　）。

A. 我某进出口公司负担　　B. 香港某公司负担
C. 美国 ABC Co. 负担　　D. 香港某银行负担

10. 一张每期用完一定金额后，需等开证行通知到达，才能恢复到原金额继续使用的信用证是（ ）。

A. 非自动循环信用证　　B. 半自动循环信用证
C. 自动循环信用证　　D. 有时自动，有时非自动

## 三、判断题

1. 汇票经背书后，使汇票的收款权利转让给背书人，被背书人若日后遭到拒付，可向前手行使追索权。（ ）

2. 光票信用证是指开证行不需凭任何单据就履行付款责任的信用证。（ ）

3. 信用证是一种银行开立的无条件承诺付款的书面文件。（ ）

4. 一张可撤销的信用证，无论在什么情况下，都可以撤销。（ ）

5. 出口商采用 D/A30 天比采用 D/P30 天承担的风险要大。（ ）

6. 保兑信用证中的保兑行对保兑信用证负第一性的付款责任。（ ）

7. 只有银行承兑汇票才可在贴现市场上贴现。（ ）

8. 若错过了信用证有效期到银行议付，受益人只要征得开证人的同意，即可要求银行付款。（ ）

9. 汇付是付款人主动通过银行或其他途径将款项交收款人的一种支付方式，所以属于商业信用，而托收通常称为银行托收，因而它属于银行信用。（ ）

10. 根据 UCP600 的规定，议付是指由议付行对汇票和（或）单据付出对价。只审单而不付出对价，不能构成议付。（ ）

## 四、案例分析

1. 某出口企业收到一份国外开来的不可撤销即期议付信用证，正准备按信用证规定发运货物时，突接开证银行通知，声称开证申请人已经倒闭。对此，出口企业应如何处理？依据何在？

2. 我出口公司与某外商订立一出口合同，规定货物分两批装运，支付条件为即期不可撤销信用证。对方按约开来限定通知行议付的信用证，经审核无误，第一批货物随即装运，我出口公司在规定交单期限内向通知银行交单议付，经审单认可后向出口公司议付了货款，接着，开证行也向议付行进行了偿付。出口公司正准备发运第二批货物时，我通知行突接开证行电传，声称申请人收到第一批货物后，发现品质不符合合同规定，要求拒付第二批货物的货款，据此，请通知受益人停止发运第二批货物，如已发运，则不要再议付该项货款。我通知行在与出口公司联系后，立即回电拒绝。试分析我通知行这样做是否有理？为什么？

3. 某外贸企业与某外商初次交易，按 CIF 术语出售一批货物，出口合同的支付条款仅规定："凭不可撤销即期信用证在上海议付"。合同规定的交货条款为"7 月在中国港口装船，运往欧洲××港，不准转运"。货物备妥后，经再三催促，信用证于 7 月 25 日

方才开到。由于直达船的船期每月均安排在月中，因此，要在7月间将货物装运已无可能。为此，我方电请外商将信用证的装运期延至最迟8月31日，并将信用证议付到期日延至9月15日。由于此种货物市价下跌，该商非但不同意展延信用证装运期和议付到期日，反而借口我方未能在7月装运而违反了合同的规定，向我方索赔××美元。试分析在这笔交易中究竟是何方违约？我外贸企业应吸取什么教训？

4. 中国某出口公司与外商成交一批货物，共15000套，装1500箱。贸易条件为CIF，采用信用证方式结汇，并订明可分批（期）装运，每批500箱，分别于7月、8月、9月装运（见表11-4）。出口公司于7月份装运了500箱，顺利结汇，第二批如期装运，但数量为480箱，当出口公司向银行结汇时遭到拒付。于是出口公司以电讯方式要求买方接受480箱，买方迟迟不做答复。此时第三批货物亟待装运。在未获买方对第二批货物是否同意接受的情况下，出口公司将第三批货物按期按数装船，但第三批货物的货运单据又遭银行拒付。试分析银行的两次拒付是否有理由？

**表11-4　　信用证样本**

(Letter of Credit)
Name of Issuing Bank
Commercial Development Bank
Address: Commercial Building Dacca
Bangladesh
Issued Date: 15th May 19 ________
Irrevocable document credit
Confirmed
L/C NO. SJ0211
Applicant International Engineering Trading Co
(Pue) Ltd
Commercial Building Dacca , Bangladesh Beneficiary
Ritz Engineering Co , Ltd
Commercial Building
Sinjuku , Tokyo, Japan
Advising Bank
Commercial Development Bank Ref No. JS1241
Sinjuku , Tokyo, Japan Amount US \$300, 000 (say three Hundred thousand U. S. dollars only)

Partial Shipment Transshipment
□Allowed □Not allowed
□Allowed □Not allowed Expiry Data and Place
This credit remains valid in Japan until
20th September 19 ________

Loading on board/dispatch /taking in charge

From Japan to Chittagung

CIF

We hereby issue in your favor the document credit which is available by negotiation against presentation of the following document:

—commercial invoice in duplicate

—Insurance policy in duplicate covering all risk , plus 10% of invoice value.

—Full set clean "On Board" ocean Bills of Loading made out to our order notify application and marked "Freight Prepaid"

—Certificate of inspection in triplicate

—Packing list in duplicate

Covering Shipment of

Tremie concrete TC—LX10000 barrels

Contract No. BJ890829

Shipping date

Latest shipment is until 25 August 19 ________

Special Instruction—The advising bank is requested to add their confirmation

—All document issued by Rita Engineering Co, Ltd , should be signed by general manager

—All banking charges are for account of beneficiary

—Documents must be presented for negotiation within 20 days after B/L date in any event within the validity of credit

We undertake that drafts drawn
and presented in conformity with
the terms of this credit will be
duly honoured .

Commercial Development Bank
of
Bangladesh

Signature ________Advising Bank's Instruction

We have been requested to and our confirmation to
this credit and we therefore undertake that any draft
drawn by you in accordance with the terms of this credit
will be only paid by us.

Name of Advising Bank
Commercial Development Bank

Signature ________

Countersign
By
Issuing Bank ________
Advising Bank ________

# 第五篇

## 合同的一般交易条件

# 第十二章　商品的检验

**学习目标**

通过本章的学习，了解检验的目的及意义；掌握在国际贸易合同中，对商品的检验时间和地点的几种主要订立方法，并能将所学检验知识运用到合同订立和具体案例分析之中。

## 第一节　检验概述

### 一、检验的定义

货物的检验（Inspection of the Goods）通常也称为商品检验（Commodity Inspection），它是指在国际货物买卖中，对卖方交付给买方的货物的品质、数量和包装进行检验，以确定其是否符合合同规定；有时还对装运技术条件或货物在装卸运输过程中发生的残损、短缺进行检验和鉴定，以明确事故的起因和责任的归属。商品检验还包括根据一国的法律或行政法规对某些货物进行品质、数量、包装、卫生、安全的检验和动植物病虫害的检疫。

### 二、检验的意义

商品检验是对外贸易业务中不可缺少的环节。在国际贸易中，买卖双方分处两个国家（地区），一般不当面交接货物，因而往往会在交付货物的品质或数量等问题上发生争议；又因为货物须经长途运输和多次装卸，可能发生涉及承运人、保险公司或装卸部门的责任问题，例如装运技术条件不适合或残损短缺等，也会引起有关方面的争议。为了保障买卖双方的各自利益，避免发生争议以及发生争议后便于明确责任进行处理，在长期的国际贸易实践中形成了一种习惯做法，即由第三者（一般为专业的检验机构或公证机构）出面对货物的品质、数量、包装以及装运技术条件或货损、货差等进行检验鉴定，并出具相应的检验证书，作为买卖双方交接货物、支付货款或进行索赔与理赔的依据之一。

进出口商品检验工作在一国对外经济贸易活动中具有重要地位。在我国，它是我国商检机构对进出口商品进行品质管制、维护出口商品信誉、保证进口商品质量、保障对外经济贸易有关当事人合法权益的重要措施之一。

为了加强进出口商品检验工作，保证进出口商品的质量，维护我国对外贸易有关各方的合法权益，促进对外经济贸易关系的顺利发展，1989 年 2 月 21 日第七届全国人民代表大会常务委员会第六次会议通过《中华人民共和国进出口商品检验法》（以下简称“《商检法》”)，自 1989 年 8 月 1 日起施行。根据 2002 年 4 月 28 日第九届全国人民代表大会常务委员会第二十七次会议《关于修改〈中华人民共和国进出口商品检验法〉的决定》进行了修正。

在国际货物买卖中，货物在何时何地进行检验，不仅关系买卖双方的权利和义务，而且涉及有关国际贸易惯例、法律和国际公约的规定。一般说来，除另有约定外，当卖方履行交货义务之后，买方有权对货物进行检验，如发现货物不符合合同规定，而且确属卖方责任者，买方有权采取要求卖方予以损害赔偿等补救措施，直至拒绝收货。因此，买方“收到”货物并不意味着已经“接受”货物。他对货物是接受还是拒收，取决于他对货物的检验或察看的结果。买方一旦接受了货物，即丧失了拒收货物的权利，但在货物与合同规定不符的情况下，仍有权要求损害赔偿或采取其他补救的措施。买方检验货物的权利不但已成为国际惯例，而且得到很多国家的法律和国际公约的保障。

## 第二节　检验时间、地点及检验证书

确定货物的检验时间和地点，实际上就是确定买卖双方哪一方有权行使对货物的检验权，也就是以哪一方提供的检验证书为准的问题。

### 一、检验时间与地点

在国际贸易中，有关买卖合同对检验时间和地点的规定，主要有三种不同做法：

#### （一）在出口国检验

1. 在产地检验

货物离开产地（如工厂、农场、矿山等）之前由卖方或其委托的检验人员或买方的验收人员对货物进行检验或验收。卖方只承担货物离开产地之前进行检验或买方验收为止的责任。

2. 装运前或装运时在装运港（地）检验，即以离岸品质、重量（或数量）为准（Shipping Quality，Weight or Quantity as Final）

按此规定，货物在装运前或装运时由双方约定的装运港（地）的检验机构进行检验，该检验机构出具的品质和重量检验证书应视为决定交货品质和重量的最后依据。货物运抵目的港（地）后，虽然买方还可以自行或委托检验机构对货物进行复验，但已无权向卖方就货物的品质或重量提出异议和索赔。

### （二）在进口国检验

1. 目的港（地）卸货后检验，即以到岸品质、重量为准（Landing Quality，Weight as Final）

据此规定，货物须一到达目的港（地）卸货后即由双方约定的目的港（地）的检验机构进行检验，其出具的品质和重量证书视作决定交货品质和重量的最后依据。如检验证书证明货物与合同规定不符确属卖方责任，卖方应予负责。

2. 目的港买方营业所在地或最终用户所在地检验

对于那些不便在目的港（地）卸货后即检验的货物，例如：密封的包装货物或规格复杂、精密度较高的、需具备一定的检验条件的检验设备才能进行检验的货物，可将检验推迟至目的地买方营业所在地或最终用户所在地进行。按此规定，由双方约定的该地的检验机构所出具的品质和重量检验证书作为决定交货品质和重量的最后依据。

### （三）在出口国装运港（地）检验、进口国目的港（地）复验

这种方法即以装运港（地）的检验证书作为议付货款的依据，货到目的港（地）后买方有复验权。按此规定，货物须于装运前由双方约定装运港（地）的检验机构进行检验，其检验证书作为卖方要求买方支付货款或要求银行偿付货款时提交的单据之一。货物运抵目的港（地）卸货后，买方有复验权。如经双方同意的检验机构复验发现货物不符合同规定，买方可凭复验证书向卖方提出异议和索赔。

## 二、检验证书的种类及其作用

### （一）检验证书的种类

进出口商品经检验机构检验、鉴定后出具的证明文件，称为检验证书。在交易中，经买卖双方同意，也可由出口商品生产的单位或进口商品的使用单位出具证明，该项证明也具有检验证书的作用。常见的检验证书有：

1. 品质检验证书（Inspection Certificate of Quality）

即运用各种检测手段，对进出口商品的质量、规格、等级进行检验后出具的书面证明。

2. 重量检验书（Inspection Certificate of Weight）

即根据不同计重方式，证明进出口商品的重量。

3. 数量检验证书（Inspection Certificate of Quantity）

根据不同计量单位，证明商品的数量。

4. 兽医检验证书（Veterinary Inspection Certificate）

证明动物产品在出口前经过兽医检验，符合检疫要求。如冻畜肉皮张、毛类、绒类、猪鬃及肠衣等商品，经检验后出具此证书。

5. 卫生检验证书（Inspection Certificate of Health）

出口食用动物产品，如肠衣、罐头食品、蛋品、乳制品等商品，经检验后使用此种证明书。

6. 消毒检验证书（Disinfection Inspection Certificate）

证明出口动物产品经过消毒，使用此种证书的商品如猪鬃、马尾、羽毛、人发等。

7. 产地检验证书（Inspection Certificate of Origin）

合同中未规定或规定不明确的，按国家标准（无国家标准的按部标准，无部标准的按企业标准）检验。目前尚无标准的，一般参照同类商品的标准，或由国内生产部门与商检机构共同研究后确定。如国外买方要求按对方或第三国的标准实施检验时，亦须与有关部门研究后再确定。应该指出，目前我国已有许多产品按照国际标准生产和提供出口，并以此项标准作为检验商品的依据。如国际标准化组织的“ISO9000”（《质量管理和质量保证》系列国际标准）、国际羊毛局的“IWS”（International Wool Secretariat 的简称）、美国“UL”（Underwriters Laboratory 的简称）和美国威尔科克斯公司的“B&W”等项标准。有的产品通过国际权威性机构就各项技术指标予以评定，并确认其质量已达到了国际标准要求。

（二）商检证书的作用

1. 作为证明卖方所交货物的品质、重（数）量、包装以及卫生条件等是否符合合同规定的依据。

2. 作为买方对品质、重（数）量、包装等条件提出异议，拒收货物、要求理赔、解决争议的凭证。

3. 作为卖方银行议付货款的一种单据。

4. 作为通关验放的有效证件。

## 第三节　进出口商品检验内容及程序

### 一、商品检验的内容和依据

我国《商检法》规定，进出口商品实施检验的内容，包括商品质量、规格、数量、重量、包装以及是否符合安全、卫生要求。检验的依据主要以买卖合同（包括信用证）中所规定的有关条款为准。

## 二、进出口商品检验工作程序

我国进出口商品检验工作主要有四个环节：接受报验、抽样、检验和签发证书。

1. 接受报验

检验是指对外贸易关系人向商检机构报请检验。报验时需填写“报验申请单”，填明申请检验、鉴定工作项目和要求，同时提交对外所签买卖合同、成交小样及其他必要的资料。

凡列入《商检机构实施检验的进出口商品种类表》（以下简称“《种类表》”）的进口商品到货后，由口岸外运公司或收用货部门向当地商检机构提请检验。但凡有下列情况之一者商检机构不受理检验：（1）已超过合同规定的索赔期或质量保证期，失去索赔权的；（2）按规定在免赔范围之内的少量损失；（3）缺少必要的单据及有关资料，无检验依据的；（4）按进口货物检验分工，不属于商检机构检验范围之内的。

凡出口具有下列情况之一者，对外贸易关系人需向商检机构申报检验：（1）列入《种类表》之内的出口商品；（2）买卖合同（包括信用证）规定由商检机构检验出证的；（3）对外贸易关系人需要商检机构检验的；（4）输入国政府规定需要我国商检机构检验的。

2. 抽样

商检机构接受报验之后，及时派员赴货物储存地点进行现场检验、鉴定。抽样时，要按照规定的方法和一定的比例，在货物的不同部位抽取一定数量的、能代表全批货物质量、规格、包装的商品，明确检验的依据，确定检验标准、方法，然后抽样检验。

3. 检验

我国目前对进出口商品的检验方式大体分为：化学分析检验；仪器分析检验；物理检验；感官检验；微生物检验等。

4. 签发证书

在出口方面，凡列入《种类表》内的出口商品，经商检局检验合格后签发放行单（或在“出口货物报关单”上加盖放行章，以代替放行单）。凡合同、信用证规定由商检部门出证的，或国外要求签发商检证书的，根据检验结果签发所需证书；不向国外提供证书的，只发放行单。《种类表》以外的出口商品，应由商检机构检验的，经检验合格发给证书或放行单后，方可出运。在进口方面，进口商品经检验后，分别签发“检验情况通知单”或“检验证书”，供对外结算或索赔用。凡由收、用货单位自行验收的进口商品，如发现问题，应及时向商检机构申请复验，复验不合格时，签发商检证书，供对外索赔用。对于验收合格的，收、用货单位应在索赔有效期内把验收报告送商检机构销案。

应该强调的是，根据《商检法》的规定，凡列入《种类表》的和其他法律、行政法规规定必须经商检机构检验的进口商品，未报检验而擅自销售或使用的，出口商品未报验，经检验，或检验不合格而擅自冲关出口的，由商检机构处以罚款；情节严重、造成重大经济损失的，对直接责任人员追究刑事责任。对于伪造、变造商检单证、印章、标志、封识、质量认证标志，构成犯罪的，直接责任人员比照刑法有关条款规定，亦须追究刑事责任；情节轻微的，由商检机构处以罚款。

## 第四节　检验机构

商品检验工作一般由专业性的部门办理。尽管这些部门的名称叫法不一，但从它们的工作性质来说，可以统称为商检机构。

### 一、我国的商检机构

在我国，主管质量监督和检验检疫工作的最高行政执法机构是成立于2001年4月的国家质量监督检验检疫总局，简称“国家质检总局”，该机构是在原国家质量技术监督局和原国家出入境检验检疫局合并的基础上产生的。

国家质检总局是国务院的直属机构，其主要职能是主管全国质量、计量、出入境商品检验、出入境卫生检疫、出入境动植物检疫和认证认可、标准化等工作，并行使行政执法职能。国家质检总局为了履行出入境检验检疫职能，在全国31个省、自治区和直辖市共设35个直属出入境检验检疫局，以及近300个支局和200多个办事处。国家质检总局对各检验检疫机构实行垂直管理。

为了适应我国改革开放和对外贸易发展的需要，20世纪80年代初，经国务院批准，我国成立了中国进出口商品检验总公司（以下简称“中国商检公司”）。中国商检公司作为一家独立的检验机构，按照国际惯例建立和运作，以非官方身份和公正、科学的态度，接受对外贸易有关当事人，如进口商、出口商、供货商、中间商、承运人、保险人等，以及其他检验机构的委托，办理进出口商品的检验、鉴定业务，签发检验、鉴定报告或证书并提供咨询服务。中国商检公司的成立，既为进出口商品的顺利交接、结汇以及合理解决索赔争议提供了诸多便利条件，同时也促进了我国同世界各国进出口商品检验机构的合作与交流。中国进出口商品检验总公司除在北京设总部外，还在全国各省、市、自治区首府和主要海运口岸设有分支机构。近年来，中国商检公司还引进外资和技术，与英国、日本等国的国外检验机构合作，在北京、天津、大连、宁波、青岛等地建立了合资检验机构。除此之外，中国商品检验总公司还积极开拓海外业务，自1982年以来已在日本、新加坡、马来西亚、泰国、菲律宾、澳大利亚、新西兰、美国、德国、荷兰、意大利、比利时、西班牙、巴西等许多国家和地区建立了合资或独资的检验公司。

除上述主管和实施商品检验的机构外，根据某些特殊需要，国家各有关部门还依法建立了若干专门的检验与检疫机构。

## 二、商检机构的基本任务

我国《商检法》规定，我国商检机构的基本任务有三项：

1. 法定检验

法定检验是指根据国家规定，对重要进出口商品实行强制性检验，它是实行品质管制的主要手段。非经商检局检验合格并出具证明的不准进出口。

目前国家商检局实施法定检验的范围包括：（1）凡列入《商检机构实施检验的商品种类表》的进出口商品；（2）国家食品卫生法规定应实施卫生检验的出口食品和食品原料；（3）国家进出口动植物检疫条例规定应实施检疫的出口贸易性动物产品；（4）根据国外法规要求强制检验或认证的商品；（5）未列入《商检机构实施检验的商品种类表》的商品，但对外贸易合同规定由商检局检验出证的进出口商品。

2. 监督管理

监督管理是国家商检局及其各分支机构统一管理进出口商品检验工作的基本任务之一，主要是对出口商品生产、经营单位和进出口商品收购、用货单位的检验工作和进出口商品质量，进行监督检查和管理指导。监督管理的目的是促进提高出口商品质量，扩大出口，维护国家信誉；对进出口商品实行监督，可以防止次劣商品进口，保障国家建设和人民群众利益。

3. 公证鉴定业务

公证鉴定是商检局根据对外贸易关系人（包括买卖合同、运输合同、保险合同的当事人，以及收购单位、用货单位和供货部门等）的申请，受理与对外贸易有关的各项鉴定业务，并根据需要签发各种鉴定证书，作为对外贸易关系人办理进出口商品交接、结算、报关、纳税和处理争议、索赔的有效凭证。公证鉴定业务范围较广，主要包括：进出口商品质量、数量、重量和包装的鉴定；货载衡量、车辆、船舱集装箱等运输工具的清洁、密固和冷藏效能等装运技术的检验，监视装载，积载鉴定，舱口监视，监视卸载以及货物残损、海损鉴定等。另外，商检局还接受国外检验机构的委托和仲裁、司法部门的要求进行公证鉴定。

## 三、国外的商检机构

世界各国都有自己的商检机构和公证鉴定机构。有的属于综合性的，有的属于专业性的；既有国家设立的，又有私人或同业公会经营的。其中国家设立的，如罗马尼亚商品检验局、美国粮谷检验署、美国食品药物管理局（Food and Drugs Administration, F. D. A）等。私人或同业公会、协会开设的，如日本海事鉴定协会、香港天祥公证化验行等。在非官方的商检机构中，有的已被该国政府认可并委托其办理一定范围的检验工作，如美国的“担保人实验所（Underwriters Laboratory）”，根据美国政府规定，凡进口的某些家用设备必须经担保人实验所检验合格并贴上"U. L"标签才能进入美国市场。又如日本的谷物鉴定协会等商检机构，也同样受其政府委托，执行部分商品的法定检验工作。随着垄断资本主义的发展，在资本主义国家，各种检验机构和公证行逐渐被垄断资本所控制，有的检验机构本身就是垄断组织，如英国劳氏公证行和瑞士日内瓦通用鉴定公司。

## 本章小结

商品检验是买卖双方交接货物中必不可少的环节，合同中通常会对检验的时间与地点做出明确的规定。本章重点讨论了国际货物买卖合同检验条款的规定方法。在国外，检验机构有官方的，也有民间的，我国的商检机构"出入境检验检疫局"是国家的技术执法机构。检验条款也是合同顺利履行必不可少的一个重要条款。

### 【中英文术语】

检验检疫证书 Inspection Certificate
品质检验证书 Inspection Certificate of Quality
重量或数量检验证书 Inspection Certificate of Weight or Quantity
包装检验证书 Inspection Certificate of Packing
兽医检验证书 Veterinary Inspection of Certificate
卫生检验证书 Inspection Certificate of Sanitary
温度检验证书 Inspection Certificate of Temperature
消毒检验证书 Inspection Certificate of Disinfection
熏蒸证书 Inspection Certificate of Fumigation

### 【思考题】

**一、简答题**

1. 在国际贸易中对检验时间及检验地点一般有哪几种规定？
2. 我国商检法对出入境商品的检验内容和工作程序是如何规定的？
3. 检验证书主要有哪些？
4. 简述法定检验与公证鉴定的区别。
5. 简述检验证书的作用。

**二、单项选择题**

1. 在下列各项中，不属于商检证书作用的是（　　）。

A. 作为索赔和理赔的依据之一

B. 作为仲裁机构受理案件的依据之一

C. 作为银行付款的单据之一

D. 作为海关验关放行的依据之一

2. 在买卖合同中，关于检验时间和检验地点较为常见的是（　）。

A. 交货前在出口国检验

B. 买方收货后在进口国检验

C. 在出口国检验并以其检验凭证作为议付货款的依据，货到进口国后买方有复验权

D. 以上三种方法都不常见

3. 在出口国检验，进口国复验这种检验条款的规定方法（　）。

A. 对卖方有利

B. 对买方有利

C. 比较公平合理，它照顾了买卖双方的利益

D. 对保险公司有利

4. “离岸重量、到岸品质”是指（　）。

A. 装运港检验

B. 目的地检验

C. 出口国检验、进口国复验

D. 装运港检验重量、目的地检验品质

5. 下列不由商检机构出具的证书为（　）。

A. 品质证书

B. 重量证书

C. 卫生检疫证书

D. 植物检疫证书

三、判断题

1. 凡属法定检验范围的商品，在办理进出口清关手续时，必须向海关提供商检机构签发的检验证书，否则，海关不予放行。（　）

2. 若买方没有利用合理的机会检验货物，就是放弃了检验权，从而就丧失了拒收货物的权力。（　）

3. 商检证书的主要作用之一是通过对商品进行检验，以确定卖方所交货物的品质、数量、包装是否与合同的规定相符。（　）

4. 若合同中规定以离岸品质、离岸重量为准，则以双方约定的商检机构，在出口货物装船前出具的品质、数量、包装等检验证明，作为决定品质和重量的最后依据。（　）

5. 按照我国商检法规定，法定检验的商品是指《商检机构实施检验商品的种类表》所列的商品。（　）

6. 商检证书是买卖合同的一个组成部分。（　）

## 四、案例分析

1. 我国内地某公司与某香港特区公司签订一项土特产品出口合同。合同规定的价格条款为 CIF 香港。在签订合同时，我国公司已经知道该批货物要转销法国。该批货物运到香港后，立即转运法国。货物运抵法国某港口之后，发现货物变质，于是香港公司凭法国商检机构出具的商检证明向我国公司索赔。我国公司应该如何对待法国商检机构出具的检验证书？

2. 中国某外贸公司（卖方）按信用证付款方式向法国某公司（买方）出口一批食品，买方开来信用证中要求提供“货物无病毒，适于人类食用”的卫生证明。货物装船后，在卖方议付款时，议付行发现卖方提交的卫生证明中漏写了“货物无病毒”的字样，实为单证不符，便两次去电开证行征求意见，但开证行始终不予答复。为了避免开证行拒付，只好由卖方重新按来证要求更换卫生证明。结果，卖方遭受延迟收汇 20 多天的利息损失。请你分析从此案例中可得到哪些启示？

3. 2015 年 5 月，中国某粮油进出口公司 A 与欧洲某国 B 公司订立出口大米合同，该合同规定：大米水分最高 20%，破损率 20%，杂质最高 1%，以中国商检局的检验报告为最后依据。单价为 USD360/MT，FOB 中国港口，麻袋装，每袋净重 50kgs。买方应于 2015 年 9 月派船接运货物。B 公司未按期派船接运货物，一直延误到 12 月才派船接运货物。大米装船交货，承运人签发了清洁提单，运到目的港后，买方发现大米生虫，于是委托当地的货物检验机构进行检验，并签发虫害证明，买方 B 公司据此向卖方 A 公司提出索赔 20% 货款。当 A 公司接到 B 公司的索赔后，不仅不赔，而且要求 B 公司支付延迟装货的仓储费等。另保存在中国商检局的检验货样到发生争议时仍完好无损，未发生虫害。请分析：

（1）A 公司要求 B 公司支付延迟装货的仓储费等理由能否成立？为什么？

（2）B 公司的索赔能否成立？为什么？

# 第十三章 争议、索赔与不可抗力

学习目标

通过本章的学习，了解不同国家尤其是国际公约对违约的主要处理原则，掌握合同中两类主要的索赔条款的签订方法；深入理解不可抗力的含义，掌握发生不可抗力的法律后果和处理原则。

## 第一节 争议和违约

### 一、争议（Disputes）

争议是指交易的一方认为另一方未能全部或部分履行合同规定的责任而引起的业务纠纷。在国际贸易中，业务上的纠纷是屡见不鲜的，其原因是多方面的，主要有以下几种情况：合同是否成立，双方国家法律和国际贸易惯例解释不一；合同条款规定欠明确，双方对合同条款解释不一致；在履行或无法按时履行合同时，双方对发生的不可抗力的法律后果解释不一致；买方不按时开证、不按时赎单付款、无理拒收货物、不按时派船等；卖方不按时交货，不按合同规定的品质、数量、包装交货，卖方不提供合同和信用证规定的单据等。凡此种种，都可能引起双方的争议。争议的内容主要是：是否构成违约，对违约的事实有争议；对违约的责任和后果有不同的看法。

产生争议，应该采取适当方法予以解决。解决争议的方法，首先双方应该在平等的基础上进行友好协商，互相谅解，不能为一时的业务纠纷而影响正常的贸易关系；如果经过友好协商不能得到圆满解决，要在分清责任的基础上，由承担责任一方向对方做出一定补救表示；或者双方自愿将有关争议提交第三者裁决。

### 二、违约

国际货物买卖合同是确定买、卖双方权利和义务的法律依据。买卖双方中的任何一方如不履行或不完全履行合同中规定的义务，就在法律上构成违约行为，并负有相应的法律责任，根据各国法律和国际条约的规定，不同的违约行为，应承担的责任也不同。各国有关法律对于违反合同的性质的划分，大致有两种方法：一是以合同中交易条件的主次为依据，二是以违反合同的后果轻重为依据。

有的国家，例如英国法律规定，如当事人一方违反合同中的带实质性的主要约定条件，例如卖方交货的品质或数量不符合同规定，或不按合同规定的期限交货，均作为“违反要件”（Breach of Condition），受损害的一方有权解除合同，并可要求赔偿损失。如违反的是合同中的次要条件，称为“违反担保”或“违反随附条件”（Breach of Warranty），则受损害的一方不能解除合同，仍须承担履行合同的义务，但有权请求违约的一方给予损害赔偿。问题在于，英国的法律对于货物买卖合同中的条款，哪些属于“要件”，哪些属于“担保”，未做具体规定，而是由法官在审理案件时根据合同的内容和双方当事人的意思做出决定，因此有较大的随意性。但是，在实际业务中，受损害的一方对于另一方的违反要件，可以放弃作为要件处理，即不要求解除合同。英国的法律也明文规定，当事人可以不把另一方的违反要件作为解除合同的理由。

有的国家，例如美国法律规定，如双方当事人中任何一方违约，以致使另一方无法取得该交易的主要利益，则是“重大违约”（Material Breach）。在此情况下，受损害的一方有权解除合同，并要求损害赔偿。如果一方违约，情况较为轻微，并未影响对方在该交易中取得的主要利益，则为“轻微违约”（Minor Breach）。受损害的一方只能要求损害赔偿，而无权解除合同。

我国《合同法》第一百一十一条规定，质量不符合约定的，应当按照当事人的约定承担违约责任。对违约责任没有约定或者约定不明确，依照本法第六十一条的规定仍不能确定的，受损害方根据标的的性质以及损失的大小，可以合理选择要求对方承担修理、更换、重作、退货、减少价款或者报酬等违约责任。

《联合国国际货物销售合同公约》第25条规定，“一方当事人违反合同的结果，如使另一方当事人蒙受损害以致实际剥夺了他根据合同规定有权期待得到的东西”，即为根本违反合同（Fundamental Breach），此时，受损害的一方既可以宣告合同无效，同时有权向违约方提出损害赔偿的要求。如违约的情况尚未达到根本违反合同的程度，则受损害方只能要求损害赔偿，而不能宣告合同无效。

世界各国的法律和《联合国国际货物销售合同公约》对于违约行为的区分有不同的方法，对于不同的违约行为应承担的责任有不同的规定。遵守我国涉外经济合同法，了解和熟悉国际上的有关法规和惯例，有助于我们恰当地订立进出口合同中的索赔条款并在合同履行中加以正确运用，以维护我方的权益。

# 第二节　索赔

## 一、索赔（Claim）的含义

索赔是指买卖合同的一方当事人因另一方当事人违约，致使其遭受损失，而使另一方当事人提出损害赔偿要求的行为。理赔是指违约方对于索赔进行处理的行为。在实际业务中，正确处理索赔和理赔则是一项维护国家与我方的权益和信誉的重要工作，在对外索赔和理赔时都应认真做好调查研究；在查清事实、分清责任的基础上，既要坚持原则，正确运用公认的国际惯例和法律规范，又要友好协商，争取公正合理地解决。

买卖双方为了在索赔和理赔中有所依据，一般在合同中订有索赔条款，在对外贸易合同中可根据不同需要订立不同的索赔条款，通常采用的主要有“异议与索赔条款”和“罚金条款”两种。

## 二、异议与索赔条款（Discrepancy and Claim Clause）

异议与索赔条款的内容，除规定一方如违反合同，另一方有权索赔外，还包括索赔的依据、索赔期限、赔偿损失的办法和赔付金额等项。

1. 索赔依据

主要规定索赔必须具备的证据和出证机构。若证据不全、不清，出证机构不符合要求，都可能遭到对方拒赔。索赔依据包括法律和事实依据两个方面。前者是指贸易合同和有关国家的法律规定；后者则指违约的事实真相及其书面证明，以证实违约的真实性。

2. 索赔期限

这是指索赔方向违约方提出索赔的有效时限，逾期提出索赔，违约方可不予受理。因此，关于索赔期限的规定必须根据不同种类的商品做出合理安排。对于有质量保证期限的商品，合同中加订保证期，保证期可规定为 1 年或 1 年以上。总之，索赔期限的规定，除一些性能特殊的产品（如机器设备等）外，一般不宜过长，以免使卖方承担过重的责任；也不宜规定得太短，以免使买方无法行使索赔权，要根据商品性质、检验所需时间多少等因素而定。

规定索赔期限时，尚须对索赔期限的起算时间做出具体规定，通常有以下几种起算方法：

（1）货物到达目的港后 × × 天起算；

（2）货物到达目的港卸离海轮后 × × 天起算；

（3）货物到达买方营业处所或用户所在地后 × × 天起算；

（4）货物经检验后 × × 天起算。

索赔依据和索赔期限在异议和索赔条款中要明确地加以规定，并与检验条款相结合。例如：在我国出口合同中，关于异议和索赔条款的规定大致如下：

索赔：买方对于装运货物的任何索赔，必须于货到提单规定的目的地××天内提出，并须提供经卖方同意的公证机构出具的检验报告。（Claim：Any claim by the buyers regarding the goods shipped shall be filed within ×× days after arrival of the goods at the port of destination specified in the relative Bill of Lading and Supported by Survey Report Issued by a Surveyor Approved by the Seller.）

3. 处理索赔的办法和索赔金额

除个别情况外，通常在合同中做一般笼统规定。因为违约的情况比较复杂，究竟在哪些业务环节上违约、程度如何等，订约时难以预计，因此，对于违约的索赔金额也难以预测。所以，在合同中不做具体规定。

应当指出，异议和索赔条款不仅是约束卖方履行合同义务的条款，同时也对买方起约束作用。当买方不履行合同义务时，卖方有权酌情或延缓或终止执行合同，或停止交付在途货物。

## 三、罚金条款（Penalty Clause）

罚金条款又称罚则。其内容主要规定，当一方未履行合同义务时，应向对方支付一定数额的约定罚金，以补偿对方的损失。所以，“罚金”就其性质而言，就是“违约金”。

罚金条款一般适用于卖方延期交货，或者买方延迟开立信用证和买方延期接货等情况。罚金的数额大小以违约时间的长短而定，并规定出最高限额。例如，有的合同规定：如卖方不能如期交货，每延误7天买方应收取0.5%的罚金，不足7天者按7天计算。延误10周时，买方有权撤销合同，并要求卖方支付延期交货罚金，罚金数额不得超过货物总金额的5%。卖方支付罚金后并不能解除继续履行合同的义务。

罚金的起算日期有两种计算方法：一是以合同规定的交货期或开证期终止后立即起算；另一是规定优惠期，即在合同规定的有关期限终止后宽限一段时间，在优惠期内免于罚款，待优惠期届满后起算罚金。

关于合同中的罚金条款，各国在法律上有不同的解释和规定。大陆法系国家（如法、德等国）的法律承认并执行合同中的罚金条款；而英美法系国家的法律则有不同的解释。例如，英国的法律把合同中的固定赔偿金额条款按其性质分为两种；一种是“固定的损害赔偿金额”，这种赔偿金额是由当事人双方在订立合同时，根据预计未来违约造成损失而估定的，另一种则是“罚款”，这种罚款是当事人为了保证合同的履行，而对违约方收取的罚金。如果属于前者，法院不管实际损失大小，一律按合同规定金额判给；如果属于后者，法院则根据受害方所提供的损失金额证明另行处理。对于这两种赔偿金额条款的区别，由法院根据当事人在合同中的表述来确定。

# 第三节 不可抗力

## 一、不可抗力的含义

不可抗力（Force Majeure）又称人力不可抗拒，它是指当签订合同以后，不是由于当事人的过失，而是由于发生了当事人不能预见和人力所不能控制的自然灾害或意外事故，以致不能履行合同或不能按期履行合同，有关当事人即可根据合同或法律规定免除不履行合同或不能按期履行合同的责任。不可抗力是国际贸易中常用的一个业务术语，也是许多国家的一项法律规则。但是，对其内容和范围并无统一的解释。从国际贸易实践和某些国家的判例来看，一般都是做严格解释的。某些事故，例如签约后的价格上涨和下跌、货币的突然升值或贬值，虽然对当事人来说是无法控制的，但这是交易中常见的现象，并不是不可预见的，所以不属于不可抗力的范畴。只有签约后发生了当事人不可预见、无法预防和避免的自然力量或社会力量造成的自然灾害和意外事故，例如地震、洪水、水灾、飓风、大雪、暴风雨或战争以及政府禁令等才属于不可抗力事故。但是对上述的解释各国并非完全一致，如美国习惯上认为不可抗力事故仅指由于自然力量所引起的事故，而不包括由于社会力量所引起的意外事故，所以美国的买卖合同一般不使用“不可抗力”（Force Majeure）一词，而称为“意外事故条款”（Contingency Clause）。

在实际业务中，发生的事故是否属于不可抗力事故，一般要根据合同条款的规定，视发生事故的时间、地点、原因、规模、后果等，以及事先是否可以预见、事后是否可以采取必要的措施克服、事故是否大到使合同失去履行的基础等情况来确定。

## 二、不可抗力的法律后果

不可抗力的事故发生的法律后果有两种：中止履行合同和解除合同。解除或中止合同，一般要视不可抗力事故对履行合同影响的程度。如果不可抗力事故的发生，只是暂时或在一定期限内阻碍合同的履行，只能中止合同，或称为延期执行合同，不能解除有关当事人履行合同的义务，一旦事故消除后仍必须履行合同。解除合同是不可抗力一旦发生，经过一段时间以后完全影响履行合同的根本基础，使履约已成为不可能，即可解除合同。

不可抗力事故的法律后果和范围，可由买卖双方在合同中加以具体规定，如不可抗力包括哪些内容、在什么情况下可以解除合同或在什么情况下可以中止合同等。不可抗力既是国际货物买卖和国际经济合作的一项合同条款，同时也是一项法律原则。因此在国际贸易公约和各国法律中对不可抗力都有以下的解释和说明：

《联合国国际货物销售合同公约》第79条（1）款规定，“当事人对不履行义务、不负责任，如果他能证明此种不履行义务，是由于某种非他所能控制的障碍，而且对于这种障碍，没有理由预期他在订立合同时能考虑到或能避免或克服它或它的后果。”“公约”明确说明了，一方当事人由于发生了他不能控制的障碍，而这些障碍又是在订约时无法预见、避免或克服的，这个当事人可以免责。

英国国家的法律将不可抗力事故称为合同落空（Frustration of Contract），是指合同签订以后，不是由于合同双方当事人的自身过失，而是由于签约的目的受挫，据此未履约，当事人得予免除责任。但是构成合同落空是有特定条件的。

大陆法通常称为“情况变迁原则”或“契约失效原则”：其意是指由于履约的基础不属当事人的原因，发生了预想不到的变化，履行起来显然不合理，因此不可能再履行或对原来的法律效力需做相应的变更。

## 三、买卖合同中的不可抗力条款

1. 概括式

不可抗力指对由于公认的“不可抗力”的原因造成的不能交货或延迟交货，卖方不承担责任。但是，卖方在这种情况下，应立即电报通知买方，并应向买方提交由事件发生地点的政府主管当局签发的证明书，以兹证明。

（Force Majeure：The sellers shall not be held responsible for Late delivery or non －delivery of the owing to generally recognized“Force Majeure” clause，However ，in such case ，the sellers shall telegraph the Buyers immediately and deliver to the buyers a certificate of the accident issued by the competent government Authorities at place where the accident occurs as evidence.）

2. 列举式

如果由于战争、洪水、火灾、暴风雨、雪灾或其他卖方所不能控制的原因，致使卖方不能按时交付合同货物或进行装船，则可以推迟装运时间，或者撤销部分或全部合同，但卖方必须向买方提交证明发生此种或此类事故的证明书。

（Force Majeure：Should the sellers fail to deliver the contracted goods or effect the shipment in time by reason of war，flood，fire storm，heavy snow or any other causes beyond their control，the time of shipment might be duty extended，or alternatively a part or whole of the Contract might be cancelled but the sellers have to furnish the buyers with a certificate attesting such event or events.）

3. 综合式

如由于战争、地震、水灾、火灾、暴风雨、雪灾或其他不可抗力的原因，致使卖方不能全部或部分装运或延迟装运合同货物，卖方对于这种不能装运或延迟装运本合同货物不负有责任。但卖方须用电报或电传通知买方，并须在15天内以航空挂号信件向买方提交由中国国际贸易促进委员会出具的证明此类事件的证明书。

（If the shipment of contracted goods is prevented or delayed in whole or in part by reason of war, earthquake, flood, fire, storm, heavy snow or other causes of Force Majeure, the Seller shall not be liable for non – shipment or late shipment of the goods of this contract. However, the Seller shall notify the Buyer by cable or telex and furnish the latter within 15 days by registered airmail with a certificate issued by the China Council for the promotion of International Trade attesting such event or events. )

## 四、不可抗力的处理原则

1. 发生事故后通知对方的期限和方式

按照国际惯例，当发生不可抗力事故影响合同履行时，当事人必须及时通知对方，对方亦应于接到通知后及时答复，如有异议也应及时提出。尽管如此，买卖双方为明确责任起见，一般在不可抗力条款中规定一方发生事故后通知对方的期限和方式。例如，“一方遭受不可抗力事故以后，应以电报通知对方，并应在 15 天内以航空挂号信提供事故的详情及影响合同履行程度的证明文件”。

2. 证明文件及出具证明的机构

在国际贸易中，当一方援引不可抗力条款要求免责时，都必须向对方提交一定机构出具的证明文件，作为发生不可抗力的证据。在国外，一般由当地的商会或合法的公证机构出具。在我国，是由中国国际贸易促进委员会或其设在口岸的贸促分会出具。

## 案例分析

**中国 2020 年 1 月暴发的新冠肺炎疫情是否构成不可抗力?**

全国人大常委会法工委发言人、研究室主任臧铁伟 2 月 10 日表示：当前中国发生新冠肺炎疫情，为了保护公众健康，政府也采取了相应疫情防控措施。对于因此不能履行合同的当事人来说，属于不能预见、不能避免并不能克服的不可抗力。根据《合同法》的相关规定，因不可抗力不能履行合同的，根据不可抗力的影响，部分或者全部免除责任，但法律另有规定的除外。

相关法律依据如下：

《合同法》第一百一十七条：“不可抗力”。因不可抗力不能履行合同的，根据不可抗力的影响，部分或者全部免除责任，但法律另有规定的除外。当事人迟延履行后发生不可抗力的，不能免除责任。

本法所称不可抗力，是指不能预见、不能避免并不能克服的客观情况。

《合同法》第一百一十九条：“减损规则”。当事人一方违约后，对方应当采取适当措施防止损失的扩大；没有采取适当措施致使损失扩大的，不得就扩大的损失要求赔偿。

当事人因防止损失扩大而支出的合理费用，由违约方承担。

当然也有法律人士指出：对于每一份合同而言，都有共性与特性，只有在疫情真正影响到合同目的的实现，导致合同不能履行的情况下，方构成不可抗力情形，不得一概而论，不是所有的合同履行都可以去套用不可抗力。是否可以免责应当需要根据双方的合同目的、合同履行情况进行严格确认。

## 本章小结

合同中的索赔条款主要有两类：异议和索赔条款和罚金条款。不可抗力条款是一种免责条款，在处理不可抗力事件中，其法律后果可能是解除合同或者是延期履行合同。处理不可抗力事件首先应认定不可抗力事件。

### 【中英文术语】

争议 Disputes
索赔 Claim
异议与索赔条款 Discrepancy and Claim Clause
罚金条款 Penalty Clause
不可抗力 Force Majeure

### 【思考题】

**一、简答题**

1. 《公约》中对违约责任是如何规定的？我国《合同法》对此有何规定？
2. 异议和索赔条款主要有哪些内容？
3. 罚金条款一般包含哪些内容？
4. 何谓不可抗力？合同中的不可抗力条款主要有哪几种规定方法？
5. 处理不可抗力的原则是什么？

**二、单项选择题**

1. 在国际货物买卖中，较常采用的不可抗力事故范围的规定方法是（　　）。

A. 概括规定　　B. 不规定
C. 具体规定　　D. 综合规定

2. 异议与索赔条款适用于品质、数量、包装等方面的违约行为，它的赔偿金额（　　）。

A. 一般预先规定　　B. 一般不预先规定
C. 由第三方代为规定　　D. 由受损方确定

3. 根据《公约》的规定，买方向卖方提出索赔的最后期限是（　　）。

A. 货物在装运港装运完毕即提单签发日期后两年
B. 货物到达目的港卸离海轮后两年
C. 经出口商品检验机构检验得出检验结果后两年
D. 买方实际收到货物起两年

4. 按《公约》的解释，如违约的情况尚未达到根本性违反合同的程度，则受损害的一方（ ）。

A. 只可宣告合同无效，不能要求赔偿损失

B. 只能提出损害赔偿的要求，不能宣告合同无效

C. 不但有权向违约方提出损害赔偿的要求，而且可宣告合同无效

D. 可根据违约情况选择以上答案

5. 我方与德商签订一笔进口机器零件的合同。合同签订以后，德商安排两间工厂同时投入生产。在生产过程中，其中一间工厂由于意外事故招致火灾，完全丧失了生产能力，德商（ ）。

A. 因遇不可抗力事故，可要求解除合同

B. 因遇不可抗力事故，可要求延期履行合同

C. 因遇不可抗力事故，可要求延期履行合同，但我方有索赔的权力

D. 不属于不可抗力的范围，我方应要求德商按期履行合同

6. 发生（ ），违约方可援引不可抗力条款要求免责。

A. 战争　　　　　　　　　　B. 世界市场价格上涨

C. 生产制作过程中的过失　　D. 货币贬值

**三、判断题**

1. 若合同中无规定索赔条款，买方便无权提出索赔。 （ ）

2. 只要支付了罚金，即可不履行合同。 （ ）

3. 在国际贸易中，进口方任何时候都有向卖方因货物与合同不符而提出索赔的权利。 （ ）

4. 履行合同过程中，一方发生根本性违约，另一方宣布合同无效后，还可以提出继续履行合同的要求。 （ ）

5. 引起不可抗力事故的原因包括由于“自然力量”和“社会力量”引起的所有灾害和意外事故。 （ ）

6. 发生战争导致合同无法履行，违约方可援引不可抗力条款要求免责。 （ ）

7. 按《公约》的解释，如违约的情况尚未达到根本性违反合同的规定，则受损害的一方只能提出损害赔偿的要求，不能宣告合同无效。 （ ）

**四、案例分析**

1. 我国甲公司以 CIF 上海进口食品 2000 箱，采用即期信用证付款。货物装运后，卖方凭已装船的清洁提单和已投保一切险及战争险的保险单，向银行收妥货款。货物运抵上海后，经过复验发现以下问题：（1）货物共有 10 个批号，抽查 20 箱，发现其中两个批号，其有 400 箱货物中细菌含量超标；（2）到达目的港的货物实际只有 1995 箱，短少 5 箱；（3）有 20 箱货物表面状况良好，但是箱内共短少 100 千克。试分析上述情况，甲公司应该如何进行索赔？

2. 法国某公司（乙公司）以 FOB 价向我国某公司（甲公司）订购一批货物，在合

同中规定：若甲公司未能于10月底将货物备妥装运，则赔偿货款5%的违约金。后来，由于甲公司延迟5天交运，致使乙公司被其买主索赔货款的3%作为违约金。试分析乙公司能否向甲公司索赔违约金？如果能够索赔，违约金应该是货款的5%，还是3%？

3. 1998年11月，中国北京东方贸易公司与香港万历公司签订了一份进口服装生产线的合同，设备是二手货，共计12套生产线，由国外某公司出售，总价值100多万欧元。进口合同规定，出口商保证设备在拆卸之前均在正常运转，虽然未经翻修，但能符合生产正常运转的要求，否则更换或退货。合同还同时规定，如有零件损坏，货到用货现场后15天内出具商检证明，办理更换或退货。后来进口公司收到生产线以后，因为安装等工作，未能在货到现场15天内出具商检证明。但是对方所提供的生产线安装完毕以后，因为质量低劣，根本无法运转。试对此案例进行评析？

4. 我方按FOB条件进口一批商品，合同规定交货期为5月。4月8日接到对方来电称，因洪水冲毁公路（附有证明），要求将交货期推至7月，我方接电后，认为既然能证明因洪水冲毁公路，推迟交货应该没问题，但因广交会期间工作比较忙，我方一直未给对方答复。6月和7月船期较紧。我方于8月才派船前往装运港交货。因货物置于码头仓库产生了巨额的仓储、保管等费用，对方便要求我方承担有关的费用。请问我方可否以对方违约在先为由不予理赔？

5. 我国从阿根廷进口普通豆饼20000吨，交货期为8月份，然而4月份阿根廷原定收购地点发生洪灾，收购计划落空，对方要求按不可抗力事件处理，免除交货责任，中方应如何对待？

# 第十四章　仲　裁

学习目标

通过本章学习了解仲裁是解决对外贸易纠纷常见的选择方式，掌握仲裁协议的形式和作用；了解仲裁程序，重点熟练使用仲裁条款，并明确仲裁裁决是终局性的裁决，对双方当事人具有约束力。

## 第一节　仲裁的含义

仲裁（Arbitration），这里所说的仲裁是指对外经济贸易仲裁，它是指由买卖双方当事人在争议发生之前或在争议之后达成书面协议，自愿将他们之间友好协商不能解决的争议交给双方同意的第三者进行裁决（Award）。裁决对双方当事人都有约束力，双方必须执行。通过仲裁解决国际货物买卖过程中出现的争议，是当前国际上普遍采用的方式。因为，它较一般的友好协商易于解决问题，裁决对双方的约束力也较大；仲裁比司法诉讼有较大的灵活性。仲裁员多由国际贸易和法律专家担任，解决争端比法院快。仲裁费用也较低，裁决的结果双方在自愿的基础上执行，双方解决争议的感情和气氛比较好，有利于未来业务的发展。

## 第二节　仲裁协议及作用

仲裁协议是双方当事人自愿将争议交付仲裁机构解决争议的书面表示，是申请仲裁的必备材料。作为双方当事人的协议，必须是建立在自愿、协商、平等互利的基础之上，不允许一方强加于另一方。

## 一、仲裁协议

仲裁协议有两种：一种是由双方当事人在争议发生之前订立的，表示同意把将来可能发生的争议提交仲裁解决的协议。这种协议一般都已含在合同内，作为合同的一项条款，即我们所说的仲裁条款（Arbitration Clause）；另一种是由双方当事人在争议发生后订立的，表示同意把已经发生的争议交付仲裁的协议，这种协议称为提交仲裁的协议（Submission）。

根据我国对外贸易仲裁程序暂行规则的规定，仲裁协议既包括合同中的仲裁条款，也包括其他形式的仲裁协议。仲裁协议的形式虽然不同，其法律作用与效力是相同的。大多数国家认为，如果合同中已订有仲裁条款，争议后提交仲裁时无须再订立提交仲裁的协议；但也有个别国家认为，即使有仲裁条款，双方当事人在将争议提交仲裁之前，还得签订提交仲裁的协议。

## 二、仲裁协议的作用

1. 约束双方当事人只能以仲裁方式解决争议，不得向法院起诉。

2. 排除法院对有关案件的管辖权。如果一方违背仲裁协议，自行向法院起诉，另一方可根据仲裁协议要求法院不予受理，并将争议案件退交仲裁庭裁断。

3. 仲裁机构取得对争议案件管辖权。

上述三项作用的中心是第二条，即排除法院对争议案件的管辖权。因此，双方当事人不愿将争议提交法院审理时，就应在争议发生前在合同中规定仲裁条款，以免未来发生争议后，由于达不成仲裁协议而不得不诉诸法院。这反映出在买卖合同中订立仲裁条款的重要性。

# 第三节　仲裁程序

按照中国国际经济贸易仲裁委员会仲裁规则的规定，仲裁程序包括：仲裁申请、答辩和反诉及仲裁庭的组成、审理、裁决。

## 一、仲裁申请、答辩和反诉

1. 仲裁申请

申诉人必须向仲裁机构提交仲裁申请书，仲裁申请书应当写明：申诉人和被申诉人的名称、地址；申诉人所依据的仲裁协议；申诉人的要求及所依据的事实和依据仲裁申请书应当由申诉人或申诉人授权的代理人签名。

申诉人向仲裁委员会提交仲裁申请书时，应当附具申诉人要求所依据的事实的证明文件。

在向仲裁机构交申请书的同时，应在仲裁委员会仲裁员名册中指定一名仲裁员，或者委托仲裁委员会主席指定。申诉人应按照仲裁规则的规定预交仲裁费。

仲裁委员会收到仲裁申请书及其附件后，经过审查认为申诉人申请仲裁的手续完备，应将申诉人的仲裁申请书及其附件，连同仲裁委员会的仲裁规则和仲裁员名册各一份，寄送给被诉人。被诉人应当在收到仲裁申请书之日起20日内在仲裁委员会仲裁员名册中指定一名仲裁员，或委托仲裁委员会主席指定，并应在收到仲裁申请书之日起45天内向仲裁委员会提交答辩书及有关证明文件。

2. 答辩和反诉

被诉人对仲裁委员会已经受理的案件，在收到申诉人的申请书后应根据申请书提出的问题一一进行答辩，并附上有关证据材料。如被诉人有反诉，应当在收到仲裁申请书之日起45天内提出。被诉人应在反诉书中写明其要求所依据的事实和证据，并附具有关的证明文件，被诉人提出反诉时，应当按照仲裁规则的规定预缴仲裁费用。

当事人向仲裁委员会提交申请书、答辩书、反诉书和有关证明材料及其他文书，应当按照对方当事人和组成仲裁庭的仲裁员人数，备具副本。

当事人可委托代理人向仲裁委员会办理有关仲裁事项，代理人可以由中国或者外国的公民充任。接受委托的代理人应当向仲裁委员会提交授权委托书。

## 二、仲裁庭的组成

争议案件提交仲裁后，是由争议的双方所指定的仲裁员进行审理并做出裁决的。根据世界各国的实践，一般允许双方当事人在仲裁协议中规定仲裁员的人数和指定方法。如果仲裁协议没有规定，则按有关国家的仲裁法规或仲裁机构的程序规则办理。

仲裁员的人数一般为三人，即由双方当事人各指定一人，然后再由这两个仲裁员推选或仲裁机构指定第三个仲裁员组成仲裁庭，这第三个仲裁员被称为首席仲裁员。按我国仲裁规则，先由双方当事人在仲裁委员会的仲裁员名册中各指定一名仲裁员。如当事人不指定，也可委托仲裁委员会主席指定，首席仲裁员是由仲裁委员会主席在仲裁员名册中另行指定的。必须指出的是，由当事人双方指定仲裁员，目的在于使争议案件能得到公平合理的裁决，而仲裁员并非当事人的代理人。

如采用独任仲裁员方式，即由一名仲裁员单独审理案件并做出裁决，指仲裁员可由当事人共同指定，也可限定由仲裁机构代为指定。按我国仲裁规则，应由双方当事人在仲裁员名册中共同指定或者委托仲裁委员会主席指定一名仲裁员作为独任仲裁员。

如被诉人一方拖延或者拒不指定或委托指定仲裁员，而超过仲裁机构规定的期限时，则可由仲裁机构代为指定。

## 三、仲裁审理

仲裁庭审理争议案件程序很多，其中包括开庭审理、调解、搜集证据和调查证人、采取保全措施，以及做出裁决等步骤。

1. 开庭

开庭地点的选择，根据我国的规定应在仲裁委员会所在地。必要时，经仲裁委员会主席批准，也可以在中国的其他地方进行。开庭日期，一般由仲裁庭仲裁委员会秘书处决定，并于开庭前 30 天通知双方当事人。当事人有正当理由，可以请求延期。案件的审理公开进行，如果当事人双方或一方不同意，也可以不公开。审理前，仲裁庭可要求当事人提出书面说明，被诉人可提出反诉。开庭时，如果一方当事人不出庭，仲裁庭可按照另一方当事人的申请，进行审理或裁决。

2. 调解

在我国对外经济贸易仲裁委员会的仲裁程序暂行规则中，并未规定“调解”这项内容。但在审理案件时，却应随时注意进行调解，以友好协商方式解决争议的可能性。在争议裁决前，只要双方当事人取得和解该案即可撤销，采用调解与仲裁相结合的办法解决争议，是我国对外经济贸易仲裁工作的一个重要特点。

3. 搜集证据和询问证人

审案时，为进一步判断案情，当事人需要提供证据，必要时还要请证人出庭作证。西方国家的仲裁法规规定，仲裁庭对于自愿出庭作证的证人，可传唤其到庭作证；而对于不愿出庭作证的证人是否有权强制其出庭？却没有统一的规定。我国的仲裁规则对此也未做明文规定，但指出仲裁庭认为有必要时，可以主动向专家开展咨询，进行调查研究。

4. 保全措施

又称临时性保护措施，是指在仲裁开始后到做出裁决前的期间，对有关当事人的财产所做的一种临时性的强制措施，如出售易腐货物、冻结资金等。有些国家的仲裁规则认为保全措施是一种强制性措施，仲裁机构不具有实施该项措施的权力，只能通过申请由法院做出保全的决定。

## 四、仲裁裁决的执行

双方当事人指定仲裁员之后即由仲裁员组成仲裁庭，着手对争议案件进行审理。审理的程序大致包括：开庭、收集和审查证据或询问证人，必要时，还须采取保全措施，最后做出裁决。根据我国仲裁规则规定，仲裁裁决是终局的，争议各方必须执行，任何一方当事人都不得向法院起诉，也不得向其他机构提出变更仲裁裁决的请求。

仲裁裁决一经做出，就具有法律效力，但仲裁员或仲裁机构无强制执行的权力，如败诉方拒绝执行，胜诉方可向法院申请强制执行。问题在于对外贸易仲裁可能存在着一种情况，即在甲国进行仲裁，而败诉方在乙国，这样胜诉方在向外国的法院申请强制执行时，有可能存在困难。

为了解决执行外国仲裁裁决的困难和各国立法分歧的矛盾，国际上曾缔结过两个公约：1927 年在国际联盟主持下，在日内瓦缔结的《关于执行外国仲裁裁决公约》和 1958

年在国际联盟主持下，在纽约缔结的《承认及执行外国仲裁裁决公约》（简称“纽约公约”）。目前，纽约公约已成为有关承认和执行外国仲裁裁决的一个很重要的国际公约。截至1992年5月，已有86个国家批准加入该公约。我国是1987年1月22日批准加入的，并已于1987年4月22日对我国生效。我国在加入时声明做“互惠保留”和“商事保留”。此外，我国政府与外国政府签订的贸易协定、航海条约或其他双边协定中，一般都订有互相保证执行仲裁裁决条款的，可据以办理。至于尚未签订双边条约的国家，只要对方所做仲裁裁决是公正的、执行外国仲裁裁决无特殊限制的，一般也可获得解决。

## 第四节 合同中的仲裁条款

合同中的仲裁条款一般包括仲裁地点、仲裁机构、仲裁规则和仲裁效力等内容。

### 一、仲裁地点

仲裁地点是仲裁条款的主要内容。仲裁地点是说明决定在哪一个国家进行仲裁的问题，这是对方当事人比较关心的问题。一般来说，双方当事人都愿意在本国仲裁，其原因是：由于当事人对自己国家的法律和仲裁做法比较了解和信任；仲裁地点与仲裁适用的法律有密切关系，由于适用不同国家的法律，就可能对双方当事人的权利与义务做出不同的解释，得出不同的结果，因此，仲裁地点是双方当事人的争论焦点。

### 二、仲裁机构

国际上常设商事仲裁机构有三类：第一类是国际性的或区域性的仲裁组织，如国际商会仲裁院（Arbitration Court of International Chamber of Commerce）；第二类是全国性的仲裁机构，如中国国际经济贸易仲裁委员会、瑞典斯德哥尔摩商会仲裁院、瑞士苏黎世商会仲裁院、日本国际商事仲裁协会等；第三类是专业性的仲裁机构，如，伦敦油籽协会、伦敦谷物商业协会等工商行业组织设立的仲裁机构。目前国际贸易中，几乎有95%的争议案件是在常设仲裁机构的主持下进行仲裁的。

国际贸易仲裁有两种做法：一种是在常设仲裁机构进行仲裁；另一种是临时仲裁，即不要常设的仲裁机构的主持，直接由双方当事人指定的仲裁员自行组成仲裁庭进行仲裁，即临时仲裁庭。

### 三、仲裁规则

仲裁规则主要是规定进行仲裁的程序和做法，其中包括仲裁的申请、答辩、仲裁员的指定、案件的审理和仲裁裁决的效力以及仲裁费用的支付等。仲裁规则的作用主要是为当事人和仲裁员提供一套进行仲裁的行动准则，便于在仲裁过程中有所遵循。在仲裁条款中要明确规定仲裁规则。我们订立仲裁条款时，一般规定使用仲裁国的仲裁规则。

## 四、仲裁效力

仲裁效力是仲裁裁决的效力，它是指仲裁裁决是否具有终局性，对双方当事人有无约束力、能否向法院起诉等。

我国进出口业务合同的仲裁条款，一般都规定仲裁裁决是终局的，对双方当事人都有约束力，任何一方都不能向法院或者其他机关提出变更和起诉。但是，有些西方国家规定允许向上级仲裁庭或法院上诉，法院可根据请求，对明显违背法律的裁决，依法予以撤销。

至于仲裁的费用，一般都规定由败诉一方负担，或规定按仲裁裁决办理。

# 本章小结

与调解和诉讼相比较，仲裁是在国际贸易双方当事人发生纠纷而又协商不成时，可以首先选取的一种有约束力的纠纷解决方式。所以应注意合同中关于仲裁条款的相关规定，并熟悉仲裁的基本程序。

## 【中英文术语】

仲裁 Arbitration

## 【思考题】

### 一、简答题

1. 仲裁的基本程序如何规定？
2. 合同中的仲裁条款应包含哪些内容？
3. 仲裁协议的作用有哪几个？

### 二、单项选择题

1. 以仲裁方式解决交易双方争议的必要条件是（　　）。

A. 交易双方当事人订有仲裁协议

B. 交易双方当事人订有合同

C. 交易双方当事人订有意向书

D. 交易双方当事人订有交易协议

2. 在我国的进出口合同中，关于仲裁地点的规定，我们应力争（　　）。

A. 在中国仲裁　　B. 在被告国仲裁

C. 由第三方代为规定　　D. 由受损方确定

3. 仲裁裁决的效力是（　　）。

A. 终局的，对争议双方具有约束力

B. 非终局的，对争议双方不具有约束力

C. 有时是终局的，有时是非终局的

D. 一般还需法院最后判定

4. 国际贸易中经常采用的解决纠纷方式是（　　）。

A. 协商　　B. 调解

C. 仲裁　　D. 诉讼

5. 多数国家都认定仲裁裁决的效力是（　　）。

A. 不确定的　　B. 无约束力的

C. 可更改的　　D. 终局性的

**三、判断题**

1. 仲裁协议必须在双方争议发生之前签订，否则仲裁机构将不予置理。（　　）

2. 仲裁裁决是终局性的，排除法院的管辖权的。（　　）

3. 在履约过程中，不管合同是否签订仲裁条款，双方当事人均可将争议交付仲裁机构裁决。（　　）

4. 我国出口合同仲裁条款中，一般仲裁地点争取在我国，或在与我国友好国家仲裁。（　　）

5. 买卖双方为解决争议而提交仲裁时，必须向仲裁机构递交仲裁协议，否则仲裁机构不预受理。（　　）

**四、案例分析**

1. 2001 年 7 月至 2002 年 3 月 31 日，我国某公司（甲）与日本某公司（乙）签订了纺织品出口合同，其中仲裁条款规定："所有因执行本销售确认书的争议或与本销售确认书有关的争议，双方应通过友好谈判友善解决。如果无法通过谈判解决，则应提交中国国际贸易促进会对外贸易仲裁委员会北京分会，根据其临时程序规则来裁决。仲裁裁决是终局性的。对双方当事人具有约束力。仲裁费用应由败诉方承担，除非仲裁另作规定。"

后来甲公司与乙就合同履行发生争议。乙称货物有质量问题，拒付货款。2003 年 6 月 3 日，双方就合同达成了和解协议，甲公司对付款总金额做了减让；乙按新协议安排付款。和解协议规定："双方明确上述所提到的新价格是根据乙方上述付款计划做出的特别减让。如果乙不能完全履行本协议或是部分履行，甲有权按照法律要求补偿所有损失，包括利润、差价。"但是乙没有按照和解协议付款。2004 年 4 月 6 日，甲向中国北京国际贸易仲裁委员会申请就乙违约事项进行仲裁。

2004 年 6 月 18 日，仲裁委员会同意仲裁，并向乙送交了仲裁通知书，要求乙指定一位仲裁员并提交他对本案的陈述。乙没有做出反应。于是，仲裁委员会代表乙指定一位仲裁员，并成立仲裁庭。

2004年10月，乙在日本东京法院起诉甲。该案移交日本东京地方法院。与此同时，中国仲裁委员会安排在2004年12月10日在北京进行仲裁，并通知乙。乙没有做出反应也未应诉，仲裁暂停。

乙向日本东京法院起诉，声称中方所供应的商品有质量问题，中方违约并废除了双方的和解协议书。甲公司则向日本东京法院提出动议："在中华人民共和国按销售书仲裁条款进行仲裁期间，停止本诉讼。"

你认为甲会胜诉吗？说出理由？

2. 我国某外贸公司与外商签订一份出口合同，合同中订有仲裁条款。合同约定如果发生纠纷，应通过友好协商解决。如果不能通过友好协商解决，则由中国国际贸易促进委员会下设仲裁委员会解决，仲裁地点为北京。后来发生交货贸易纠纷，外商不愿到北京仲裁，于是在当地法院起诉，当地法院向我外贸公司寄来传票。请问我公司应如何处理？

3. 买卖双方在履行买卖合同的过程中，买方认为卖方的交货品质存在严重缺陷，便通告卖方拟聘请国际检验机构，并建议选择劳合社在希腊的检验机构对到货进行检测。在卖方未表示同意的情况下，买方于某年5月26日擅自聘请劳合社在比雷埃夫斯港的检测机构进行检测。卖方认为该项检测报告是无效的，不能作为认定货物品质的依据。因此，双方产生争议，买方遂向中国国际贸易促进委员会下设的仲裁委员会提请仲裁。仲裁庭在查阅双方提供的资料并经开庭审理后，认为申诉人单方面对货物进行检验不符合双方合同的规定，其检测报告不能作为认定货物品质的合法依据。请问仲裁庭对本案例进行裁决的理由是什么？

# 第六篇

# 合同的商订与履行

# 第十五章 进出口合同的商订

**学习目标**

了解合同洽商和签订的重要性及合同签订前的准备工作；掌握交易洽商的形式和内容，重点掌握合同签订的程序；理解合同成立的条件和构成。

国际货物买卖合同在国际贸易中至关重要，合同的签订既表明进出口双方交易关系的正式成立，同时也确定了进出口双方将来的权利和义务，因此，在国际货物买卖中必须重视合同的洽商和签订等问题。

## 第一节 交易前的准备工作

为了顺利地签订合同，必须做好交易前的准备工作。

### 一、选配好洽谈人员

对外贸易谈判贯彻于整个进出口合同签订的过程中，谈判效果好坏，直接关系进出口合同签订的成功与否。因此，为了保证洽商交易的顺利进行，应选择精明能干的洽谈人员，尤其是对那些交易量大或内容复杂的交易，更应组织一个坚强的谈判班子。谈判人员应具有商务、技术、法律和财务的良好素质，同时应具有应战和应变的能力。

### 二、对国外市场的调研

#### （一）市场调研的内容

1. 市场宏观调研

市场宏观调研也称国别（地区）调研或贸易环境调研，即对一个国家的政治、经济、社会、外贸、自然环境等影响对外贸易的外界因素进行调查和分析。

2. 市场微观调研

市场微观调研也称商情调研，即对进出口商所经营商品的本身特点、生产、销售、消费及发展的变化趋势等方面进行的调查与分析。商品本身的特点是指商品的自然属性、品质、花色、规格、包装、用途等。我们应摸清这些不同商品对市场的适销情况，特别要研究市场畅销品种的特点，以便主动积极地适应市场的需要，扩大我们的出口。同时，还应了解国外产品的更新换代情况，进口我们最需要而且价格最合适的商品。商品生产和消费分别是指在世界范围和各有关国家内该商品生产和销售总量的现状和变化；商品销售是指该商品主要进出口国家的贸易情况、商品销售渠道、销售季节、销售方法、产品竞争等。

### （二）市场调研的方法

1. 收集资料

市场调研主要是通过收集资料来进行的。资料的来源包括：各国的报纸、杂志、书籍；各国外贸管理部门、银行、研究机构及商会发表的报告或材料；通过一国驻外机构进行实地调查；在与客户的日常业务往来中获取资料。

2. 分析市场动向

分析市场动向就是在广泛收集资料的基础上，分析各种市场现象及市场变动的特点，研究其对商品进出口的影响。分析市场动向的重点在于市场供求关系状况、价格水平的变动；产品的更新换代以及竞争对手的策略。市场动向分析需要经常进行，在实际业务中如发现所做分析的预测不准确，应随时修改，以保证进出口交易的顺利实现。

## 三、搞好出口商品的广告宣传

为了宣传介绍商品，扩大销路，必须做好出口商品的广告宣传工作。特别是在当前国际市场竞争十分激烈的情况下，各国厂商都极其重视出口商品的广告宣传，并把它作为加强对外竞争的一种重要手段。近年来，我国出口商品广告宣传工作也日益被人们所重视。

广告宣传的内容，应当适应市场和消费者的需要，集中介绍商品的用途，突出商品的特点；广告宣传的用语要适当，力求简捷明快、通俗易懂，迎合消费者的心理，并能给消费者留下难以忘怀的印象。

广告宣传的途径和方式很多，如报纸、期刊、电视、广播、印刷品、传单、街头广告牌、商品小册子、举办展览会，等等。为了加强对外广告宣传，我们还可借助代理商和广告商的力量来扩大广告宣传的影响。

## 第二节　交易洽商的程序

在做好交易前的准备工作之后，就可以进行交易洽商了。所谓交易洽商，又称交易磋商或谈判，是指买卖双方以一定的方式并通过一定的程序对交易的货物及各项交易条件进行协商，最后达成协议的整个过程。

交易洽商的程序包括四个环节：询盘、发盘、还盘、接受。其中只有发盘和接受是每笔交易中不可缺少的两个基本环节或法律步骤。

### 一、询盘（Inquiry）

询盘也称询价，是指交易的一方准备购买或出售某种商品，向对方询问买卖该商品的有关交易条件的表示。

询盘的内容可涉及：价格、规格、品质、数量、包装等，而多数只是询问价格。询盘只是一种交易意向。询盘人不需承担必须买卖该商品的义务。同样，被询盘人也不负必须回答的责任。但为了今后的业务往来打基础，被询盘人接到询盘后一般应给予迅速答复。询盘通常由买方发出，例如，国外客户给我轻工业品进出口公司来电：请报 500 辆凤凰牌自行车 CFR 新加坡的最低价，五月装运，尽速电告。询盘也可由卖方发出，在业务上也称递盘，例如，我粮油进出口公司向日本某客户发出询价："可供中国东北大豆。八月份装运，如有兴趣请电告。"

### 二、发盘（Offer）

在国际货物买卖中，发盘又称报盘、发价、报价。《联合国国际货物销售合同公约》称为"发价"。所谓发价，根据《联合国国际货物销售合同公约》规定："凡向一个或一个以上特定的人提出的订立合同的建议，如果其内容十分确定，并且表明发价人在得到接受时承受约束的意旨，即构成发价。"

简而言之，发盘是指买卖双方的一方向对方提出各项交易条件，并愿意按照这些条件与对方达成交易、订立合同的一种表示。发盘的一方叫发盘人，另一方叫受盘人。

发盘既可以是应对方询盘的要求发出，也可以是在没有询盘的情况下，直接向对方发出。发盘一般是由卖方发出的，但也可以是买方发出，业务上称为"递盘"（Bid）。下面是卖方发盘实例：

英国＊＊公司：

今报 10005 货号柳篮 500 打，每打 4 英镑 CIF 伦敦，每 5 打一箱，11/12 月装船，即期信用证付款，限 8 月 10 日复到。

中国哈尔滨土产公司

＊＊年＊＊月＊＊日

## （一）构成有效发盘的条件

1. 向一个或一个以上的特定的人提出

即发盘人在发盘时必须指明收受该项发盘的公司、企业或个人的名称或姓名。受盘人可以是一个，也可以指定多个。不指定受盘人的发盘，视为发盘邀请，或邀请做出发盘。例如，出口人在普通商业广告上向广大公众寄发商品目录，其中印有各种商品的价格或散发价目表，或在报刊上登载广告，向社会广大公众宣传，兜售商品，只能视作发盘。因为没有指特定人。

2. 表明承受约束的意旨

一项发盘必须明示或默示地表明当受盘人做出接受时发盘人承受约束的意旨。所谓"承受约束"，即承担按发盘的条件与受盘人订立合同的责任。

3. 内容必须十分确定

所谓发盘内容的确定，是指发盘的条件是完整的、明确的和终局的。其中至少包括三个基本要素：①标明商品的名称；②明示或默示地规定成交商品的数量；③明示或默示地规定商品的价格或规定确定价格的方法。

一项条件完整的发盘，通常应包含有关买卖货物的品名、品质、数量、包装、价格、交货时间和支付方式等主要交易条件。但是，在实际业务中，一项发盘往往不是以上述所有主要交易条件完整的形式出现的。有时发盘条件表面上不完整，实际上是完整的。比如，买卖双方事先订有"一般交易条件"的协议。在"一般交易条件"中包含某些主要交易条件，那么，发盘的内容可予以简化，如果在"一般交易条件"中订明支付方式："凭不可撤销即期信用证"，那么，在发盘中就不列明上述支付条件。再如，买卖双方在先前业务交往中已形成了某些习惯做法，为双方所熟知，在双方具有共同理解的基础上，发盘人在发盘中即使不列明这些条件，也不影响主要交易条件的完整性。

发盘内容的确定性，还表现在发盘中的交易条件是明确的。所谓明确，是指交易条件不是含糊的、模棱两可的。比如，对价格的规定，注明"参考价"或对交易期规定为"大约九月份"等，这些交易条件都是不明确的，从而使发盘成为不确定的。

4. 发盘送达受盘人

发盘于送达受盘人时生效。发盘在没有被送达受盘人之前，即使受盘人已由某一途径获悉该发盘，也不能接受该发盘。所谓"送达"对方，是指将发盘内容通知对方或交送对方本人，或其营业地或通讯地址，如无营业地或通讯地址，则送交对方惯常居住地。发盘在没有被送达受盘人之前，如果发盘人改变主意不卖或不买这批货了，可以撤回发盘，即使发盘是不可撤销的，例如，注明是"不可撤销发盘"。但发盘人必须做到：撤回通知于发盘送达之前或同时送达受盘人。

### （二）发盘的有效期

发盘的有效期是指可供受盘人对发盘做出接受的期限。凡是发盘，都是有有效期的，发盘人对发盘的有效期可做明确规定，也可不做明确规定，明确规定有效期的发盘，从发盘被送达受盘人时开始生效到规定的有效期届满为止。不明确规定有效期的发盘，在一段合理时间内有效，合理时间究竟有多长，国际上没有统一规定。为了避免纠纷，在发盘时应规定一个明确的有效期。在实际业务中，明确规定发盘有效期的方法主要有三种：

1. 规定最迟接受的期限

如：发盘限10日复（Offer Subject Reply Tenth）；发盘限10日复到此地（Offer Subject Reply Reaching Here Tenth）。

2. 规定一段接受的期间

如发盘有效期3天或发盘10天内复。按《联合国国际货物销售合同公约》规定，发盘人在电报或信件中订立的一段接受期间，从电报交发时刻或信上载明的发信时期起算，如信上未载明发信日期，则从信封上所载明日期起算。

3. 不做明确的规定或仅规定答复传达的方法。如发盘……复，发盘……电复，发盘……尽快答复。发盘对有效期和答复的传达方法都未做明确的规定，受盘人对这种发盘可在合理时间内答复。其传达方法一般是函来函复，电来电复，当然也可以是函来电复、电报来电传复。发盘有效期的“合理时间”究竟有多少，在国际上并无明确的规定和解释，由于理解不一，发盘人在发盘时最好对有效期做明确规定。

### （三）发盘生效的时间和发盘的撤回与撤销

1. 发盘生效时间

根据《联合国国际货物销售合同公约》第15条规定，发盘于送达受盘人时生效。就是说发盘虽已发出，但在到达受盘人之前并不产生对发盘人的约束力，受盘人也只有在接到发盘之后，才可以考虑接受与否的问题。在此之前凭道听途说表示接受，即使巧合也属无效。明确发盘生效的时间，是有重要的法律和实践意义的，这主要表现在下面两个方面：①关系受盘人能否表示接受。一项发盘只有送达受盘人，才能发生法律效力。也就是说，只有当受盘人收到发盘之后，受盘人才表示接受，从而导致合同的成立。②关系到发盘人可否撤回发盘或修改其内容。一项发盘，即使是不可撤销的，只要在发盘生效之前，发盘人仍可随时撤回或修改其内容，但撤回通知或更改其内容的通知，必须在受盘人收到发盘之前或同时送达受盘人。

2. 发盘的撤回

发盘的撤回是指发盘送达受盘人之前，将其撤回，以阻止它生效。根据《联合国国际货物销售合同公约》的规定，一项发盘，包括注明不可撤销的发盘，只要在它尚未生效以前，都是可以修改或撤回的，但撤回通知或更改通知，必须在受盘人收到发盘之前或同时送达受盘人。比如，发盘人发出发盘后，发现发盘的内容有误或其他原因，想改变主意，就可以用更迅速的通讯方法，如果用书信发盘，可用电报撤回；用平电发盘，可用急电或电传撤回；在必要时甚至可以用国际长途电话撤回，总之，只要撤回发盘的通知赶在发盘生效前到达就可撤回发盘。反之，如果发盘的通知已先到达受盘人，发盘即已生效，对发盘人产生了约束力。这时，发盘人再想改变主意，就不是撤回发盘的问题，而是撤销的问题。

3. 发盘的撤销

发盘的撤销是指发盘已送达受盘人，即发盘生效之后，将发盘取消，使它失去效力。《联合国国际货物销售合同公约》第16条规定，在发盘已送达受盘人，即发盘已经生效，但受盘人尚未表示接受之前这段时间内，只要发盘人及时将撤销通知送达受盘人，仍可将其发盘撤销。如果一旦受盘人发出接受通知，则发盘人就无权撤销发盘。

此外，公约规定，并不是所有发盘都可撤销，下面两种情况下的发盘，一旦生效，则不得撤销：第一，在发盘中写明了接受发盘的期限或在发盘中使用了“不可撤销”的字眼。如：“本发盘于10月15日前接受有效。”则在10月15日前，发盘人不得撤销该发盘。第二，受盘人从主观上信赖该发盘是不可撤销的，在客观上采取了与交易有关的行动。如组织生产、组织货源等，这时发盘人也不得撤销发盘。因为，在这种情况下，发盘人再撤销发盘会给受盘人造成严重的后果。

4. 发盘效力的终止

任何一项发盘，其效力均可在下列条件下终止。关于发盘效力终止的原因，一般有下列几方面：①在发盘规定的有效期内未被接受，或虽未规定有效期，但在合理时间内未被接受，则发盘的效力即告终止。②发盘被发盘人依法撤回或撤销而终止。③发盘因被受盘人拒绝而终止，即拒绝或还盘通知送达发盘人时，发盘的效力即告终止，拒绝发盘有两种情况：第一，直截了当地表示拒绝接受某项发盘；第二，对发盘人在发盘中所提出的交易条件进行讨价还价，要求减低价格，增加或减少数量、改变支付方式等。④发盘人发盘之后，发生了不可抗力事件，比如所在国政府对发盘中的商品或所需外汇发布禁令等，在此情况下，按出现不可抗力可免除责任的一般原则，发盘的效力即告终止。⑤发盘人或受盘人在发盘被接受前丧失行为能力，如受盘人患精神病、死亡或法人破产等，则该项发盘的效力也可终止。

## 三、还盘（Counter Offer）

还盘（又称还价，在法律上称违反要约）。受盘人在收到发盘后，有两种处理方法：一种是完全同意发盘所提出的交易条件，并及时地向对方发出接受通知，这就是所谓达成交易；另一种情况是交易的一方接到另一方的发盘后，受盘人不同意或不完全同意发盘人在发盘中所提出的条件，并向发盘人提出自己的修改意见或条件，用口头或书面形式表示出来，这就是所谓还盘。也就是说还盘是指受盘人不同意或不完全同意发盘人提出的各项条件，并提出修改意见，建议原发盘人考虑。也可以说，还盘是对发盘条件进行添加、限制或其他更改的答复。还盘是受盘人对发盘的拒绝，因此，一经受盘人还盘，原来的发盘即行失效，原来的发盘人可不再受发盘的约束，受盘人也不得在日后再要求接受原来的发盘。还盘等于是受盘人以发盘人的身份向原来的发盘人所做的一项新的发盘，所以它必须经过原发盘人无条件地接受，才能达成交易。此外，还有一种有条件的接受，即受盘人在答复对方的发盘时虽然使用了"接受"这个词，但却附加了某些条件，或者在复述对方发盘的内容时对其中的某些条件（如商品的品质、数量、交货时间及地点、支付方式）做了修改。

在实际业务中，还盘的情况是很多的，一方在发盘中提出的条件常常与对方的要求不一致，特别是大宗交易的情况下，很少一次发盘就能达成交易，有时，一项交易须经多次还盘，才能最后达成协议，订立合同。

## 四、接受（Acceptance）

接受在法律上称为承诺，它是指受盘人接到对方的发盘或还盘后，在发盘有效期之内无条件地同意对方（发盘人）在发盘中提出的交易条件，并愿按这些条件与对方达成交易、订立合同的一种肯定的表示。

发盘一经接受，合同即告成立，发盘人和受盘人任何一方都不得任意更改或撤销。接受同发盘一样既属于商业行为，也属于法律行为。接受产生的重要法律后果是交易达成、合同成立。

1. 构成接受的必备条件

构成一项法律上有效的接受，概括起来，有以下四项条件：

（1）接受必须由特定的人做出。这一条件与构成发盘的第一项条件是相呼应的，发盘是向特定的人做出的，只有特定的人才能对发盘做出接受，才具有效力，其他的第三者，即使了解发盘的内容并表示完全同意，也不能构成有效的接受。由第三者做出的接受，实际上是一项新的发盘，它对发盘人没有约束力。

（2）接受必须表示出来。接受必须由受盘人以某种方式表示出来。这种表示应传达给发盘人才有效。如果受盘人在思想上已愿意接受对方的发盘，但保持缄默或不做出任何行动，不能构成接受。在实际业务中，接受一般都由受盘人用口头或书面声明做出表示。

（3）接受的内容必须与发盘的内容相符合。从原则上讲，接受的内容必须与发盘中提出的条件完全相符，才表明交易双方就有关的交易条件达成了一致的意见，这样的接受才能导致合同的成立。但是，在国际贸易的实际业务中，受盘人在表示接受时，往往对发盘的内容做了增加、限制或修改。这就构成了有条件的接受。例如，把发盘中规定的支付方式由远期信用证改为远期托收；把 FOB 条件改为 CFR 条件等。有条件的接受不是真正的接受。有条件的接受属于还盘性质。《联合国国际货物销售合同公约》将接受中所做的添加或不同条件分为两类：一类是实质性变更。所谓实质性变更，就是对货物的价格、付款、货物的数量和质量，交易地点和时间、赔偿责任范围和解决争端等的添加、限制或更改，均视为实质性的变更发盘的条件。表示接受但含有实质性变更，无疑构成还盘。发盘人对此不予以确认，合同不能成立；另一类是非实质性变更。所谓非实质性变更，就是要求增加提供重量单、装箱单、原产地证等单据，要求增加提供装船样品或某些单据的份数等，属于这类非实质性变更的接受，如果发盘人不反对其差异，仍构成有效接受，而使合同得以成立。

（4）接受的通知要在发盘的有效期内送达发盘人才能生效。发盘中通常都规定有效期。这一期限有双重意义：一方面它约束发盘人，使发盘人承担义务，在有效期内不能任意撤销或修改发盘的内容，过期则不受其约束；另一方面，发盘人规定有效期，也是约束受盘人，只有在有效期内做出接受，才有法律效力。

2. 逾期的接受（Late Acceptance）

所谓逾期接受，是指接受通知超过发盘规定的有效期限或发盘未具体规定有效期限而超过合理时间才传达到发盘人。对于这种逾期的接受，发盘人不受其约束，不具有法律效力，而是一项新的发盘。但也有例外情况，在这一点上《联合国国际货物销售合同公约》第21条规定了逾期的接受在下列两种情况下仍具有效力：（1）如果发盘人毫不迟延地用口头或书面形式将此种意思通知受盘人。（2）如果载有逾期接受的信件或其他书面文件表明，它在传递正常的情况下是能够及时送达发盘人的话，那么这项逾期接受仍具有接受的效力，除非发盘人毫不迟延地用口头或书面方式通知受盘人他认为发盘已经失效。

3. 接受的生效和撤回

关于接受在什么情况下生效是一个很重要的问题。国际上不同的法律体系对此问题有明显的分歧。英美法系实行的是“投邮生效的原则”（又称投邮主义或“发送主义”），这是指在采用信件、电报等通讯方式表示接受时，接受的函电一经投邮或发出立即生效，只要发出接受的时间是在有效期内，即使函电在邮途中延误或遗失，也不影响合同的成立。大陆法系中以德国为代表采用的是“到达生效的原则”，即表示接受的函电须在规定时间内送达发盘人，接受才能生效。因此，假使函电在邮途中延误或遗失，合同不能成立。

《联合国国际货物销售公约》则采用的是到达生效的原则，在第18条中明确规定：“接受发盘于表示同意的通知送达发盘人时生效”。这时双方以口头方式进行洽商，接受在何时生效呢？《公约》的解释是：对口头发盘必须立即接受，但情况有别者不在此限，也就是说，受盘人如果同意对方的口头发盘，就可立即表示同意，接受随即生效。但如果发盘人有相反的规定，或双方另有约定则不在此限。

撤回接受是受盘人阻止其接受发生法律效力的一种意思表示。关于接受的撤回问题，由于《公约》采用的是到达生效的原则，因此，接受发出后在一定条件下是可以撤回的。《公约》第22条规定：“接受得予撤回，如果撤回的通知于接受原应生效之前或同时，送达发盘人。”也就是受盘人在发出接受通知之后，如果发现不妥，可以在该接受生效之前，赶紧发出撤回通知，只要撤回通知能早于接受生效之前或同时到达对方，即可将该项接受撤回。

# 第三节　合同的签订

## 一、合同有效成立的条件

根据《联合国国际货物销售合同公约》的规定，接受送达发盘人时生效。接受生效的时间实际上就是合同成立的时间。交易双方通过协商达成交易以后成立了合同，这个合同是不是就一定有效呢？不一定。因为，合同成立以后是否在法律上有效，还有其他条件。具体为：

1. 合同必须是在当事人自愿和真实的基础上达成的

相反，采取欺诈或胁迫手段订立的合同无效。

2. 当事人必须具有订立合同的行为能力

自然人中未成年人、精神病患者等不具有行为能力的人所订立的合同无效。法人则必须在其经营范围内签订合同，越权的合同不能发生法律效力。

3. 合同必须有对价和合法的约因

英美法认为，对价是指当事人为了取得合同利益所付出的代价；法国法认为，约因是当事人签订合同所追求的直接目的。按照英美法和法国法的规定，合同只有在有对价和约因时，才是法律上有效的合同。

4. 合同的标的和内容必须合法

双方买卖的商品必须符合双方国家法律的规定，合同才是有效的；合同的内容不得违反法律，不得违反公共秩序或公共政策，不得违反善良风俗或道德。

5. 合同的形式和内容必须符合有关法律规定

《公约》对国际货物买卖合同的形式原则上不加以限制，无论采用书面形式还是口头形式，均不影响合同的效力。我国作为《联合国国际货物销售合同公约》的缔约国，在加入《公约》时做了保留，我国对外订立、修改或终止合同，必须采取书面形式。

## 二、书面合同的形式和内容

书面合同可包括狭义合同和广义合同。狭义合同仅指带有“合同”（Contract）字样的法律契约。而广义合同指买卖双方经过贸易磋商，达成协议，并将双方的一致意见用文字形式规定下来的法律契约。它不仅包括带有合同字样的契约，还包括协议、成交确认书，也可以采用备忘录、意向书等多种形式。我们通常讲的“重合同，守信用”就是指广义合同。

书面合同的内容可分为三部分：（1）约首（Heading）：包括合同名称、订约双方当事人的名称地址。有的合同还用序言形式说明定约意图并放在约首。（2）正文（Body）：

是合同的中心部分，具体列明交易的条件、条款、规定双方当事人的权力和义务。(3) 约尾（Closing）：说明合同的份数，使用的文字以及效力，订约时间、地点，以及生效时间。

## 本章小结

国际货物买卖合同在国际贸易中至关重要，为了顺利地签订合同，必须选配好洽谈人员、对国外市场进行调研、搞好出口商品的广告宣传。

交易洽商是指买卖双方以一定的方式并通过一定的程序对交易的货物及各项交易条件进行协商，最后达成协议的整个过程。形式上分为口头和书面两种，内容主要是将来要签订的买卖合同的条款，程序包括四个环节：询盘、发盘、还盘、接受。

交易双方通过协商达成交易以后成立了合同，合同在法律上生效需满足若干条件，不同的国家的法律对此解释有所区别。书面合同包括狭义合同和广义合同，内容包括约首、正文和约尾。

### 【中英文术语】

询盘 Inquiry

发盘 Offer

还盘 Counter Offer

接受 Acceptance

### 【思考题】

**一、简答题**

1. 对于商业广告是否为发盘的问题，英美法系、大陆法系及《联合国国际货物销售合同公约》是如何规定的?

2. 为什么明确发盘生效的时间具有重要的法律和实践意义?

3. 关于发盘的撤销问题，英美法系、大陆法系及《联合国国际货物销售合同公约》分别是如何规定的?

4. 什么是逾期接受? 对此问题《联合国国际货物销售合同公约》是如何规定的?

5. 一项有法律约束力的合同必须具备什么条件?

**二、单项选择题**

1. 我某出口公司于5月5日以电报对德商发盘，限8日复到有效。对方于7日以电报发出接受通知，由于电讯部门的延误，出口公司于11日才收到德商的接受通知，事后该出口公司也未表态。此时（　　）。

A. 除非发盘人及时提出异议，否则，该逾期接受仍具有接受效力，合同成立

B. 不管我方是否及时提出异议，合同未成立

C. 只有发盘人毫不延迟的表示接受，该通知才具有接受效力，否则，合同未成立

D. 由电讯部门承担责任

2. 我公司周一对外发盘，限该周周五复到有效，客户于周二回电还盘并邀我公司电复。此时，国际市场价格上涨，故我公司未予答复。客户又于周三来电表示接受我公司周一的发盘，在上述情况下（　　）。

A. 接受有效　　B. 接受无效

C. 如我方未提出异议，则合同成立　　D. 属有条件的接受

3. 下列条件中，（　　）不是构成发盘的必备条件。

A. 发盘的内容必须十分确定　　B. 主要交易条件必须十分完整齐全

C. 向一个或一个以上特定的人发出　　D. 表明发盘人承受约束的意旨

4. 按《公约》规定，一项发盘在尚未送达受盘人之前，是可以阻止其生效的，这叫发盘的（　　）。

A. 撤回　　B. 撤销

C. 还盘　　D. 接受

5. 我方 6 月 10 日向国外某客商发盘，限 6 月 15 号复到有效，6 月 13 日接到对方复电称："你 10 日电接受，以获得进口许可证为准。"该接受（　　）。

A. 相当于还盘

B. 在我方缄默的情况下，则视为有效接受

C. 属有效的接受

D. 属于一份非实质性改变发盘条件的接受

6. 某公司向欧洲某客户出口一批食品，该公司于 3 月 16 日发盘，限 3 月 20 日复到有效，3 月 18 日接对方来电称："你方 16 日接受，希望在 5 日装船。"我方未提出异议。于是（　　）。

A. 这笔交易达成　　B. 需经该公司确认后交易才达成

C. 属于还盘，交易未达成　　D. 属于有条件的接受，交易未达成

7. A 公司 5 月 18 日向 B 公司发盘，限 5 月 25 日复到有效。A 公司向 B 公司发盘的第二天，A 公司收到 B 公司 5 月 17 日发出的、内容与 A 公司发盘内容完全相同的交叉发盘，此时（　　）。

A. 合同即告成立

B. 合同无效

C. A 公司向 B 公司或 B 公司向 A 公司表示接受，当接受通知送达对方时，合同成立

D. 必须是 A 公司向 B 公司表示接受，当接受通知送达对方时合同成立

8. 根据《联合国国际货物销售合同公约》的规定，发盘和接受的生效采取（　　）。

A. 投递生效原则　　B. 签订书面合约原则

C. 口头协商原则　　　　　　　　　　　　D. 到达生效原则

9. 英国某商人 3 月 15 日向国外某客商用口头发盘，若英商与国外客商无特别约定，国外客商（　　）。

A. 任何时间表示接受都可使合同成立

B. 应立即接受方可使合同成立

C. 当天表示接受即可使合同成立

D. 在两三天内表示接受可使合同成立

10. 根据法律要求，买卖合同成立的程序是（　　）。

A. 询盘、发盘、还盘（再还盘）和接受

B. 询盘、发盘、还盘（再还盘）、接受和签订书面合同

C. 发盘和接受

D. 发盘、接受和签订书面合同

**三、判断题**

1. 根据《公约》的解释，一项发盘，即使是不可撤销的，于拒绝通知送达发盘人时终止。（　　）

2. 根据《公约》的解释，一项发盘，在受盘人发出接受通知前可以撤销，但有两种例外情况。（　　）

3. 还盘一经做出，原发盘即告失效。（　　）

4. 一项发盘，即使是不可撤销的，也可以撤回，只要撤回的通知在发盘送达受盘人之前或同时送达受盘人。（　　）

5. 如发盘无规定有效期，则受盘人可在任何时间内表示接受。（　　）

6. 邀请发盘对双方具有约束力。（　　）

7. 根据《公约》的解释，接受必须用声明或行动表示出来，沉默或不行动本身不等于接受。（　　）

8. 交易磋商的内容必须包括 11 种交易条件，在此基础上合同才能成立。（　　）

9. 根据《公约》的规定，如果撤回通知于接受原应生效之前或同时送达发盘人，接受得予撤回。（　　）

10. 根据《联合国国际货物销售合同公约》，合同的成立必须经过询盘、发盘、还盘、接受和签约等环节。（　　）

**四、案例分析**

1. 我国某进口企业与某外商磋商进口纺织机械设备交易。经往来电传磋商，已就合同的基本条款初步达成协议，但在我方最后所发的表示接受的电传中写有“以签署确认书为准”的字样。事后，外商拟就合同书，要我方确认，但由于对某些条款我方认为需要修改，此时该设备的市场价格有下跌趋势，于是我方并未及时对外方予以答复，外商又多次来电催证，我方答复拒绝开证，试分析这一拒绝是否合理？

2. 我国某外贸公司 6 月 18 日向美国进口商发出电传，发盘供应一批瓷器 10000 件

并列明“牢固木箱包装”。美国进口商收到我方电传后立即复电表示接受并要求用新木箱装运。我方收到复电后立即着手备货，准备于双方约定的7月份装船，两周后，美国进口商来电称：“由于你方对新木箱包装的要求未予以确认，故双方之间的合同没有成立。”而我方认为合同已经成立，为此双方发生争执。试分析美国进口商的理由是否成立？

3. 某年11月4日顺达公司应瑞典TG公司的请求，报价棉花500吨。CIF斯德哥尔摩价格每吨340欧元，即期装运，要约有效期至11月24日。TG公司收到发盘后，请求顺达公司：“降低价格，延长要约有效期”。顺达公司回电将价格减至每吨320欧元，延长要约有效期至11月30日。TG公司接到顺达公司的来电后又请求顺达公司：“增加数量，再次延长要约有效期”。顺达公司再次回电将数量增加到800吨，延长要约有效期至12月10日。TG公司于12月6日来电表示接受。顺达公司在接到TG公司承诺时，发现棉花产量因受灾害影响，国际市场价格暴涨。顺达公司不愿意成交，复电称：“由于国际市场价格变化，货物在接到承诺电报前已售出，不能提供货物”。TG公司不同意这一说法，认为承诺是在要约有效期内做出的，是有效的，坚持要顺达公司按要约的条件履行合同，并提出要求顺达公司“执行合同或者赔偿价差损失6万欧元，否则将起诉至法院。”请问双方之间的买卖合同是否成立？

**五、操作题**

实训主题：根据磋商环节函电，完成销售确认书的拟订。

实训目的：要求学生通过实训掌握外贸交易环节，以及根据函电内容拟订销售确认书条款。

背景材料：上海缝纫机进出口公司（Shanghai Sewing Machine Imp. & Exp. Corp.）与我国香港ABC进出口公司（ABC Company，P. O. Box No. 882 H. K.）于2015年10月份洽谈蝴蝶牌缝纫机JA－1（Butterfly Brand Sewing Machine Model JA－1）的往来电传，其邮箱是第882号，香港。请根据这些电传，拟制售货确认书中英文各一份。

10月2日来电传：

有兴趣蝴蝶牌缝纫机JA－1 3000架，即装请报价。

10月3日去电传：

蝴蝶牌缝纫机3000架木箱装每打62美元CIFC2%香港12月20日前装即期信用证限6日复到此地。

10月5日来电传：

你3日电传抱歉难接受竞争者类似品质报55美元请速复。

10月7日去电传：

我3日电传重新发盘限10日我方时间复。

10月9日来电传：

你7日来电传接受如55美元CIFC3%，D/P即期请确认。

10月10日去电传：

你9日电传最低60美元即期信用证12日复到此地。

10月11日来电传：

你的10日电传接受再订购500架同样条件即复。

10月12日去电传：

你的11日电传确认请速开信用证。

10月13日来电传：

信用证将由香港南洋商业银行开立。

# 第十六章　进出口合同的履行

**学习目标**

认识国际贸易合同的法律效力及履行合同的重要性；熟练掌握买卖双方履行合同的一般程序和主要环节；能识别常见的发票并能按合同或信用证的要求独立签发汇票。

## 第一节　出口合同的履行

我国的货物出口合同，属由卖方安排运输和信用证支付方式的居多，一般以 CIF 和 CFR 合同成交，少量采用 FOB，履行此类合同的程序，一般包括货（备货），证（催证、审证、改证），运（托运、报关、保险等），款（制单结汇）四个主要环节。

### 一、备货和报验

1. 备货

按照合同规定，交付货物，移交一切与货物有关的单据和转移货物的所有权，是卖方的三项基本义务。其中，按照合同规定交付货物是最基本的义务。以《联合国国际货物销售合同公约》第 35 条（1）款明确规定：卖方交付的货物必须与合同所规定的数量、质量和规格相符，并须按照合同所规定的方式装箱或包装；同条（2）款又规定：除双方当事人业已另有协议外，货物除非符合以下规定，否则即为与合同不符：①货物适用于同一规格货物通常使用的目的；②货物适用于订立合同时曾明示或默示地通知卖方的任何目的；③货物的质量与卖方向买方提供的货物样品或样式相同；④货物按照同类货物通用的方式装箱或包装，如果没有此种通用方式，则按照足以保全和保护货物的方式装箱或包装。

在备货工作中应注意以下几个问题：（1）货物的品质、规格必须与合同的规定相一致。(2) 货物的数量必须符合出口合同的规定。如为“约”量，应不超过双方形成的习惯程度，如以信用证方式结算货款的，应按信用证规定。(3) 货物的包装和唛头必须符合合同规定。(4) 按合同规定的时间期限，交付货物也是卖方的重要义务，否则，按各国法律规定，买方有权拒收货物并提出索赔。为此，备货时间应根据合同或信用证规定来安排。

2. 报验

出口单位报验货物须填写“出口报验申请单”，并附上合同副本以及信用证和有关资料，供商检机构检验和发证时参考。出口报验单的内容包括：品名、规格、数量（或重量）、包装产地等项。出口单位在取得检验证书后，必须在检验证书规定的有效期内出运货物。商品检验有效期一般货物是从发证日期起2个月内有效，鲜果、鲜蛋类为2～3个星期内有效；植物检疫为3个星期有效。如果超过规定有效期，装运前应向商检部门申请复验，并由商检局复验后才可出口。

## 二、催证、审证和改证

1. 催证

催证是指当进口人未按合同规定时间开来信用证，或出口人根据货源和运输情况可能提前装运时，通过信函、电报、电传或其他方式下催促进口人迅速开出信用证。催证工作并非是每笔业务必有的业务程序，而是当国外进口人遇到国际市场发生变化对其不利或资金短缺时，往往拖延开证或不开证。针对此类情况，我们应催促对方迅速办理开证手续。特别是大宗商品交易或按国外进口人要求特制商品的交易，更应结合备货情况及时进行催证。

2. 审证

审证是指对国外进口人通过银行开来的信用证内容进行全面审查，以确定是否接受或需要做哪些修改。信用证是依据买卖合同开立的，信用证内容应与合同条款相一致。审证一般应考虑以下几个方面：(1) 政治性条款。审查有无带有诬蔑、歧视性的内容或不友好的词句，来证国家或货运目的港是否属于我国不与之往来的国家。(2) 政策性条款。协定国家来证的开证行应是协定国家指定的银行；币别应符合协定；还应规定符合协定的索汇方式；货运目的港应为协定国家港。对无协定国家来证，亦应审核开证行资信，根据金额大小等情况，分别采取不同措施以保证收汇安全。(3) 对来证条款的审查。主要包括以下9类审查：①对信用证的性质与开证行付款责任的审查。来证有无可撤销的字样。同时在证内应载有开证行保证付款的文句。对有些国家的来证，虽然注明有“不可撤销”的字样，但在证内对开证行付款责任方面加列“限制性”条款或“保留”条件的条款，受益人必须特别注意。如来证注明“以领到进口许可证后通知时方能生效”、电报来注明“另函详”等类似文字，应在接到上述生效通知书或信用证详细条款后方能生效。②对信用证金额与货币的审查。审核金额与单价、数量是否相符，大小金额是否一致。如果数量有溢短装，信用证金额也应有增减幅度。原则上，信用证使用的货币应与合同规定的计价和支付货币一致。如发现二者不一致，视情况拒绝接受或在证内规定合理的折算时间，一般应按实际付款日或议付日的兑换率折算。③受益人：应是买卖合同的出口人，受益人的地址必须正确。④开证人：应是买卖合同的进口人，并注明其法定地址。⑤货物名称：品质规格、包装，对货物品质规格、数量、包装等内容，必须一一审核，如发现不符，不应轻易接受，原则上要求改证。⑥对单据的审查：对于来证中要求提供的单据种类和份数及填制，方法等，要进行仔细审核，如发现有不正常的规定，例如要求商业发票或产地证明须由第三者签证以及提单上的目的港后面加上指定码头等字样，都应慎重对待。⑦分运和转船：来证中有关分运转船的规定，原则上应与合同相符。要注意证内对分运和转船有无特殊限制和要求，以及这些规定是否恰当。信用证规定在指定的不同期限内，分期装运，如果其中任何一期未按信用证所规定的期限装运，则信用证对该期及以后各期均视为无效。信用证另有规定者除外。⑧装运期、有效期和到期地点的审查：装运期必须与合同规定一致，如国外来证，无法按期装运，应及时申请国外买方延展装运期限，信用证有效期一般应与装运期有一定的合理间隔，以便在装运货物后有足够时间办理制单结汇工作。关于信用证的到期地点，通常要求在出口国境内到期，如信用证将到期地点规定在国外，或国外银行的柜台等，出口人不易掌握国外银行收到单据的确切日期，这不仅影响收汇时间，而且容易引起纠纷，故一般不宜接受。⑨特殊条款：在审证当中，除上述内容外，还可能出现超过合同规定的附加或特殊条款，如要求在目的港后加上指定码头、自由通道、自由港等字样，凡属这一类附加条件，一般不宜接受。

3. 改证

在审查信用证以后，如果发现问题，如发现有我方不能接受的条款时，应及时向开证人提出要求进行修改。修改信用证条款涉及有关当事人权利义务的改变，所以凡是对不可撤销信用证的修改，必须得到有关各当事人的同意方能办理。一般应由出口方向国外进口人（开证人）提出修改意见，征得其同意后，由进口人通过开证行办理修改手续。修改通知如同开立信用证一样，须通过银行转递，即由开证行航寄修改通知书或以电报、电传等电讯工具通知通知行，由通知行转交受益人，而不能由开证行直接通知或由进口人径寄受益人。在同一信用证上，如有多处需要修改的，原则上应一次提出。如果修改通知书涉及两项或两项以上的条款，按《跟单信用证统一惯例》（国际商会600号出版物）中规定：在受益人向通知修改的银行表示接受该修改之前，原信用证的条款对受益人仍然有效。受益人应发出接受或拒绝接受修改的通知。如受益人未发出上述通知，当它提交给指定银行或开证行的单据与信用证以及尚未表示接受的修改内容一致时，则该事实即视为受益人已做出接受修改的通知，并从此时起，该信用证已做修改。

如出口合同规定使用银行保证函或备用信用证，也应按同样原则进行审核，如有不符要求的内容，也按以上程序进行修改，直至其内容与出口合同相符或我方可以接受时为止。

## 三、托运、报关、保险

1. 托运

按 CIF、或 CFR 条件达成的出口合同，租船、订舱工作概由我方负责，除了数量较大需要整船运输的货物要委托外运机构办理租船外，一般都通过班轮运输，由外运机构按装运货物的特性和数量代订班轮舱位，订舱及装船。其程序如下：(1) 外运机构每月编印船期表分发外贸企业，内列航线、船名、国籍、抵港日期、截止收单期（即接受运输委托的最后日期），预计开始装船日期和挂港（即船舶停靠的港口）。(2) 进出口企业委托外运公司办理托运手续，填写托运单（Shipping Note），亦称“定舱委托书”，递送外运公司作为定舱依据。(3) 外运公司收到托运单后，审核托运单，确定装运船舶后，将托运单的配舱回单退回，并将全套装货单（Shipping Order）交给进出口公司填写，然后由外运公司代表进出口公司作为托运人向外轮代理公司办理货物托运手续。装货单，俗称下货纸。它是接受了托运人提出装运申请船公司或外轮代理公司签发给托运人，凭以命令船长签发承运货物装船的单据。(4) 货物经海关查验放行装船后，即由船长或大副签收“收货单”（也称大副收据，Mater's Receipt）。收货单是船公司签发给托运人的表明货物已装妥的临时收据，托运人凭收货单向外轮代理公司交付运费并换取正式提单。

2. 报关

报关是指出口货物装船出运前，向海关申报的手续。按照我国海关规定：凡是进出国境的货物，必须经由设有海关的港口、车站、国际航空站进出，并由货物所有人向海关申报，经过海关放行后，货物才可提取或者装船出口。我国的进出口公司在办理报关时，必须填写出口货物报关单，必要时还需提供出口合同副本、发票、装箱单或重量单、商品检验证书及其他有关证件，向海关申报出口。

3. 投保

凡按 CIF 条件成交的出口货物，在装船前均须按照合同和信用证规定向中国人民保险公司办理投保手续。货物装船后，应及时向买方发出“装船通知”以便对方准备付款、赎单、办理进口报关和收货手续。如为 CFR、FOB 等由买方自办保险的合同，及时发出“装船通知”尤为重要。

总之，履行出口合同必须重视货、证、运（船）的衔接，就外贸企业而言，尤其要扣紧货、证两个环节，如果货证脱节，或无货，或无证，不仅影响合同履行，还会对港口和运输工作造成被动和忙乱。因此，为了做好出口合同的履行工作，加强对出口合同的管理，建立以合同为中心的进程来记录制度，做好“四排”工作，即有证有货、有证无货、有货无证、无货无证。以便摸清货、证情况，及时发现问题，迅速采取措施，解决问题，保证出口合同顺利履行。

## 四、制单结汇

出口货物装出之后，如果采用信用证付款方式，外贸企业即应按照信用证的规定，正确缮制各种单据，并在信用证有效期和交单期内送银行办理议付结汇。制单时要严格注意各种单据应与信用证规定相符，即“单、证一致”“单、单一致”。

## （一）我国出口结汇的具体做法

在我国的出口业务中采用信用证支付方式比较多，对于这种信用证的出口结汇办法主要有三种：收妥结汇、定期结汇和出口押汇。

1. 收妥结汇

又称“先收后结”，指议付银行经审查外贸企业交来的单据，认定单证一致后，将单据寄往国外付款行索汇，当出口地银行在收到货款贷记其账户的通知时向受益人付款的方式。目前中国银行对可用电报索汇的信用证业务都以这个方法向受益人付款。此外，对单证不符的单据及大部分的托收业务，中国银行均做收妥结汇。

2. 定期结汇

指议付银行根据向国外银行索偿的邮程远近，预先确定一个固定的结汇期限，到期不管是否收妥票款，主动将应收款清算成人民币记入受益人账户。

3. 出口押汇

又称“买单结汇”，即国际上银行界通常采用的“议付”做法，指议付行在审单认可的情况下，按信用证的条款买入外贸企业（受益人）的汇票和单据，按照票面金额扣除从议付日到估计收到票款之日的利息和手续费，将净数按议付日外汇牌价折成人民币，付给外贸企业。银行买入跟单汇票后，就成为汇票的善意持有人，即可凭汇票向信用证指定的国外付款行或偿付行索取票款。

出口押汇是出口地银行对外贸企业的资金融通，使外贸企业在交单议付时即可取得货款，从而加速资金周转，有利于扩大出口业务。

## （二）对出口单据的要求

对于结汇单据，要求做到“正确、完整、及时、简明、整洁”。

1. 正确

制作单据必须正确，才能保证安全和及时收汇。在信用证方式下，要做到“单证一致”和“单单一致”。此外，还应注意单据与货物一致。这样，单据才能真实地代表货物。

2. 完整

必须按合同和信用证的规定提供种种单据。单据的种类、每一种单据的份数和本身的必要项目内容都必须完整，不能短缺或漏列。

3. 及时

制作单据必须及时，在信用证的有效期和交单期内送交银行办理议付结汇手续，争取尽早收汇。在可能情况下，最好在货物装运前，先行将有关单据送议付银行预审，以便有较充裕的时间检查和改正单据中可能出现的差错，如发现重大问题，也可及早由出口企业与开证人联系修改信用证，避免在货物出口后，因单证不符不能收汇，造成被动和损失。

4. 简明

单据内容应按信用证规定和国际贸易惯例填制，力求简明，切勿加列不必要内容，以免弄巧成拙。

5. 整洁

单据布局要美观、大方，缮写或打印的字迹要清楚，表面要洁净，更改的地方要加盖较对章，文字要注意规范化，有些重要单据，如提单、汇票等的金额、数量、件数、重量等主要项目，一般不宜更改。

### （三）主要结汇单据和相关凭证

1. 汇票

严格说来，汇票不是单据，而是一种票据，同时又是一种可以作为流通证券（negotiable instrument）使用的收款凭证。在出口贸易中，通常使用的是随附单据的“跟单汇票”。由于在实际业务中，凡提到“单、证一致”和“单、单一致”时，均把汇票当作单据的一部分。所以就这个意义来说，汇票也是一种单据。

汇票在出口交易中不是必不可少的。有时，常用发票替代汇票作为收款凭证。尽管如此，实际业务中，大多数国外开来的信用证（包括即期信用证）仍规定凭汇票支付。因此，在缮制时仍须认真对待，并注意以下问题：

（1）汇票必须列明出票依据，在信用证方式下，还应说明是根据哪家银行在何日开立的哪一份信用证出具的或按照来证规定文句填写，如信用证内没有规定具体文句，可在汇票上注明开证行名称、地点、信用证号码及开证日期。如属托收方式，汇票上可注明有关合同号码等。

（2）付款人的名称应视不同情况正确填写，在信用证方式下，应按信用证规定，付款人的名称有开证行、代付行，如信用证未具体规定付款人名称，则可以开证行作为付款人。在托收方式下付款人的名称一般应为国外买方。

（3）受款人应为银行。信用证方式下的汇票受款人通常应为议付行；托收方式下的受款人应为托收行。在国际业务中，填写受款人时，一般采用指示性抬头“Pay to the order of * * Bank（凭 * * 银行指示付款）”，汇票一般开具一式两份，两份具有同等效力，其中一份付讫，另一份自动失效。

2. 发票

（1）商业发票。发票通常是指商业发票（commercial invoice）。是卖方开立的载有货物名称、数量、价格等内容的清单，作为买卖双方交接货物和结算货物的主要单证，也是进出口报关完税必不可少的单证之一。

我国各进出口公司的商业发票没有统一格式，但主要项目基本相同，主要包括：发票编号、开制日期、数量、包装、单价、总值和支付方式等项内容。

我们在制作发票时应注意以下问题：①收货人：如属信用证方式，除少数信用证另有规定外，一般均应填写来证的开证申请人。如属托收方式，收货人一般为合同的买方。②对货物的名称、规格、数量、单价、包装等项内容的填制，凡属信用证方式，必须与来证所列各项要求完全相符，不能有任何遗漏或改动。如来证内没有规定详细品质或规格，必要时可按合同加注一些说明，但不能与来证的内容有抵触，以防国外银行挑剔而遭到拖延或拒付货款。如属托收方式，对上述内容应按照合同的规定结合实际装货情况进行填制。③如客户要求或信用证规定在发票内加列船名、原产地、生产企业的名称、进口许可证号码等，均可一一照办。④来证和合同规定的单价含有“佣金”，发票上应照样填写，不能以“折扣”字样代替。如来证和合同规定有“现金折扣”（Cash Discount）等字样。在收票上也应全名照列，不能只写“折扣”或“贸易折扣”等字样。⑤凡属信用证方式，发票的总值不能超过信用证规定最高金额，按照银行惯例的解释，开证银行可以拒绝接受超过信用证所许可金额的商业发票。⑥如信用人规定“选港费”（Optional Charges）、“港口拥挤费”（Port Congestion Charges）或“超额保费”（Additional Premium）等费用由买方负担，并允许凭本信用证支取的条款，可在发票上将各项有关费用加在总值内，一并向开证银行收款。但是如信用证内未做上述注明，即使合同中有此约定，也不能凭信用证支取。除非国外客户同意并经银行通知在信用证内加列上述条款，否则上述增加费用应另制单据通过银行托收解决。⑦由于各国法令或习惯不同，有的来证要求在发票上加注“证明所列内容真实无误”（或称“证实发票”，Certified Invoice）、“货款已经收讫”（或称“收妥发票”，Receipt Invoice）或有关出口人国籍、原产地等证明文句，我们应在不违背我国方针、政策和法令的情况下，酌情办理。出具“证实发票”时，应将发票的下端通常印有的“有错当查”（E. &O. E.）字样删去。⑧发票无须签署。

（2）海关发票（Customs Invoice）：某些国家的海关制定一种固定的发票格式，要求国外出口人填写，对这种发票有以下三种叫法：海关发票（Customs Invoice）；估价和原产地联合证明书（CCVO，即 Combined Certificate of Value and Origin）；根据＊＊国海关法令的证实发票（Certified Invoice in Accordance with ＊＊＊－Customs Regulations）。对上述三种叫法的发票在习惯上我们统称为海关发票。主要是作为估价完税或征收差别的待遇关税或征收反倾销税的依据。此外，还供编制统计资料之用。

我们在填定海关发票时一般应注意以下问题：①各个国家（地区）使用的海关发票，都有专用的固定格式，不得混用。②凡是商业发票上和海关发票上共有项目和内容，必须与商业发票保持一致，不得相互矛盾。③“出口国国内市场价格”一栏，其价格的高低是进口国海关作为是否征收反倾销税的重要依据。我们在填制这一栏时，应根据有关规定慎重处理。④如成交价格为 CIF 条件，应分别列明 FOB 价、运费、保险费，这三者的总和应与 CIF 货值相等。⑤签定人和证明人均须以个人身份出面，而且这两者不能为同一个人。个人签字均须手签方有效。

（3）领事发票（Consular Invoice）。有些国家，例如一些拉丁美洲国家、菲律宾等国家规定，凡输往该国的货物，国外出口人必须向该国海关提供经该国领事签证的发票。有些国家制定了固定格式的领事发票；也有一些国家则规定可在出口人的商业发票上由该国领事签证（Consular Visa）。领事发票的作用与海关发票基本相似。各国领事签发领事发票时，均需收取一定的领事签证费。如国外来证规定需由我方提供领事发票的条款，一般不接受，或由银行注明当地无对方机构，争取取消。特殊情况应按商务部有关的规定办理。

（4）厂商发票（Manufacturer's Invoice）。厂商发票是由出口货物的制造厂商所出具的以本国货币计算价格、用来证明出口国国内市场的出厂价格的发票。其目的也是供进口国海关估价、核税以及征收反倾销税之用。如果国外来证有此项要求，应参照海关发票有关国内价格的填制办法处理。

3. 运输单据

运输单据随不同的运输方式各异，海洋运输使用提单（Bill of Lading，B/L），铁路运输使用铁路运单（Railway Bill），航空运输使用航空运单（Airway Bill），邮包运输使用邮包收据（Parcel Post Receipt），多式联合运输时，则使用多式联运单据（Multimodal Transport Documents，M/T）。

运输单据必须由承运人或其代理人签发，并分情况注明货物已装船或已收妥待运或已经接受监管。如信用证指定为海运提单，则必须是已装船提单。除非信用证另有规定，可以是包括全部航程的转船提单或联运运输提单。对于任何“不清洁”或货物装于舱面的运输单据，除信用证特许外，银行均可拒绝接受。

根据《跟单信用证统一惯例》（UCP600）规定，信用证的装运期不应使用“迅速”“立即”“尽快”等类似词语。又如使用“于或约”（on or about）和同义词时，就当解释为在该指定日期前后各五天的期间内装运，起讫日期均包括在内。

由于提单是代表货物所有权的凭证，因而也是卖方提供各项单据中最重要的单据，所以在制作提单时必须注意提单的各项内容（如提单的种类、收货人、货物和名称和件数、目的港、有关收取运费的记载、提单的份数等）一定要与信用证相符。

在我方出口业务中，国外来证通常要求提供“全套、清洁已装船作成凭指示和空白背书的提单（full set of clean on board B/L made out to order and endorsed in blank）”。对此要求，当货物装船时就应十分注意，如果副收据上有“货物受损”或有“包装不良”等批注，凭以换取的提单，也将有同样批注，即成为“不清洁”提单。在实际业务中，除非信用证特别允许，银行一般都不接受“备运”和“不清洁”提单。所谓“全套提单”是指承运人在签发的提单上所注明的全部正本份数。一般是正本一式两份，信用证若无要求正本份数，一份也可构成全套。在托运人要求下，也可签发三份或更多份，各份正本提单具有相同的效力。但是，只要凭其中一份提了货，其余各份即失效。

已装船提单的日期应该是货物全部装上船的日期。如果货物实际装船完毕的日期已经超过信用证规定的装运期限，托运人（出口商）为了使提单符合信用证规定，做到单、证相符，以便议付收汇，凭出具的保函（Letter of Indemnity）要求船公司或其代理在提单上倒填装船日期，船公司或其代理如按此要求签发的提单习称“倒签提单”。又如，信用证规定的装运期即将届满或已经届满，但由于货物尚未备妥，或承运船只尚未到埠或因港口拥挤无法停靠码头接受装货，货物还未装船。为了设法要求船公司预先借出“已装船提单”，船公司或其代理应托运人要求预先签发给托运人的提单，习称“预借提单”。

倒签提单和预借提单是托运人和承运人串通弄虚作假的行为，一旦被揭露，其后果严重。这些做法在国际航运业务中是沿用已久的不良习惯做法。

提单的收货人（Consignee）习惯称为抬头人。一般的提单都做成“凭指定”（to Order）抬头或者“凭托运人指定”（to Order of ＊＊ Shipper）。这种提单抬头必须经托运人背书，才可流通转让，也有要求做成“凭＊＊银行指定”（to Order of ＊＊ Bank），一般是凭开证行指定。这种提单须该银行背书方可提货或转让。

除发票外的包括提单在内的一切单据上的货物名称，均可以用概括性的商品统称，不必列出详细规格，但不能与来证规定的货物特征相抵触。

提单的运费项目，在 CIF、CFR、CPT、CIP 条件下，应注明“运费已付”（Freight Prepaid）；如为 FOB/FCA 条件，则应注明“运费到付”（Freight to Collect）。除信用证另有规定，不必列出运费具体金额。

值得注意的是，铁路运单、航空运单和邮包收据与海运提单不同。它们只是承运人开立的货物收据，是承运人与托运人订立的运输合同的书面证明，但不是物权凭证，因此不能经背书转让。提货也不以交出运单为条件，而是由承运人直接通知收货人，由收货人在到货通知上签字证明收妥即可。所以，出口商在发货后，即使掌握单据，也无法控制货物。为此，银行在开立信用证时，通常要求以其本身或本身的分行或代理行作为运单的收货人。例如，我国通过国际铁路货物联运出口所使用的运单，随同货物从始发站至终点站全程附送，最后交给收货人。它既是铁路局承运货物的凭证，又是铁路局在终点站向收货人核收运杂费用和点交货物的依据；而运单副本在铁路加盖戳记证明货物的承运日期后发还托运人，作为托运人向收货人（买方）收取货款的主要凭证。

航空运单和邮包收据与铁路运单相似，货抵目的地后，收货人凭承运人的到货通知提取货物。由于航空运输到达的时间快捷，有关单证均要随机附去，以便收货人及时办理进口手续。

4. 保险单据

保险单据是保险人（即保险公司）与被保险人（即投保人，一般为进出口商）之间订立的保险合同。当被保险货物遭受保险合同责任范围以内的损失时，保险单据是被保险人索赔、保险人理赔的依据。在 CIF、CIP 合同中，出口商在向银行或进口商收款时，提交符合销售合同及/或信用证规定的保险单据是他必不可少的义务。在国际贸易中，货物运输保险单据如同海运提单一样，也可由被保险人背书随物权转移而转让。

在我国出口业务中使用的保险单据主要是保险单（Insurance Policy），俗称“大保单”。它是一种正规的保险合同，除载明被保险人的名称、数量或重量、唛头、运输工具种类和名称、承保险别、起讫点、保险期限、保险金额等项目外，还列有保险人的责任范围以及保险人与被保险人各自的权利、义务等方面的详细条款。保险凭证（Insurance Certificate），俗称“小保单”，是一种简化的保险合同。除对保险人的权利、义务等方面的详细条款不予载明外，其余的内容与保 险单相同，并且有与保险单同等的效力。所以，国外开的信用证一般均允许提交保险凭证。但在实际业务中，我国保险公司大都签发保险单，较少使用保险凭证。

5. 原产地证书

原产地证书（Certificate of Origin）是一种证明货物原产地或制造地的文件，供进口国海关采用不同的国别政策、国别待遇、差别关税和控制进口配额之用的一种国际贸易单证。在我国，原产地证书由国家质量监督检验检疫总局、中国国际贸易促进委员会、商务部三个机构签发。原产地证书可以分为以下四种类型：

（1）一般原产地证书（Certificate of Origin）。也称普通产地证书，通常用于不使用海关发票或领事发票的国家或地区，以确定对货物征税的税率。它也是国际贸易中使用最多的产地证。在我国，一般原产地证书系指中华人民共和国原产地证书，由中国国际贸易促进委员会或国家质量监督检验检疫总局出具，其格式、内容和项目完全一样，只是签发单位名称和签章不同。

（2）普惠制原产地证书格式 A（Generalized System of Preferences Form A，GSP FORM A），是受惠国的产品出口到给惠国时，产品享受普惠制关税减免待遇时必备的凭证。格式 A 证书由受惠国的出口商填制并申报，受惠国签证机构审核、证明及签发。签证机构还负责对已签证书的事后查询工作，答复给惠国对已签证书的查询。签证机构必须是受惠国政府指定的，其名称、地址以及印模都要在给惠国注册登记，向联合国贸发会议秘书处备案。在我国，国家质量监督检验检疫总局及所属机构是签发普惠制产地证书的唯一机构。

（3）欧洲经济共同体纺织品专用产地证（Europe Economic Community/Certificate of Origin），简称 EEC 纺织品产地证书，专门用于需要配额的纺织类产品，是欧共体进口国海关控制配额的主要依据。EEC 纺织品产地证书与 EEC 纺织品出口许可证的内容完全一致，均由出口国有关机构提供，我国专门由商务部签发。

（4）原产地声明书（Declaration of Country Origin），简称 DCO 产地证，又称为“美国产地证”，凡是出口到美国的纺织品，出口商必须向进口商提供该类原产地声明书，作为进口商清关的单据之一。声明书主要包括 A、B、C 三种格式。

6. 检验证书

检验证书分别用以证明货物的品质、数量、重量和卫生条件。这类证书一般由国家指定的相应的检验机构出具，也可以视不同情况，由中国国际贸易促进委员会或外贸企业或生产厂出具，证件的名称往往视检验的内容而定。但应注意证件名称及所列项目和检验结果应与出口合同和信用证规定相符。

7. 装箱单和重量单

装箱单和重量单是商业发票的补充单据，装箱单主要用于工业产品，对每件包装内的货物名称、规格、花色等逐一做详细说明，以便进口地海关检验，也便于进口商核对、使用和销售。装箱单又名规格明细单（Specification List）或详细包装单（Detailed Packing List）。是以重量计价的初级产品，则多采用重量单，载明每件商品的重量，有的还分别列明每件商品的毛重、净重。其作用与装箱单同。

以上是几种常用的单据，此外，还有船公司证明信、装船电报副本等。过去曾使用过的联合形式的单据，由于国外银行认为此单据不符合商业习惯，经常遭到国外银行拒绝接受。因此，为了保证收汇安全，除信用证另有规定之外，不宜使用联合形式的单据。

### （四）其他相关单据

1. 报验单

报验单也称检验申请单，是根据我国《商检法》规定，针对法定检验的进出口货物向指定商检机关填制和申报货物检验的申请单。其内容一般包括：品名、规格、数量（重量）、包装、产地等项。如需外文译文时，应注意中、外文内容一致。

填制“出口检验申请单”时，要注意按一种商品、一次出运、一个受货人为一批，提交时，应附合同和信用证副本等有关凭据。

2. 报关单

报关单是向海关申报进出口货物，供海关验关估税和放行的法定单据，也是海关对进出口货物统计的原始资料。根据货物进出口情况，又分为进口和出口货物报关单。其主要填写项目为：经营单位、贸易性质、贸易国别、原产国别、货名、规格及货号、成交价格、数量等。提交报关单一般应随附如下凭据：进出口许可证或批准文件、进出口货物提货单、装货单或运单；发票、装箱单、免税或免验的证明文件，必要时提交合同、产地证等有关单证。

3. 出口收汇核销单

出口收汇核销单是指由外汇管理局制发，出口企业凭此向海关办理出口报关，向外汇指定银行办理出口收汇，向外汇管理局办理出口收汇核销，向税务机关办理出口退税申报单统一编号和使用期限的凭证。

做法是：出口企业在货物出口前应事先向当地外汇管理局申请领取出口收汇核销单，并应如实填写有关货物出口的情况，货物报关验放后，海关在核销单上盖章，并与报关单上盖有“放行”图章的一联一起退出口单位，由出口单位附发票等文件送当地外汇管理部门备案。待售汇后，在结汇水单或收账通知单上填写核销单号码，向外汇管理部门销案。

4. 出口货物退税单

出口货物退税单即出口货物报关单中的退税专用联，格式与出口货物报关单完全相同，颜色为黄色，通关时由海关盖章标示货物已出口，出口单位凭此联作为证明，按规定时间向主管退税的税务机关申请退还出口货物所征的产品税或增值税。

## 五、违约与违约处理

在履行出口合同的全过程中，倘若买卖双方各自严格履行合同规定的义务，一笔国际货物买卖就得以圆满实现。但是，在实际业务中，有时难免会发生当事人一方不履行或不完全履行合同义务而导致另一方受到损害的情形。此时受损害一方有权按照惯例和法律采取一定的措施，使自己的损害得到补偿。

按国际贸易惯例和一般法律规则，由于卖方不交货或交货的品质、数量、包装或时间不符合合同规定，构成违约时，根据违约的情况和程度，买方可以采取的办法有：向卖方要求损害赔偿、推迟履行、减低价格、交付替代货物、修理或宣告合同无效等。

由于买方不支付货款、不接收货物或不完全按照合同的规定支付货款、接收货物，卖方可以采取的办法有：向买方要求损害赔偿、推迟履行或宣告合同无效。

必须指出的是，当一方违反合同而采取任何一种处理办法时，都不影响受损害一方要求损害赔偿的权利。损害赔偿额应与受损害一方所遭受的包括利润在内的损失额相等；但以可预料到合理损失为限；而由于受害方未采取合理措施使用可能减轻而未减轻的损失，应在赔偿金额中扣除。

# 第二节　进口合同的履行

进口合同签订以后，我们要坚持“重合同，守信用”的原则，及时履行合同义务，同时，也要随时督促对方按合同规定履行交货义务，以防止对方拖延履约或借故毁约。履行进口合同的主要环节是：

## 一、开立信用证

进口合同签订后，按照合同规定填写开立信用证申请书，向有关中国银行办理开证手续。信用证的内容应与合同条款一致，例如品质规格、数量、价格、交货期、装货期、装运条件及装运单据等应以合同为依据，并在信用证中一一做出规定。

信用证的开证时间应按合同规定办理。如合同规定在卖方确定交货期后开证，我们应在接到卖方上述通知后开证；如合同规定在卖方领到出口许可证或支付履约保证金后开证，应在收到对方已领到许可证的通知，或银行通知保证金已照收后开证。

对方收到信用证后，如提出修改信用证的请求，经我方同意后，即可向银行办理改证手续。最常见的修改内容有：展延装运期和信用证有效期、变更装运港口等。

## 二、租船订舱和催装

FOB 价格条件下的进口合同，租船订舱应由我方负责。目前，我方进口货物的租船订舱工作统一委托外运公司办理。如合同规定，卖方在交货前一定时期内应将预计装运日期通知我方。我方在接到上述通知后，应及时向外运公司办理租船订舱手续。在办妥租船订舱手续后，我方应按规定的期限通知对方船名船期，以便对方备货装船，同时，我方还应随时了解和掌握卖方备货和装船前的准备工作情况，注意催促对方按时装运。对数量大或重要物资的进口，如有必要亦可请我驻外机构就地了解、督促商人履约，或派员前往出口地点检验监督。国外装船后，卖方应按合同规定的内容，用电报通知我方，以便我方办理保险和接货等项手续。

## 三、保险

FOB 或 CFR 价格条件下的进口合同，保险由我方办理。海运进口货物的保险由我进出口公司委托中国对外贸易运输公司统一办理，并由外运公司同中国人民保险公司签订预约保险合同，其中对各种货物应保险别做了具体规定。按照预约保险合同的规定，所有按 FOB 及 CFR 条件进口货物的保险，都由中国人民保险公司承保。因此，每批进口货物，在收到国外装船通知后，将船名、提单号、开船日期、商品名称、数量、装运港、目的港等项内容通知保险公司，即作为已办妥保险手续。

## 四、审单和付汇

中国银行收到国外寄来的汇票及单据后，对照信用证的规定，核对单据的份数和内容。如内容无误，即由中国银行对国外付款。同时进出口公司用人民币按照国家规定的有关折算的牌价向中国银行买汇赎单。进出口公司凭中国银行出具的“付款通知书”向用货部门进行结算。如审核国外单据发现证、单不符时，要立即处理，要求国外改正，或停止对外付款。

## 五、报关和接货

进口货物到货后，由进出口公司或委托外运公司根据进口单据填具“进口货物报关单”向海关申报，并随附发票、提单及保险单。如属法定检验的进口商品，还须随附商品检验证书。货、证经海关查验无误，才能放行。

进口货物运达港口卸货时，港务局要进行卸货核对。如发现短缺，应及时填制“短缺报告”交由船方签认，并根据短缺情况向船方提出保留索赔权的书面声明。卸货时如发现残损，货物应存入于海关指定仓库，待保险公司会同商检局检验后做出处理。

## 六、验收和拨交

进口货物须经商检局进行检验。如有残损短缺，凭商检局出具的证书对外索赔，对于合同规定在卸货港检验的货物，或已发现残损短缺有异状的货物，或合同规定的索赔期即将期满的货物等，都需要在港口进行检验。

在办完上述手续后，进出口公司委托中国对外贸易运输公司提取货物并拨交给订货部门，外运公司以“进口物资代运发货通知书”通知订货部门在目的地办理收货手续。同时通知进出口公司代运手续已办理完毕。如订货部门不在港口，所有关税及运往内地费用由外运公司向进出口公司结算后，进出口公司再向订货部门结算货款。

## 七、进口索赔

进口商品常因品质、数量、包装等不符合合同的规定，而需向有关方面提出索赔。根据造成损失原因的不同，进口索赔的对象主要有三种：

1. 向卖方索赔

凡属下列情况者，均可向卖方索赔。例如，原装数量不足；货物的品质、规格与合同规定不符；包装不良致使货物受损；未按期交货或拒不交货等。

2. 向轮船公司索赔

凡属下列情况者，均可向轮船公司索赔。例如，货物数量少于提单所载数量；提单是清洁提单，而货物有残缺情况，并且属于船方过失所致；货物所受的损失，根据租船合约有关条款应由船方负责等。

3. 向保险公司索赔

凡属下列情况者，可向保险公司索赔。例如，由于自然灾害、意外事故或运输中其他事故的发生致使货物受损，并且属于承保险别范围以内；凡轮船公司不予赔偿或赔偿金额不足抵补损失的部分，并且属于承保险别范围以内的。

在进口业务中，办理对外索赔时一般应注意以下几个方面：

1. 关于索赔证据

对外提出索赔需要提供证件，首先，应制备索赔清单，随附商检局签发的检验证书、发票装箱单、提单副本。其次，对不同的索赔对象还要另附有关证件。向卖方索赔时，应在索赔时证件中提出确切根据和理由，如系 FOB 或 CFR 合同，尚须随附保险单一份；向船公司索赔时，须另附由船长及港务局理货员签证的理货报告及船长签证的短卸或残损证明；向保险公司索赔时，须另附保险公司与买方的联合检验报告等。

2. 关于索赔金额

索赔金额，除受损商品的价值外，有关的费用也可提出。如商品检验费、装卸费、银行手续费、仓租、利息等，都可包括在索赔金额内。至于包括哪几项，应根据具体情况确定。

3. 关于索赔期限

对外索赔必须在合同规定的索赔有效期限内提出，过期无效。如果商检工作可能需要更长的时间，可向对方要求延长索赔期限。

4. 关于卖方的理赔责任

进口货物发生的损失，除属于轮船公司及保险公司的赔偿责任外，如属卖方必须直接承担的责任，应直接向卖方要求赔偿，防止卖方制造借口向其他方面推卸理赔责任。

目前，我方的进口索赔工作，属于船方和保险公司责任的由外运公司代办；属于卖方责任的由进出口公司直接办理。为了做好索赔工作，要求出口公司、外运公司、订货部门、商检局等各有关单位密切协作，要做到检验结果正确，证据属实，理由充分，赔偿责任明确。并要及时向有关方面提出，力争把货物所受的损失如数补偿。

# 本章小结

通过本章学习，明确国际贸易合同的履行对于交易双方而言，既是经济行为，又是法律行为。合同签订后，就必须按合同规定履行各自的责任与义务。熟练掌握履行合同的一般程序和重要环节，并明确出现违约和纠纷行为时的处理方法。

## 【中英文术语】

海关发票 Customs Invoice

领事发票 Consular Invoice

厂商发票 Manufacturer's Invoice

原产地证书 Certificate of Origin

普惠制原产地证书 Generalized System of Preferences Certificate of Origin

## 【思考题】

**一、简答题**

1. 简述履行出口合同需要做哪些工作。
2. 修改信用证应注意哪些问题?
3. 出口公司缮制出口单据要注意哪些问题?
4. 简述履行进口合同的主要程序有哪些。
5. 出口备货应注意哪几个问题?
6. 出口企业审证的内容一般包括哪几个方面?

**二、单项选择题**

1. 根据《UCP500》的规定，海运提单中货物的描述（　　）。

A. 必须与信用证规定完全一致

B. 必须使用货物的全称

C. 只要与信用证对货物的描述不相抵触，可使用货物的统称

D. 必须与商业发票的填写完全一致

2. 海关发票及领事发票（　　）。

A. 都是由买方国家有关部门提供的

B. 都是由卖方国家有关部门提供的

C. 前者由买方国家提供，后者由卖方国家提供

D. 前者由卖方国家提供，后者由买方国家提供

3. 商业发票的抬头人一般是（　　）。

A. 受益人　　B. 开证申请人

C. 开证银行　　D. 卖方

4. 信用证中只规定了议付的有效期，而未规定装运期，则根据《UCP500》的规定，（　　）。

A. 装运的最终期限与信用证的到期日相同

B. 信用证必须经过修改才能使用

C. 该证无效

D. 装运期可视为与信用证有效期相差一个月

5. 出口报关的时间应是（　　）。

A. 备货前　　B. 装船前

C. 装船后　　D. 货到目的港

6. 新加坡一公司 8 月 10 日向我方发盘欲购某货物一批，要求 8 月 16 日复到有效，我方 8 月 11 日收到发盘后，未向对方发出接受通知，而是积极备货，与 8 月 13 日将货物运往新加坡。不巧，遇到市场行情变化较大，该货滞销，此时（　　）。

A. 因合同未成立，新加坡客商可不付款

B. 因合同已成立，新加坡客商应付款

C. 我方应向新加坡客商发出接受通知后才发货

D. 我方应赔偿该批货物滞销给新加坡客商带来的损失

7. 信用证修改通知书的内容在两项以上者，受益人（　　）。

A. 要么全部接受，要么全部拒绝　　B. 可选择接受

C. 必须全部接受　　D. 只能部分接受

8. 一份 CIF 合同下，合同与信用证均没有规定投保何种险别，交单时保险单上反映出投保了平安险，该出口商品为易碎品，而其他单据与信用证要求相符。因此（　　）。

A. 银行应拒收单据　　B. 买方将拒收单据

C. 买方应接受单据　　D. 银行应接受单据

三、判断题

1. 不符点的出现只要征得议付行同意并拟付完毕，受益人即可不受追偿地取得货款。（　　）

2. 我国对外经济活动中达成和履行合同必须符合法律的规范，其中包括有关的双边或多边国际条约，与我国进出口货物出口贸易关系最大的一项国际条约是国际货约。（　　）

3. 一张未记载付款日期的汇票，可理解为见票后 21 天付款。（　　）

4. 由出口地银行根据开证银行的授权，按信用证的规定审单认可购进出口商的汇票

和所附的货运单据，扣除利息后将票款垫付给出口商的过程称为议付。（　　）

5. 在买方已经支付货款的情况下，即使买方享有复检权，也无权向卖方提出索赔。（　　）

6. 在信用证支付方式下，开具汇票的依据是信用证，而在托收和汇付的方式下，开具汇票的依据是买卖合同。（　　）

7. 进口和出口货物在进出境环节办理了进出境手续，经海关放行后，即意味着结关。（　　）

8. 一般进出口货物必须在进出境环节交纳进出口税费。（　　）

9. 进口货物许可证是进口通关证据之一，凡列入“实施进口许可证商品目录”的进口货物，必须申领进口许可证。否则，货物到达进口港后，海关不予以放行。（　　）

10. 航空货运单和海洋运单一样，是可以转让的。（　　）

## 四、案例分析

1. 北京东方贸易公司与荷兰维尔丝公司于2005年5月按CIF条件签订了出口某商品的合同，支付方式为不可撤销即期信用证。荷兰维尔丝公司7月通过银行开来信用证，经审核与合同相符，其中保险金额为发票金额的110%。我方在备货期间，荷方又通过银行向我方开出信用证修改书，内容为将保险金额改为发票金额的120%。我方未予理会，按原证规定投保、发货，并在货物装运后在信用证有效期内，向议付行议付货款。议付行议付货款后将全套单据寄开证行，开证行以保险单与信用证修改证书不符为由拒付。问：开证行做法是否有道理？为什么？

2. 某公司以CIF鹿特丹与外商成交一批货物，按发票金额110%投保一切险及战争险。买卖合同中的支付条款规定为“Payment by L/C”。国外来证条款中有如下语句“Payment under this credit will be made by us only after arrival of goods at Rotterdam.”（该证项下的款项在货到鹿特丹后由我行支付）。受益人在审证时未发现，因此，未请对方修改。我方某公司在交单结汇时，议付行也未提出异议。不幸60%货物在途中被大火烧毁，船到目的港后开证行拒付全部货款。问：开证行拒付是否合理？为什么？

3. 某国公司以CIF鹿特丹出口食品1000箱，即期信用证付款，货物装运后，凭已装船清洁提单和已投保一切险及战争险的保险单，向银行收妥货款，货到目的港后经进口人复验发现以下情况：（1）该批货物共有10个批号，抽查20箱，发现其中两个批号涉及200箱内含沙门氏菌超过进口国标准；（2）收货人只实收998箱，缺少2箱；（3）有15箱货物外表情况良好，但箱内货物共短少60千克。试分析以上情况，进口人应分别向谁索赔？

## 五、操作题

仔细阅读下面的商业发票，并根据商业发票填空：

| | | |
|---|---|---|
| 1. 出口商名称： | 2. 发票抬头人： | 3. 发票号码： |
| 4. 发票日期： | 5. 合同号码： | 6. 付款方式： |
| 7. 起运地（港）： | 8. 目的地（港）： | 9. 运输方式： |

10. 货物描述：　　11. 货物总净重：　　12. 货物总毛重：
13. 价格条件：　　14. 单价：　　15. 佣金：
16. 总值（含佣）：　　17. 唛头：　　18. 证明文句：
19. 出票人：

广东省纺织品进出口针织品有限公司

GUANGDONG TEXTILES IMP. &EXP. KNITWARS COMPANY LIMITED

15/F. , GUANGDONG TEXTILES MANSION 168 XIAO BEI ROAD GUANGDONG CHINA

商业发票

COMMERCIAL INVOICE

Messrs:

JOHNSON'S S. A.
NUBLE 1034
SANTIAGO
CHILE

INVOICE NO. : YSM1999B
INVOICE DATE : OCT. 05, 1997
L/C NO. : 524250
L/C DATE : AUG. 20, 1997
S/C NO. : GD - 2509

Exporter:

GUANGDONG TEXTILES IMP. &EXP.
KNITWEARS COMPANY LIMITED.
15/F. , GUANGDONG TEXTILES MANSION
168 XIAO BEI ROAD GUANGZHOU, CHINA.

Transport details:

FROM HUANGPU TO SAN ANTONIO
W/T HONG KONG BY VESSEL

Terms of payment:

BY L/C

| MARKS AND NUMBERS | DESCRIPTION OF GOODS | QUANTITY | UNIT PRICE | AMOUNT |
| --- | --- | --- | --- | --- |
| JOHNSON'S<br>97KCS05107<br>SAN ANTONIO<br>CHILE<br>NO. 1 - 80<br>MADE IN CHINA | GARMENTS (100% COTTON<br>JERSEY BABY'S OVERALL) | 4000PCS | USD1. 50/PC | USD6000. 00 |
| JOHNSON'S<br>97KCS05111<br>SAN ANTONIO<br>CHILLE<br>NO. 1 - 80<br>MADE IN CHINA | GARMENTS (100% COTTON<br>JERSEY BABY'S BEATLE<br>WITH SHAP WITH A SMALL<br>EMB ON NECK) | 4000PCS | USD1. 60/PC | USD6400. 00 |

续表

| |
|---|
| CFRC3% SAN ANTONIO ··· USD12400. 00<br>LESS C3　　USD372. 00<br>——————————<br>CFR SAN ANTONIO　　USD12028. 00<br>TOTAL QUANTITY: 8000PCS PACKING: 160CARTONS<br>TOTAL WEIGHT : NET WT. : 1000KGS GROSS WT. : 1200KGS<br>TOTAL: U. S. DOLLARS TWELVE THOUSAND AND TWENTY - EIGHT ONLY.<br>WE GERTIFY THAT THE GOODS NAMED HAVE BEEN SUPPLIED IN CONFORMITY<br>WITH S/C NO. GD - 98TX2509<br>GUANGDONG TEXTILES IMP. &EXP.<br>KNITWEARS COMPANY LIMITED |

# 第七篇

# 国际贸易方式

国际贸易方式是指营业地在不同国家或地区的当事人之间进行货物买卖所采取的具体交易方法和商品流通渠道。贸易方式是在买卖双方交易过程中根据不同商品、不同地区和不同对象的需要形成的。由于国际间交易的商品种类繁多，交易地区和交易对象的习惯做法各不相同，所以国际贸易方式也多种多样。当前国际贸易方式中最基础、最主流的是一般贸易方式。一般贸易方式又称逐笔售定，是指买卖双方就某一商品交易条件反复磋商，通过询盘、发盘、还盘、接受等程序达成交易，签订合同、履行合同的单边进口或单边出口的贸易方式。进入21世纪以来，随着互联网、物流等基础设施建设的快速发展和移动互联网、大数据、云计算、区块链技术不断兴起的推动下，国际贸易方式也在创新发展，出现了许多新型贸易方式，主要有跨境电商、“市场采购”、外贸综合服务企业、数字贸易和区块链贸易等。除了逐笔售定的一般贸易方式外和新型贸易方式外，其他贸易方式还有经销、寄售、代销、加工贸易、招标投标、拍卖、加工贸易、对销贸易、期货贸易等。本书前面各篇主要介绍了逐笔售定的一般贸易方式，本篇将介绍新型贸易方式和其他贸易方式。

# 第十七章　新型国际贸易方式

**学习目标**

通过本章学习，了解当前出现的新型国际贸易方式的类型、特点；掌握跨境电子商务的内涵、类型；理解市场采购贸易方式与一般贸易方式的区别；理解外贸综合服务企业的服务内容；了解数字贸易和区块链贸易的内涵和发展。

## 第一节　跨境电子商务

当前人类社会已由工业时代进入信息时代。信息技术，特别是互联网技术从根本上改变了全球商务运作方式，也推动了跨境电子商务国际贸易方式的迅猛发展。

### 一、跨境电子商务的相关概念

#### （一）电子商务与跨境电子商务

电子商务（Electronic Commerce，E－commerce）在实践中有广义和狭义两种理解。狭义的电子商务是指通过互联网寻找商机并完成交易的行为，如网上采购、网上支付、网上拍卖与网上订阅等。广义的电子商务，又称电子业务（E－business），是指通过现代信息技术手段从事各种商务活动的行为，它不仅指产品和服务的买卖，还包括客户服务、商业伙伴之间的合作、网上学习和企业内部的电子交易。狭义的电子商务强调的是网上交易过程，而广义的电子商务更广泛，包含了企业所有用网络实现的各种商业活动。目前，国际上越来越倾向于从广义的角度来理解电子商务。

跨境电子商务（Cross－border E－commerce）有广义和狭义两种内涵。广义的跨境电子商务是指分属不同关境的交易主体，通过电子商务手段从事各种商业活动的行为。狭义的跨境电子商务是指分属不同关境的交易主体，通过网络形式达成交易并完成支付结算，并通过跨境物流送达商品、完成交易的一种商品交易活动。根据中国海关总署

2014 年第 12 号公告，为促进跨境电子商务零售进出口业务发展、方便企业通关、规范海关管理、实现贸易统计，增列海关监管方式代码“9610”，全称“跨境电子商务”。

跨境电子商务与一般电子商务相比主要有以下特征：

（1）跨境电子商务涉及报关活动，这是跨境电子商务区别于一般电子商务的明显特征。海关是一个国家主权的象征，主要从事征收关税、取缔违法物品和行为的活动。跨境电子商务要求海关能够提供高效迅速的报关流程，建立综合报关信息系统和改进海关作业程序是实现这一目标的有效方式。

（2）跨境电子商务涉及大量的贸易合同和单证。这些贸易合同和单证涉及运输、报关、保险、结算等多个环节。

（3）跨境电子商务中的结算方式比一般电子商务更复杂。一般电子支付包括接触式与非接触式的信用卡及“电子钱包”。跨境电子商务中的结算支付则需要使用电开信用证、电子信用证等。

（4）跨境电子商务的风险不仅存在于交易过程中，它与国际形势、贸易政策、市场管理方式都有密切关系。

### （二）无纸贸易与贸易便利化

无纸贸易（Paperless Trading）是指在国际贸易链各个参与方（供应商、采购商、海关、行政机构、银行、物流公司等）之间利用信息技术手段，实现参与方应用系统间标准化的业务数据传输和处理，以完成交易活动的过程。无纸贸易强调在进出口商之间以及与国内外贸易服务机构、政府机构等进行的商业数据，特别是商业单证的电子化传输过程。

贸易便利化（Trade Facilitation）是指使用新技术和其他措施，简化和协调与贸易有关的程序和行政障碍，降低成本，推动货物和服务更好地跨国流动。无纸贸易是贸易便利化的手段。单一窗口系统（Single Window System）建设是国际倡导的贸易便利化的实现目标。单一窗口是指，企业与不同贸易伙伴和不同贸易相关方进行数据交换时，通过单一的数据交换渠道就可以一次性完成所有数据提交，完成数据传输和无纸贸易运行。单一窗口模式是跨国无纸贸易流程整合的最终目标。

## 二、跨境电子商务的分类

### （一）按交易主体分类

1. 企业与消费者之间的跨境电商，即 B2C（Business to Consumer）跨境电商

这种模式下的企业直接面对国外消费者，以销售个人消费品为主，货物的运送主要采用航空快递等方式。这种模式拉近了消费者与企业的距离，提高了交易效率，节省了开支。目前中国跨境电子商务 B2C 模式已经成为最主要的跨境进口电商模式。B2C 虽然市场交易额较小，但增速非常迅速。如天猫国际、亚马逊、京东全球购等。

2. 企业与企业之间的跨境电商，即 B2B（Business to Business）跨境电商

早期的 B2B 跨境电商模式下，企业运用电子商务平台发布广告和商品信息，达成合同和物流基本在线下完成，本质上与传统贸易没有区别，已纳入海关一般贸易统计。B2B 跨境电商最典型的代表是阿里巴巴国际站。世界各地中小企业可通过在阿里巴巴国际站注册会员，在自己主页发布企业和产品信息，也可通过平台找到需要的货源。当前 B2B 跨境电商已有很大发展。例如，敦煌网已经形成整合交易、支付、物流、服务甚至融资的外贸网络外销系统，形成了一个流畅简易的销售供应链。

3. 消费者与消费者之间的跨境电商，即 C2C（Consumer to Consumer）跨境电商

通常所谓“海外代购”即属于这种模式。海外代购是基于互联网与国际物流，为购买者提供代理购买海外产品并从中赚取代理费等相关费用的服务。典型的 C2C 跨境电商平台是“洋码头”。海外买手在该平台直播，销售他们在国外商场看到的名牌服装、鞋、配饰和母婴用品等。购物流程是：消费者先付定金，之后海外买手进行代购，代购到商品后消费者付全款，买手通过国际快递发货，消费者收到商品后确认。

## （二）按经营平台分类

1. 企业自营平台

自营企业指自己生产和销售的企业，通常是生产商。企业通过建立自己的网站，或通过服务平台注册网上黄页或发布销售或采购信息。大型生产企业甚至建立自己的买方或卖方交易平台，将交易对象整合，提高供应链管理效率。

企业自营平台给予企业极大的自主权，企业可以根据自己的经营目标灵活调整网上经营战略。这类经营主体往往有较高的知名度，否则网上营销成本投入较大。

2. 独立销售平台

独立销售平台是指独立销售平台运营商与生产商签订协议，或由供应商提供产品，进行统一定价销售的独立跨境电商平台。独立销售平台主要面向海外终端消费者或海外零售商。

独立销售平台的收入主要来源于销售价格与进货成本的差额，以及额外的服务费。独立销售平台不仅提供物流配送、支付、融资等业务，还需要维持自身运营，提高市场竞争力，因此比较注重进货产品和渠道的管理，并及时把握市场走向。

3. 第三方服务平台

第三方服务平台是独立于供需双方，向供需双方提供一揽子服务的服务运营平台。第三方服务平台本身不直接参与交易过程，而仅提供网上服务平台或服务机制，为供需双方提供相互选择的环境或基础设施，包括整合信息、撮合交易或提供综合服务，如支付、物流、保险、报关等。

第三方服务平台的收入来源于产品销售佣金、服务费、会员费等。第三方服务平台的运营要注意提供安全稳定的技术平台和公平可信的交易规则。前者要保证平台交易的安全性，消除企业网络安全隐患；后者要保证企业在平台竞争的公平性，通过建议信用

机制，障碍市场信息对称，让优质企业在平台上获得长久发展。第三方服务平台中买卖双方通过双边或多边市场博弈形成的规则体系是维系平台发展的关键因素。

4. 代运营平台

代运营平台是指建立自己的网络销售渠道或销售管理中心，承揽网络销售的外包业务，替生产厂家或者外贸经营者从事网上销售的服务商。

代运营平台凭借自己的网络营销技巧和销售渠道优势与生产厂家建立外包合作关系，以生产厂家名义进行网络销售，收取一定比例的收入提成或佣金。

### （三）按物流模式划分

1. 国际邮政小包

国际邮政小包（International Postal Parcel）是指通过万国邮政体系实现商品的进出口，运用个人邮包形式进行发货。国际邮政小包在目前的跨境电商中使用较多，且占较大比例。据不完全统计，我国目前跨境电商有超过60%是通过邮政体系运输的。在国际邮政小包中，使用较多的有中国邮政、比利时邮政、俄罗斯邮政和德国邮政等。国际邮政小包的优点是价格便宜、清关方便等，缺点在于递送时效慢，丢包率高，非挂号件无法跟踪，在商品体积、重量、形状等方面局限性较大。随着各国清关政策的收紧，国际邮政小包的优势受到挑战。

2. 国际快递

国际快递（International Express Service）是指商品通过国际快递公司进行物流与配送，如UPS、FedEx、敦豪（DHL）、顺丰快递等。国际快递的优点是时效性高、丢包率低等，但价格偏高，特别是偏远地区的附加费更高，且含电、特殊类商品无法速递。

3. 海外仓

海外仓（Overseas Warehouse）是指在跨境电商的目的国预先租赁或建设仓库，通过国际物流预先把商品送达仓库，然后通过互联网销售商品，当接到顾客订单后从海外仓库发货和配送。一些国家贸易监管机构对于跨境海外仓业务还提供保税监管，可以减少进出口商在海外仓压货的资金压力。海外仓是跨境电商与跨境物流的一大突破，可以解决国际邮政小包和国际快递的短板，如物流时效、物流成本、海关商检、本土化、退换货等问题。但海外仓的租赁、建设与运营也需要专业人员和资金，对供应链系统管理也有更高要求，预测供需数量和及时补货等工作对海外仓业务有关键作用。

4. 国际物流专线

国际物流专线（International Logistics Line）是针对特定国家或地区的跨境专线递送方式。物流起点终点、运输工具、运输路线、运输时间基本固定。国际物流专线的物流时效比国际邮政小包快，物流成本比国际快递低，且保证清关，比较适用于固定线路的跨境电商。但其区域局限性较大。国际物流专线包括航空专线、港口专线、铁路专线、大陆桥专线以及固定多式联动专线，如中欧班列、中俄专线、渝新欧专列、顺丰深圳—台北全货机航线等。

5. 集货物流

集货物流（Goods Consolidation）是指先将商品运输到本地或当地的仓储中心，达到一定数量或形成一定规模后，通过与国际物流公司合作，将商品运到境外买家手中，或将各地发来的商品先进行聚集，再批量配送，或者同类跨境电商企业组成战略联盟，成立共同的跨境物流中心，利用规模优势或优势互补的理念，降低国际物流成本。如米兰网在广州和成都自建了仓储中心，商品在仓储中心聚集后，通过与国际快递合作，把商品发往国外。

## 三、跨境电子商务对国际贸易的影响

### （一）加速外贸业务运作电子化趋势

外贸业务包括交易准备阶段、交易磋商阶段和合同履行阶段，跨境电子商务推动了外贸业务各个阶段的电子化发展。

1. 交易准备阶段

传统贸易方式是通过面对面或函电往来获取交易信息。如外贸业务人员通过出国考察，参加国际商品交易会等形式来寻找商机。而跨境电商企业可以通过网络渠道发布信息、产品广告，建立网上主页，向国外客户提供在线商品目录，在线传递交易信息，为企业节约各种交易费用。

2. 交易磋商阶段

跨境电商方式下，传统的纸质合同和签字方式被电子订单取代。有安全措施的电子邮件或在线交流完全取代传真和传统邮件。互联网电子数据交换（EDI）实现了数据一次性录入而共享的目标。申领进出口许可证、租船订仓、报关、报验等环节全部实现电子化。

3. 跨境电商企业将在物流、资金流和信息流三方面进行有效整合

互联网电子数据交换使外贸业务流程和单据的传输自动化，外贸企业可以集中精力提升和发展核心业务，提高竞争力。

4. 合同履行阶段。

### （二）推动外贸专业服务升级

传统外贸业务涉及的物流、信息流和资金流基本上是双边和线性的，而跨境电商业务却具有多边、网络化和扁平化特征。跨境电商开展交易平台、物流系统和支付平台等相关服务时，不必由同一个国家的服务商提供，从而能够发挥比较优势，提供更加专业化的外贸服务，有助于形成规模经济，推动外贸专业服务升级。

### （三）简化外贸交易环节

传统外贸业务有相当大一部分收益要支付给代理商、批发商等贸易中介，导致传统

外贸利润不高。跨境电商借助多平台提供的一体化服务，可以低成本地绕过贸易中介，实现生产者与消费者的无缝对接。从而减少贸易中介成本，只需要支付给跨境电商平台佣金，增加外贸企业利润，降低消费者的支付成本。

（四）重构外贸产品价值链

传统外贸企业中有很大一部分主要从事出口加工贸易，处于在国际产品价值链的最底端。外贸企业通过跨境电商平台可以绕过贸易中介，直接面对外国消费者，掌握消费者的偏好，为产品后续研发做铺垫，降低企业经营风险。产品种类多样化和规模小型化是跨境电商业务的重要性，有助于增加企业生产方式的灵活性。通过跨境电商平台，外贸企业可将偶然获得的大额订单发包给同类资质企业共同生产。提高企业产能灵活性，有助于提升我国企业与国际品牌厂商的谈判要价能力，在国际产品价值链中获得有利地位。

（五）实现贸易方式的创新

传统中小型外贸企业往往面临资金紧张、人才缺乏的困难，难以进行大规模的国际市场开发，国际市场份额较小。跨境电商改善了中小企业的发展环境，能够切实降低企业交易费用，提高信息传递效率，简化国际贸易流程，降低国际贸易市场的准入门槛，改变传统贸易方式，实现贸易方式的创新。

## 第二节　市场采购贸易方式

### 一、市场采购贸易方式的含义和特点

（一）市场采购贸易方式的含义

市场采购贸易方式是指符合条件的经营者（境内外企业和个人）在经国家商务主管部门认定的市场集聚区采购商品，且单票报关商品货值15万（含15万）美元以下、并在采购地办理出口商品通关手续的贸易方式。市场聚集区是指各类从事专业经营的商品城、专业市场和专业街。根据中国海关总署2014年相关文件，增列海关监管方式代码“1039”，全（简）称“市场采购”。

市场采购贸易方式自2014年11月1日在浙江省义乌市正式实施以来，全国陆续有4批共14个不同省市的市场集聚区被作为试点。包括江苏海门叠石桥国际家纺城、常熟服装城、湖北武汉汉口北国际商品交易中心、浙江省海宁皮革城、广东广州花都皮革皮具市场、山东临沂商城工程物资市场、河北白沟箱包市场、温州（鹿城）轻工产品交易中心、泉州石狮服装城、湖南高桥大市场、亚洲国际家具材料交易中心、中山市利和灯博中心、成都国际商贸城等。市场采购贸易方式这一外贸新形态正在快速发展、成效斐然。

### （二）市场采购贸易方式的特点

1. 单向性

市场采购贸易方式仅限于商品出口，不含商品进口。

2. 普遍性

境内法人和自然人均可向商务主管部门申请获得从事市场采购贸易的经营资格。

3. 特定性

市场采购贸易仅指市场聚集区内合法经营的商品贸易，即市场和商品的特定性。

市场采购贸易方式兴起于浙江义乌，义乌市市场聚集区也是我国第一个市场采购贸易试点。义乌小商品市场经营 26 大类、180 多万种商品，被称为“全世界最大的小商品批发市场”。截至 2019 年，义乌市场采购贸易经营者备案户数 64761 家。义乌市市场采购贸易方式出口额占义乌外贸出口的 80% 以上，成为义乌最主要的出口贸易方式。

## 二、市场采购贸易方式与一般贸易方式的区别

### （一）贸易形态的区别

1. 市场采购是中小微企业依托国际专业市场进行贸易

在市场采购贸易方式下，国外采购商在中国境内的市场聚集区（国际化专业市场）向中小微企业市场经营户下单采购，以内贸形式完成交易，并在中国境内完成收货和验货，再委托货代将货物运输至国外，该贸易活动本质仍是外贸。国际化专业市场为中国商品进入国际市场提供了便利渠道，大大降低了中小微企业参与国际贸易的门槛。以国际专业化市场为依托，中小微企业不需要花费高额成本“走出去”开拓国际市场，只需要在市场中接待世界各地的采购商。市场采购贸易形态激活了中小微企业参与国际贸易的活力，推动了新型贸易方式的发展。

2. 市场采购的采购商先境内交易后安排国际运输

在一般贸易方式下，外商向中国外贸公司下订单，货物生产和采购完成后由外贸公司（发货人）发货给外商（收货人）。在市场采购贸易方式下，买卖双方在中国境内先完成交易，国外采购商既是国内的发货人，又是国外的收货人。国际货代在货物运输和通关过程中处于核心地位。各市场经营户将货物运送给国际货代，货代进行拼箱组柜后，完成租船订舱，将货物运至目的港。同时，货代委托一家外贸公司作为名义上的出口主体，完成报关报检工作。因此，市场采购的货款通常在货物出港后三个月左右，在中国境内以人民币方式完成结算。而一般贸易方式下货款通常以美元通过信用证、托收或汇付等国际结算方式来完成。

3. 市场采购是小额、批量和多批次的即兴采购

（1）在商品特征方面。一般贸易方式下的交易商品特征是金额高、大批量、成套化等。而市场采购方式下的交易商品主要是小商品，具有单批金额少、品种多，采购批次

频繁等特点。出口小商品种类覆盖 30 多个行业、1500 多个大类，30 多万种。市场采购多用集装箱拼柜出口，每个集装箱内通常有十几种，甚至上百种小商品。

（2）在外商采购模式方面。一般贸易方式下，外商通常采取定产品、定品牌、定供应商的定向采购模式。进口商先制定采购计划，确定采购方向和采购价格等因素，然后与出口商签约和履行合同。而市场采购方式下，外商往往不能事先确定采购什么，而是面对市场内琳琅满目、种类繁多的小商品，对样品满意后才当场即兴采购，并用人民币现金付款，完成交易。这种交易方式也无法事先确定价格和供应商。

### （二）外贸操作的区别

1. 报关

（1）在海关商品归类方面。一般贸易方式下，出口商品归类按照《商品名称及编码协调制度》规定的类、章、品目、子目进行归类。而在市场采购贸易方式下，根据海关总署 2014 年相关文件规定，每票报关单随附的商品清单所列品种在 10 种以上的适用简化申报和商品归类措施，包括：对符合规定的商品，以中华人民共和国进出口税则中“章”为单位进行归并；每“章”按价值最大商品的税号作为归并后的税号，价值、数量等也相应归并。例如，塑料餐具、塑料盒、塑料盆和塑料手套等 10 种以上同章节商品出口报关时，按原来的做法要分项填写，费时费力。现在仅需要按货物总值最大的塑料餐具的“3924100000”税则号填写报关单即可。在市场采购贸易方式下，小商品的税则号从 8000 多个简化到 98 个。

（2）在报关单填制方面。以市场采购方式出口的商品，在报关单“发货单位”栏除应填写对外贸易经营者单位名称外，需一并在“备注栏”填写采购人的身份信息（姓名、国籍和身份证或护照号码）。申报时除按规定提交相关纸质报关单证或电子数据信息外，一并提交完整的装箱清单、商户与采购人进行商品交易的原始单据、采购人身份证件复印件等纸质单证或电子数据信息。

2. 报检

一般贸易方式下，检验检疫主要流程为：报检人持单据向产地的检验检疫机构报检，检验检疫机构审核单据并计费，然后转施检部门实施检验检疫。检验检疫机构受理报检时坚持产地检验检疫，所以一般贸易方式下报检单的“产地”填写货物的实际生产地。一般贸易方式下的检验适用于大批量、单一品种商品。

市场采购贸易方式下，出口商品有单批数量少、品种多、货值低、周转快、交易频繁、产地多等特点，如果采用原有的检验方式就可能造成检验周期长、成本高、效率低、手续复杂、监管针对性不强等问题。根据《市场采购出口商品检验监督管理办法（试行）》规定，以“市场采购”贸易方式出口的商品不再实行生产地检验，而是采取采购地检验、口岸查验的检验监管方式。市场采购贸易经营者凭符合性声明、市场购销凭证、备案证明、身份信息复印件、装箱清单等资料，直接或委托报检公司向采购地检验检疫部门报检、直接或委托报关公司向采购地海关报关出口；除应在“发货单位”栏填写市场采购贸易经营者名称外，还须在“备注栏”注明采购商身份信息。

3. 收汇和退税

一般贸易方式下，为了对境内企业出口项下一切外汇实行跟踪管理和监督，国家外汇管理局实行收汇核销制度。企业出口收汇需要出口收汇核销单（出口退税专用），否则无法办理退税。个人主体难以收结汇。

在市场采购贸易方式下，允许符合条件的外贸经营户和境外个人开立外汇结算账户，由外贸主体个人收结汇。出口商品既可由市场采购贸易经营者收结汇，也可由其代理出口的市场经营户个人收结汇。由市场经营户个人收结汇的，符合条件的市场经营户个人首先须开立外汇结算账户，再凭代理协议、出口货物报关单正本等办理收结汇；外汇管理局则对试点的市场采购贸易经营者企业的贸易真实性实行主体总量核查。

市场采购贸易方式下，出口退税实行增值税免征不退。即出口商品直接免征增值税（包括以增值税为计税依据的城建税、教费附加和地方教育附加等），在征收方式上采取不征不退的方式，即市场集聚区的市场经营户未取得或无法取得增值税发票的货物均可以市场采购贸易方式出口，也不再需要出口收汇核销单。

## 三、市场采购贸易方式的优势

### （一）提升贸易便利化

以市场采购方式申报出口的小商品可实现海关 24 小时全程电子通关、简化申报、智能卡口验放、出口商品增值税征/退管理方式简化等便利化举措，进一步提高市场采购出口商品通关便利。

### （二）降低贸易风险和成本

市场采购贸易方式下，出口商品可在市场所在地办理出口通关手续，市场经营户无须将商品运至口岸海关再办理通关，可以降低物流成本，提高通关效率，大大降低贸易风险和经营成本。

### （三）共享专业市场贸易平台

市场采购贸易方式下，中小微企业共享商贸流通和国际专业市场平台，构筑对接国际市场的便利通道，可以激发中小微市场主体活力，增强中国小商品国际竞争力，提升国际化水平，推动外贸增长。

### （四）解决小商品出口瓶颈

小商品出口质量管理与追溯是制约中国小商品出口的瓶颈问题，而市场采购贸易方式通过贸易规范化、贸易主体本地化等措施，有利于建立小商品出口质量溯源体系，推动小商品国际贸易发展。

# 第三节　外贸综合服务企业

## 一、外贸综合服务企业的含义

2017 年 9 月 25 日，商务部、海关总署、税务总局、质检总局、外汇局等五部门，联合下发《关于促进外贸综合服务企业健康发展有关工作的通知》。《通知》首次明确了外贸综合服务企业的定义。现阶段，外贸综合服务企业是指具备对外贸易经营者身份，接受国内外客户委托，依法签订综合服务合同（协议），依托综合服务信息平台，代为办理包括报关报检、物流、退税、结算、信保等在内的综合服务业务和协助办理融资业务的企业。综服企业是代理服务企业，应具备较强的进出口专业服务、互联网技术应用和大数据分析处理能力，建立较为完善的内部风险防控体系。

2001 年，中国最早利用互联网技术、改造进出口服务流程的 BPO（Business Process Outsourcing）平台——深圳“一达通”服务有限公司正式成立。2014 年，一达通成为阿里巴巴全资子公司。依托阿里巴巴强大的后台功能，一达通获得了更强大的社会资源、客户资源和金融资源，逐步发展成可为全国中小微企业提供通关、退税、外汇、物流、融资等一站式服务的外贸综合服务平台，形成跨境电商 O2O 的交易闭环。目前，阿里巴巴一达通已经成为全球最大外贸综合服务平台。

## 二、外贸综合服务企业的服务内容

外贸综合服务企业提供的服务，除了包括代办出口报关、物流、退税等基本服务，还包括为企业垫付货款、退税款等融资服务，这就意味着这类企业的功能比传统的外贸公司更加专业、更加全面。外贸综合服务企业主要提供以下服务：

### （一）通关服务

在通关和退税环节上，外贸综合服务企业因在海关具备较高的信誉，且提供垫付退税款等业务，可有效改善通关和退税速度慢的问题。我国海关对企业通关实行分类管理制度，级别较高的企业可以享受相应的通关便利措施，外贸综合服务企业凭借自身较高的报关资质获得较高的优先级，帮助中小企业缩短通关时间，提高通关效率。对经认定的外贸综合服务企业，海关可以优先办理货物申报、查验、放行手续，检验检疫部门可以实施无纸化报检、通关，原产地证无纸化签证等便利化通关模式。

### （二）物流服务

外贸综合服务企业还能根据客户不同的业务范围、货品种类，制订最佳的物流方案，提供海运、空运、陆运及多式联运等多种经济高效的运输方式，业务遍及全球各地，客户可以在线查看运费、在线比价、在线下单，有的外综服企业还与快递公司合作，提供上门取件、门到门服务，大大满足客户的个性化需求。在运输费用方面，外综服企业通过化零为整的方式，集货运输，有效降低运输费用。在运输安全方面，外综服企业以其平台优势，与船公司及货代签订协议，服务更加有保障。

### （三）金融服务

资金实力弱是中小企业普遍存在的问题。中小企业力量薄弱，很难在金融机构获得贷款支持，外综服企业则集合了大量中小企业的融资需求，可以作为整体与银行对接。信用证付款方式下收款期限长，中小企业没有能力审核信用证，外综服企业推出信用证融资、信用证买断等服务，不但使中小企业有效规避风险，还能加速资金周转。在出口退税方面，外综服企业对符合国家退税标准的商品提前支付退税款，虽然中小企业需要支付一定的融资利息，但付款及时大大加快了资金周转的速度。此外，赊销买断服务不仅可以打消企业不敢接单的顾虑，也在一定程度上解决了企业的资金问题。

### （四）供应链管理服务

外贸供应链管理是外贸综合服务企业未来的发展方向。具体是向国际贸易供应链品牌运营商转型，向采购链与销售链两端延伸，而非仅限于线下和线上的外贸业务流程环节服务。这应该是外贸综合服务企业与跨境电商最大的不同，前者重点在跨境供应链管理服务方面，后者重点在跨境流程服务方面，而跨境供应链管理服务包括了跨境流程服务。

## 三、外贸综合服务企业的积极作用

外贸综合服务企业是基于我国外贸事业和互联网技术发展而诞生，主要面向中小企业的外贸服务新业态，对中小型外贸企业的发展具有积极作用。

### （一）提高出口效率，促进企业健康的发展

外贸综合服务企业将通关、物流、结汇、退税、融资等服务集中在互联网平台上，能集合众多中小企业的业务资源向政府部门申请批量化办理业务，利用自身较高的外贸资质水平帮助中小企业缩短通关时间、提高物流效率、加快结汇和退税回款。通过外综服企业，中小企业的出口通关时间能够缩短至 6 小时，退税回款能缩短到 1 天，极大提高了企业的出口效率。

### （二）增加融资渠道，缓解企业的资金压力

中小微型外贸企业普遍面临自有资金不足、资产负债率高、抵御风险能力弱等困境，基于对风险的控制，银行系统一般不会为中小企业提供金融服务。而民间融资担保公司或者小额贷款公司的贷款利率又偏高，中小企业往往无法长期承担高额的贷款成本。外

综服企业可以为中小型企业提供众多的贸易融资产品，如应收、应付账款融资，出口退税融资，存货融资等各类货权的抵押质押授信融资。如“阿里巴巴一达通”外贸综合服务平台联合多家银行，为中小企业提供超级信用证、一达通流水贷、结算宝、保单贷等一揽子金融服务，解决国际贸易中的融资难问题。此外，外贸综合服务企业的出现还促进了外贸交易产业链中供应链金融服务的发展。供应链金融服务简单概括起来就是指供应链条中的核心企业利用自身的资信与银行达成协议，使整个供应链中众多上下游中小型企业都能获得银行融资安排，极大拓宽了融资渠道。

#### （三）发挥规模效益，增强企业的谈判能力

外贸综合服务企业平台集聚了数以万计的企业资源，平台能够以“团购”的方式提高自身与外贸环节中各部门的谈判能力。如在外贸通关方面，海关会按照企业的级别高低来安排通关时间，对级别高的企业缩短通关时间；在物流方面，平台能够以庞大的业务量与物流公司进行谈判取得价格优惠，以“阿里巴巴一达通”为例，其在物流费用方面能享受25%的价格优惠；在出口退税方面，税务部门会对符合退税标准的外贸资质高的企业提前支付退税款，而中小企业是享受不到这种优待的；在融资方面，外贸综合服务企业能够以平台整体融资量与银行对接，利用庞大的融资规模提高议价能力、缩短放贷时间，从而降低中小企业的融资成本。

#### （四）集聚外贸数据，创造平台示范效应

外贸综合服务企业集聚了众多买家和卖家的信息以及各国的安全等级资料，一方面，可以为出口企业提供买家的资信报告及各国家的安全等级，制作《市场分析报告》《风险评估报告》等，帮助出口企业提高对买家以及国际市场的认知度；另一方面，国外的买家可以利用平台数据库快速寻找到适合自己的出口企业，能更好地判断出口企业的实力与信用，从而帮助买卖双方迅速实现合作和匹配。

## 第四节　数字贸易和区块链贸易

### 一、数字贸易

#### （一）数字贸易的相关概念

当前，随着互联网技术的快速发展与全面普及，传统国际贸易受到互联网技术的影响，逐渐呈现出数据化流动趋势，形成了新型国际贸易方式——数字贸易。数字贸易兴起的基础是数字经济。

1. 数字经济（Digital Economics）

伴随着信息技术、互联网技术的飞速发展，数字经济高速增长、快速创新，成为世界经济增长的新引擎，也对国际贸易产生着深刻影响。数字经济在《二十国集团数字经济发展与合作倡议（2016）》中被首次明确定义为：数字经济是以使用数字化的知识和信息作为关键生产要素、以现代信息网络作为重要载体、以信息通信技术的有效使用作为效率提升和经济结构优化的重要推动力的一系列经济活动。

中国信息通信研究院发布的《中国数字经济发展白皮书（2017 年）》在“数字经济”定义的基础上进一步总结归纳了数字经济的七个特征：第一，数据成为新的关键生产要素；第二，数字技术创新提供源源不断的动力；第三，信息产业的基础性先导作用突出；第四，产业融合是推动数字经济的主引擎；第五，平台化、生态化成为产业组织的显著特征；第六，线上线下一体化成为产业发展的新方向；第七，多元共治成为数字经济的核心治理方式。

2. 数字贸易

数字经济的不断发展对全球贸易结构和方式产生了影响，从而产生了数字贸易。目前学术界和业界对“数字贸易”概念尚未达成一致共识。

（1）国际官方机构报告对数字贸易的研究。2017 年美国贸易代表办公室（USTR）发布的《数字贸易的主要障碍》报告认为，“数字贸易”应当是一个广泛的概念，不仅包括个人消费品在互联网上的销售以及在线服务的提供，还包括实现全球价值链的数据流、实现智能制造的服务以及无数其他平台及应用。澳大利亚政府认为，数字贸易不只是在线上购买商品和服务，还包括信息和数据的跨境流动。经合组织认为，数字贸易是指数字技术赋能于商品和服务贸易，同时涉及数字和物理的传输。

（2）国内学术和研究机构对数字贸易的研究。中国信息通信研究院 2019 年 12 月发布的《数字贸易发展与影响白皮书（2019）》认为，“数字贸易”是指信息通信技术发挥重要作用的贸易形式，其不仅包括基于信息通信技术开展的线上宣传、交易、结算等促成的实物商品贸易，还包括通过信息通信网络（语言和数据网络等）传输的数字服务贸易，如数据、数字产品、数字化服务等贸易。浙江大学发布的《世界与中国数字贸易发展蓝皮书（2018）》认为，数字贸易是以现代信息网络为载体，通过信息通信技术的有效使用，实现传统实体货物、数字产品与服务、数字化知识与信息的高效交换，进而推动消费互联网向产业互联网转型并最终实现制造业智能化的新型贸易活动，是传统贸易在数字经济时代的拓展与延伸。

总体来说，数字贸易的概念在发展过程中不断完善。早期的研究认为，数字贸易标的物仅包括数字产品与服务贸易，未将有形货物贸易纳入。这种定义比较狭隘，与经济现实相脱节。最近的研究将实体货物也纳入数字贸易的交易标的中，强调数字贸易是由数字技术实现的贸易。

## （二）数字贸易特征

1. 数字贸易的突出特征是贸易方式的数字化和贸易对象的数字化

贸易方式的数字化是指信息技术和数字技术深入融合渗透在贸易活动的各个环节，如电子商务、线上广告、数字海关、智慧物流等新模式和新业态带来贸易效率的提升和贸易成本的降低。而传统贸易方式下，贸易活动需要固定的交易场所、纸质外贸单据和证明文件，采用国际海运或国际铁路等运输方式。数字贸易是对传统贸易方式的数字化升级。

贸易对象的数字化是指数据和以数据形式存在的产品和服务贸易，包括：（1）研发、生产和消费等基础数据；（2）图书、影音、软件等数字产品；（3）通过线上提供的教育、医疗、社交媒体、云计算、人工智能等数字服务。传统贸易的交易对象主要是实体货物。数字贸易是对传统贸易对象的数字化拓展。

2. 数字贸易的产生源于数字经济的发展和全球化分工

传统贸易产生于第一、第二、第三次工业革命背景下，蒸汽机、电力和通信技术推动了生产方式的改变和国际贸易的繁荣发展。而数字贸易产生于第三、第四次工业革命背景下，数字技术使得原有的通信、传输方式发生重大变革，推动不同经济主体间紧密联系，形成更高效、更频繁的分工、协同和共享关系。商品交易更加高效、有序、广泛，中小微企业获得更多参与国际贸易的机会。数字商品的可贸易程度大幅度提升，催生出一系列新模式和新业态。

3. 数字贸易的认识根据贸易商品类别可分为三个层次

目前国际上对数字贸易尚未形成统一的认识，数字贸易的议题经常出现在电子商务、数字经济等会议和谈判中。此外，由于各国数字经济、数字贸易的发展水平不一，对数字贸易商品范围的接受程度也存在差异。一般来说，数字贸易的商品类别可分为以下三个层次：第一层，以货物贸易为主，认为数字贸易等同于电子商务；第二层，加入了图书、影音、软件等最常见的数字产品，开始涉及服务贸易领域；第三层，加入“数字赋能服务”，如电信、互联网、云计算、大数据等数字经济时代的新兴产业。

4. 数字贸易可能打破现有国际贸易规则体系，并对国际贸易监管模式构成挑战

传统贸易方式下，各国海关、商务等监管部门，WTO 等国际组织是贸易的主要监管机构；各国国内的贸易制度、国际贸易协定是约束贸易行为的主要法律规范。

数字贸易方式下，信息技术和数字技术的应用导致贸易方式和贸易商品等基础贸易条件的变化。一方面，原有贸易分工和分配模式发生改变，国际贸易规则面临重构；另一方面，碎片化的小单货物贸易、日益复杂的数字服务，对贸易监管部门和新兴数字产业监管部门构成了巨大挑战。

## （三）数字贸易对中国形成全面开放新格局的积极意义

1. 有利于拓展对外贸易的组织形态

目前，数字贸易已培育出多种贸易新业态和新模式：一方面，数字贸易背景下，碎

片化的订单、个性化的需求使跨境电子商务这种新型贸易方式蓬勃发展；另一方面，数字贸易促进了多种产业深度融合，催生了包括采购、仓储、加工、配送和信息服务在内的一体化供应链管理模式。数字贸易对培育贸易新业态新模式具有重要意义，对外贸易的业态和模式将朝着更开放、更融合的方向发展。

2. 有利于实现贸易强国的宏伟目标

数字贸易利用互联网的开放性，将链条式的传统贸易转至统一的互联网平台，减少了中间环节，为中国中小企业参与国际贸易创造了有利条件。发展数字贸易，以信息化、标准化、集约化为导向，加快信息技术在流通领域的创新应用，促进线上线下融合，对推动中国贸易增长具有重要意义，有利于中国早日实现从贸易大国到贸易强国的转变。

3. 有利于参与数字贸易国际规则的制定

中国通过积极发展数字贸易，积累了大量的经验，在国际市场上具有先发优势。通过积极参与中美、中欧等经贸谈判平台，率先开展全球数字贸易规则的讨论，有利于中国掌握数字贸易规则制订的话语权，同时有助于中国制定和实施高水平的贸易自由化政策。

4. 有利于增强全球网络的辐射能力

中国是世界贸易大国，国际贸易网络和生产网络已经形成并且正在深入发展。至于服务网络，无论是消费品出口所需的售后服务网络，还是为全球生产基地提供的服务网络体系，都在逐步完善。数字贸易将进一步推动中国贸易、生产和服务网络的纵深发展，提高网络各节点间的协同化水平，有效增强其对全球网络的辐射能力，这对于推动形成全面开放新格局具有重要战略意义。

5. 有利于获取竞争优势的创新源泉

传统国际贸易方式下，国际竞争优势主要由市场结构、市场行为等外生性因素以及异质性资源和企业能力等内生性因素决定。数字贸易则强调消费者个性偏好、贸易生态系统等的关键性作用。数字贸易下的信息资源是无限的、可共享的。贸易信息的质量、时效和共享将成为国际贸易新竞争优势的关键因素。此外，数字贸易为中国广大中小微企业创造了更加公平的贸易机会。发展数字贸易有助于中国培育国际竞争新优势，形成集普惠、集约、个性为一体的国际贸易生态系统。

## 二、区块链贸易

### （一）区块链贸易相关概念

1. 区块链（Block Chain）

区块链是比特币的一个重要概念，本质上来说，区块链是一个去中心化的数据库，它作为比特币的底层技术，实际上是一串采用密码学方法关联之后产生的数据块，每一个数据块中都含有一次比特币网络交易的信息，这个信息用来检验信息的有效性并且生成下一个区块。狭义来说，区块链是一种按照时间顺序将数据区块以顺序相连的方式组合成的一种链式数据结构，并以密码学方式保证的不可篡改和不可伪造的分布式账本。区块链主要解决交易中的信任机制和安全问题。

区块链主要有以下技术特性：

（1）去中心化。传统经济活动通常依靠中心化方案解决交易或支付问题，即通过特定中介或政府信用作背书，将所有价值转移计算放在一个中心服务器中，所有参与者均基于唯一中心化的人或机构的信任而进行交易。而区块链具有高度透明、有弹性和高效的分布式数据库的形式，可以瓦解任何包含重要信息的集中控制系统。使数据系统的多中心化、多方参与成为常态，有利于参与记录的多方存储与维护，相较于传统第三方中介或中心管制也节省大量人力和交易成本。

（2）无须事先信任。在区块链系统中，参与者可以在事先不了解对方基本信息的情况下进行交易，即不需要第三方验证（即信任），而是使用具有加密经济激励的强大共识机制来验证数据库中交易的真实性。从而改变了传统模式中以第三方为中心的信任模式，实现了“无信任的信任”。因此，即使在有强大或敌对的第三方试图阻止用户参与的情况下，区块链仍然具有安全性和稳定性。

（3）开放性和自治性。区块链系统是开放的，除交易各方的私有信息被加密外，区块链的数据对所有人公开，任何人都可以通过公开的接口查询和获取区块链数据，整个系统具有信息的高度透明性。同时，区块链采用基于协商一致的规范和协议，由点对点网络中的分布式共识机制对数据信息进行验证和记录。因此，整个系统中的所有节点都能够在去信任的环境下自由安全地交换数据，消除了对可信的中介实体的需要，也使任何人为的干预不能发挥作用，从而获得自治性。而数据信息由每个节点共同维护，也使得信息一旦被验证并添加至区块链，便具有永久性、不可篡改性和安全稳定性。

（4）智能合约。智能合约是由计算机化协议所执行的合同条款，即该合约是以计算机语言编写，再由机器自动执行的协议。

2. 区块链贸易

基于区块链技术的特性和优点，区块链正迅速渗透到国际贸易的各个方面，从贸易金融到通关和认证，从运输物流到保险、从知识产权到跨境支付。区块链技术正颠覆传统贸易方式，推动国际贸易方式创新和发展。2019 年 11 月，国务院发布《关于推进贸易高质量发展的指导意见》，《意见》明确提出，“推动互联网、物联网、大数据、人工智能、区块链与贸易有机结合，加快培育新动能”。目前各界对区块链贸易的定义尚未给出统一的共识，这里认为区块链贸易是指应用了区块链技术的国际贸易方式。

### （二）区块链贸易方式的优势

1. 利用数字化和智能合约，降低贸易成本

在区块链贸易方式下，所有贸易合同、业务单据等文件都可以通过智能合约实现数字化、模块化的存储，当交易条件满足时会立即触发交易的执行。相对于传统贸易方式，区块链际贸易可以大幅度降低文件签发、传输和存储等方面成本，又可以有效避免文件

丢失、破损等问题。

2. 利用去中心化和透明性，提高信息处理效率

区块链技术的去中心化是使区块链贸易中不存在类似交易所、中央数据平台等中介机构，任何参与方均可以利用 P2P 网络直接进行通信和交易。而且，区块链具有透明性，区块链中存储的单据和交易等信息可以在该笔交易所有相关方间共享，节省了传统国际贸易业务模式中待确认业务单据、交易信息等在不同参与机构间的频繁传输过程。因此，区块链贸易的去中心化和透明性可以将传统国际贸易业务流程扁平化，实现了贸易流程的精简和处理效率的提高，大幅度缩短国际贸易中跨境支付的结算时间，可以有效规避跨境支付时滞及汇率波动所带来的交易风险。

3. 利用共识自治和匿名性，保障信息真实可信

基于区块链的共识机制，国际贸易各业务环节的执行均需要相关交易方共识确认，可以有效遏制传统国际贸易方式中伪造公章、签订虚假合同等欺诈行为。利用区块链的共识机制，在交易前由海关、银行等机构进行贸易双方的身份确认和资质认证，提高交易方信用水平，进一步保障业务的安全性。同时，区块链还具有匿名性，即区块链中只存储贸易活动相关方的地址，且该地址均由一串无法解密的散列值编码构成。在无特殊授权情况下，任何参与方的真实身份都无法被辨识，可以促进交易方在业务确认过程中的中立性。

4. 利用防篡改和可溯源特性，实现贸易记录追本溯源

区块链系统中的记录信息存储于区块中，并且根据时间先后顺序进行链接，任何区块中的任何信息被修改都会导致所有后续区块数据的变更。在数据高度一致的区块链系统中，数据被篡改的参与方很容易通过对比检测出来。同时，存储于区块链中的数据不可删除，任何有效的信息修改只是在原有数据后进行追加操作，任何数据都可以根据该数据的散列值在区块链中被检索出来。该技术可以应用在基于区块链贸易的食品溯源项目，以实现对食品从出厂到货物销售的全称监控，降低食品掺假风险，保障食品质量安全。

## 本章小结

本章重点介绍了目前在中国对外贸易领域出现的新型国际贸易方式。通过理解跨境电商、市场采购、外贸综合服务企业、数字贸易和区块链贸易的含义、类型、外贸操作方式，以及新型贸易方式与传统贸易方式的比较，有利于我们了解中国对外贸易的发展新形势、新变化，加深对新型国际贸易方式的认识。

## 【中英文术语】

电子商务 Electronic Commerce
跨境电子商务 Cross-border E-commerce
无纸贸易 Paperless Trading
贸易便利化 Trade Facilitation
B2C Business to Consumer
B2B Business to Business
C2C Consumer to Consumer
国际邮政小包 International Postal Parcel
海外仓 Overseas Warehouse
市场采购贸易 Market Purchase Trade
外贸综合服务企业 Foreign Trade Comprehensive Service Enterprises
数字贸易 Digital Trade
区块链 Block Chain

## 【思考题】

### 一、简答题

1. 什么是跨境电子商务？它和一般电子商务相比有哪些特征？
2. 什么是 C2C 跨境电商？
3. 市场采购贸易方式的特点是什么？
4. 外贸综合服务企业的服务内容有哪些？
5. 数字贸易有哪些积极意义？

### 二、单项选择题

1. 与传统外贸形式不同的是，跨境电子商务对（　　）依赖度大幅下降。

A. 买卖合同　　B. 代理合同
C. 寄售合同　　D. 拍卖合同

2. 海外代购是（　　）模式下的产物。

A. B2B　　B. B2B2C
C. B2C　　D. C2C

3. 外贸综合服务企业为客户提供的（　　）服务，具体包括进出口报关和代办通关用各种文件。

A. 通关　　B. 金融
C. 检验　　D. 物流

4. 外贸综合服务企业所提供的信用证方面的具体相关服务，包括开证、代收、审证、交单和买断融资等。这些服务属于（　　）。

A. 物流　　B. 通关

C. 退税　　D. 金融

5. 目前，阿里巴巴一达通的服务对象主要是（　　）。

A. 国内卖家　　B. 海关

C. 国外买家　　D. 银行

6. 市场采购贸易方式适用简化申报和归类措施，每票报关单随附的商品清单所列商品品种在（　　）以上的可以按中华人民共和国进出口税则中的“章”进行归类。

A. 5　　B. 8

C. 10　　D. 20

7. 市场采购贸易方式进行的业务只涉及（　　）。

A. 出口+进口　　B. 出口

C. 进口　　D. 国内贸易

8.（　　）是跨境电商的核心要素，也是跨境电商成功达成交易的重要引导性要素。

A. 物流　　B. 资金流

C. 信息流　　D. 代理商

9. 区块链技术主要解决交易中的（　　）问题。

A. 运输问题　　B. 保险问题

C. 信息问题　　D. 安全问题

10. 市场采购方式下，出口商品在（　　）报检。

A. 产地　　B. 采购地

C. 第三地　　D. 进口国

**三、判断题**

1. 外贸综合服务企业通常提供物流服务，而不提供外贸方面的金融服务。（　　）

2. 对中心微企业而言，外贸综合服务企业所提供的服务属于其非核心业务。（　　）

3. 我国目前的跨境零售电商业务主要以进口为主。（　　）

4. 阿里巴巴一达通是为中小微企业提供外贸综合服务的大型外贸企业。（　　）

5. 传统贸易方式通常依靠中心化方案解决交易或支付问题。（　　）

6. 数字贸易与跨境电子商务的内涵相同。（　　）

7. 市场采购贸易方式下，出口商品不收取增值税。（　　）

8. 单一窗口模式是跨国无纸贸易流程整合的最终目的。（　　）

9. 外贸综合服务企业是主要面向大型外贸企业的服务平台。（　　）

10. 市场采购方式下，由外国采购商向商品产地检验机构报检。（　　）

**四、案例分析**

1. 阿里巴巴在跨境电商领域实行的是一种比较积极的圈地方式。电商交易涉及信息流、物流和资金流“三驾马车”，信息流在速卖通，菜鸟负责物流，蚂蚁金服负责资金流。到2017年，速卖通联合支付宝已经打通全球220多个国家和地区的资金渠道，和海外200多家金融机构达成合作，支付18种货币结算，覆盖了海外的所有主流支付方式，为全球用户铺设了一条安全、快捷的跨境线上支付的绿色通道，在不同国家和地区可以提供差异化本地货币的服务。速卖通联合菜鸟物流极大提高了海外的配送效率，菜鸟物流已经开辟跨境专线16条、跨境仓库74个，超过90家物流合作伙伴，货达220多个国家和地区。现在通过速卖通的海外仓，西班牙马德里的用户下单5小时后就可以收到来自中国的小米手机。试分析阿里巴巴的经营策略和发展前景。

2. 我国一供货商同一自称来自俄罗斯、在行业内排名第五的客户，通过跨境电商平台进行磋商，卖家在其网站浏览过，发现其产品线非常多，有关我们的供货产品却非常少。假设真如客户所说是当地排名在前的企业，依靠买家在当地的影响力，新产品能够很快打开市场。试问如何进一步判断跨境电商平台上买家背景的真实性?

3. 按相关规定，我国进口化妆品需要收50%的进口税，而数码产品、手表类征收30%的进口税，金银首饰及文化用品等商品征收税率最低为10%。除了进口关税，目前我国进口产品进入流通环节还要收17%增值税。国内消费者在通过跨境电商平台代购这些海外商品时，不需要缴纳这些税。这种看法是否正确，为什么?

4. 通过查找资料分析说明如下案例的实现流程：家住上海浦东的林女士从顺丰快递员手中收到了两箱原产于美国的星巴克星冰乐咖啡，一共24瓶，每瓶单价8.5元。而她家楼下的便利店里，同样的商品每瓶25元。为什么同样一瓶咖啡能便宜将近70%呢?

# 第十八章 其他国际贸易方式

**学习目标**

通过本章的学习，了解经销和代理、招投标和拍卖、寄售和展销、加工贸易和对销贸易、期货贸易的基本概念、性质和特点；理解和掌握各种贸易方式利弊、明确使用不同贸易方式的注意事项。

## 第一节 经销与代理

### 一、经销

#### （一）经销的概念及性质

1. 经销的概念

经销（Distribution）是指进口商（即经销商，Distributor）根据他与国外出口商（即供货商，Supplier）达成书面协议，承担义务在规定期限和地域内购销指定商品的做法。

按照经销权限的不同，可将经销贸易方式分为两种类型：

（1）一般经销（General Distribution），也称定销。经销商不具有独家经营权，供货商可以在同一时期、同一地区内，委托一个或一个以上经销商销售同类商品。但不同于逐笔售定，当事人除签有专门的买卖合同外，还需事先签订经销协定。双方存在较长期稳定的买卖关系。

（2）独家经销（Sole Distribution），也称包销（Exclusive Sales）。独家经销（包销）是指经销商在包销协议规定的期限内和地域内，对指定的商品享有独家专营权的经销方式。供货商只能指定一家经销商经营指定商品，包销商享有排他性的经营权。

2. 经销的性质

经销贸易方式的当事人，即供货商和经销商之间是一种买卖关系，即供货商是卖方，经销商是买方，双方通过订立经销协议确立对等的权利和义务。例如，在包销方式下，只有包销商承担从供货商那里购进指定商品的义务，供货商才授予他独家专营的权利。从法律上讲，供货商和经销商之间是货主对货主（Principal to Principal）的关系。供货商按照经销协议向经销商供应指定商品，经销商以自己名义买进商品，自行销售，自负盈亏。接受转售商品的当地客户与外国供货商之间不存在合同关系。

### （二）经销的利弊

与一般经销相比，经销商更愿意采取独家经销，即包销的贸易方式，获得独家专营权，以减少销售竞争。

1. 包销的优点

（1）能够充分调动包销人经营指定商品的积极性，充分利用包销人的销售渠道，经营能力，扩大销售；（2）集中推销，可避免在同一市场上自相竞争，抵消力；（3）包销时间较长，有利于卖方有计划安排生产，均衡供货；（4）便于收集市场信息，从事必要的售后服务。

2. 包销的弊端

（1）包销商可能利用垄断地位操纵价格、控制市场，给供货商造成利润损失；（2）如果包销商经营能力差，会影响和限制出口商品的生产和销售。（3）包销商凭借独家专营权压低价格或包而不销，供货商受到限制又不能向其他商人销售，从而蒙受损失。

### （三）经销协议的主要内容

在经销贸易方式下，买卖双方的权利与义务由经销协议确定。两者签订的买卖合同也必须符合经销协议的规定。经销协议主要包括下列内容：

1. 经销商品的范围

经销商品可以是供货商经营的全部商品，也可以是其中一部分。因此协议中要明确规定商品的范围，以及同一类商品的不同牌号和规格。

2. 经销地区

经销地区是经销人行使经营权的地理范围。它可以是一个或几个城市，也可以是一个甚至是几个国家。经销地区范围应考虑经销人的经营能力、销售网络和地区的政治区域划分、地理和交通条件以及市场差异程度等因素。在包销方式下，供货人在包销区域内不得再指定其他经销商经营同类商品，包销商也不得将包销商品越区销售。

3. 经销期限

即协议的有效期，可规定为签字生效起一年或若干年。

包销期限可长可短。在我国的出口业务中，往往在签订包销协议时明确规定期限，通常为一年。一般还要规定延期条款和终止条款，明确协议到期时如何延期以及解除协议的条件。

4. 经销金额或数量

经销协议中的金额或数量对协议双方均有同等的约束力。协议规定一定时期内经销商应该承购的最低数额，也是供货商应该保证供应的数额，并规定低于此限额时出口商的处罚措施以及高于此限额时的奖励办法。

5. 作价方法

经销商品可以在规定的期限内一次作价，结算时以协议规定的固定价格为准。这种方法由于交易双方要承担价格变动的风险，故采用较少。大多数经销协议，特别是期限较长的协议，通常采用分批作价的方法，或者双方在协议中规定一个作价原则，再根据市场情况加以商定。

6. 其他规定

在经销协议中还可规定经销商承担的其他义务，如经销商需要促进销售和开展广告宣传、承担市场调研及提供情报、提供技术服务、维护供货商的商标或专利权益等。

### （四）经销的注意事项

1. 对经销方式的选择

出口商应根据具体情况选择经销方式。独家经销与一般经销相比更能调动经销商的积极性，但也存在风险。如果经销商凭独家专营权垄断市场、压低价格或“包而不销”，或者经销商经营能力不足，不能完成协议规定的最低限额，都会使出口商蒙受损失。

2. 对经销商的选择

出口商多方考察、了解经销商的资信情况、经营能力及其在销售地区的商业地位。

3. 对经销商品的种类、经销地区和经销数量或金额的确定

出口商应根据经销商的资信能力和自己的经营意图，确定商品的种类、经销地区的范围和经销数量或金额。

## 二、代理

### （一）代理的概念

代理（Agency）的一般概念是代理人（Agent）按照委托人（Principal）的授权（Authorization）代表委托人同第三者订立合同或从事其他法律行为，而由委托人直接负责由此产生的权利与义务。中国《民法通则》第63条规定：“代理人在代理权限内，以被代理人的名义实施民事法律行为，被代理人对代理人的代理行为承担民事责任。”

国际贸易中的代理指委托人（Principal）（即出口商）与国外代理商（Agent）（即中间商）签订代理协议，授予其在特定地区和一定的时期内享有代理指定的商品的权利。代理人在约定的时间和地区内，以委托人的名义与资金从事业务活动，并由委托人直接负责由此产生的后果。

## （二）代理的类型

1. 按委托人授权范围划分

（1）总代理（General Agent）。总代理是委托人在指定地区的全权代表，他除了有权代表委托人从事代理协议中规定的一般商务和某些非商业性活动。另外，他还有权在当地指派若干分代理人。

（2）独家代理（Sole Agent or Exclusive Agent）。独家代理是指代理人在约定的地区和期限内，单独代表委托人从事代理协议中规定的有关义务。委托人在该地区和协议期限内，不得再委派其他代理人从事同类业务。

（3）一般代理（Agent），又称佣金代理（Commission Agent）。指在指定区域内，委托人指定若干代理人代表委托人处理业务，一般代理不享有独家经营权。

2. 按行业性质划分

（1）销售代理。在国际贸易中，销售代理是指代表出口商或制造商为其产品在当地的销售提供各种服务的代理，包括介绍客户、收集订单、签订合同以及进行广告宣传、提供售后服务等。它是代理方式中最常见的一种。

（2）购货代理。又称采购代理，即代理人受国外进口商的委托，为其在当地采购商品提供服务。

（3）货运代理。一般是以货主的委托人的身份为货主办理有关货物的报关、交接、仓储、调拨、检验、包装、转运、订舱等项业务。

（4）保险代理。保险代理一般指保险人的代理，代表保险人与被保险人打交道，为保险人所经营的保险业务提供服务，并从保险人那里得到佣金。另一种代理称为保险经纪人（Broker），他作为被保险人的代理，为其办理投保手续服务。

（5）船方代理。指承运人的代理人，包括外轮代理，为承运人承揽货载提供服务。

## （三）代理与经销的区别

在国际贸易中，代理和经销有相似之处，但从当事人的关系来看，两者存在本质的区别。

（1）在代理方式中，代理人与委托人之间是代理关系，代理人行为即委托人行为，委托人对代理商授权范围内的行为直接享有由此产生的权利并承揽相应的义务。法律关系仅存在于委托人与第三者之间，而代理人与第三者间原则上不发生任何法律关系。而经销方式的当事人之间是买卖关系，即转卖性质的贸易。经销商以自己名义向供货商买断商品，再将商品出卖给第三者，而供货商与第三者之间无直接法律关系。供货商与经销商，经销商与第三者之间的合同相互独立，互不相干。

（2）在代理方式中，代理人以委托人的名义与客户签订销售合同，代理人在贸易合同中不作为独立的当事人出现，履行合同的义务属于委托人和当地客户。而在经销方式中，经销商以自己的名义与第三者订立销售合同，并履行合同的责任和义务。

（3）在代理方式中，代理商依订单进货，一般只有样品没有存货。在经销方式中，经销商为应付客户需要，一般都有适当库存，并大多自己处理售后服务。

（4）在代理方式中，代理人赚取的报酬是佣金。而在经销方式中，经销商赚取的是商品买卖差价。

### （四）代理协议的主要内容

代理协议（Agency Agreement）是用以明确委托人和代理人之间权利和义务的法律文件，主要包括以下内容：

1. 代理的商品、区域和期限

代理协议要明确规定代理商品的品名、规格以及代理权行使的地理范围，还要规定代理协议的有效期。

2. 代理人的权利与义务

这是代理协议的核心部分，一般包括：

（1）明确规定代理人的权利范围，比如代表委托人订立合同的权利，代理其他事务的权利，明确专营权的约定。

（2）规定代理人在一定时期内推销商品的最低销售额，并说明核定方法，以及完不成定额的处理办法。

（3）代理人应在代理权限范围内，保护委托人的财产、权力和利益。代理人在协议有效期内无权代理与委托人商品相竞争的商品，也无权代表协议地区内其他相竞争的公司。对于代理区域内发生的侵犯委托人知识产权的行为，代理人有义务通知委托人，以便采取必要措施。代理人还有保守委托人商业秘密的责任。

（4）代理人应承担市场调研和广告宣传的义务。

3. 委托人的权利与义务

（1）委托人接受和拒绝订货的权利。委托人对客户的订单有接受和拒绝的权利。委托人拒绝订单，不需向代理人解释理由，代理人也不能要佣金。代理人在授权范围内按委托人规定的条件与客户订立的合同，委托人应保证执行。

（2）委托人维护代理人权益的义务。委托人有义务维护代理人的合法权益，保证按协议规定的条件向代理人支付佣金。在独家代理的情况下，委托人应尽力维护代理人的专营权。如因委托人的责任给代理人造成损失，委托人应给予赔偿。

4. 佣金支付

佣金条款是代理协议中最重要的条款之一，要对计算佣金的基础、佣金率、支付佣金的方法做出明确规定。

# 第二节 招标与投标

招标和投标贸易方式常用于政府机构、市政部门和公用事业单位采购物资、设备、勘探开发资源或国际承包工程承包项目。有些国际贷款项目和援助项目也采用招投标方式采购大宗商品、物资、设备和发包工程。

## 一、招投标的概念

招标和投标是相互关联的两个概念，是一种贸易方式的两个方面。

招标（Invitation to Tender）是指招标人（买方）事先发出招标通告或招标单，说明拟采购的商品名称、规格、数量和其他交易条件，邀请投标人（卖方）在规定的时间、地点按照规定的程序进行投标的行为。

投标（Submission Tender）是指投标人（卖方）应招标人的邀请，根据招标的要求和条件，在规定的期限内向招标人递价，争取中标的行为。

## 二、国际招标的方式

国际招标是指招标人邀请国内外企业，根据招标条件提出报价，参加投标竞争，招标人从中择优选定中标人，以达成交易应签订合同。目前，国际上采用的招标方式主要有以下几类：

1. 国际竞争性招标（International Competitive Bidding）

国际竞争性招标指招标人邀请几个乃至几十个国内外企业参加投标竞争，从中选择对其最有利的投标人达成交易。具体有两种做法：

（1）公开招标（Open Bidding）。指招标人通过国内外报纸、期刊、电台、广播发出招标通告，使任何具备投标资格，并对该项招标有兴趣的投标人，都有均等机会按照招标通告规定索取招标文件，参加投标。

（2）选择性招标（Selected Bidding）。选择性招标又称非公开招标。招标人不公开发布招标公告，而是根据自己的经验和掌握的信息，邀请相关企业参与投标。被邀请企业一般被认为是生产或建设经验丰富，技术先进，设备优良，在同行业中享有较高声誉的企业或部门。

2. 谈判招标（Negotiated Bidding）

谈判招标又称议标，属于非竞争性招标。由招标人直接同任何一个投标人通过谈判磋商合同的具体条款，达成交易，确定中标人。谈判招标适用于专业性强、交货期紧迫的交易，如某些军事、保密工程所需的物资和设备的采购等。

3. 两段招标（Two－stage Bidding）

两段招标又称两步招标，它是无限竞争招标和有限竞争招标的综合方式，先进行公开招标，选定数个招标人后，再进行选择性招标。

## 三、招投标的特点

招投标方式与逐笔售定的一般贸易方式相比，具有以下特点：

（1）招投标方式中，投标人按照招标人规定的时间、地点和程序规则进行报价。在公开招标情况下，投标具有全开放、透明度高的特点。招标人和投标人严禁就招投标的实质内容进行单独谈判。在一般贸易方式中，价格磋商过程和价格本身都属于商业机密，没有义务向其他方通报。

（2）投标人发出的投标书是一次性报盘，双方没有交易磋商的过程。这种报盘是对投标人有约束力的法律行为，一旦投标人违约，招标人可要求补偿。在一般贸易方式中，合同的订立通过买卖双方反复磋商而达成。

（3）招投标是一种竞卖方式。卖方之间的竞争使买方在价格及其他条件上有较多的比较和选择。有利于招标人摆脱行政干预，择优中标，达到采购商品或建设项目的最佳效益。

## 四、招标投标的基本程序

招标与投标业务的基本程序包括招标、投标、开标、评标及签约等环节。

### （一）招标

1. 制定招标单（Invitation）。招标单，亦称“标书”，其内容一般包括招标要求、合同格式、合同条件、商品说明等。招标单是招标方采购物资和设备或招标承建工程项目的技术条件和贸易条件；是投标人准备投标文件和投标的依据，也是评标的依据；招标单还是中标后签订合同的基础和条件。

2. 发布招标公告（Announcement）。国际公开招标通常在权威性的报刊或有关专业刊物上公布招标通知，招标通知一般包括招标项目的内容、要求、条件和招标须知等。非公开的招标则采取不同的发布方式，只有少数企业得到即将举行招标的通知。

3. 资格预审（Prequalification）。招标人对投标人的资信和能力进行审查，被审查合格的才有资格参加投标。资格预审的内容主要包括投标人概况、经验与信誉、财务能力、人员能力、施工设备能力等。

### （二）投标

投标人在取得投标文书后，认真分析，编制投标书，在规定的期限内将投标书送达招标人，并提交投标保证金（Bid Surety Money）。

投标书实际上是一项有效期至规定开标日期为止的发盘，内容必须十分明确具体，中标后与招标人签订合同的内容应全部列入。招标人通常要求投标人在投标时提供一定比例或金额的投标保证金。招标人决定中标人后，未中标的投标人已缴纳的保证金应退还。实际业务中一般以银行保函或备用信用证代替保证金。

投标书应该在投标截止日期前送达招标人或其指定收件人，逾期无效。投标人在投标截止日前可以书面提出修改或撤回标书，招标人应在收到撤回申请书后 5 日内退回保证金。投标截止后投标人撤销投标文件的，招标人可以不退还投标保证金。

#### （三）开标、评标

1. 开标

开标有公开开标和不公开开标两种形式。公开开标指招标人在规定的时间和地点当众启封投标书，宣读内容，投标人可自由参加。不公开开标指由招标人自行选定中标人，投标人不得派代表参加开标。

2. 评标

评标是指招标人组织人员从不同角度对投标进行评审，选择最有利的中标人。评审工作主要包括：研究对比投标报价；评审投标是否有违反“投标须知”的规定；审查某项投标计算是否有严重错误，或者对标书内容是否严重误解等。参加评标的人员应该保持评标工作的准确性、公开性和保密性。

#### （四）签约

招标人选定中标人后，要向其发出中标通知书，约定双方签约的时间和地点。中标人签约时要提交履约保证金，取代原投标保证金，用以担保中标人遵照合同履行义务。

## 第三节　拍卖、寄售与展卖

### 一、拍卖

#### （一）拍卖的概念及特点

1. 拍卖的概念

国际贸易中的拍卖（Auction）是由专营拍卖业务的拍卖行接受货主的委托，在规定的时间和场所，按照一定的章程和规则，以公开叫价的方法，把货物卖给出价最高的买主的一种贸易方式。

2. 拍卖的特点

（1）拍卖在一定拍卖机构内有组织地进行。拍卖一般由拍卖机构统一组织下在拍卖中心进行。拍卖机构可以是公司或协会组成的专业拍卖行，也可以是大贸易公司内部设立的拍卖行，还可以是货主临时组织的拍卖会。

（2）拍卖业务具有自己独特的法律和规章。拍卖不同于一般的进出口交易，主要体现在：第一，交易磋商的程序和方式不同；第二，合同的成立和履行方式不同；第三，许多国家的买卖法对拍卖业务有专门的规定；第四，各拍卖行订立了不同的章程和规则，在拍卖方式上有各自的特色。

（3）拍卖是一种公开竞买的现货交易。拍卖采用事先看货、当场叫价、落槌成交的做法。

### （二）拍卖的出价方法

1. 增价拍卖（Ascending Price Auction）

增价拍卖也称“英式拍卖”（English Auction），是历史最悠久、使用最广泛的拍卖方式。拍卖时，由拍卖人（Auctioneer）宣布最低价，然后由竞买者（Bidder）相继出价竞购，直至出价最高时，由拍卖人接受并以击槌动作宣告成交。增价拍卖的最大特点是最高竞价不封顶，尤其适合文物艺术品的售卖。

2. 减价拍卖（Descending Price Auction）

减价拍卖也称“荷兰式拍卖”（Dutch Auction），源于荷兰花卉拍卖市场。通常先由拍卖人开出最高价格，然后逐渐减低叫价，直到某一竞买者接受为止。这种方式成交迅速，适用于数量大、批次多的鲜活商品和水果、蔬菜等。

3. 密封递价拍卖（Sealed Bids）

密封递价拍卖也称招标式拍卖。拍卖时先由拍卖人公布拍卖商品的具体情况和拍卖条件等，然后由竞买者在规定时间内将自己的出价密封递交拍卖人，拍卖人进行审核比较，选择最合适的买主。拍卖大型设施、数量较大的库存物资或政府罚款没收物资时，往往采用这种方式。

4. 网上拍卖（Online Auction）

网上拍卖是以互联网为媒介进行的拍卖活动。竞买人不必亲临拍卖现场，只需在网上完成交易。网上拍卖首先要求竞买人按规定登记注册，并提供一定的保证金。具体操作形式也包括上述三种拍卖方式。

### （三）拍卖的一般程序

1. 准备阶段

参加拍卖的货主将货运到拍卖地点，并签订拍卖委托合同，拍卖行印发拍卖目录，并提前发布拍卖公告。买主到仓库查看货物，必要时可抽取样品供分析测试，以便按质论价。

2. 正式拍卖

在规定的时间和地点，按拍卖商品目录的顺序逐批拍卖。拍卖人报价即为要约，买方一旦接受，即为承诺。

3. 成交与交货

拍卖成交后，拍卖行工作人员提供成交确认书，买方签字确认即交易正式达成。货款通常以现汇支付。货款付清后，货物的所有权即转移到买方。拍卖行收取一定的佣金。

## 二、寄售

### （一）寄售的概念和性质

寄售（Consignment）是一种委托代售的贸易方式。寄售人（Consignor）即出口商先将准备寄售的货物运送外国寄售地，委托当地代销人（Consignee）按照寄售协议规定的条件代为销售后，再由代销人向货主结算货款。

在寄售方式下，寄售人和代销人之间是委托代理的关系而非买卖关系，寄售协议是信托合同，而不是买卖合同。寄售货物的所有权与占有权是分离的，即使货物已在代销人实际控制之下，货物所有权仍属于寄售人。代销人在寄售人授权范围内，可以自己名义与当地客户签订买卖合同。如代销人与当地客户发生贸易纠纷，代销人是直接的申诉人或被申诉人，与寄售人无关。

### （二）寄售与经销的区别

1. 经销是一种买卖关系，是转卖性质的贸易

经销商赚取的是买卖差价，对于商品价格有较大的自主权；寄售是委托代理关系，代销人赚取的是佣金，对商品价格不能自主调节，一般按寄售协议行事。

2. 经销商用自己的资金和信誉进行买卖业务，是拥有货物所有权的中间商

为应付客户需要，一般有适当的库存，大多自己处理售后服务。寄售方式下，即使货物在代销人控制下，货物所有权仍属于寄售人。寄售商可能也有专门的库存，但售后服务由寄售人负责。

### （三）寄售与代理的区别

1. 代理商与代销商与委托人之间都是委托代理关系

但代理商一般是批发商，而代销商是零售商，两者处于不同的流通环节。

2. 代理商和代销商的行为都以协议为基础

代理商以委托人的名义订立合同，代理行为产生的法律后果由委托人承担；代销商以自己名义与当地客户签订合同，并承担相应的法律责任。

3. 代理商一般不设仓库

代销商一般在自设店面和仓库，以便顾客看样买货、及时成交。

### （四）寄售协议的主要内容

寄售协议是寄售人与代销人之间就双方的权利和义务以及寄售业务相关问题的法律

文件。主要包括下列内容：

1. 寄售商品的作价方法

通常的作价方法主要有：

（1）规定最低限价。代销人在不低于最低限价的前提下，可以任意出售商品，但事先须征得寄售人同意。

（2）随行就市。代销人在不低于当地市价的情况下出售商品，寄售人不做限价。

（3）销售前征得寄售人同意。代销人得到买主递价后，征求寄售人同意后方可出售货物。这种做法最普遍。

（4）规定结算价格。货物出售后，双方按寄售协议中规定的价格结算。对代销人实际销售价格，寄售人不干预。这种做法，代销人承担一定的市场价格风险。

2. 佣金条款

佣金是寄售人付给代销人的报酬。佣金条款，要规定佣金率、佣金计算基础、支付方法和时间。

3. 货款的收付

寄售方式下，货款多是售后回款。寄售人与代销人之间通常采用记账方法结算，由代销人将货款汇给寄售人，或由寄售人用托收方式向代销人收款。对于大宗寄售交易，通常寄售人与代销人需要加订“保证收取货物条款”，由代销人提供收款担保。

## 三、展卖

### （一）展卖的概念及做法

展卖（Fairs and Sales）是利用展览会、博览会、展销会、交易会及其他会展形式，对商品实行展销结合、边展边销、以展促销的贸易方式。

展卖的做法有三种：

（1）将货物通过签约的方式卖断给国外客户，双方是一种买卖关系，由客户在国外举办或参加展览会，货价有所优惠，货款可以在展览会后或定期结算。

（2）双方合作，展卖时货物所有权不变，展品出售的价格由货主决。国外客户承担运输、保险、劳务及其他费用，货物出售后收取一定手续费作为补偿。展出结束后，未出售的货物可以折价卖给合作的客户，或运往其他地方进行另一次展卖。

（3）将寄售和展卖方式结合起来，在寄售协议中规定，代销人将寄售的商品在当地展卖。展卖的事项可以该协议中规定，也可另签协议做出规定。

### （二）展卖的作用

1. 有利于宣传出口商品，扩大影响，招揽潜在买主，促进交易

2. 有利于建立和发展客户关系，了解国际市场动态，扩大销售地区和范围

3. 有利于生产和其他有关部分直接听取客户要求和意见反馈

4. 由于展卖采取当面洽商、看样成交的方式，有利于及时发现与解决问题

### （三）开展展卖业务应注意的问题

1. 选择适当的展卖商品

展卖主要适用于一些品种规格复杂，用户对造型、设计要求严格，而且性能发展变化较快的商品，如机械、电子、轻工、化工、工艺、玩具、纺织品等。选择参展商品应注意先进性、新颖性和多样性，要能反映科技水平和时代潮流。

2. 选择好合作伙伴

展卖应选合适的客户作为合作伙伴。该客户必须具有一定的经营能力，对当地市场十分熟悉，并有较为广泛的业务联系或销售系统。通过合作伙伴开展宣传组织工作，扩大影响，联系各界人士，对展卖的成功至关重要。

3. 选择合适的展出地点

应考虑选择一些交易比较集中、市场潜力较大、有发展前途的集散地进行展卖。同时还应考虑当地的各项设施，如展出场地、旅馆、通信、交通等基础设施的便利性和收费水平。

4. 选择适当的展卖时机

一般来说，应选择该商品的销售旺季进行展卖，每次展出的时间不宜过长，以免耗费过大，影响经济效益。

# 第四节　加工贸易与对销贸易

## 一、加工贸易

加工贸易是指国内企业从境外保税进口全部或部分原辅材料、零部件、元器件、配套件、包装物料等，经加工或装配后，将成品或半成品复出口的交易方式。我国海关统计中使用的加工贸易概念包括来料加工、进料加工两种方式。

### （一）来料加工

来料加工在我国又称对外加工装配业务。广义的来料加工包括来料加工和来件装配两方面。它是指由外商作为委托方，提供一定的原材料、零部件、元器件，由我方作为承接方，按照委托方的要求进行加工或装配，成品交给委托方处置，承接方按照约定收取工缴费作为报酬的贸易方式。

1. 来料加工的性质

来料加工与一般贸易方式不同。一般贸易方式属于货物买卖；来料加工方式虽然有

原材料、零部件的进口和成品的出口，但原料和成品的所有权始终属于委托方，并未发生转移，我方只提供劳务并收取约定的工缴费。因此，来料加工贸易方式属于劳务贸易范畴，是以商品为载体的劳务出口。

2. 来料加工的作用

来料加工贸易对于承接方有以下作用：

（1）发挥本国生产潜力，补充国内原材料不足，增加外汇收入；

（2）引进国外先进技术和管理经验，有利于提高生产技术和管理水平；

（3）有利于发挥我国劳动力众多的优势，增加就业机会，繁荣地方经济。

对于委托方来讲，来料加工贸易可以降低产品成本，增强竞争力，有利于委托方所在国产业结构调整。

3. 来料加工合同的主要内容

来料加工合同包括三部分：约首、本文和约尾。约首和约尾主要说明订约人的名称、订约宗旨、订约时间、合同的效力、有效期、终止和变更办法等问题。本文部分是合同的核心内容，规定签约双方的权利和义务，包括：加工产品名称、品质、规格、数量、交货期、损耗率、残次品率、加工费标准及金额、付款方式、保险、验收等。签订来料加工合同时应注意以下问题：

（1）对来料来件的规定。来料加工合同的正常履行在很大程度上取决于委托方能否按时按质按量提供物料，因此在合同中应对来料来件的质量、时间和数量做出明确的约定。同时合同中应对验收方法及委托方未能按合同规定提供物料造成的承接方停工、生产中断的补救办法进行约定。

（2）对耗料率、残次品率及产品质量的规定。耗材率又称原材料消耗定额，是指每单位成品消耗原材料的数额。残次品率是指不合格产品在全部成品中的比率。规定该条款时要做到公平合理，留有余地，因为它关系双方的利害关系和能否顺利执行合同。

对于成品的质量，承接方在订立质量条款时要从自身技术水平和生产能力出发，妥善规定，以免交付成品时发生困难。

（3）关于工缴费标准及结算方式的规定。工缴费是关系合同双方利益的关键问题，由于加工装配业务本质上是一种劳务输出，因此加工费用的确定应该以国际劳务市场价格为参考，并要具有一定竞争性又公平合理，符合实际成本水平。

来料加工方式的工缴费结算一般采用两种方式：一是来料、来件和成本均不作价，承接方单独收取加工费，由委托方在承接方交付成品后通过汇付、托收或信用证方式向承接方支付加工费；二是来料、来件和成品分别作价，两者的差额即为工缴费。采用这种方式时，承接方应坚持“先收后付”的原则。具体做法是，承接方开立远期信用证或远期托收方式对来料、来件付款，委托方以即期信用证或即期托收方式支付成品价款，要注意与加工周期和成品收款所需时间相衔接并适当留有余地，避免垫付外汇。

（4）对运输和保险的规定。来料加工涉及原料运输和成品运输，合同应明确规定由谁承担相关运输责任和费用。由于原料和成品所有权均属于委托方，所以运输责任和费用也应由委托方承揽。但承接方也可代办某些运输事项，但相关运费应包括在工缴费内。

来料加工涉及保险包括两段运输险和货物加工期间存仓的财产险。同运输一样，承接方只承担加工装配，保险应归委托方负责。实际业务中，承接方可代办保险，保险费连同工缴费向委托方结算。

### （二）进料加工

进料加工是指从国外购进原材料，加工生产出成品再销往国外。由于进口原料的目的是扶植出口，又称为“以进养出”。

1. 进料加工的特点

进料加工贸易与来料加工贸易有相似之处，即都是“两头在外”的贸易方式，但是两者又有明显的不同：

（1）付汇方式不同。来料加工料件由外商免费提供，不需付汇；进料加工料件必须由经营企业付汇购买进口。

（2）货物所有权不同。来料加工货物所有权归外商所有；进料加工货物所有权由经营企业拥有。

（3）经营方式不同。来料加工经营企业不负责盈亏，只赚取工缴费；进料加工经营企业自负盈亏，自行采购料件，自行销售成品。

（4）承担风险不同，来料加工经营企业不必承担经营风险；进料加工经营企业必须承担经营过程中的所有风险。

（5）海关监管要求不同。进料加工项下的保税料件经海关批准允许与本企业内的非保税料件进行串换；来料加工项下的保税料件因物权归属外商，不得进行串换。

2. 进料加工贸易的做法

（1）先签进口原料合同后寻找市场和买主。好处是进料时可选择适当时机，在价格较低时购进，一旦签订出口合同，就可安排生产，保证及时交货，产货期一般较短。但是采取这种做法，需要随时了解市场动向，以保证产品适销对路。

（2）先签订出口合同后购进原料再加工生产。这种做法包括来样进料加工，即由买方提供样品，我方根据样品的要求再从国外进口原料，加工生产。优点是产品销路有保障，但要注意加工成品所需原料必须落实，否则会影响成品质量无法按时交货。

（3）对口合同方式。进口原料合同和出口成品合同同时签订。两个合同相互独立，分别以现汇结算。优点是原料来源和成品销路均有保证，但适用面较窄，不易成交。为灵活起见，原料提供者和成品购买者也可以是不同的人。

3. 开展进料加工贸易的意义

（1）有利于缓解国内原材料紧张的局面，通过购进原材料、机器设备等，能够满足国内生产发展的要求，充分利用国内富裕的生产要素，促进国内各要素配合比例的完善，提高劳动生产率。

（2）开展进料加工可以更好地根据国际市场需要和客户要求，组织原料进口和加工生产，特别是来料加工、进料加工方式，有助于做到产销对路，避免盲目生产，减少库存积压。

## 二、对销贸易

### （一）对销贸易的概念和特点

对销贸易（Counter Trade），又称对等贸易，是指在互惠的前提下，由两个或多个贸易方达成协议，规定一方的进口产品可以部分或全部以相对出口产品来支付。

对销贸易不同于单边的进出口，实质上是进口和出口相结合的方式。一方商品或劳务的出口必须以进口为条件，体现了互惠的特点，即相互提供出口机会。另外，在对销贸易方式下，一方从国外进口货物，不是用现汇支付，而是以出口产品来支付。对于外汇储备较紧张的国家，对销贸易有利于保持国际收支平衡。

### （二）对销贸易的种类

对销贸易从不同的角度可划分为不同种类。

1. 从交易双方是否出于自愿达成交易划分

（1）自愿的对销贸易（Voluntary Counter Trade），指由企业自由进行的，主要作为一种营销手段，以增强企业的市场竞争力。

（2）政府命令的对销贸易（Government Mandated Counter Trade），指政府对于某些行业的交易，规定必须采用某种形式的对销贸易。作为一种新的保护主义方式，被许多国家在越来越多的领域采用。

2. 从交易的融资需要来划分

（1）易货及易货类型的交易。这类交易的主要特点是，交易双方用一种或多种商品交换等值或价值近似的其他商品，通常只签订一份合同，不用货币支付。易货贸易、清算协定项下的贸易和转手贸易等均属于此类贸易。

易货贸易（Barter Trade）指不以货币为媒介，而直接用商品交换商品的贸易行为。它可以根据各国的生产、技术和原料供应等优势，扬长避短，用本国生产的产品换回自己需要的各种物资，以发展本国经济和改善国家贸易平衡。

清算协定项下的贸易（Clearing Agreement Trade）又称记账贸易（Open Account Trade），多用于政府间根据记账、清算协定而进行的交易。双方政府各自提出在一定时期（通常为1年）提供给对方的商品种类，进口金额相等或基本相等，经双方协商同意后签订易货协定书，然后根据协定书的有关规定，由各自的贸易公司签订具体的进出口合同，分别交货。两国政府根据签订的清算协定，在双方银行互设账户。商品出口后，由双方银行凭装运单证在对方国家在本行开立的账户记账，然后由双方银行按约定的期限结算。

转手贸易（Switch Trade）又称“三角贸易”（Triangular Trade），是记账贸易的产

物，它把记账贸易项下的不可兑换的货币转变为硬通货。简单的转手贸易是用记账贸易项下购进的货物运到国际市场上售出，取得自由外汇。复杂的转手贸易往往表现为低价转让购买权，以换取本来要用自由外汇才能获得的商品。获得购买权的人再在相应的逆差国选购商品，并在国际市场上转手，收回资金。

（2）其他形式。这类交易涉及使用现汇或信贷，通常使用两个既相互独立、又相互联系的合同，从而将进出口两笔交易结合起来。互购、回购和补偿贸易等均属于此种形式。

互购（Counter Purchase），又称“平等贸易”（Parallel），是指交易双方互相购买对方的产品。出口方在出售货物给进口商时，承诺在规定的期限内向进口方购买一定数量或金额的商品。互购贸易涉及两个既独立、又相互联系的合同，每个合同都以货币支付，金额不要求等值。

回购（Buyback）在日本被称为“产品分成”（Product Sharing），是指进口方购进技术和设备的同时，出口方向进口方承诺购买一定数量和金额由该技术或设备直接制造或派生出来的产品，即通常所说的直接产品或有关产品（Resultant or Related Product），用以抵付所购技术或设备的价款。这是回购与互购贸易的主要区别。

补偿贸易（Compensation Trade）指在信贷基础上进行的进口与出口相结合的贸易方式，即进口设备，然后以回销产品和劳务所得价款，分期偿还进口设备的价款及利息。补偿贸易与回购比较类似，在我国的实际业务中，补偿贸易内涵更广，做法更灵活。

## （三）对销贸易的优缺点

1. 对销贸易的优点

对于发展中国家来说，对等贸易的优点主要在于：

（1）通过开展对销贸易，以进带出，可以冲破贸易壁垒，利用国外的销售渠道，拓展销售市场，扩大商品出口；

（2）可以取得比较稳定的外汇收入；

（3）可在不增加外债的情况下，换取本国生产建设急需的技术、设备和物资；

（4）通过进口国外先进技术和设备，提高本国技术水平，提高产品适销能力和市场竞争力。

2. 对销贸易的缺点

（1）对销贸易在交易对象的选择和交易的达成和履行上具有局限性。

（2）对销贸易下，市场机制受到削弱。对一国来说，难以实现通过对外贸易获得社会劳动最大限度地节约，以取得最大的经济效益。从世界范围内看，可能造成商品流向和贸易格局的扭曲，无法实现资源优化配置。

# 第五节　期货交易

## 一、期货交易的概念

期货交易（Future Transaction）是指在特定类型的固定市场，即期货市场（Future Market）或商品交易所（Commodity Exchange），按照一定规章制度进行的期货合同的买卖。

期货交易是商品交换高度发达的产物，至今已有一百多年的历史。商品期货交易的萌芽出现在欧洲 11～14 世纪的欧洲集市，发展于 17 世纪的日本，现代期货市场起源于 19 世纪后期的美国。随着国际贸易的发展，期货交易成为一些特定大宗商品，特别是初级农产品和矿产品的主要交易方式。如谷物、棉花、食糖、咖啡、可可、油料、活牲畜、木材、有色金属、原油和一些贵金属，如金、银等。现代期货交易是在期货交易市场成交。目前交易量比较大的著名交易所有：美国的芝加哥商品交易所、纽约商品交易所、英国伦敦金属交易所、日本东京工业品交易所、中国香港期货交易所、中国上海期货交易所、上海黄金交易所等。

## 二、期货交易与现货交易的联系与区别

现货交易分为即期交货与远期交货，交易双方可以以任何方式，在任何时间和地点进行实物交割，卖方必须交付实物货物，买方必须接受实物货物，交付货款。期货交易是在现货交易基础上发展起来的。在国际期货交易市场上交易的期货商品以农副产品、金属等初级产品为主。期货交易与现货交易的主要区别如下：

1. 交易标的物不同

现货交易买卖的是实际货物；期货交易买卖的是期货交易所制定的标准期货合同。

2. 成交的时间和地点不同

现货交易中交易双方可以在任何时间和任何地点达成交易；而期货交易必须在期货交易所内，按交易所规定的开市时间交易。

3. 交易双方的法律关系不同

在现货交易中，买卖双方达成交易，就固定了双方的权利和义务，交易双方之间产生直接的货物买卖的法律关系，任何一方都不得擅自解除合同。期货交易双方互不相见，合同履行也无须双方直接接触。实际货物的交割、交易的清算和结算一律由清算所对交易双方负责。交易达成后，期货交易双方并不建立直接的法律关系。

4. 成交形式不同

现货交易基本上是在封闭或半封闭的双边市场上私下达成的，合同条款是由交易双

方通过磋商订立，其内容具有私密性，局外人无从得知。而期货交易是在公开、多边的市场上，通过喊价或竞价的方式达成。期货合同的条款是标准化的（除交易数量、交割月份和价格由交易双方达成），而且达成交易的信息包括价格是对外公开的。

5. 履约方式不同

在现货交易中，无论是即期现货交易还是远期交易，交易双方都要履行买卖合同所规定的义务，即卖方按合同规定交付实际货物，买方按规定交付货款。而在期货交易中，双方成交的是期货合同，卖方可以按期货合同的规定履行实际交货的义务，买方也可以按期货合同规定接受实际货物。但期货交易所规定，履行期货合同不一定要通过实际交割货物来进行。只要在期货合同到期前，交易者做一笔方向相反、交割月份和数量相等的相同合同的期货交易，交易者就可解除实际履行合同的义务。这就是期货市场上所称的对冲或平仓（Offset）。

6. 交易目的不同

现货交易中，交易双方的目的是转移货物所有权。卖方出售货物取得货款，买方支付货款取得货物。而期货交易中，不同的参加者交易目的可能不同，有的是为了配合现货交易，利用期货交易转移价格变动的风险；有的是为了在期货市场套取利润；有的是为了获取投机利润。

## 三、期货市场（Futures Market）

期货市场是指按一定的规章制度买卖期货合同的有组织的市场。期货市场交易是在期货市场上进行的交易行为。

期货市场主要由期货交易所、期货佣金商和清算所等构成。进出口商通常通过期货佣金商下单，由佣金商的指定场内经纪人在期货交易所执行，交易达成后，所有合约都要通过清算所统一清算和结算。

### （一）期货交易所（Futures Exchange）

期货交易所是具体买卖期货合同的场所，它是在早期商品交易所的基础上演变而来的。早期商品交易所是进行特定商品买卖的场所，交易内容为现货（Spot）、路货（To - arrive Contract）或远期交货合同（Forward Contract），涉及的主要是实际货物买卖。随着期货市场的发展，期货交易的内容不仅限于具体商品，有些期货合同已脱离了实物形态，形成了期货交易所。包括期货交易所在内，涉及期货交易及其运行的组织机构，称为期货市场。

期货交易所一般采用会员制，只限正式会员在交易场所内进行交易，非会员不可直接进入，但可委托会员代办。期货交易所本身不参加期货交易，运营资金主要靠创立之初的投资、会员费和收取的手续费。

期货交易所的职能是：（1）提供交易场地；（2）制定标准交易规则；（3）负责监督和执行交易规则；（4）制定标准的期货合同；（5）设立仲裁机构，解决交易争议；

(6) 负责收集和向公众传播交易信息。

### (二) 期货佣金商和场内经纪人

1. 期货佣金商 (Futures Commission Merchant, FCM)

期货佣金商又称经纪行或佣金行，是代表金融、商业机构或一般公众进行期货交易的公司或个人组织，其目的是从代理交易中收取佣金。期货佣金商一般是期货交易所的会员，有资格指令场内经纪人进行期货交易。它是非会员参加期货交易的中介。

佣金商的主要业务包括：(1) 向客户提供完成交易指令的服务；(2) 作为客户进行期货交易的代理人，负责处理客户的保证金；(3) 记录客户盈亏，并代理进行货物的实际交割；(4) 向客户提供期货交易的决策信息，以及咨询业务。

期货佣金商一般是如下机构：主要经营证券业务的大证券投资公司，专营期货交易的期货公司，以及从事实务交易的公司，如生产商、中间商和进出口商等。

2. 场内经纪人 (Floor Broker)

在期货交易所，除少数只为自己谋利的投机商外，大多数会员主要接受非会员企业的委托，代其进行期货交易，这些会员就是场内经纪人 (Floor Broker)，他们往往受雇于期货佣金商，在交易所内进行活动。

### (三) 清算所 (Clearing House)

清算所也称为结算所，是负责对期货交易所内的期货合同进行交割、对冲和结算的机构。

清算所使期货交易者在交易所达成交易，却不建立通常货物买卖中转移货物所有权的法律关系。一旦期货交易达成，交易双方分别与清算所发生关系。清算所既是所有期货合同的买方，也是所有期货合同的卖方。清算所实行保证金制度以实现以上功能。

保证金制度 (Margin System) 也称押金制度，是指清算所规定的达成期货交易的买方或卖方，应交纳履约保证金的制度。清算所要求每位会员都必须在清算所开立一个保证金账户，对每笔交易，会员都要按规定交纳一定数额的保证金。为防止出现违约，非会员也要向清算所会员交纳一定的保证金。保证金制度使期货市场的整个运行机制更具凝聚力，成为期货市场运行机制的核心。

### (四) 期货交易的参加者

期货交易所一般不限制期货交易者，只要是愿意按交易规则进行期货交易的人，期货交易所都平等对待，实行无歧视的政策。参加期货交易者可以是任何个人或公司。按参加期货交易的目的，交易者可以分为套期保值者和投机者。

套期保值者一般为实际商品经营者、加工者和生产者，他们的主要目的是在现货市场中进行实际货物的买卖。为保障现货交易的正常合理利润，他们通过在期货市场上采取适当的套期保值策略来避免或减少价格波动风险带来的现货交易的损失。投机者是指通过“买空卖空”或“卖空买空”，希望以较小的资金来博取利润的投资者。

## 四、期货交易的做法

期货交易按性质不同可分为套期保值和投机。

### （一）套期保值（Hedging）

套期保值又称对冲交易，或“海琴”。它的基本做法是在买进（或卖出）实际货物（即现货）的前后，在期货交易所卖出（买进）相等数量的合同作为保值，以规避或减少因价格的未来波动带来的损失。它是利用期货市场来转移价格风险，从而维持原定目标不变的交易方法。

套期保值之所以起到转移现货价格风险的作用，是因为同一种商品的现货市场价格和期货市场价格的变化趋势基本上是一致的，涨时俱涨，跌时俱跌。

套期保值有两种做法：卖期保值和买期保值。

1. 卖期保值（Selling Hedge）

卖期保值是指经营者买进一批日后交货的实物，为避免在今后交货时或转卖时价格下降而遭受损失，可以在交易所卖出数量相同的同一时期交货的期货合同。这样，如果届时价格下跌，就可用期货合同的盈利来弥补实物交易中的损失。通常生产商在预售商品时，或加工商在采购原料时，为了避免价格波动的风险，经常采取卖期保值的做法。例如，某公司收购了 1 万吨食糖准备出口，但又担心食糖价格下跌，于是采取了如表 18－1 所示的卖期保值方式：

**表 18－1　　卖期保值**

| 时间 | 现货市场 | 期货市场 |
|---|---|---|
| 8 月 10 日 | 购买现货食糖存仓价格 USD460/吨 | 卖出 12 月食糖期货价格 USD470/吨 |
| 10 月 10 日 | 出售现货食糖价格：USD450/吨 | 买进 12 月食糖期货价格 USD460/吨 |
| 结果 | 亏损 USD10/吨 | 盈利 USD10/吨 |

由上例可见，由于该公司及时做出了卖期保值，期货市场的盈利恰好弥补了现货市场由于价格变动所带来的损失，套期保值起到了转移风险的作用。

2. 买期保值（Buying Hedge）

买期保值是指经营者卖出一笔日后交货的实物，为了避免在以后交货时该项商品的价格上涨而遭受损失，可以交易所买进同一时期交货的同样数量的期货合同。如果将来货物价格上涨，他可以从期货交易的盈利补偿实务交易的损失。例如，某企业与外商订立 12 月交货 5 万蒲式耳玉米，价格为 2.45 美元/蒲式耳。该公司手头无现货，必须在 12 月交货前购入玉米现货。由于担心未来玉米价格上涨，于是采取了如表 18－2 所示的买期保值方式：

表 18－2　　买期保值

| 时间 | 现货市场 | 期货市场 |
|---|---|---|
| 9月2日 | 出售12月份交货玉米价格为2.45美元/蒲式耳 | 买入12月份玉米期货价格为2.40美元/蒲式耳 |
| 11月25日 | 购入12月份交货的玉米价格为2.58美元/蒲式耳 | 卖出12月份玉米期货价格为2.53美元/蒲式耳 |
| 结果 | 亏损0.13美元/蒲式耳 | 盈利0.13美元/蒲式耳 |

上例表明，虽然玉米价格上涨使该公司在现货交易中蒙受0.13美元/蒲式耳的损失，但由于适时做了买期保值，在期货市场上盈利0.13美元/蒲式耳。期货市场的盈利弥补了现货市场价格波动的损失。

（二）投机（Speculation）

投机是指期货交易者根据对行市的判断进行买空卖空，从中追逐两次交易的价差。买空，俗称“做多头”，指投机者预计某一期货商品上涨或预先买进期货，待价格上涨后再抛出，从中赚取低买高卖的差价；卖空，俗称“做空头”，指投机者预计某一期货商品下跌而预先卖期货，待价格下跌后再补进“对冲”，从中赚取高卖低买的差价。对冲又叫“平仓”，指交易者在期货合同到期之前做一笔方向相反，交割时间和数量相同的期货交易，以解除期货合同的义务。

投机者（Speculator），意思是预测者，不含贬义，指那些可以正确预测商品价格走势，利用自己的资金冒险，不断买卖期货合同从价格差额中获得利润的人和企业。这种收益来自两个方面：一是以自己的资金承担价格变动的风险；二是正确预测价格的走势。投机者不会只从一次买空卖空中得到好处，而是在多次买卖中，从不大的价差变化中，累积较大的收益。表18－3为期货投机交易的一个例子。

表 18－3　　投机交易

| 时间 | 期货市场 |
|---|---|
| 8月2日 | 卖出11月份交货的某商品1万吨合同一份<br>成交单价：USD500/MT. 交易总值500万美元 |
| 11月2日 | 买进11月份交货的该商品1万吨合同一份进行对冲<br>成交价格：USD450/MT. 交易总值450万美元 |
| 结果 | 获利50万美元（不计交易手续费、佣金、税金等） |

期货交易的两种形式（投机和保值）是相互补充、相互适应的，如果否定了一类，另一类就不可能存在，因为二者在交易时都按交易所规则进行，不能自己有所变动。区别在于，投机是经常性的买空卖空，间隔时间很短，它从较小的价差变化中取得收益；套期保值是间隔时间较长的期货合同买卖活动，套期保值之所以能取得保值效果，就在于投机者甚多，随时都有期货合同可买进卖出。如果没有这个条件，期货交易市场就不可能存在。

## 本章小结

本章主要介绍了国际贸易买卖活动中采用的经销与代理、招标与投标、拍卖、寄售与展卖、加工贸易与对等贸易、期货交易等贸易方式的含义、特点、优缺点、做法、相似方式之间的比较和运用等方面应注意的问题。

### 【中英文术语】

经销 Distribution
独家经销 Sole Distribution
代理 Agency
招标 Invitation to Tender
投标 Submission Tender
国际竞争性招标 International Competitive Bidding
公开招标 Open Bidding
选择性招标 Selected Bidding
谈判招标 Negotiated Bidding
两段招标 Two - stage Bidding
拍卖 Auction
增价拍卖 Ascending Price Auction
减价拍卖 Descending Price Auction
密封递价拍卖 Sealed Bids
寄售 Consignment
对销贸易 Counter Trade
易货贸易 Barter Trade
转手贸易 Switch Trade
补偿贸易 Compensation Trade

期货交易 Future Transaction
套期保值 Hedging
卖期保值 Selling Hedge
买期保值 Buying Hedge
投机 Speculation

## 【思考题】

### 一、简答题

1. 经销和代销的区别是什么？
2. 国际招标有哪些方式？
3. 寄售和经销的区别是什么？
4. 进料加工和来料加工有什么不同？
5. 什么是套期保值，具体有哪些做法？

### 二、单项选择题

1. 投标人发出的标书是一项（　　）。
A. 不可撤销的发盘　　B. 可撤销的发盘
C. 可随时修改的发盘　　D. 有条件的发盘
2. 包销协议从实质上说是一份（　　）。
A. 买卖合同　　B. 代理合同
C. 寄售合同　　D. 拍卖合同
3. 来料加工和进料加工（　　）。
A. 均是一笔交易　　B. 均是两笔交易
C. 前者是一笔交易，后者是两笔交易　　D. 前者是两笔交易，后者是一笔交易
4. 拍卖的特点是（　　）。
A. 卖主之间的竞争　　B. 买主之间的竞争
C. 买主与卖主之间的竞争　　D. 拍卖行于拍卖行之间的竞争
5. 在寄售协议下，货物的所有权在寄售地出售前属于（　　）。
A. 代理人　　B. 寄售人
C. 代销人　　D. 报销人
6. 某进出口公司9月间在现货市场上出售小麦一批，进货价为每吨110美元，12月份交货，为了避免市场价格下跌的风险，该公司以相同价格和数量在期货市场购进12月份交割的期货合同，这种做法被称为（　　）。
A. 卖期保值　　B. 买期保值
C. 多头　　D. 开头
7. 有些国家的政府或海关在处理库存物资或没收货物时往往采用（　　）。
A. 增价拍卖　　B. 减价拍卖

C. 密封递价拍卖　　　　D. 一般拍卖

8. 甲公司在国外物色了乙公司作为其代理人，并签订了寄售协议。货物在运往寄售地销售的途中，遭遇洪水，30%的货物被洪水冲走。因遇洪水道路需要维修，货物存仓发生了6000美元的仓储费，以上损失的费用应由（　　）。

A. 甲公司承担　　　　B. 乙公司承担

C. 运输公司承担　　　　D. 甲乙公司各承担一半

9. 在期货市场进行“空头”交易是指（　　）。

A. 预计行情看涨，先买入期货合同的行为

B. 预计行情看跌，先抛出期货合约的行为

C. 为转移风险，进行卖期保值的行为

D. 为转移风险，进行买期保值的行为

10. 经销协议从实质上说是一份（　　）。

A. 买卖合同　　　　B. 代理合同

C. 拍卖合同　　　　D. 寄售合同

**三、判断题**

1. 招标人在评标过程中，认为不能选定招标人，可以宣布招标失败而拒绝全部投标，这种行为称为拒绝投标。（　　）

2. 为防止投标人在中标后不与招标签约，招标人通常要求投标人提供投标保证函或投标保证金，如开标后，投标人未中标，招标人将保证金退还投标人。（　　）

3. 招标人发出的标书，在送达投标人时生效。（　　）

4. 拍卖行的收入是佣金或经纪费。（　　）

5. 包销商和出口商之间是买卖（或售定）关系。（　　）

6. 我国某公司与外商洽商一笔补偿贸易，外商提出以信贷方式向我方提供一套设备，并表示愿意以被委托人的身份为我方代销商品，对此，我方可以同意。（　　）

7. 套期保值的基本做法是期货交易者在购进（或出售）现货的同时，在期货市场上出售（或购进）同等数量的期货。（　　）

8. 在对外加工装配业务中，在一进一出中，没有发生所有全转移。（　　）

9. 我国企业从国外用外汇进口原料，加工后出口，称为进料加工。（　　）

10. 补偿贸易的实质就是就是进口与出口有机结合起来。（　　）

**四、案例分析**

1. 某公司新研制出一种产品，为打开该产品销路，公司决定将产品运往俄罗斯寄售。在代售方出售商品后，我方收到对方的结算清单，其中包括商品在寄售前所花费有关费用的收据。请问：寄售方式下，商品在寄售前所花费有关费用由谁承担？为什么？

2. 巴基斯坦某公司公开招标购买电缆20公里，我方S公司收到招标文件后，为了争取中标，即委托招标当地的一家代理商代为投标。开标后S公司中标，除支付代理商佣金外，立即在国内寻找生产电缆的厂家，以便履行交货任务。几经寻找没有一家工厂能

提供中标产品，因为中标产品的型号和规格在国内已经过时，要生产这种过时的产品需要重新安装生产线，涉及的费用较大，且仅生产20公里，势必造成极大的亏损。但是如果S公司撤销合同，要向招标方支付赔偿。试分析：我方S公司应从这笔招标业务中吸取什么教训？

3. 中国某地甲公司与中国香港乙公司签订一份独家代理协议，指定香港乙公司为独家代理。在订立协议时，甲公司正在试验改进现有产品的规格。不久，甲公司的试验获得成功，并把这项改进后的同类产品，指定香港丙公司作为独家代理。结果甲公司与乙公司发生了纠纷。问：甲公司能与香港丙公司签订第二份独立代理协议吗？为什么？

4. 某段时期，国内铜价不仅跌破某铜业公司的最低成本线，而且国际铜价也跌破了人们公认的社会平均成本价。该公司判断铜价会大幅上涨，为减少亏损，决定采用“限售存库”的策略。两个月以后，该公司的库存已接近2万吨，而铜价并没有出现其所期盼的大幅上升。在这种条件下，公司的流动资金越来越困难。于是公司采取了风险保值策略，你能否为该公司设计在期货市场上的操作方式以规避风险？

# 附录一 INCOTERMS 2020
# Free Ebook

# SHIPHUB

Table of contents


1. Incoterms .......... 323

1.1 What are the Incoterms Rules? .......... 323

2. Incoterms 2020 .......... 323

2.1 What the Incoterms Rules do? .......... 323

2.2 What the Incoterms R-ules do not do? .......... 324

2.3 How best to in corporate the Incoterms rules? .......... 325

2.4 Differences between Incoterms 2010 and Incoterms 2020 .......... 325

3. Division of Incoterms .......... 326

3.1 EXW – *Ex Works* (insert named place of delivery) .......... 329

3.2 FCA – *Free Carrier* (insert named place of delivery) .......... 332

3.3 CPT – *Carriage Paid to* (insert named place of destination) .......... 336

3.4 CIP – *Carriage and Insurance Paid to* (insert named place of destination) .... 339

3.5 DAP – *Delivered at Place* (insert named place of destination) .......... 343

3.6 DPU – *Delivered at Place Unloaded* (insert named place of destination) ....... 346

3.7 DDP – *Delivered Duty Paid* (insert named place of destination) .......... 349

3.8 FAS – *Free Alongside Ship* (insert named port of shipment) .......... 352

3.9 FOB – *Free On Board* (insert named port of shipment) .......... 354

3.10 CFR – *Cost and Freight* (insert named port of destination) .......... 356

3.11 CIF – *Cost Insurance and Freight* (insert named port of destination) ......... 360

4. Summary .......... 363

# 1. Incoterms

## 1.1 What are the Incoterms Rules?

The Incoterms or International Commercial Terms, are a series of pre-defined commercial terms published by the International Chamber of Commerce (ICC) relating to international commercial law. They are widely used in international commercial transaction or procurement processes and their use is encouraged by trade councils, courts and international lawyers. A series of three-letter trade terms related to common contractual sales practices, the Incoterms rules are intended primarily to clearly communicate the tasks, costs, and risks associated with the global or international transportation and delivery of goods. Incoterms inform sales contracts defining respective obligations, costs, and risks involved in the delivery of goods from the seller to the buyer, but they do not themselves conclude a contract, determine the price payable, currency or credit terms, govern contract law, or define where title to goods transfers will occur.

The Incoterms rules are accepted by governments, legal authorities, and practitioners worldwide for the interpretation of most commonly used terms in international trade. They are intended to reduce or remove altogether uncertainties arising from differing interpretations of the rules in different countries. As such, they are regularly incorporated into sales contracts worldwide.

# 2. Incoterms 2020

## 2.1 What the Incoterms Rules do?

The Incoterms rules explain a set of eleven of the most commonly used three-letter trade terms, e.g., CIF, DAP, etc., reflecting business-to-business practice in contracts for the sale and purchase of goods.

The Incoterms rules describe:

- Obligations: Who does what as between seller and buyer, e.g., who organizes carriage or insurance of the goods or who obtains shipping documents and export or import licenses;
- Risk: Where and when the seller "delivers" the goods; in other words, where risk transfers from seller to buyer;

- Costs: Which party is responsible for which cost, for example, transport, packaging, loading or unloading costs, and checking or security-related costs.

### 2.2 What the Incoterms Rules do not do?

The Incoterms rules are not in themselves – and are therefore no substitute for – a contract of sale. They are devised to reflect trade practice for no particular type of goods – and for any. They can be used as much for the trading of a bulk cargo of iron or as for five containers of electronic equipment or ten pallets of airfreighted fresh flowers.

The Incoterms rules do not deal with the following matters:

- whether there is a contract of sale at all;
- the specifications of the goods sold;
- the time, place, method, or currency of payment of the price;
- the remedies which can be sought for breach of the contract of sale;
- most consequences of delay and other breaches in the performance of contractual obligations;
- the effect of sanctions;
- the imposition of tariffs;
- export of import prohibitions;
- force majeure or hardship;
- intellectual property rights;
- themethod,venue,orlawofdisputeresolutionincaseof such breach.

Mostimportantly, it mustbestressed that the Incoterms rules do not deal with the transfer of property/title/ownership of thegoods sold.

These are matters for which the parties need to make specific provisions in their contract of sale. Failure to do so is likely to cause problems later if disputes arise about performance and breach. In essence, the Incoterms 2020 rules are not themselves a contract of sale: they only become part of that contract when they are incorporated into a contract which already exists. Neither do the Incoterms rules provide the law applicable to the contract. There may be legal regimes which apply to the contract, whether international, like the Convention on the International Sale of Goods (CISG); or domestic mandatory law relating, for example, to health and safety or the environment.

## 2.3 How best to Incorporate the Incoterms rules?

If parties want the Incoterms 2020 rules to apply to their contract, the safest way to ensure this is to make that intention clear in their contract, through words such as:

*"[the chosen Incoterms rules] [named port, place or point] Incoterms 2020"*

for example:

*CIF Shanghai Incoterms 2020*

or

*DAP No 123, ABC Street, Importland Incoterms 2020.*

Leaving the year out could cause problems that may be difficult to resolve. The parties, a judge, or an arbitrator need to be able to determine which version of the Incoterms rules applies to the contract.

The place named next to the chosen Incoterms rule is even more important:

- in all Incoterms rules except the C rules, the named place indicates where the goods are "delivered", i.e., where risk transfers from seller to buyer;
- in the D rules, the named place is the place of delivery and also the place of destination and the seller must organize carriage to that point;
- in the C rules, the named place indicates the destination to which the seller must organize and pay for the carriage of the goods, which is not, however, the place or port of delivery.

Thus, an FOB sale raising doubt about the port of shipment leaves both parties uncertain as to where the buyer must present the ship to the seller for the shipment and the transport of the goods – and as to where the seller must deliver the goods on board so as to transfer risk in the goods from seller to buyer. Again, a CPT contract with an unclearly named destination will leave both parties in doubt as to the point to which the seller must contract and pay for the transport of the goods.

It is best to avoid these types of issues by being as geographically specific as possible in naming the port, place, or point, as the case may be, in the chosen Incoterms rule.

## 2.4 Differences between Incoterms 2010 and Incoterms 2020

The most important initiative behind the Incoterms 2020 rules has been focus on how the presentation could be enhanced to steer users towards the right Incoterms rule for their sale contract. Thus:

- a greater emphasis in the Introduction on making the right choice;

- a clearer explanation of the demarcation and connection between the sale contract and its ancillary contracts;
- upgraded Guidance Notes presented now as Explanatory Notes to each Incoterms rule;
- a re-ordering within the Incoterms rules giving delivery and risk more prominence.

All these changes, though cosmetic in appearance, are in reality substantial attempts on the part of ICC to assist the international trading community towards smoother export/import transactions.

Apart from these general changes, there are more substantive changes in the Incoterms 2020 rules when compared with Incoterms 2010. Before looking at those changes, mention must be made of a particular development in trade practice which has occurred since 2010 and which ICC has decided should not lead to a change in the Incoterms 2020 rules, namely Verified Gross Mass (VGM).

The significant differences between Incoterms 2010 and Incoterms 2020 include primarily:

- bills of lading with an on-board notation and the FCA Incoterms rule;
- costs, where they are listed;
- different levels of insurance coverage in CIF and CIP;
- arranging for carriage with seller's or buyer's own means of transport in FCA, DAP, DPU, and DDP;
- change in the three-letter initials for DAT do DPU;
- inclusion of security-related requirements within carriage obligations and costs;
- Explanatory Notes for users;

### 3. Division of Incoterms

Incoterms 2020 are divided into four groups (C, D, E, F). The rules are classified according to the fees, risk, responsibility for formalities, as well as issues related to import and export.

In group C (*Main Carriage Paid*), the seller concludes a transport contract with the forwarder and takes the costs. In this case, the seller is responsible for conducting export clearance. The risk is transferred at the time of posting the goods to the buyer. All matters

**SHIPHUB**

arising after loading costs related to transporting and other events are the buyer's responsibility. Group C includes the following Incoterms rules: CFR, CIF, CPT, and CIP.

Group D (*Arrival*) assumes that the seller is obliged to deliver the goods to a specific place or the port of destination. This group includes such Incoterms as DAP, DPU, and DDP.

In group E (*Departure*), the seller makes the goods available to the buyer at the delivery point indicated by the seller. The seller is not obliged either to customs or export clearance and does not bear the risk and costs of loading. In group E, there is only Incoterms EXW.

Group F (*Main Carriage Unpaid*) obliges the seller to perform export customs clearance. The seller does not pay transport and insurance costs. FCA, FAS, and FOB belong to this group.

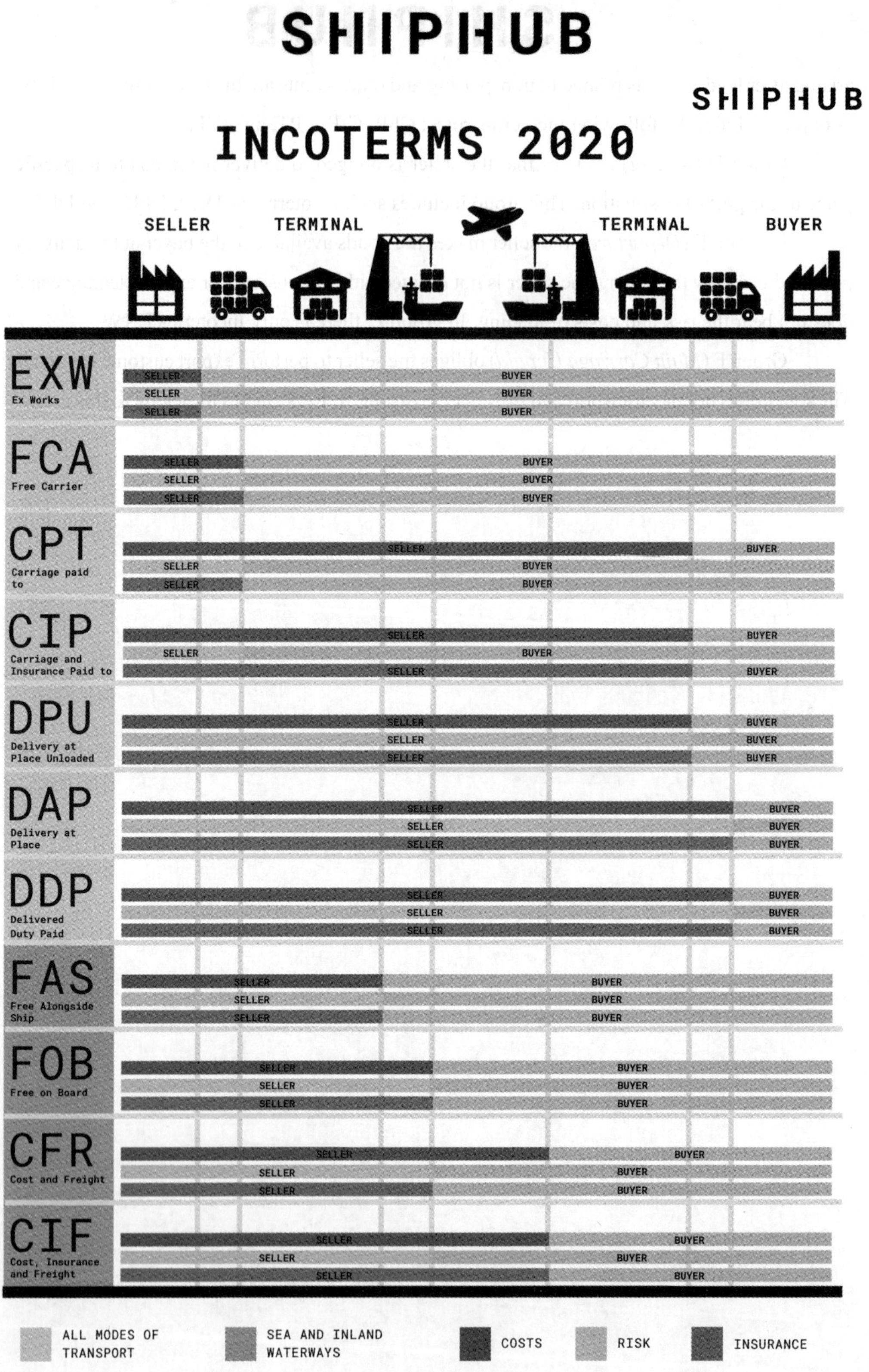
SHIPHUB
SHIPHUB
INCOTERMS 2020
SELLER
TERMINAL
TERMINAL
BUYER
EXW
Ex Works
FCA
Free Carrier
CPT
Carriage paid to
CIP
Carriage and Insurance Paid to
DPU
Delivery at Place Unloaded
DAP
Delivery at Place
DDP
Delivered Duty Paid
FAS
Free Alongside Ship
FOB
Free on Board
CFR
Cost and Freight
CIF
Cost, Insurance and Freight
SELLER
BUYER
ALL MODES OF TRANSPORT
SEA AND INLAND WATERWAYS
COSTS
RISK
INSURANCE

### 3.1 EXW – *Ex Works* (insert named place of delivery)

*Ex Works* means that the seller delivers the goods to the buyer:

- when it places the goods at the disposal of the buyer at a named place (like a factory or warehouse), and
- that named place may or may not be the seller's premises.

For delivery to occur, the seller does not need to load the goods on any collecting vehicle, nor does it need to clear the goods for export, where such clearance is applicable.

This rule may be used irrespective of the mode or modes of transport, if any, selected.

The parties need only name the place of delivery. However, the parties are well-advised also to specify as clearly as possible the precise point within the named place of delivery. A named precise point of delivery makes it clear to both parties when the goods are delivered and when risk transfers to the buyer; such precision also marks the point at which costs are for the buyer's account. If the parties do not name the point of delivery, then they are taken to have left it to the seller to select the point "that best suits its purpose." This means that the buyer may incur the risk that the seller may choose a point just before the point at which goods are lost or damaged. It is best for the buyer therefore to select the precise point within a place where delivery will occur.

EXW is the Incoterms rule which imposes the least set of obligations on the seller. From the buyer's perspective, therefore, the rule should be used with care for different reasons as set out below.

In Incoterms 2020 EXW delivery happens and risk transfers when the goods are placed, not loaded, at the buyer's disposal. However, risk of loss or of damage to the goods occurring while the loading operation is carried out by the seller, as it may well be, might arguably lie with the buyer, who has not physically participated in the loading. Given this possibility, it would be advisable, where the seller is to load the goods, for the parties to agree in advance who is to bear the risk of any loss of or damage to the goods during loading. This is a common situation simply because the seller is more likely to have the necessary loading equipment at its own premises or because applicable safety or security rules prevent access to the seller's premises by unauthorized personnel. Where the buyer is keen to avoid any risk during loading at the seller's premises, then the buyer ought to consider choosing the FCA rule (under which, if the goods are delivered at the seller's premises, the seller owes the buyer an obligation to load, with operation remaining with the seller).

Seller has no obligation to organize export clearance of clearance within third countries through which the goods pass in transit. Indeed, EXW may be suitable for domestic trades, where there is no intention at all to export the goods. The seller's participation in export clearance is limited to providing assistance in obtaining such documents and information as the buyer may require for the purpose of exporting the goods. Where the buyer intends to export the goods and where it anticipates difficulty in obtaining export clearance, the buyer would be better advised to choose the FCA rule, under which the obligation and cost of obtaining export clearance lies with the seller.

The seller bears the costs:

- of checking operations (checking quality, measuring, weighing, counting the goods);
- additional, related to the damage to the goods before delivery;
- of packaging and labeling, unless they are not required by the chosen type of transport.

The seller's obligations are presented below:

- The seller delivers the goods to the place specified by the buyer, on the agreed date or within the agreed period.
- The seller delivers the goods together with the commercial invoice in accordance with the contract of sale and any other evidence of conformity with the documents, which were mentioned in the contract (in paper or electronic form).
- At the buyer's request, provides the risk and cost of assistance in obtaining the authorization necessary for the export of goods.
- Notifies the buyer of the date the goods are left at the buyer's disposal.
- Provides the buyer with all assistance in obtaining any documents necessary for completing export, import, or transit clearance formalities.
- The seller provides the buyer with any information necessary for obtaining insurance (at this expense and request).

The buyer bears costs:

- related to import, export, and transit clearance formalities;
- related to the goods from the moment of its delivery following the contract by the seller;
- customs duties, taxes, and other charges;
- additional, incurred by failing to take delivery of the goods;
- in addition, the buyer reimburses the seller for the costs incurred by providing to the buyer assistance with documentation for export, import or transit formalities.

The buyer's obligations are described below:

**SHIPHUB**

- The buyer, at his own risk and cost, obtains documentation authorizing him to export and carry out all for export, import, or transit clearance formalities.
- Carriers out all import, export, and transit clearance formalities.
- Organizes the transport of goods from the place of delivery.
- Takes the delivery of the goods and provides the seller with evidence of having taken delivery.
- From the moment the goods are delivered in accordance with the contract, he bears all the costs and risks of the goods.
- Unloads and loads the goods in the export and import port.

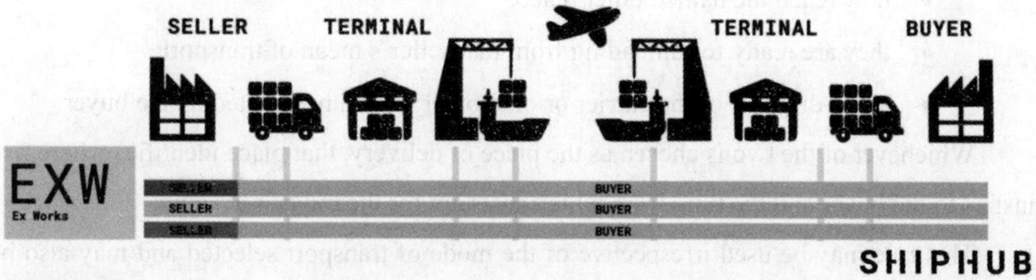

SHIPHUB

### 3.2 FCA – *Free Carrier* (insert named place of delivery)

*Free Carrier* (named place) means that the seller delivers the goods to the buyer in one or other of two ways.

1. First:
   - when the named place is the seller's premises, the goods are delivered;
   - when they are loaded on the means of transport arranged by the buyer.
2. Second:
   - when the named place is another place, the goods are delivered;
   - when, having been loaded on the seller's mean of transport;
   - they reach the named other place;
   - they are ready for unloading from that seller's mean of transport;
   - at the disposal of the carrier or of another person nominated by the buyer.

Whichever of the two is chosen as the place of delivery, that place identifies where risk transfers to the buyer and the time from which costs are for the buyer's account.

This rule may be used irrespective of the mode of transport selected and may also be used where more than one mode of transport is employed.

A sale under Incoterms 2020 FCA can be concluded naming only the place of delivery, either at the seller's premises or elsewhere, without specifying the precise point of delivery within that named place. However, the parties are well-advised also to specify as clearly as possible the precise point within the named place of delivery. A named precise point of delivery makes it clear to both parties when the goods are delivered and when risk transfers to the buyer; such precision also marks the point at which costs are for the buyer's account. Where the precise point is not identified, however, this may cause problems for the buyer. The seller in this cause has the right to select the point "that best suits its purpose": that point becomes the point of delivery, from which risk and costs transfer to the buyer. If the precise point of delivery is not identified by naming it in the contract, then the parties are taken to have left it to the seller to select the point "that best suits its purpose." This means that the buyer may incur the risk that the seller may choose a point just before the point at which goods are lost or damaged. It is best for the buyer therefore to select the precise point within a place where delivery will occur.

Incoterms 2020 FCA requires the seller to clear the goods for export, where applicable. However, the seller has no obligation to clear the goods for import or for transit through third countries, to pay any import duty, or to carry out any import customs formalities.

In Incoterms 2020 FCA, now if goods are being picked up by the buyer's road-haulier in Las Vegas, it would be rather uncommon to expect a bill of lading with an on-board notation to be issued by the carrier from Las Vegas, which is not a port and which a vessel cannot reach for goods to be placed on board. Nonetheless, sellers selling FCA Las Vegas do sometimes find themselves in a situation where they need a bill of lading with an on-board notation (typically because of a bank collection or a letter of credit requirement), albeit necessarily stating that the goods have been placed on board in Los Angeles as well as stating that they were received for carriage in Las Vegas. To cater to this possibility of an FCA seller needing a bill of lading with an on-board notation, FCA Incoterms 2020 has, for the first time, provided the following optional mechanism. If the parties have so agreed in the contract, the buyer must instruct its carrier to issue a bill of lading with an on-board notation to the seller. The carrier may or may not, of course, accede to the buyer's request, given that the carrier is only bound and entitled to issue such a bill of lading once the goods are on board in Los Angeles. However, if and when the bill of lading is issued to the seller by the carrier at the buyer's cost and risk, the seller must provide that same document to the buyer, who will need the bill of lading in order to obtain discharge of the goods from the carrier. This optional mechanism becomes unnecessary, of course, if the parties have agreed that the seller will present to the buyer a bill of lading stating simply that the seller will present to the buyer a bill of lading stating simply that the goods have been received for shipment rather than that they have been shipped on board. Moreover, it should be emphasized that even where this optional mechanism is adopted, the seller is under no obligation to the buyer as to the terms of the contract of carriage. Finally, when this optional mechanism is adopted, the dates of delivery inland and loading on board will necessarily be different, which inland and loading on board will necessarily be different, which may well create difficulties for the seller under a letter of credit.

Using Incoterms 2020 FCA, the seller takes the costs:

- of export clearance;
- of delivering and entrusting the goods to a carrier;
- of obtaining an export license or other authorization, taxes, duties, and additional official export charges;
- of a ban on the export of the products or costs if there are special taxes on its export;
- of providing the document proving the delivery of the goods or equivalent electronic version;
- preparing and sending the commercial invoice or equivalent electronic version;

- of informing the buyer that the goods have been delivered and entrusted to the carrier or have not been accepted by the carrier at the agreed time;
- of packaging and marking required for transport, unless the goods are generally transported without packaging;
- of quality control, measurement, weighing, and counting.

The main obligations of the seller are presented below:

- The seller has to provide the goods, the commercial invoice, and other evidence of conformity as may be required and specified in the contract.
- Upon request and at the buyer's expense, the seller enables and assists in obtaining a shipping document.
- Appoints a person responsible for loading the goods to the vehicle of the purchaser of the products.
- The seller is responsible for preparing the goods for loading (measurement and packing of the goods).
- He adjusts the goods for export and bears the risks and costs involved.
- At the request of the buyer, he may conclude a contract of carriage on normal terms and conditions at the cost and risk of the buyer.

On the other hand, the buyer takes the costs:

- related to import issues and transport of goods from the moment of delivery to the courier by the seller;
- additional, related to non-compliance with the obligation to take delivery of the goods at the place and time agreed in the contract;
- of obtaining documents or equivalent in electronic form (other than usual delivery notes) issued in the country of consignment and/or origin which are necessary for the buyer to import or transit the goods;
- of informing the seller about the date and place where the goods will be delivered to the carrier;
- related to the transport of the products;
- of unloading the delivered goods from the means of transportation in the terminal of the carrier designated by the buyer;
- relating to the products from the time they are put at the disposal of the carrier designated by the buyer (including customs duties and taxes and other official charges);

**SHIPHUB**

- additional, resulting from not designating a carrier or notifying the seller of the name of the carrier and the designated date when the goods are to be delivered to the carrier;
- of pre-shipment inspection of the goods, unless the authorities compulsorily require this of the exporting country;

The buyer's obligations are presented below:

- The buyer completes the formalities related to the import of goods and their transport from the moment of delivery by the seller to the courier.
- He bears the risk of losing or damaging the products from the moment of delivery to the courier.
- It concludes transport contracts, although the seller may (as an additional service) arrange transport at the expense and risk of the buyer.
- He takes care of all necessary transit formalities and preparing the goods to import.
- The buyer orders transport.
- He takes delivery of the goods at the place agreed upon in the contract in advance.

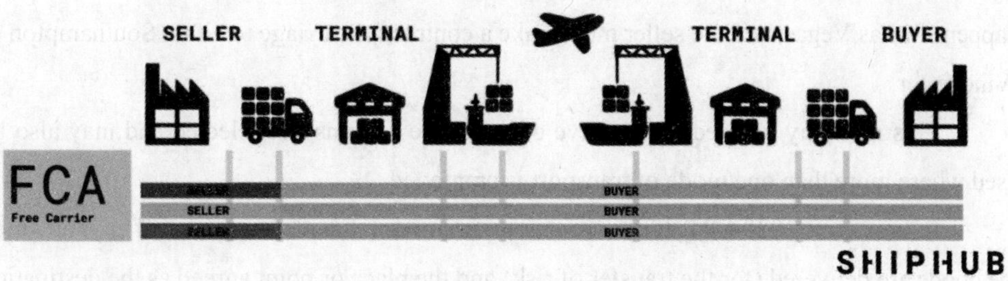

**SHIPHUB**

### 3.3 CPT – Carriage Paid to (insert named place of destination)

*Carriage Paid to* means that the seller delivers the goods – and transfers the risk – to the buyer:

- by handing them over to the carrier;
- contracted by the seller;
- or by procuring the goods so delivered.
- The seller may do so by giving the carrier physical possession of the goods in the manner and at the place appropriate to the means of transport used.

Once the goods have been delivered to the buyer in this way, the seller does not guarantee that the goods will reach the place of destination in sound condition, in the stated quantity, or indeed at all. This is because risk transfers from seller to buyer when the goods are delivered to the buyer by handing them over to the carrier; the seller must nonetheless contract for the carriage of the goods from delivery to the agreed destination. Thus, for example, goods are handed over to a carrier in Las Vegas (which is not a port) for carriage to Southampton (a port) or to Winchester (which is not a port). In either case, delivery transferring risk to the buyer happens in Las Vegas, and the seller must make a contract of carriage to either Southampton or Winchester.

This rule may be used irrespective of the mode of transport selected and may also be used where more than one mode of transport is employed.

In Incoterms 2020 CPT, two locations are important: the place or point (if any) at which the goods are delivered (for the transfer of risk) and the place or point agreed as the destination of the goods (as the point to which the seller promises to contract for carriage).

The parties are well-advised to identify both places, or indeed points within those places, as precisely as possible in the contract of sale. Identifying the place or point (if any) of delivery as precisely as possible is important to cater to the common situation where several carries are engaged, each for different legs of the transit from delivery to destination. Where this happens and the parties do not agree on a specific place or point of delivery, the default position is that risk transfer when the goods have been delivered to the first carrier at a point entirely of the seller's choosing and over which the buyer has no control. Should the parties wish the risk to transfer at a later stage (e.g., at a sea or river port or at an airport), or indeed an earlier one (e.g. an inland point some way away from a sea or river port), they need to specify this in their contract of sale and to carefully think through the consequences of so doing in case the goods are lost or damaged.

The parties are also well-advised to identify as precisely as possible in the contract of sale the point within the agreed place of destination, as this is the point to which the seller must contract for carriage and this is the point to which the costs of carriage fall on the seller.

If the seller incurs costs under its contract of carriage related to unloading at the named place of destination, the seller is not entitled to recover such costs separately from the buyer unless otherwise agreed between the parties.

Incoterms 2020 CPT requires the seller to clear the goods for export, where applicable. However, the seller has no obligation to clear the goods for import or for transit through third countries, or to pay any import duty or to carry out any import customs formalities.

Using Incoterms 2020 CPT takes:

- all costs relating to the goods and their transport until delivery to the carrier;
- loading costs (at the carrier) and possible unloading costs;
- transit costs for the buyer's account and the costs of export clearance;
- costs incurred by the buyer related to export formalities.

Main obligations of the seller are presented below:

- Seller provides a commercial invoice and other required documents in paper or electronic form.
- Seller is responsible of delivery of goods to the carrier at the place of delivery on the agreed date or within the agreed period.
- Seller is responsible for damage or loss of goods until they are handed over to the carrier at the named point and within the specified time.
- Seller has to contract or organize the transport of goods to the named place of destination. If such a place does not exist, the seller can choose the point that best suits this purpose.
- One of the seller obligations is operating according to all transport-related security requirements for transport to the destination.
- Seller has to carry out and pay for export clearance, as well as assist the buyer with import clearance.
- Seller counts and weigh goods and, if required, packs the goods at its own expense.
- Seller informs the buyer about the delivery of goods to the carrier and provides the buyer with documents authorizing the buyer to take over the goods.

The seller is not obliged to make a contract of insurance but must provide information for this purpose at the buyer's request.

The buyer takes:

SHIPHUB

- all costs relating to the goods and their transport from the moment they were handed over to the carrier (excluding the seller's obligations);
- transit costs excluding the seller's obligations stated in the contract of carriage;
- unloading costs, unless it is the seller's obligation stated in the contract of carriage;
- import clearance and transit costs;
- possible costs incurred by the seller related to import formalities.

Obligations of buyer are presented below:

- Buyer takes up the delivery of the goods.
- He takes responsibility for damage or loss of goods from the time they have been handed over to the carrier.
- Buyer accepts documents provided by the seller.
- Buyer has to carry out and pay for import clearance, as well as assist the seller with export clearance.
- He informs the seller about the place and date of delivery.

But it's good to remember that the buyer is not obliged to make a contract of carriage. He is also not obliged to make a contract of insurance.

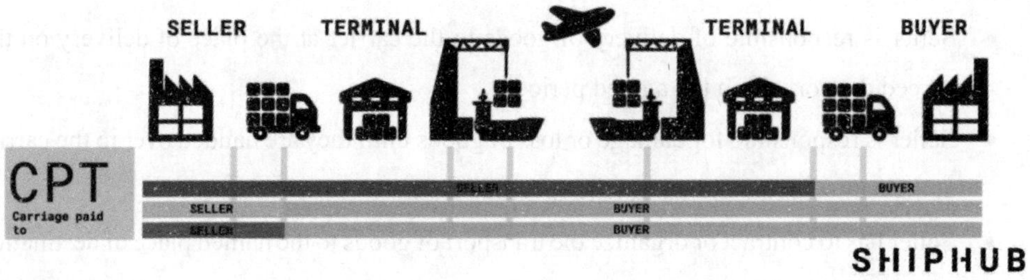

### 3.4 CIP – *Carriage and Insurance Paid to* (insert named place of destination)

*Carriage and Insurance Paid to* means that the seller delivers the goods – and transfers the risk – to the buyer:

- by handing them over to the carrier;
- contracted by the seller;
- or by procuring the goods so delivered.
- The seller may do so by giving the carrier physical possession of the goods in the manner and at the place appropriate to the means of transport used.

Once the goods have been delivered to the buyer in this way, the seller does not guarantee that the goods will reach the place of destination in sound condition, in the stated quantity or indeed at all. This is because risk transfers from seller to buyer when the goods are delivered to the buyer by handing them over to the carrier; the seller must nonetheless contract for the carriage of the goods from delivery to the agreed destination. Thus, for example, goods are handed over to a carrier in Las Vegas (which is not a port) for carriage to Southampton (a port) or to Winchester (which is not a port). In either case, delivery transferring risk to the buyer happens in Las Vegas, and the seller must make a contract of carriage to either Southampton or Winchester.

This rule may be used irrespective of the mode of transport selected and may also be used where more than one mode of transport in employed.

In Incoterms 2020 CIP two locations are important: the place or point at which the goods are delivered (for the transfer of risk) and the place or point agreed as the destination of the goods (as the point to which the seller promises to contract for carriage).

The seller must also contract for insurance cover against the buyer's risk of loss of or damage to the goods from the point of delivery to at least the point of destination. This may cause difficulty where the destination country requires insurance cover to be purchased locally: in this case the parties should consider selling and buying under CPT Incoterms 2020 rule the seller is required to obtain extensive insurance cover complying with Institute Cargo Clauses or similar clause, rather than with the more limited cover under Institute Cargo Clauses. It is, however, still open to the parties to agree on a lover level of cover.

The parties are well advised to identify both places, or indeed point within those places, as precisely as possible in the contract of sale. Identifying the place or point (if any) of delivery as precisely as possible is important to cater for the common situation where several carriers are engaged, each for different legs of the transit from delivery to destination. Where this happens and the parties do not agree on a specific place or point of delivery, the default position is that risk transfers when the goods have been delivered to the first carrier at a point entirely of the seller's choosing and over which the buyer has no control. Should the parties wish the risk to transfer at a later stage (e.g. at a sea or river port or at an airport), or indeed an earlier one (e.g. an inland point some way away from a sea or river port), they need to specify this in their contract of sale and to carefully think through the consequences of so doing in case the goods are lost or damaged.

The parties are also well advised to identify as precisely as possible in the contract of sale the point within the agreed place of destination, as this is the point to which the seller must contract for carriage and insurance and this is the point to which the costs of carriage and insurance fall on the seller.

If the seller incurs costs under its contract of carriage related to unloading at the named place of destination, the seller is not entitled to recover such costs separately from the buyer unless otherwise agreed between the parties.

Incoterms 2020 CIP requires the seller to clear the goods for export, where applicable. However, the seller has no obligation to clear the goods for import or for transit through third countries, or to pay any import duty or to carry out any import customs formalities.

Using CIP Incoterms the seller bears:

- export and transit costs (outside the importing country): customs, taxes, export and transit permits, export security clearance and the cost of obtaining all official permits;
- the costs of control activities, such as quality control, measurement, weighing, counting, delivery of appropriately labeled packaging;
- the costs related to the shipment and transport of goods until they are delivered to the buyer;
- the costs of issuing and sending a commercial invoice;
- the costs related to concluding the contract of carriage as well as packaging and labeling costs enabling the carriage of goods;
- the costs of transport insurance and informing the buyer about the delivery and handing over of goods to the carrier;
- unloading costs at the destination, if stated in the contract of carriage.

The seller's obligations are presented below:

SHIPHUB

- Seller has to carry out all the duties under the terms of delivery specified in the contract.
- He hands over the goods to the carrier on the agreed date stated in the contract.
- He contracts or organizes the carriage of the goods from the agreed point of delivery to the named place of destination.
- Seller operates according to all transport-related security requirements for transport to the destination.
- He packs and marks the goods.
- He has to assist the buyer in obtaining any documents necessary for transit and import clearance formalities.

On the other hand, the buyer bears:

- the costs of import formalities: customs, taxes, import and transit permits, import security clearance and costs obtaining all official permits;
- the costs obtaining any official authorizations;
- the costs of obtaining documents or their equivalent electronic forms that the buyer needs when importing or transiting goods;
- the costs related to the goods from the moment they are delivered on board the vessel;
- any additional costs if the buyer fails to notify the seller of the time of shipment or place of destination;
- the costs of pre-shipment inspection of goods (expect when such inspections are required by the authorities of the exporting country);
- the costs of unloading goods, unless the contract of carriage indicates otherwise.

Obligations of the buyers are presented below:

- Buyer takes delivery of the goods.
- He has to carry out and pay for import clearance.
- He obtains documents necessary for import and transit.
- Buyer assists the seller, at his request, risk, and costs in obtaining any documents necessary for the export formalities.

SHIPHUB

- He informs the seller about the place and date of delivery.

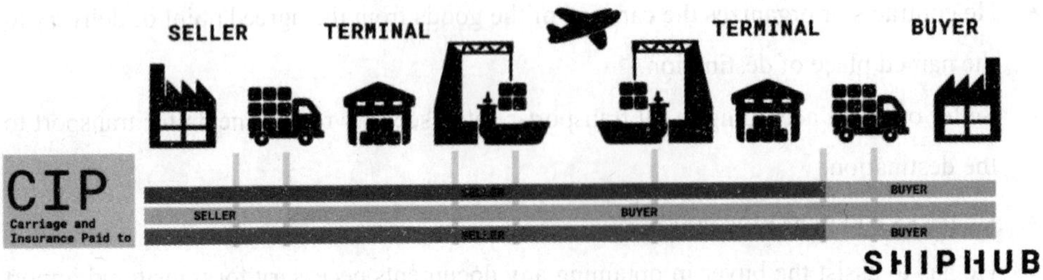

### 3.5 DAP – *Delivered at Place* (insert named place of destination)

*Delivered at Place* means that the seller delivers the goods – and transfer risk – to the buyer:

- when the goods are placed at the disposal of the buyer;
- on the arriving means of transport ready for unloading;
- at the named place of destination;
- at the agreed point within that place, if any such point is agreed.

The seller bears all risks involved in bringing the goods to the named place of destination or to the agreed point within that place. In this Incoterms rule, therefore, delivery and arrival at destination are the same.

This rule may be used irrespective of the mode of transport selected and may also be used where more than one mode of transport is employed.

The parties are well advised to specify the destination place or point as clearly as possible and this for several reasons. First, risk of loss or damage to the goods transfers to the buyer at that point of delivery/destination – and it is best for the seller and the buyer to clear about the point at which that critical transfer happens. Secondly, the costs before that place or point of delivery/destination are for the account of the seller and the costs after that place or point are for the account of the buyer. Thirdly, the seller must contract or arrange for the carriage of the goods to the agreed place or point of delivery/destination. If it fails to do so, the seller is in breach of its obligations under the Incoterms DAP rule and will be liable to the buyer for any ensuing loss. Thus, for example, the seller would be responsible for any additional costs levied by the carrier to the buyer for any additional on-carriage.

The seller is not required to unload the goods from the arriving means of transportation. However, if the seller incurs costs under its contract of carriage related to unloading at the place of delivery/destination, the seller is not entitled to recover such costs separately from the buyer unless otherwise agreed between the parties.

Incoterms 2020 DAP requires the seller to clear the goods for export, where applicable. However, the seller has no obligation to clear the goods for import or for post-delivery transit to clear the goods for import or for post-delivery transit through third countries, to pay any import duty or to carry out any import customs formalities. As a result, if the buyer fails to organize import clearance, the goods will be held up at a port or inland terminal in the destination country. Who bears the risk of any loss that might occur while the goods are thus held up at the port of entry in the destination country? The answer is the buyer, delivery will not have occurred yet, ensuring that the risk of loss of or damage to the goods is with the buyer until transit to a named inland point can be resumed. If, in order to avoid this scenario, the parties intend the seller to clear the goods for import, pay any import duty or tax and carry out any import customs formalities, the parties might consider using DDP.

Using DAP Incoterms 2020, the seller takes:

- all costs relating to the goods and their transport until delivery (expect for the costs incurred by the buyer);
- possible unloading costs;
- export clearance costs;
- costs of delivery of documents regarding transport.

Obligations of the seller are presented below:

- Seller provides commercial invoice and other required documents in paper or electronic form.
- He delivers goods ready for unloading at a named place and within the specified period.
- He takes responsibility for damage or loss of goods until they are delivered at the agreed point and time.
- The seller's obligation is contracting or organizing the transport of goods at the indicated destination at his own costs. If such a place is not specified, the seller can choose the point the best suits this purpose.
- Seller operates according to all transport-related security requirements for transport to the destination.
- The seller has to carry out and pay for all export and transit clearance, as well as assist the buyer with import clearance.
- He has to count and weigh goods and, if required, pack the goods.
- He provides the buyer with documents authorizing the buyer to take over the goods.
- The seller is not obliged to make a contract of insurance.

The buyers takes:

- costs related to the conclusion of the contract of carriage;
- any costs related to the goods from the moment of their delivery, and possible unloading costs;
- import clearance costs;
- possible costs incurred by the seller related to import formalities.

SHIPHUB

Obligations of the buyer are presented below:

- Buyer pays the price of the goods as provided in the contract of sale.
- He takes up the delivery of the goods.
- Buyer has to accept documents provided by the seller for being enabled to take up the goods.
- He takes responsibility for damage or loss of goods from the time they have been delivered.
- Buyer has to carry out and pay for import clearance, as well as assist the seller with export clearance.
- Buyer informs the seller about the designated port/place of delivery, types of means of transport and date of delivery.
- The buyer is not obliged to make a contract of insurance but must provide information for this purpose at the seller's request.

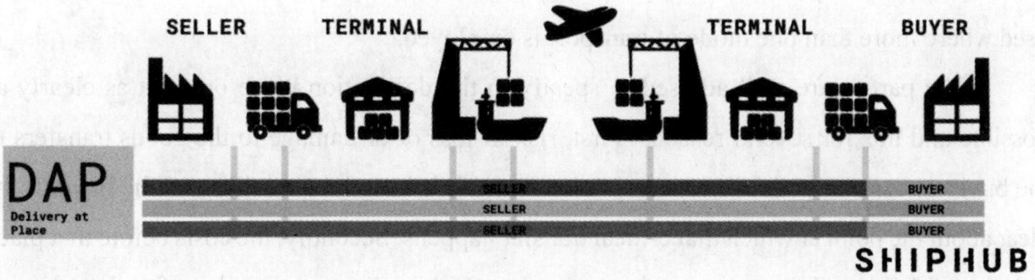

### 3.6 DPU – *Delivered at Place Unloaded* (insert named place of destination)

*Delivered at Place Unloaded* means that the seller delivers the goods – and transfers risk – to the buyer:

- when the goods, once unloaded from the arriving means of transport, are placed at the disposal of the buyer at a named place of destination;
- when the goods, once unloaded from the arriving means of transport, are placed at the disposal of the buyer at the agreed point within that place, if any such point is agreed.

The seller bears all risks involved in bringing the goods to and unloading them at the named place of destination. In this Incoterms rule, therefore, the delivery and arrival at destination are the same. DPU is the only Incoterms rule that requires the seller to unload goods at destination. The seller should therefore ensure that it is in a position to organize unloading at the named place. Should the partics intend the seller not to bear the risk and cost of unloading, the DPU rule should be avoided and DAP should be used instead.

This rule may be used irrespective of the mode of transport selected and may also be used where more than one mode of transport is employed.

The parties are well advised to specify to the destination place or point as clearly as possible and this for several reasons. First, risk of loss of or damage to the goods transfers to the buyer at the point of delivery/destination – and it is best for the seller and the buyer to be clear about the point at which that critical transfer happens. Secondly, the costs before that place or point of delivery/destination are for the account of the seller and the costs after that place or point are for the account of the buyer. Thirdly, the seller must contract or arrange for the carriage of the goods to the agreed place or point of delivery/destination. If it fails to do so, the seller is in breach of its obligations under this rule and will be liable to the buyer for any ensuing loss. The seller would, for example, be responsible for any additional costs levied by the carrier to the buyer for any additional on-carriage.

Incoterms 2020 DPU requires the seller to clear the goods for export, where applicable. However, the seller has no obligation to clear the goods for import or for post-delivery transit through third countries, to pay any import duty or to carry out any import customs formalities. As a result, if the buyer fails to organize import clearance, the goods will be held up at a port or inland terminal in the destination country. Who bears the risk of any loss that might occur while the goods are thus held up at the port of entry in the destination country? The answer is the buyer: delivery will not have occurred yet, ensuring that the risk of loss of or damage to the goods is with the buyer until transit to a named inland point can be resumed. If, in order to avoid this scenario, the parties intend the seller to clear the goods for import, pay any import duty or tax and carry out any import customs formalities, the parties might consider using DDP.

Using Incoterms 2020 DPU, the seller bears:

- export and transit costs (outside the importing country): customs, taxes, export and transit permits, export security clearance and the cost of obtaining all official permits;
- the costs of control activities, such as quality control, measurement, weighing, counting, delivery of appropriately labeled packaging;
- the costs related to shipping and transport of the goods until they are unloaded and delivered to the buyer;
- the costs needed to obtain documents and information related to export and transit clearance;
- the costs related to concluding the contract of carriage.

Main obligations of the seller are presented below:

- The seller has to carry out all the duties under the terms of delivery specified in the contract. This means delivery of the goods along with a commercial invoice in conformity with the contract of sale and other related documents.
- The seller is responsible for unloading goods from arriving means of transport, and then delivering by placing them at the disposal of the buyer at the point agreed in the contract.
- He connects the carriage of the goods.
- He provides the buyer, at his own expense, with all documents necessary to enable the buyer to take over the goods.
- He assists the buyer at the buyer request, risk and cost in obtaining any documents necessary for transit and import clearance formalities.
- The seller packs and marks the goods.
- He informs the buyer about matters related to receiving the goods.
- He unloads goods at the place of delivery.

The buyer bears:

- the costs of import formalities: customs, taxes, import permits, import security clearance and costs of obtaining all official permits;
- any additional costs if the buyer fails to fulfill its obligations stated in the contract;
- the costs needed to obtain documents related to import clearance.

Obligations of the buyer are presented below:

# SHIPHUB

- The buyer assists the seller, at his request, risk and cost, in obtaining any documents necessary for the export and transit clearance formalities.
- He has to carry out and pay for import clearance.
- He informs the seller in advance of all safety requirements related to transport, ship name, loading point and possible delivery date within the period agreed in the contract.

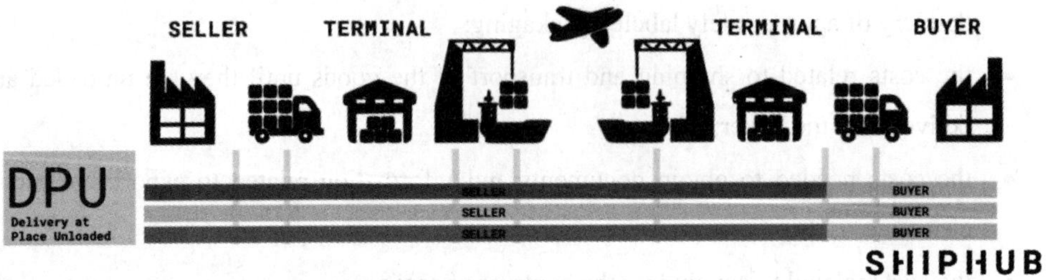

### 3.7 DDP – *Delivered Duty Paid* (insert named place of destination)

*Delivered Duty Paid* means that the seller delivers the goods to the buyer:

- when the goods are placed at the disposal of the buyer, cleared for import, on the arriving means of transport, ready for unloading, at the named place of destination or at the agreed point within that place, if any such point is agreed.

The seller bears all risk involved in bringing the goods to the named place of destination or to the agreed point within that place. In this Incoterms rule, therefore, delivery and arrival at destination are the same.

This rule may be used irrespective of the mode of transport selected and may also be used where more than one mode of transport is employed.

Incoterms 2020 DDP, with delivery happening at destination and with the seller being responsible for the payment of import duty and applicable taxes is the Incoterms rule imposing on the seller the maximum level of obligation of all eleven Incoterms rules.

The parties are well advised to specify the destination place or point as clearly as possible and this for several reasons. First, risk of loss of or damage to the goods transfers to the buyer at that point of delivery/destination – and it is best for the seller and the buyer to be clear about the point at which that critical transfer happens. Secondly, the costs before that place or point of delivery/destination are for the account of the seller, including the costs of import clearance, and the costs after that place or point, other than the costs of import, are for the account of the buyer. Thirdly, the seller must contract or arrange for the carriage of the goods to the agreed place or point od delivery/destination. If it fails to do so, the seller is in breach of its obligations under the Incoterms rule DDP and will be liable to the buyer for any ensuing loss. Thus, for example, the seller would be responsible for any additional costs levied by the carrier to the buyer for any additional on-carriage.

If the seller incurs costs under its contract of carriage related to unloading at the place of delivery/destination, the seller is not entitled to recover such costs separately from the buyer unless otherwise agreed between the parties.

DDP requires the seller to clear the goods for export, where applicable, as well as for import and to pay any import duty or to carry out any customs formalities. Thus if the seller is unable to obtain import clearance and would rather leave that side of things in the buyer's hands in the country of import clearance being left to the buyer. There may be tax implications and this tax may not be recoverable from the buyer.

Using Incoterms 2020 DDP, the seller takes:

# SHIPHUB

- all costs of control activities (quality control, measurement, weighing of goods);
- costs for all formalities related to customs clearance, export, import, and transit. If he is unable to pay for import clearance and would prefer to leave it in the hands of the buyer, then the seller should consider Incoterms DAP or DPU;
- costs for unloading at the destination, if it was included in the contract of carriage (the seller is not entitled to recover these charges unless otherwise was agreed by the parties);
- cost of delivery;
- charges paid by the buyer in connection with the assistance in the provision of documents relating to the transport.

Main obligations of the seller are presented below:

- The seller is obliged to deliver the goods and all necessary documents to a destination agreed upon by both parties and at a specified date (the documents may be in paper or electronic form).
- He must properly pack and label the goods so that they can be transported (unless the parties have agreed otherwise in advance).
- The seller must provide the buyer with all the information/documents required to enable the buyer to take delivery of the goods.

The buyer takes:

- costs of the products according to the contract of sale;
- charges relating to goods after the delivery;
- unloading costs (unless these costs have been taken into account by the seller under the contract of carriage);
- any additional costs incurred by the seller if the buyer does not comply with the obligation to assist in obtaining the necessary documents or if he does not inform the exporter of the time and place of delivery.

Obligations of the buyer are presented below:

- He is obliged to collect the goods.
- The buyer is obliged to assists the seller (at his request) in obtaining all documentation related to import, export and transit.
- If both parties agreed that the buyer is obliged to determine the time and place of delivery, he must also notify the seller in advance.

But:

SHIPHUB

- The buyer is not obliged to conclude the insurance contract, but must provide the seller (at his request) the information he needs to obtain insurance.

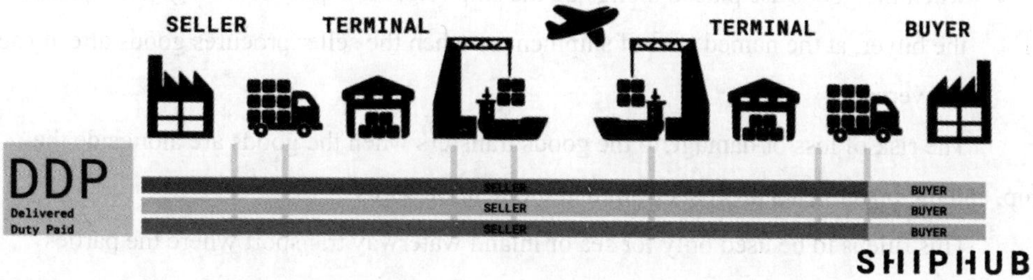

### 3.8 FAS – *Free Alongside Ship* (insert named port of shipment)

*Free Alongside Ship* means that the seller delivers the goods to the buyer:

- when the goods are placed alongside the ship (e.g. on a quay or a barge), nominated by the buyer, at the named port of shipment or when the seller procures goods already so delivered.

The risk of loss or damage to the goods transfers when the goods are alongside the ship, and the buyer bears all costs from that moment onwards.

This rule is to be used only for sea or inland waterway transport where the parties intend to deliver the goods by placing the goods alongside a vessel. Thus, the FAS rule is not appropriate where goods are handed over to the carrier before they are alongside the vessel, for example where goods are handed over to a carrier at a container terminal. Where this is the case, parties should consider using the FCA rule rather than the FAS rule.

The parties are well advised to specify as clearly as possible the loading point at the named port of shipment where the goods are to be transferred from the quay or barge to the ship, as the costs and risk to that point are for the account of the seller and these costs and associated handling charges may vary according to the practice of the port.

Incoterms 2020 FAS requires the seller to clear the goods for export, where applicable. However, the seller has no obligations to clear the goods for import or for transit through third countries, to pay any import duty or to carry out any import customs formalities.

Using FAS, the seller bears:

- the costs of export formalities: customs, taxes, export authorization, export security clearance and the cost of obtaining all official permits;
- the costs of providing the buyer with proof that the goods have been delivered under the contract;
- the costs related to the shipment of goods until they are delivered;
- the costs of control activities, such as quality control, measurement, weighing, counting, delivery of appropriately labeled packaging.

Obligations of the seller are presented below:

- The seller has to carry out all the duties under the terms of delivery specified in the contract. This means delivery of the goods along with a commercial invoice in conformity with the contract of sale and other related documents.

- He delivers goods by placing them alongside the ship within the prior specified period and at the named port indicated by the buyer.
- He informs the buyer in advance of the delivery of the goods.
- He provides at his own expense a document confirming delivery of the goods to the buyer. If such proof is a transport document, the seller must assist the buyer, at his request, risk, and cost, in obtaining it.
- The seller assists the buyer at the buyers request, risk and cost in obtaining any documents necessary for transit and import clearance formalities.
- He packs and marks the goods.
- He operates according to all transport-related requirements until delivery of the goods to the buyer.

On the other hand, the buyer bears:

- the costs of import and transit formalities: customs, taxes, import permit, import security clearance and costs of obtaining all official permits;
- the costs of obtaining the contract of carriage;
- any additional costs if the buyer to fulfill its obligations;
- the costs related to the conclusion of the contract of carriage.

The buyer's obligations are presented below:

- He concludes the contract of carriage from the named port of shipment, expect where the contract of carriage is made by the seller (at the buyer's expense and risk).
- He assists the seller, at his request, risk and cost, in obtaining any documents necessary for the export clearance formalities.
- The buyer must notify the seller in advance of any safety requirements related to transport, ship name, loading point and the delivery date within the period agreed in the contract.

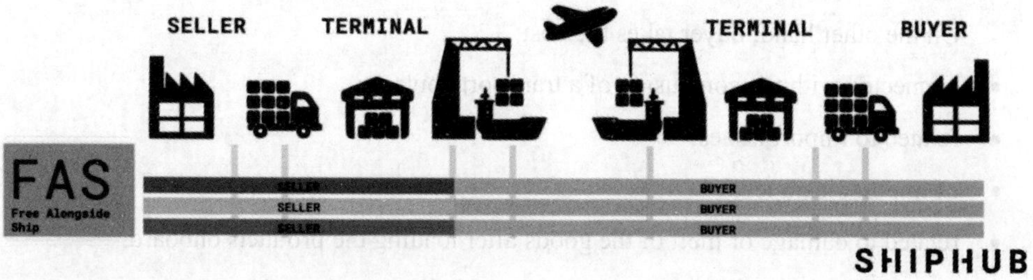

SHIPHUB

### 3.9 FOB – *Free On Board* (insert named port of shipment)

*Free on Board* mans that the seller delivers the goods to the buyer:

- on board the vessel, nominated by the buyer, at the named port of shipment or procures the goods already so delivered.

The risk of loss or damage to the goods transfers when the goods are on board the vessel, and the buyer bears all costs from that moment onwards.

This rule is to be used only for sea or inland waterway transport where the parties intend to deliver the goods by placing the goods on board a vessel. Thus, the FOB rule is not appropriate where goods are handed over to the carrier before they are on board the vessel, for example where goods are handed over to a carrier at a container terminal. Where this is the case, parties should consider using the FCA rule rather than the FOB rule.

FOB requires the seller to clear the goods for export, where applicable. However, the seller has no obligation to clear the goods for import or for transit through third countries, to pay any import duty or to carry out any import formalities.

Using Incoterms 2020 FOB, the seller takes the cost:

- of export clearance;
- of delivering the goods to the ship;
- associated with damage to the goods before loading them to the vessel.

Main obligations of the seller are presented below:

- The seller has to deliver the goods to the vessel at the place designated by the buyer. He also has to bear the costs involved.
- He obtains permission to export products.
- The seller shall be fully liable for any damage to the goods before loading to the vessel.
- He informs the buyer that the goods have been delivered to the ship.
- He delivers sales notes.
- The seller is responsible for the export clearance and related costs.

On the other hand, buyer takes the cost:

- connected with the conclusion of a transport contract;
- related to import issues;
- of import clearance;
- related to damage or theft of the goods after loading the products onboard.

Main obligations of the buyer are presented below:

SHIPHUB

- The buyers is responsible for any damage to the goods and theft after the goods have been loaded into the ship.
- He bears the costs related to the conclusion of the transport contract and import issues.
- He shall inform the seller about designated port, the name of the vessel and the delivery date.
- He organizes import clearance and bears the associated costs.

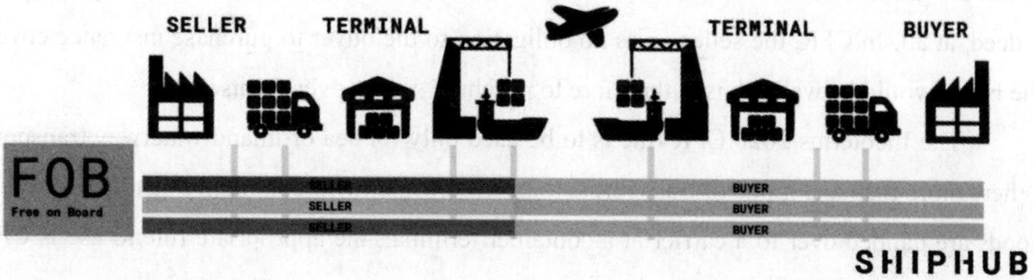

### 3.10 CFR – *Cost and Freight* (insert named port of destination)

*Cost and Freight* means that the seller delivers the goods to the buyer:

- on board the vessel
- or procures the goods already so delivered.

The risk of loss of or damage to the goods transfers when the goods are on board the vessel, such that the seller is taken to have performed its obligation to deliver the goods whether or not the goods actually arrive at their destination is sound condition, in the stated quantity or, indeed, at all. In CFR, the seller owes no obligation to the buyer to purchase insurance cover: the buyer would be well-advised therefore to purchase some cover for itself.

The Incoterms 2020 CFR rule is to be used only for sea or inland waterway transport. Where more than one mode of transport is to be used, which will commonly be the case where goods arc handed over to a carrier at a container terminal, the appropriate rule to use is CPT rather than CFR.

In CFR, two ports are important: the port where the goods are delivered on board the vessel and the port agreed as the destination of the goods. Risk transfers from seller to buyer when the goods are delivered to the buyer by placing them on board the vessel at the shipment port or by procuring the goods already so delivered. However, the seller must contract for the carriage of the goods from delivery to the agreed destination. Thus, for example, goods are placed on board a vessel in Shanghai (which is a port) for carriage to Southampton (also a port). Delivery here happens when the goods are on board in Shanghai, with risk transferring to the buyer at that time; and the seller must make a contract of carriage from Shanghai to Southampton.

While the contract will always specify a destination port, it might not specify the port of shipment, which is where risk transfers to the buyer. If the shipment port is of particular interest to the buyer, as it may be, for example, where the buyer wishes to ascertain that the freight element of the price is reasonable, the parties are well advised to identify it as precisely as possible in the contract.

The parties are well advised to identify as precisely as possible the point at the named port of destination, as the costs to that point are for the account of the seller. The seller must make a contract or contracts of carriage that cover the transit of the goods from delivery to the named port or to the agreed point within that port where such a point has been agreed in the contract of sale.

It is possible that carriage is effected through several carriers for different legs of the sea transport, for example, first by a carrier operating a feeder vessel from Hong Kong to Shanghai, and then onto an ocean vessel from Shanghai to Southampton. The question which arises here is whether risk transfers from seller to buyer at Hong Kong or at Shanghai: where does delivery take place? The parties may well have agreed this in the sale contract itself. Where, however, there is no such agreement, the default position is that risk transfers when the goods have been delivered to the first carrier, i.e. Hong Kong, thus increasing the period during which the buyer incurs the risk of loss or damage. Should the parties wish the risk to transfer at a later stage (here, Shanghai) they need to specify this in their contract of sale.

If the seller incurs costs under its contract of carriage related to unloading at the specified point at the port of destination, the seller is not entitled to recover such costs separately from the buyer unless otherwise agreed between the parties.

CFR requires the seller to clear the goods for export, where applicable. However, the seller has no obligation to clear the goods for import or for transit through third countries, to pay any import duty or to carry out any import customs formalities.

Using Incoterms 2020 CFR the seller bears:

- tax costs in the country where the goods were manufactured;
- port charges at the port of departure;
- costs of transporting goods to the port;
- costs of obtaining an export license;
- customs duties and taxes in the country of departure;
- costs of goods quality control, weighing, measuring and counting the goods, which is necessary before loading the goods onto the vessel;
- costs of providing the transport documents issued to the port of destination and its electronic copy;
- transit costs that were on the seller's account under the contract of carriage;
- costs of security clearance for export, as well as safe and appropriately labeled packaging of the goods.

Main obligations of the seller are presented below:

- Seller is responsible of loading at the starting point of transport.
- He has to make a contract for carriage.
- Seller delivers the goods on board the vessel along with a commercial invoice in the place indicated by the buyer, as well as bears the costs related to it.

# SHIPHUB

- Seller controls the quality of goods, weighs, measures and counts the goods – necessary before loading the goods onto the ship.
- He is responsible of safe packaging of goods necessary for transport to avoid unnecessary risk.
- Seller operates according to all transport-related security requirements for transport to the destination.
- He provides a transport document issued to the destination port of the goods and its copy in electronic form.
- He provides information to the buyer at his expense and risk needed to obtain insurance.

The buyer bears:

- tax costs in the destination country;
- insurance costs during transport;
- transport costs from the home port to the main office;
- the costs of obtaining the import license necessary for the transaction and the costs related to import clearance;
- customs charges in transit countries and in the destination country;
- charges resulting from a pre-shipment inspection of goods, unless this is required in the country from which the goods are shipped;
- the cost of notifying the seller of the required shipping date and port of destination;
- all charges related to transit, unless stated otherwise in the contract of carriage;
- unloading costs, unless stated otherwise in the contract of carriage.

Main obligations of the buyer are presented below:

- The buyer takes up the delivery at the time and place specified in the contract.
- He transports the goods from the named port of destination to the main office and unloading at the port.
- The buyer informs the seller about the port of destination and date of delivery.
- The buyer obtains the import license necessary for the transaction and bears the costs of carrying out customs clearance.

SHIPHUB

- He has to carry out pre-shipment controls of the goods (if it is required in the country from which the goods are shipped).

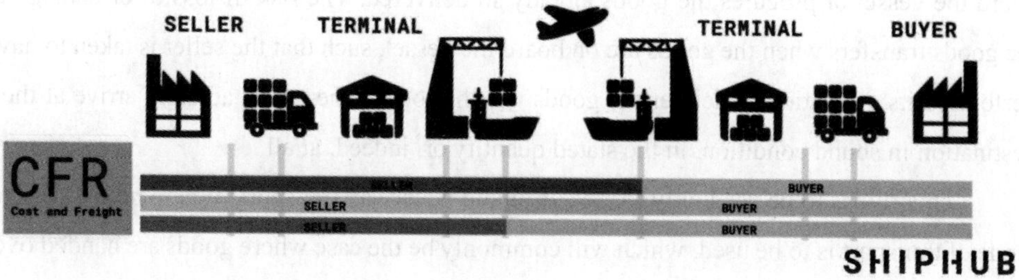

### 3.11 CIF – *Cost Insurance and Freight* (insert named port of destination)

*Cost Insurance and Freight* means that the seller delivers the goods to the buyer on board the vessel or procures the goods already so delivered. The risk of loss of or damage to the goods transfers when the goods are on board the vessel, such that the seller is taken to have performed its obligation to deliver the goods whether or not the goods actually arrive at their destination in sound condition, in the stated quantity or, indeed, at all.

This rule is to be used only for sea or inland waterway transport. Where more than one mode of transport is to be used, which will commonly be the case where goods are handed over to a carrier at a container terminal, the appropriate rule to use is CIP rather than CIF.

In Incoterms 2020 CIF, two ports are important: the port where the goods are delivered on board the vessel and the port agreed as the destination of the goods. Risk transfers from seller to buyer when the goods are delivered to the buyer by placing them on board the vessel at the shipment port or by procuring the goods already so delivered. However, the seller must contract for the carriage of the goods from delivery to the agreed destination. Thus, for example, goods are placed on board a vessel in Shanghai (which is a port) for carriage to Southampton (also a port). Delivery here happens when the goods are on board in Shanghai, with risk transferring to the buyer at that time: and the seller must make a contract of carriage from Shanghai to Southampton.

While the contract will always specify a destination port, it might not specify the port of shipment, which is where risk transfers to the buyer. If the shipment port is of particular interest to the buyer, as it may be, for example, where the buyer wishes to ascertain that the freight or the insurance element of the price is reasonable, the parties are well advised to identify it as precisely as possible in the contract.

The parties are well advised to identify as precisely as possible the point at the named port of destination, as the costs to that point are for the account of the seller. The seller must make a contract or contracts of carriage that cover the transit of the goods from delivery to the named port or to the agreed point within that port where such a point has been agreed in the contract of sale.

It is possible that carriage is effected through several carries for different legs of the sea transport, for example, first by a carrier operating a feeder vessel from Hong Kong to Shanghai, and then onto an ocean vessel from Shanghai to Southampton. The question which arises here is whether risk transfers from seller to buyer at Hong Kong or at Shanghai: where does delivery take place? The parties may well have agreed this in the sale contract itself. Where, however, there is no such agreement, the default position is that risk transfers when the goods have been delivered to the first carrier, i.e. Hong Kong, thus increasing the period during which the buyer incurs the risk of loss or damage. Should the parties wish the risk to transfer at a later stage (here, Shanghai) they need to specify this in their contract of sale.

The seller must also contract for insurance cover against the buyer's risk of loss of or damage to the goods from the port of shipment to at least the port of destination. This may cause difficulty where the destination country requires insurance cover to be purchased locally: in this case the parties should consider selling and buying under CFR. The buyer should also note that under the Incoterms 2020 CIF rule the seller is required to obtain limited insurance cover complying with Institute Cargo Clauses or similar clauses, rather than with the more extensive cover under Institute Cargo Clauses. It is, however, still open to the parties to agree on a higher level of cover.

If the seller incurs costs under its contract of carriage related to unloading at the specified point at the port of destination, the seller is not entitled to recover such costs separately from the buyer unless otherwise agreed between the parties.

CIF requires the seller to clear the goods for export, where applicable. However, the seller has no obligation to clear the goods for import or for transit through third countries, to pay any import duty or to carry out any import customs formalities.

Using Incoterms 2020 CIF, seller takes the costs:

- of export clearance;
- of delivering the goods to the ship;
- of issuing and sending the commercial invoice;
- of obtaining an export license or other authorizations;
- of concluding the contract of carriage;
- of insurance;
- of packaging and marking the products;
- of giving information to the buyer (e.g., the goods have been delivered to the ship);
- of quality control (measurement, weighing, counting).

The seller's obligations are presented below:

- The seller is obliged to conclude a contract of carriage to a designated port of shipment at his own expense.
- He concludes and pays the freight contract costs.
- The seller is responsible for the loading the goods on the vessel.

# SHIPHUB

- The seller is obliged to conclude an insurance agreement (with minimum coverage) and deliver it to the buyer.
- He is responsible for the export clearance and related costs.

On the other hand, buyer takes the costs:

- of informing the seller of the date of dispatch of the goods and the port of destination;
- of import license and others authorizations;
- of import clearance;
- of obtaining documents (or equivalent electronic documents) which are necessary for the buyer to import or transit the goods;
- not covered by the contract or not being freight but relating to the goods during transport from the port of loading;
- additional, if the buyer won't notify the seller of the time of dispatch or destination.

The obligations of the buyer are presented below:

- The buyer is responsible for any damage or theft of the goods after the goods have been loaded to the vessel.
- He is obliged to bear all the costs required to obtain the certificate of origin, consular documents and import rates of duty.
- He has to inform the seller of the designated port, the name of the vessel and the delivery date.
- He organizes the import clearance and bears all related costs.
- The buyer has to obtain all documents necessary for import or transit.

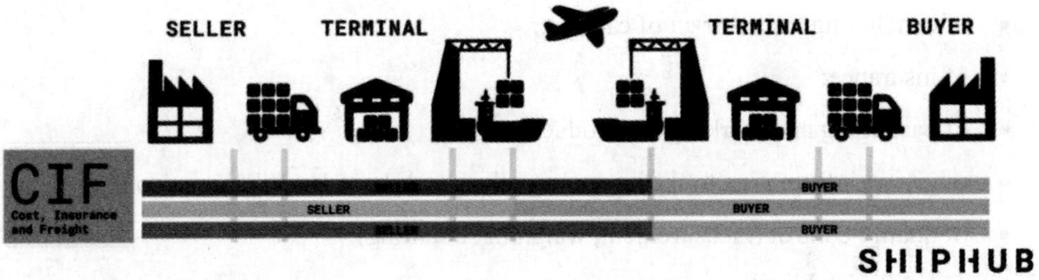

## 4. Summary

When analyzing the Incoterms 2020 rules described above, it may seem that the changes that have occurred are minimal. Nevertheless, Incoterms 2020 will be easier for exporters and importers to understand than Incoterms 2010. The Commission setting new rules wanted to avoid misinterpreting the Incoterms rules.

Incoterms 2020 rules have been established by the International Chamber of Commerce (ICC). This year, representatives of countries such as France, Great Britain, Germany, Turkey, the United States, Australia, and China took part in the meeting during which changes were made to the rules.

# 附录二　跟单信用证统一惯例（UCP600）

**第一条　统一惯例的适用范围**

跟单信用证统一惯例，2007 年修订本，国际商会第 600 号出版物，适用于所有在正文中标明按本惯例办理的跟单信用证（包括本惯例适用范围内的备用信用证）。除非信用证中另有规定，本惯例对一切有关当事人均具有约束力。

**第二条　定义**

就本惯例而言：

通知行意指应开证行要求通知信用证的银行。

申请人意指发出开立信用证申请的一方。

银行日意指银行在其营业地正常营业，按照本惯例行事的行为得以在银行履行的日子。

受益人意指信用证中受益的一方。

相符提示意指与信用证中的条款及条件、本惯例中所适用的规定及国际标准银行实务相一致的提示。

保兑意指保兑行在开证行之外对于相符提示做出兑付或议付的确定承诺。

保兑行意指应开证行的授权或请求对信用证加具保兑的银行。

信用证意指一项约定，无论其如何命名或描述，该约定不可撤销并因此构成开证行对于相符提示予以兑付的确定承诺。

兑付意指：

a. 对于即期付款信用证即期付款。

b. 对于延期付款信用证发出延期付款承诺并到期付款。

c. 对于承兑信用证承兑由受益人出具的汇票并到期付款。

开证行意指应申请人要求或代表其自身开立信用证的银行。

议付意指被指定银行在其应获得偿付的银行日或在此之前，通过向受益人预付或者同意向受益人预付款项的方式购买相符提示项下的汇票（汇票付款人为被指定银行以外的银行）及/或单据。

被指定银行意指有权使用信用证的银行，对于可供任何银行使用的信用证而言，任何银行均为被指定银行。

提示意指信用证项下单据被提交至开证行或被指定银行，抑或按此方式提交的单据。

提示人意指做出提示的受益人、银行或其他一方。

**第三条　释义**

就本惯例而言：

在适用的条款中，词汇的单复数同义。

信用证是不可撤销的，即使信用证中对此未作指示也是如此。

单据可以通过手签、签样印制、穿孔签字、盖章、符号表示的方式签署，也可以通过其他任何机械或电子证实的方法签署。

当信用证含有要求使单据合法、签证、证实或对单据有类似要求的条件时，这些条件可由在单据上签字、标注、盖章或标签来满足，只要单据表面已满足上述条件即可。

一家银行在不同国家设立的分支机构均视为另一家银行。

诸如“第一流”“闻名”“合格”“独立”“正式”“有资格”“当地”等用语用于描述单据出单人的身份时，单据的出单人可以是除受益人以外的任何人。

除非确需在单据中使用，银行对诸如“迅速”“立即”“尽快”之类词语将不予置理。

“于或约于”或类似措辞将被理解为一项约定，按此约定，某项事件将在所述日期前后各五天内发生，起讫日均包括在内。

词语“×月×日止”（to）、“至×月×日”（until）、“直至×月×日”（till）、“从×月×日”（from）及“在×月×日至×月×日之间”（between）用于确定装运期限时，包括所述日期。词语“×月×日之前”（before）及“×月×日之后”（after）不包括所述日期。

词语“从×月×日”（from）以及“×月×日之后”（after）用于确定到期日时不包括所述日期。

术语“上半月”和“下半月”应分别理解为自每月“1 日至 15 日”和“16 日至月末最后一天”，包括起讫日期。

术语“月初”“月中”和“月末”应分别理解为每月 1 日至 10 日、11 日至 20 日和 21 日至月末最后一天，包括起讫日期。

**第四条　信用证与合同**

a. 就性质而言，信用证与可能作为其依据的销售合同或其他合同，是相互独立的交易。即使信用证中提及该合同，银行亦与该合同完全无关，且不受其约束。因此，一家银行作出兑付、议付或履行信用证项下其他义务的承诺，并不受申请人与开证行之间或与受益人之间在已有关系下产生的索偿或抗辩的制约。

受益人在任何情况下，不得利用银行之间或申请人与开证行之间的契约关系。

b. 开证行应劝阻申请人将基础合同、形式发票或其他类似文件的副本作为信用证整体组成部分的做法。

**第五条　单据与货物/服务/行为**

银行处理的是单据，而不是单据所涉及的货物、服务或其他行为。

**第六条　有效性、有效期限及提示地点**

a. 信用证必须规定可以有效使用信用证的银行，或者信用证是否对任何银行均为有效。对于被指定银行有效的信用证同样也对开证行有效。

b. 信用证必须规定它是否适用于即期付款、延期付款、承兑抑或议付。

c. 不得开立包含有以申请人为汇票付款人条款的信用证。

d. i. 信用证必须规定提示单据的有效期限。规定的用于兑付或者议付的有效期限将被认为是提示单据的有效期限。

ii. 可以有效使用信用证的银行所在的地点是提示单据的地点。对任何银行均为有效的信用证项下单据提示的地点是任何银行所在的地点。不同于开证行地点的提示单据的地点是开证行地点之外提交单据的地点。

e. 除非如29（a）中规定，由受益人或代表受益人提示的单据必须在到期日当日或在此之前提交。

**第七条　开证行的承诺**

a. 倘若规定的单据被提交至被指定银行或开证行并构成相符提示，开证行必须按下述信用证所适用的情形予以兑付：

i. 由开证行即期付款、延期付款或者承兑；

ii. 由被指定银行即期付款而该被指定银行未予付款；

iii. 由被指定银行延期付款而该被指定银行未承担其延期付款承诺，或者虽已承担延期付款承诺但到期未予付款；

iv. 由被指定银行承兑而该被指定银行未予承兑以其为付款人的汇票，或者虽已承兑以其为付款人的汇票但到期未予付款；

v. 由被指定银行议付而该被指定银行未予议付。

b. 自信用证开立之时起，开证行即不可撤销地受到兑付责任的约束。

c. 开证行保证向对于相符提示已经予以兑付或者议付并将单据寄往开证行的被指定银行进行偿付。无论被指定银行是否于到期日前已经对相符提示予以预付或者购买，对于承兑或延期付款信用证项下相符提示的金额的偿付于到期日进行。开证行偿付被指定银行的承诺独立于开证行对于受益人的承诺。

**第八条　保兑行的承诺**

a. 倘若规定的单据被提交至保兑行或者任何其他被指定银行并构成相符提示，保兑行必须：

i. 兑付，假如信用证适用于：

a）由保兑行即期付款、延期付款或者承兑；

b）由另一家被指定银行即期付款而该被指定银行未予付款；

c）由另一家被指定银行延期付款而该被指定银行未承担其延期付款承诺，或者虽已承担延期付款承诺但到期未予付款；

d）由另一家被指定银行承兑而该被指定银行未予承兑以其为付款人的汇票，或者虽已承兑以其为付款人的汇票但到期未予付款；

e）由另一家被指定银行议付而该被指定银行未予议付。

ii. 无追索权，若信用证由保兑行议付，无追索权的议付。

b. 自为信用证加具保兑之时起，保兑行即不可撤销地受到兑付或者议付责任的约束。

c. 保兑行保证向对于相符提示已经予以兑付或者议付并将单据寄往开证行的另一家被指定银行进行偿付。无论另一家被指定银行是否于到期日前已经对相符提示予以预付或者购买，对于承兑或延期付款信用证项下相符提示的金额的偿付于到期日进行。保兑行偿付另一家被指定银行的承诺独立于保兑行对于受益人的承诺。

d. 如开证行授权或要求另一家银行对信用证加具保兑，而该银行不预备照办时，它必须不延误地告知开证行并仍可通知此份未经加具保兑的信用证。

**第九条 信用证及修改的通知**

a. 信用证及其修改可以通过通知行通知受益人。除非已对信用证加具保兑，通知行通知信用证不构成兑付或议付的承诺。

b. 通过通知信用证或修改，通知行即表明其认为信用证或修改的表面真实性得到满足，且通知准确地反映了所收到的信用证或修改的条款及条件。

c. 通知行可以利用另一家银行的服务（“第二通知行”）向受益人通知信用证及其修改。通过通知信用证或修改，第二通知行即表明其认为所收到的通知的表面真实性得到满足，且通知准确地反映了所收到的信用证或修改的条款及条件。

d. 如一家银行利用另一家通知行或第二通知行的服务将信用证通知给受益人，它也必须利用同一家银行的服务通知修改书。

e. 假如一家银行被要求通知信用证或修改但决定不予通知，它必须不延误通知向其发送信用证、修改或通知的银行。

f. 假如一家被要求通知信用证或修改，但不能确定信用证、修改或通知的表面真实性，就必须不延误地告知向其发出该指示的银行。假如通知行或第二通知行仍决定通知信用证或修改，则必须告知受益人或第二通知行其未能核实信用证、修改或通知的表面真实性。

**第十条 修改**

a. 除本惯例第 38 条另有规定外，凡未经开证行、保兑行（如有）以及受益人同意，信用证既不能修改也不能撤销。

b. 自发出信用证修改书之时起，开证行就不可撤销地受其发出修改的约束。保兑行可将其保兑承诺扩展至修改内容，且自其通知该修改之时起，即不可撤销地受到该修改的约束。然而，保兑行可选择仅将修改通知受益人而不对其加具保兑，但必须不延误地将此情况通知开证行和受益人。

c. 在受益人向通知修改的银行表示接受该修改内容之前，原信用证（或包含先前已被接受修改的信用证）的条款和条件对受益人仍然有效。受益人应发出接受或拒绝接受修改的通知。如受益人未提供上述通知，当其提交至被指定银行或开证行的单据与信用证以及尚未表示接受的修改的要求一致时，则该事实即视为受益人已作出接受修改的通知，并从此时起，该信用证已被修改。

d. 通知修改的银行应当通知向其发出修改书的银行任何有关接受或拒绝接受修改的通知。

e. 不答应部分接受修改，部分接受修改将被视为拒绝接受修改的通知。

f. 修改书中作出的除非受益人在某一时间内拒绝接受修改，否则修改将开始生效的条款将被不予置理。

**第十一条　电讯传递与预先通知的信用证和修改**

a. 经证实的信用证或修改的电讯文件将被视为有效的信用证或修改，任何随后的邮寄证实书将被不予置理。

若该电讯文件声明“详情后告”（或类似词语）或声明随后寄出的邮寄证实书将是有效的信用证或修改，则该电讯文件将被视为无效的信用证或修改。开证行必须随即不延误地开出有效的信用证或修改，且条款不能与电讯文件相矛盾。

b. 只有预备开立有效信用证或修改的开证行，才可以发出开立信用证或修改预先通知书。发出预先通知的开证行应不可撤销地承诺将不延误地开出有效的信用证或修改，且条款不能与预先通知书相矛盾。

**第十二条　指定**

a. 除非一家被指定银行是保兑行，对被指定银行进行兑付或议付的授权并不构成其必须兑付或议付的义务，被指定银行明确同意并照此通知受益人的情形除外。

b. 通过指定一家银行承兑汇票或承担延期付款承诺，开证行即授权该被指定银行预付或购买经其承兑的汇票或由其承担延期付款的承诺。

c. 非保兑行身份的被指定银行接受、审核并寄送单据的行为既不使得该被指定银行具有兑付或议付的义务，也不构成兑付或议付。

**第十三条　银行间偿付约定**

a. 假如信用证规定被指定银行（“索偿行”）须通过向另一方银行（“偿付行”）索偿获得偿付，则信用证中必须声明是否按照信用证开立日正在生效的国际商会《银行间偿付规则》办理。

b. 假如信用证中未声明是否按照国际商会《银行间偿付规则》办理，则适用于下列条款：

i. 开证行必须向偿付行提供偿付授权书，该授权书须与信用证中声明的有效性一致。偿付授权书不应规定有效日期。

ii. 不应要求索偿行向偿付行提供证实单据与信用证条款及条件相符的证实。

iii. 假如偿付行未能按照信用证的条款及条件在首次索偿时即行偿付，则开证行应对索偿行的利息损失以及产生的费用负责。

iv. 偿付行的费用应由开证行承担。然而，假如费用系由受益人承担，则开证行有责任在信用证和偿付授权书中予以注明。如偿付行的费用系由受益人承担，则该费用应在偿付时从支付索偿行的金额中扣除。假如未发生偿付，开证行仍有义务承担偿付行的费用。

c. 假如偿付行未能于首次索偿时即行偿付，则开证行不能解除其自身的偿付责任。

**第十四条　审核单据的标准**

a. 按照指定行事的被指定银行、保兑行（如有）以及开证行必须对提示的单据进行审核，并仅以单据为基础，以决定单据在表面上看来是否构成相符提示。

b. 按照指定行事的被指定银行、保兑行（如有）以及开证行，自其收到提示单据的翌日起算，应各自拥有最多不超过五个银行工作日的时间以决定提示是否相符。该期限不因单据提示日适逢信用证有效期或最迟提示期或在其之后而被缩减或受到其他影响。

c. 提示若包含一份或多份按照本惯例第十九条、二十条、二十一条、二十二条、二十三条、二十四条或二十五条出具的正本运输单据，则必须由受益人或其代表按照相关条款在不迟于装运日后的二十一个公历日内提交，但无论如何不得迟于信用证的到期日。

d. 单据中内容的描述不必与信用证、信用证对该项单据的描述以及国际标准银行实务完全一致，但不得与该项单据中的内容、其他规定的单据或信用证相冲突。

e. 除商业发票外，其他单据中的货物、服务或行为描述若须规定，可使用统称，但不得与信用证规定的描述相矛盾。

f. 假如信用证要求提示运输单据、保险单据和商业发票以外的单据，但未规定该单据由何人出具或单据的内容。如信用证对此未做规定，只要所提交单据的内容看来满足其功能需要且其他方面与十四条（d）款相符，银行将对提示的单据予以接受。

g. 提示信用证中未要求提交的单据，银行将不予置理。假如收到此类单据，可以退还提示人。

h. 假如信用证中包含某项条件而未规定需提交与之相符的单据，银行将认为未列明此条件，并对此不予置理。

i. 单据的出单日期可以早于信用证开立日期，但不得迟于信用证规定的提示日期。

j. 当受益人和申请人的地址显示在任何规定的单据上时，不必与信用证或其他规定单据中显示的地址相同，但必须与信用证中述及的各自地址处于同一国家内。用于联系的资料（电传、电话、电子邮箱及类似方式）如作为受益人和申请人地址的组成部分将被不予置理。然而，当申请人的地址及联系信息作为按照第十九条、二十条、二十一条、二十二条、二十三条、二十四条或二十五条出具的运输单据中收货人或通知方详址的组成部分时，则必须按照信用证规定予以显示。

k. 显示在任何单据中的货物的托运人或发货人不必是信用证的受益人。

l. 假如运输单据能够满足本惯例第十九条、二十条、二十一条、二十二条、二十三条或二十四条的要求，则运输单据可以由承运人、船东、船长或租船人以外的任何一方出具。

**第十五条　相符提示**

a. 当开证行确定提示相符时，就必须予以兑付。

b. 当保兑行确定提示相符时，就必须予以兑付或议付并将单据寄往开证行。

c. 当被指定银行确定提示相符并予以兑付或议付时，必须将单据寄往保兑行或开证行。

**第十六条　不符单据及不符点的放弃与通知**

a. 当按照指定行事的被指定银行、保兑行（如有）或开证行确定提示不符时，可以拒绝兑付或议付。

b. 当开证行确定提示不符时，可以依据其独立的判定联系申请人放弃有关不符点。然而，这并不因此延长 14 条（b）款中述及的期限。

c. 当按照指定行事的被指定银行、保兑行（如有）或开证行决定拒绝兑付或议付时，必须一次性通知提示人。通知必须声明：

i. 银行拒绝兑付或议付；及

ii. 银行凭以拒绝兑付或议付的各个不符点；及

iii. a）银行持有单据等候提示人进一步指示；或

b）开证行持有单据直至收到申请人通知弃权并同意接受该弃权，或在同意接受弃权前从提示人处收到进一步指示；或

c）银行退回单据；或

d）银行按照先前从提示人处收到的指示行事。

d. 第十六条（c）款中要求的通知必须以电信方式发出，或者，假如不可能以电信方式通知时，则以其他快捷方式通知，但不得迟于提示单据日期翌日起第五个银行工作日终了。

e. 按照指定行事的被指定银行、保兑行（如有）或开证行可以在提供第十六条（c）款（iii）、（a）款或（b）款要求提供的通知后，于任何时间将单据退还提示人。

f. 假如开证行或保兑行未能按照本条款的规定行事，将无权宣称单据未能构成相符提示。

g. 当开证行拒绝兑付或保兑行拒绝兑付或议付，并已经按照本条款发出通知时，该银行将有权就已经履行的偿付索取退款及其利息。

**第十七条　正本单据和副本单据**

a. 信用证中规定的各种单据必须至少提供一份正本。

b. 除非单据本身表明其不是正本，银行将视任何单据表面上具有单据出具人正本签字、标志、图章或标签的单据为正本单据。

c. 除非单据另有显示，银行将接受单据作为正本单据假如该单据：

i. 表面看来由单据出具人手工书写、打字、穿孔签字或盖章；或

ii. 表面看来使用单据出具人的正本信笺；或

iii. 声明单据为正本，除非该项声明表面看来与所提示的单据不符。

d. 假如信用证要求提交副本单据，则提交正本单据或副本单据均可。

e. 假如信用证使用诸如“一式两份”“两张”“两份”等术语要求提交多份单据，

则可以提交至少一份正本，其余份数以副本来满足。但单据本身另有相反指示者除外。

**第十八条　商业发票**

a. 商业发票：

i. 必须在表面上看来系由受益人出具（第三十八条另有规定者除外）。

ii. 必须做成以申请人的名称为抬头（第三十八条（g）款另有规定者除外）。

iii. 必须将发票币别作成与信用证相同币种。

iv. 无须签字。

b. 按照指定行事的被指定银行、保兑行（如有）或开证行可以接受金额超过信用证所答应金额的商业发票，倘若有关银行已兑付或已议付的金额没有超过信用证所答应的金额，则该银行的决定对各有关方均具有约束力。

c. 商业发票中货物、服务或行为的描述必须与信用证中显示的内容相符。

**第十九条　至少包括两种不同运输方式的运输单据**

a. 至少包括两种不同运输方式的运输单据（即多式运输单据或联合运输单据），不论其称谓如何，必须在表明上看来：

i. 显示承运人名称并由下列人员签署：

承运人或承运人的具名代理或代表，或

船长或船长的具名代理或代表。

承运人、船长或代理的任何签字必须分别表明承运人、船长或代理的身份。

代理的签字必须显示其是否作为承运人或船长的代理或代表签署提单。

ii. 通过下述方式表明货物已在信用证规定的地点发运、接受监管或装载预先印就的措词，或注明货物已发运、接受监管或装载日期的图章或批注。

运输单据的出具日期将被视为发运、接受监管或装载以及装运日期。然而，假如运输单据以盖章或批注方式标明发运、接受监管或装载日期，则此日期将被视为装运日期。

iii. 显示信用证中规定的发运、接受监管或装载地点以及最终目的地的地点，即使：

a）运输单据另外显示了不同的发运、接受监管或装载地点或最终目的地的地点，或

b）运输单据包含“预期”或类似限定有关船只、装货港或卸货港的指示。

iv. 系仅有的一份正本运输单据，或者，假如出具了多份正本运输单据，应是运输单据中显示的全套正本份数。

v. 包含承运条件须参阅包含承运条件条款及条件的某一出处（简式或背面空白的运输单据）者，银行对此类承运条件的条款及条件内容不予审核。

vi. 未注明运输单据受租船合约约束。

b. 就本条款而言，转运意指货物在信用证中规定的发运、接受监管或装载地点到最终目的地的运输过程中，从一个运输工具卸下并重新装载到另一个运输工具上（无论是否为不同运输方式）的运输。

c. i. 只要同一运输单据包括运输全程，则运输单据可以注明货物将被转运或可被转运。

ii. 即使信用证禁止转运，银行也将接受注明转运将发生或可能发生的运输单据。

**第二十条　提单**

a. 无论其称谓如何，提单必须表面上看来：

i. 显示承运人名称并由下列人员签署：

承运人或承运人的具名代理或代表，或

船长或船长的具名代理或代表。

承运人、船长或代理的任何签字必须分别表明其承运人、船长或代理的身份。

代理的签字必须显示其是否作为承运人或船长的代理或代表签署提单。

ii. 通过下述方式表明货物已在信用证规定的装运港装载上具名船只：

预先印就的措词，或

注明货物已装船日期的装船批注。

提单的出具日期将被视为装运日期，除非提单包含注明装运日期的装船批注，在此情况下，装船批注中显示的日期将被视为装运日期。假如提单包含“预期船”字样或类似有关限定船只的词语时，装上具名船只必须由注明装运日期以及实际装运船只名称的装船批注来证实。

iii. 注明装运从信用证中规定的装货港至卸货港。

假如提单未注明以信用证中规定的装货港作为装货港，或包含“预期”或类似有关限定装货港的标注者，则需要提供注明信用证中规定的装货港、装运日期以及船名的装船批注。即使提单上已注明印就的“已装船”或“已装具名船只”措词，本规定仍然适用。

iv. 系仅有的一份正本提单，或者，假如出具了多份正本，应是提单中显示的全套正本份数。

v. 包含承运条件须参阅包含承运条件条款及条件的某一出处（简式或背面空白的提单）者，银行对此类承运条件的条款及条件内容不予审核。

vi. 未注明运输单据受租船合约约束。

b. 就本条款而言，转运意指在信用证规定的装货港到卸货港之间的海运过程中，将货物由一艘船卸下再装上另一艘船的运输。

c. i. 只要同一提单包括运输全程，则提单可以注明货物将被转运或可被转运。

ii. 银行可以接受注明将要发生或可能发生转运的提单。即使信用证禁止转运，只要提单上证实有关货物已由集装箱、拖车或子母船运输，银行仍可接受注明将要发生或可能发生转运的提单。

d. 对于提单中包含的声明承运人保留转运权利的条款，银行将不予置理。

**第二十一条　非转让海运单**

a. 无论其称谓如何，非转让海运单必须表面上看来：

i. 显示承运人名称并由下列人员签署：

承运人或承运人的具名代理或代表，或

船长或船长的具名代理或代表。

承运人、船长或代理的任何签字必须分别表明其承运人、船长或代理的身份。

代理的签字必须显示其是否作为承运人或船长的代理或代表签署提单。

ii. 通过下述方式表明货物已在信用证规定的装运港装载上具名船只：预先印就的措词，或注明货物已装船日期的装船批注。

非转让海运单的出具日期将被视为装运日期，除非非转让海运单包含注明装运日期的装船批注，在此情况下，装船批注中显示的日期将被视为装运日期。

假如非转让海运单包含“预期船”字样或类似有关限定船只的词语时，装上具名船只必须由注明装运日期以及实际装运船只名称的装船批注来证实。

iii. 注明装运从信用证中规定的装货港至卸货港。

假如非转让海运单未注明以信用证中规定的装货港作为装货港，或包含“预期”，或类似有关限定装货港的标注者，则需要提供注明信用证中规定的装货港、装运日期以及船名的装船批注。即使非转让海运单上已注明印就的“已装船”或“已装具名船只”措词，本规定仍然适用。

iv. 系仅有的一份正本非转让海运单，或者，假如出具了多份正本，应是非转让海运单中显示的全套正本份数。

v. 包含承运条件须参阅包含承运条件条款及条件的某一出处（简式或背面空白的提单）者，银行对此类承运条件的条款及条件内容不予审核。

vi. 未注明运输单据受租船合约约束。

b. 就本条款而言，转运意指在信用证规定的装货港到卸货港之间的海运过程中，将货物由一艘船卸下再装上另一艘船的运输。

c. i. 只要同一非转让海运单包括运输全程，则非转让海运单可以注明货物将被转运或可被转运。

ii. 银行可以接受注明将要发生或可能发生转运的非转让海运单。即使信用证禁止转运，只要非转让海运单上证实有关货物已由集装箱、拖车或子母船运输，银行仍可接受注明将要发生或可能发生转运的非转让海运单。

d. 对于非转让海运单中包含的声明承运人保留转运权利的条款，银行将不予置理。

**第二十二条　租船合约提单**

a. 无论其称谓如何，倘若提单包含有提单受租船合约约束的指示（即租船合约提单），则必须在表面上看来：

i. 由下列当事方签署：

船长或船长的具名代理或代表，或

船东或船东的具名代理或代表，或

租船主或租船主的具名代理或代表。

船长、船东、租船主或代理的任何签字必须分别表明其船长、船东、租船主或代理的身份。

代理的签字必须显示其是否作为船长、船东或租船主的代理或代表签署提单。

代理人代理或代表船东或租船主签署提单时必须注明船东或租船主的名称。

ii. 通过下述方式表明货物已在信用证规定的装运港装载上具名船只：

预先印就的措词，或注明货物已装船日期的装船批注。

租船合约提单的出具日期将被视为装运日期，除非租船合约提单包含注明装运日期的装船批注，在此情况下，装船批注中显示的日期将被视为装运日期。

iii. 注明货物由信用证中规定的装货港运输至卸货港。卸货港可以按信用证中的规定显示为一组港口或某个地理区域。

iv. 系仅有的一份正本租船合约提单，或者，假如出具了多份正本，应是租船合约提单中显示的全套正本份数。

b. 即使信用证中的条款要求提交租船合约，银行也将对该租船合约不予审核。

**第二十三条　空运单据**

a. 无论其称谓如何，空运单据必须在表面上看来：

i. 注明承运人名称并由下列当事方签署：

承运人，或

承运人的具名代理或代表。

承运人或代理的任何签字必须分别表明其承运人或代理的身份。

代理的签字必须显示其是否作为承运人的代理或代表签署空运单据。

ii. 注明货物已收妥待运。

iii. 注明出具日期。这一日期将被视为装运日期，除非空运单据包含注有实际装运日期的专项批注，在此种情况下，批注中显示的日期将被视为装运日期。空运单据显示的其他任何与航班号和起飞日期有关的信息不能被视为装运日期。

iv. 表明信用证规定的起飞机场和目的地机场。

v. 为开给发货人或拖运人的正本，即使信用证规定提交全套正本。

vi. 载有承运条款和条件，或提示条款和条件参见别处。银行将不审核承运条款和条件的内容。

b. 就本条而言，转运是指在信用证规定的起飞机场到目的地机场的运输过程中，将货物从一飞机卸下再装上另一飞机的行为。

c. i. 空运单据可以注明货物将要或可能转运，只要全程运输由同一空运单据涵盖。

ii. 即使信用证禁止转运，注明将要或可能发生转运的空运单据仍可接受。

**第二十四条　公路、铁路或内陆水运单据**

a. 公路、铁路或内陆水运单据，无论名称如何，必须看似：

i. 表明承运人名称，并且由承运人或其具名代理人签署，或者由承运人或其具名代理人以签字、印戳或批注表明货物收讫。

承运人或其具名代理人的售货签字、印戳或批注必须标明其承运人或代理人的身份。

代理人的收获签字、印戳或批注必须标明代理人系代表承运人签字或行事。

假如铁路运输单据没有指明承运人，可以接受铁路运输公司的任何签字或印戳作为承运人签署单据的证据。

ii. 表明货物在信用证规定地点的发运日期，或者收讫代运或代发送的日期。运输单据的出具日期将被视为发运日期，除非运输单据上盖有带日期的收货印戳，或注明了收货日期或发运日期。

iii. 表明信用证规定的发运地及目的地。

b. i. 公路运输单据必须看似为开给发货人或托运人的正本，或没有认可标记表明单据开给何人。

ii. 注明“第二联”的铁路运输单据将被作为正本接受。

iii. 无论是否注明正本字样，铁路或内陆水运单据都被作为正本接受。

c. 如运输单据上未注明出具的正本数量，提交的分数即视为全套正本。

d. 就本条而言，转运是指在信用证规定的发运、发送或运送的地点到目的地之间的运输过程中，在同一运输方式中从一运输工具卸下再装上另一运输工具的行为。

e. i. 只要全程运输由同一运输单据涵盖，公路、铁路或内陆水运单据可以注明货物将要或可能被转运。

ii. 即使信用证禁止转运，注明将要或可能发生转运的公路、铁路或内陆水运单据仍可接受。

**第二十五条 快递收据、邮政收据或投邮证实**

a. 证实货物收讫待运的快递收据，无论名称如何，必须看似：

i. 表明快递机构的名称，并在信用证规定的货物发运地点由该具名快递机构盖章或签字；并且

ii. 表明取件或收件的日期或类似词语。该日期将被视为发运日期。

b. 假如要求显示快递费用付讫或预付，快递机构出具的表明快递费由收货人以外的一方支付的运输单据可以满足该项要求。

c. 证实货物收讫待运的邮政收据或投邮证实，无论名称如何，必须看似在信用证规定的货物发运地点盖章或签署并注明日期。该日期将被视为发运日期。

**第二十六条 “货装舱面”“托运人装载和计数”“内容据托运人报称”及运费之外的费用**

a. 运输单据不得表明货物装于或者将装于舱面。声明货物可能被装于舱面的运输单据条款可以接受。

b. 载有诸如“托运人装载和计数”或“内容据托运人报称”条款的运输单据可以接受。

c. 运输单据上可以以印戳或其他方式提及运费之外的费用。

**第二十七条 清洁运输单据**

银行只接受清洁运输单据。清洁运输单据指未载有明确宣称货物或包装有缺陷的条款或批注的运输单据。“清洁”一词并不需要在运输单据上出现，即使信用证要求运输

单据为“清洁已装船”的。

**第二十八条　保险单据及保险范围**

a. 保险单据，例如保险单或预约保险项下的保险证实书或者声明书，必须看似由保险公司或承保人或其代理人或代表出具并签署。

代理人或代表的签字必须标明其系代表保险公司或承保人签字。

b. 假如保险单据表明其以多份正本出具，所有正本均须提交。

c. 暂保单将不被接受。

d. 可以接受保险单代替预约保险项下的保险证实书或声明书。

e. 保险单据日期不得晚于发运日期，除非保险单据表明保险责任不迟于发运日生效。

f. i. 保险单据必须表明投保金额并以与信用证相同的货币表示。

ii. 信用证对于投保金额为货物价值、发票金额或类似金额的某一比例的要求，将被视为对最低保额的要求。

假如信用证对投保金额未作规定，投保金额须至少为货物的 CIF 或 CIP 价格的 110%。

iii. 保险单据须标明承包的风险区间至少涵盖从信用证规定的货物监管地或发运地开始到卸货地或最终目的地为止。

g. 信用证应规定所需投保的险别及附加险（如有的话）。假如信用证使用诸如“通常风险”或“惯常风险”等含义不确切的用语，则无论是否有漏保之风险，保险单据将被照样接受。

h. 当信用证规定投保“一切险”时，如保险单据载有任何“一切险”批注或条款，无论是否有“一切险”标题，均将被接受，即使其声明任何风险除外。

i. 保险单据可以援引任何除外责任条款。

j. 保险单据可以注明受免赔率或免赔额（减除额）约束。

**第二十九条　截止日或最迟交单日的顺延**

a. 假如信用证的截至日或最迟交单日适逢接受交单的银行非因第三十六条所述原因而歇业，则截止日或最迟交单日，视何者适用，将顺延至其重新开业的第一个银行工作日。

b. 假如在顺延后的第一个银行工作日交单，指定银行必须在其致开证行或保兑行的面函中声明交单是在根据第二十九条 a 款顺延的期限内提交的。

c. 最迟发运日不因第二十九条 a 款规定的原因而顺延。

**第三十条　信用证金额、数量与单价的增减幅度**

a. “约”或“大约”用语信用证金额或信用证规定的数量或单价时，应解释为答应有关金额或数量或单价有不超过 10% 的增减幅度。

b. 在信用证未以包装单位件数或货物自身件数的方式规定货物数量时，货物数量答应有 5% 的增减幅度，只要总支取金额不超过信用证金额。

c. 假如信用证规定了货物数量，而该数量已全部发运，及假如信用证规定了单价，而该单价又未降低，或当第三十条 b 款不适用时，则即使不答应部分装运，也答应支取的金额有 5% 的减幅。若信用证规定有特定的增减幅度或使用第三十条 a 款提到的用语限定数量，则该减幅不适用。

**第三十一条　分批支款或分批装运**

a. 答应分批支款或分批装运。

b. 表明使用同一运输工具并经由同次航程运输的数套运输单据在同一次提交时，只要显示相同目的地，将不视为部分发运，即使运输单据上标明的发运日期不同或装卸港、接管地或发送地点不同。假如交单由数套运输单据构成，其中最晚的一个发运日将被视为发运日。

含有一套或数套运输单据的交单，假如表明在同一种运输方式下经由数件运输工具运输，即使运输工具在同一天出发运往同一目的地，仍将被视为部分发运。

c. 含有一份以上快递收据、邮政收据或投邮证实的交单，假如单据看似由同一块地或邮政机构在同一地点和日期加盖印戳或签字并且表明同一目的地，将不视为部分发运。

**第三十二条　分期支款或分期装运**

如信用证规定在指定的时间段内分期支款或分期发运，任何一期未按信用证规定期限支取或发运时，信用证对该期及以后各期均告失效。

**第三十三条　交单时间**

银行在其营业时间外无接受交单的义务。

**第三十四条　关于单据有效性的免责**

银行对任何单据的形式、充分性、准确性、内容真实性、虚假性或法律效力，或对单据中规定或添加的一般或特殊条件，概不负责；银行对任何单据所代表的货物、服务或其他履约行为的描述、数量、重量、品质、状况、包装、交付、价值或其存在与否，或对发货人、承运人、货运代理人、收货人、货物的保险人或其他任何人的诚信与否，作为或不作为、清偿能力、履约或资信状况，也概不负责。

**第三十五条　关于信息传递和翻译的免责**

当报文、信件或单据按照信用证的要求传输或发送时，或当信用证未作指示，银行自行选择传送服务时，银行对报文传输或信件或单据的递送过程中发生的延误、中途遗失、残缺或其他错误产生的后果，概不负责。

假如指定银行确定交单相符并将单据发往开证行或保兑行。无论指定的银行是否已经承付或议付，开证行或保兑行必须承付或议付，或偿付指定银行，即使单据在指定银行送往开证行或保兑行的途中，或保兑行送往开证行的途中丢失。

银行对技术术语的翻译或解释上的错误，不负责任，并可不加翻译地传送信用证条款。

**第三十六条　不可抗力**

银行对由于天灾、暴动、骚乱、叛乱、战争、恐怖主义行为或任何罢工、停工或其无法控制的任何其他原因导致的营业中断的后果，概不负责。

银行恢复营业时，对于在营业中断期间已逾期的信用证，不再进行承付或议付。

**第三十七条　关于被指示方行为的免责**

a. 为了执行申请人的指示，银行利用其他银行的服务，其费用和风险由申请人承担。

b. 即使银行自行选择了其他银行，假如发出指示未被执行，开证行或通知行对此亦不负责。

c. 指示另一银行提供服务的银行有责任负担被执释放因执行指示而发生的任何佣金、手续费、成本或开支（“费用”）。

假如信用证规定费用由受益人负担，而该费用未能收取或从信用证款项中扣除，开证行依然承担支付此费用的责任。

信用证或其修改不应规定向受益人的通知以通知行或第二通知行收到其费用为条件。

d. 外国法律和惯例加诸于银行的一切义务和责任，申请人应受其约束，并就此对银行负补偿之责。

**第三十八条　可转让信用证**

a. 银行无办理转让信用证的义务，除非该银行明确同意其转让范围和转让方式。

b. 就本条款而言：

转让信用证意指明确表明其“可以转让”的信用证。根据受益人（“第一受益人”）的请求，转让信用证可以被全部或部分地转让给其他受益人（“第二受益人”）。

转让银行意指办理信用证转让的被指定银行，或者，在适用于任何银行的信用证中，转让银行是由开证行非凡授权并办理转让信用证的银行。开证行也可担任转让银行。

转让信用证意指经转让银行办理转让后可供第二受益人使用的信用证。

c. 除非转让时另有约定，所有因办理转让而产生的费用（诸如佣金、手续费、成本或开支）必须由第一受益人支付。

d. 倘若信用证答应分批支款或分批装运，信用证可以被部分地转让给一个以上的第二受益人。

第二受益人不得要求将信用证转让给任何次序位居其后的其他受益人。第一受益人不属于此类其他受益人之列。

e. 任何有关转让的申请必须指明是否以及在何种条件下可以将修改通知第二受益人。转让信用证必须明确指明这些条件。

假如信用证被转让给一个以上的第二受益人，其中一个或多个第二受益人拒绝接受某个信用证修改并不影响其他第二受益人接受修改。对于接受修改的第二受益人而言，信用证已做相应的修改；对于拒绝接受修改的第二受益人而言，该转让信用证仍未被修改。

f. 转让信用证必须准确转载原证的条款及条件，包括保兑（如有），但下列项目除外：

——信用证金额。

——信用证规定的任何单价。

——到期日。

——单据提示期限。

——最迟装运日期或规定的装运期间。

以上任何一项或全部均可减少或缩短。

必须投保的保险金额的投保比例可以增加，以满足原信用证或本惯例规定的投保金额。

可以用第一受益人的名称替换原信用证中申请人的名称。

假如原信用证非凡要求开证申请人名称应在除发票以外的任何单据中出现时，则转让信用证必须反映出该项要求。

h. 第一受益人有权以自己的发票和汇票（如有），替换第二受益人的发票和汇票（如有），其金额不得超过原信用证的金额。在如此办理单据替换时，第一受益人可在原信用证项下支取自己发票与第二受益人发票之间产生的差额（如有）。

i. 假如第一受益人应当提交其自己的发票和汇票（如有），但却未能在收到第一次要求时照办；或第一受益人提交的发票导致了第二受益人提示的单据中本不存在的不符点，而其未能在收到第一次要求时予以修正，则转让银行有权将其从第二受益人处收到的单据向开证行提示，并不再对第一受益人负责。

j. 第一受益人可以在其提出转让申请时，表明可在信用证被转让的地点，在原信用证的到期日之前（包括到期日）向第二受益人予以兑付或议付。本条款并不损害第一受益人在第三十八条（h）款下的权利。

k. 由第二受益人或代表第二受益人提交的单据必须向转让银行提示。

**第三十九条　款项让渡**

信用证未注明可转让的事实不应被视为无效。根据适用法律的规定，使受益人有权转让其在信用证项下有权获得的任何收益。本条只涉及收益的转让，不涉及信用证项下履约权的转让。

# 附录三　联合国国际货物销售合同公约

1980 年 4 月 11 日订立于维也纳

本公约各缔约国，铭记联合国大会第六届特别会议通过的关于建立新的国际经济秩序的各项决议的广泛目标，考虑到在平等互利基础上发展国际贸易是促进各国间友好关系的一个重要因素，认为采用照顾到不同的社会、经济和法律制度的国际货物销售合同统一规则，将有助于减少国际贸易的法律障碍，促进国际贸易的发展，兹协议如下。

## 第一部分　适用范围和总则

### 第一章　适用范围

**第一条**

（1）本公约适用于营业地在不同国家的当事人之间所订立的货物销售合同：

（a）如果这些国家是缔约国；或

（b）如果国际私法规则导致适用某一缔约国的法律。

（2）当事人营业地在不同国家的事实，如果从合同或从订立合同前任何时候或订立合同时，当事人之间的任何交易或当事人透露的情报均看不出，应不予考虑。

（3）在确定本公约的适用时，当事人的国籍和当事人或合同的民事或商业性质，应不予考虑。

**第二条**

本公约不适用于以下的销售：

（a）购供私人、家人或家庭使用的货物的销售，除非卖方在订立合同前任何时候或订立合同时不知道而且没有理由知道这些货物是购供任何这种使用；

（b）经由拍卖的销售；

（c）根据法律执行令状或其他令状的销售；

（d）公债、股票、投资证券、流通票据或货币的销售；

（e）船舶、船只、气垫船或飞机的销售；

（f）电力的销售。

**第三条**

（1）供应尚待制造或生产的货物的合同应视为销售合同，除非订购货物的当事人保证供应这种制造或生产所需的大部分重要材料。

（2）本公约不适用于供应货物一方的绝大部分义务在于供应劳力或其他服务的合同。

**第四条**

本公约只适用于销售合同的订立和卖方和买方因此种合同而产生的权利和义务。特别是，本公约除非另有明文规定，与以下事项无关：

（a）合同的效力，或其任何条款的效力，或任何惯例的效力；

（b）合同对所售货物所有权可能产生的影响。

**第五条**

本公约不适用于卖方对于货物对任何人所造成的死亡或伤害的责任。

**第六条**

双方当事人可以不适用本公约，或在第十二条的条件下，减损本公约的任何规定或改变其效力。

## 第二章　总则

**第七条**

（1）在解释本公约时，应考虑到本公约的国际性质和促进其适用的统一以及在国际贸易上遵守诚信的需要。

（2）凡本公约未明确解决的属于本公约范围的问题，应按照本公约所依据的一般原则来解决，在没有一般原则的情况下，则应按照国际私法规定适用的法律来解决。

**第八条**

（1）为本公约的目的，一方当事人所作的声明和其他行为，应依照他的意旨解释，如果另一方当事人已知道或者不可能不知道此一意旨。

（2）如果上一款的规定不适用，当事人所作的声明和其他行为，应按照一个与另一方当事人同等资格、通情达理的人处于相同情况中，应有的理解来解释。

（3）在确定一方当事人的意旨或一个通情达理的人应有的理解时，应适当地考虑到与事实有关的一切情况，包括谈判情形、当事人之间确立的任何习惯做法、惯例和当事人其后的任何行为。

**第九条**

（1）双方当事人业已同意的任何惯例和他们之间确立的任何习惯做法，对双方当事人均有约束力。

（2）除非另有协议，双方当事人应视为已默示地同意对他们的合同或合同的订立适用双方当事人已知道或理应知道的惯例，而这种惯例，在国际贸易上，已为有关特定贸易所涉同类合同的当事人所广泛知道并为他们所经常遵守。

**第十条**

为本公约的目的：

（a）如果当事人有一个以上的营业地，则以与合同及合同的履行关系最密切的营业地为其营业地，但要考虑到双方当事人在订立合同前任何时候或订立合同时所知道或所设想的情况；

（b）如果当事人没有营业地，则以其惯常居住地为准。

**第十一条**

销售合同无须以书面订立或书面证明，在形式方面也不受任何其他条件的限制。销售合同可以用包括人证在内的任何方法证明。

**第十二条**

本公约第十一条、第二十九条或第二部分准许销售合同或其更改或根据协议终止、或者任何发价，接受或其他意旨表示得以书面以外任何形式做出的任何规定不适用，如果任何一方当事人的营业地是在已按照本公约第九十六条做出了声明的一个缔约国内，各当事人不得减损本条或改变其效力。

**第十三条**

为本公约的目的，“书面”包括电报和电传。

## 第二部分　合同的订立

**第十四条**

（1）向一个或一个以上特定的人提出的订立合同的建议，如果十分确定并且表明发价人在得到接受时承受约束的意旨，即构成发价。一个建议如果写明货物并且明示或暗示地规定数量和价格或规定如何确定数量和价格，即为十分确定。

（2）非向一个或一个以上特定的人提出的建议，仅应视为邀请做出发价，除非提出建议的人明确地表示相反的意向。

**第十五条**

（1）发价于送达被发价人时生效。

（2）一项发价，即使是不可撤销的，得以撤回，如果撤回通知于发价送达被发价人之前或同时，送达被发价人。

**第十六条**

（1）在未订立合同之前，发价得以撤销，如果撤销通知于被发价人发出接受通知之前送达被发价人。

（2）但在下列情况下，发价不得撤销：

（a）发价写明接受发价的期限或以其他方式表示发价是不可撤销的；或

（b）被发价人有理由信赖该项发价是不可撤销的，而且被发价人已本着对该项发价的信赖行事。

**第十七条**

一项发价，即使是不可撤销的，于拒绝通知送达发价人时终止。

**第十八条**

（1）被发价人声明或做出其他行为表示同意一项发价，即是接受，缄默或不行动本身不等于接受。

（2）接受发价于表示同意的通知送达发价人时生效。如果表示同意的通知在发价人所规定的时间内，如未规定时间，在一段合理的时间内，未曾送达发价人，接受就成为无效，但须适当地考虑到交易的情况，包括发价人所使用的通信方法的迅速程序。对口头发价必须立即接受，但情况有别者不在此限。

（3）但若根据该项发价或依当事人之间确立的习惯做法和惯例，被发价人可以做出某种行为，例如与发运货物或支付价款有关的行为，来表示同意，而无须向发价人发出通知，则接受于该项行为做出时生效，但该项行为必须在上一款所规定的期间内做出。

**第十九条**

（1）对发价表示接受但载有添加、限制或其他更改的答复，即为拒绝该项发价，并构成还价。

（2）但是，对发价表示接受但载有添加或不同条件的答复，如所载的添加或不同条件在实质上并不变更该项发价的条件，除发价人在不过分迟延的期间内以口头或书面通知反对其间的差异外，仍构成接受。如果发价人不做出这种反对，合同的条件就以该项发价的条件以及接受通知内所载的更改为准。

（3）有关货物价格、付款、货物质量和数量、交货地点和时间、一方当事人对另一方当事人的赔偿责任范围或解决争端等的添加或不同条件，均视为在实质上变更发价的条件。

**第二十条**

（1）发价人在电报或信件内规定的接受期间，从电报交发时刻或信上载明的发信日期起算，如信上未载明发信日期，则从信封上所载日期起算。发价人以电话、电传或其他快速通信方法规定的接受期间，从发价送达被发价人时起算。

（2）在计算接受期间时，接受期间内的正式假日或非营业日应计算在内。但是，如果接受通知在接受期间的最后 1 天未能送到发价人地址，如果那天在发价人营业地是正式假日或非营业日，则接受期间应顺延至下一个营业日。

**第二十一条**

（1）逾期接受仍有接受的效力，如果发价人毫不迟延地用口头或书面将此种意见通知被发价人。

（2）如果载有逾期接受的信件或其他书面文件表明，它是在传递正常、能及时送达发价人的情况下寄发的，则该项逾期接受具有接受的效力，除非发价人毫不迟延地用口头或书面通知被发价人：他认为他的发价已经失效。

**第二十二条**

接受得予撤回，如果撤回通知于接受原应生效之前或同时，送达发价人。

**第二十三条**

合同于按照本公约规定对发价的接受生效时订立。

**第二十四条**

为公约本部分的目的，发价、接受声明或任何其他意旨表示“送达”对方，系指用口头通知对方或通过任何其他方法送交对方本人，或其营业地或通讯地址，如无营业地或通讯地址，则送交对方惯常居住地。

# 第三部分 货物销售

## 第一章 总则

**第二十五条**

一方当事人违反合同的结果，如使另一方当事人蒙受损害，以致于实际上剥夺了他根据合同规定有权期待得到的东西，即为根本违反合同，除非违反合同一方并不预知而且一个同等资格、通情达理的人处于相同情况中也没有理由预知会发生这种结果。

**第二十六条**

宣告合同无效的声明，必须向另一方当事人发出通知，方始有效。

**第二十七条**

除非公约本部分另有明文规定，当事人按照本部分的规定，以适合情况的方法发出任何通知、要求或其他通知后，这种通知如在传递上发生耽搁或错误，或者未能到达，并不使该当事人丧失依靠该项通知的权利。

**第二十八条**

若按照本公约的规定，一方当事人有权要求另一方当事人履行某一义务，法院没有义务做出判决，要求具体履行此一义务，除非法院依照其本身的法律对不属本公约范围的类似销售合同愿意这样做。

**第二十九条**

（1）合同只需双方当事人协议，就可更改或终止。

（2）规定任何更改或根据协议终止必须以书面做出的书面合同，不得以任何其他方式更改或根据协议终止。但是，一方当事人的行为，如经另一方当事人寄予信赖，就不得坚持此项规定。

## 第二章 卖方的义务

**第三十条**

卖方必须按照合同和本公约的规定，交付货物，移交一切与货物有关的单据并转移货物所有权。

## 第一节　交付货物和移交单据

**第三十一条**

如果卖方没有义务要在任何其他特定地点交付货物，他的交货义务如下：

（a）如果销售合同涉及货物的运输，卖方应把货物移交给第一承运人，以运交给买方；

（b）在不属于上款规定的情况下，如果合同指的是特定货物或从特定存货中提取的或尚待制造或生产的未经特定化的货物，而双方当事人在订立合同时已知道这些货物是在某一特定地点，或将在某一特定地点制造或生产，卖方应在该地点把货物交给买方处置；

（c）在其他情况下，卖方应在他于订立合同时的营业地把货物交给买方处置。

**第三十二条**

（1）若卖方按合同或本公约的规定将货物交付给承运人，但货物没有以货物上加标记、或以装运单据或其他方式清楚地注明有关合同，卖方必须向买方发出列明货物的发货通知。

（2）若卖方有义务安排货物的运输，他必须订立必要的合同，以按通常运输条件，用适合情况的运输工具，把货物运到指定地点。

（3）若卖方无义务对货物的运输办理保险，他必须在买方提出要求时，向买方提供一切现有的必要资料，使他能够办理这种保险。

**第三十三条**

卖方必须按以下规定的日期交付货物：

（a）如果合同规定有日期，或从合同可以确定日期，应在该日期交货；

（b）如果合同规定有一段时间，或从合同可以确定一段时间，除非情况表明应由买方选定一个日期外，应在该段时间内任何时候交货；或者

（c）在其他情况下，应在订立合同后一段合理时间内交货。

**第三十四条**

如果卖方有义务移交与货物有关的单据，他必须按照合同所规定的时间、地点和方式移交这些单据。如果卖方在那个时间以前已移交这些单据，他可以在那个时间到达前纠正单据中任何不符合同规定的情形，但是，此一权利的行使不得使买方遭受不合理的不便或承担不合理的开支。但是，买方保留本公约所规定的要求损害赔偿的任何权利。

## 第二节　货物相符与第三方要求

**第三十五条**

（1）卖方交付的货物必须与合同所规定的数量、质量和规格相符，并须按照合同所规定的方式装箱或包装。

（2）除双方当事人业已另有协议外，货物除非符合以下规定，否则即为与合同不符：

(a) 货物适用于同一规格货物通常使用的目的;

(b) 货物适用于订立合同时曾明示或默示地通知卖方的任何特定目的，除非情况表明买方并不依赖卖方的技能和判断力，或者这种依赖对他是不合理的;

(c) 货物的质量与卖方向买方提供的货物样品或样式相同;

(d) 货物按照同类货物通用的方式装箱或包装，如果没有此种通用方式，则按足以保全和保护货物的方式装箱或包装。

(3) 如果买方在订立合同时知道或不可能不知道货物不符合同，卖方就无须按上一款 (a) 项至 (d) 项负有此种不符合同的责任。

**第三十六条**

(1) 卖方应按照合同和本公约的规定，对风险移转到买方时所存在的任何不符合同情形，负有责任，即使这种不符合同情形在该时间后方始明显。

(2) 卖方对在上一款所述时间后发生的任何不符合同情形，也应负有责任，如果这种不符合同情形是由于卖方违反他的某项义务所致，包括违反关于在一段时间内货物将继续适用于其通常使用的目的或某种特定目的，或将保持某种特定质量或性质的任何保证。

**第三十七条**

如果卖方在交货日期前交付货物，他可以在那个日期到达前，交付任何缺漏部分或补足所交付货物的不足数量，或交付用以替换所交付不符合同规定的货物，或对所交付货物中任何不符合同规定的情形做出补救，但是，此一权利的行使不得使买方遭受不合理的不便或承担不合理的开支。但是，买方保留本公约所规定的要求损害赔偿的任何权利。

**第三十八条**

(1) 买方必须在按情况实际可行的最短时间内检验货物或由他人检验货物。

(2) 如果合同涉及货物的运输，检验可推迟到货物到达目的地后进行。

(3) 如果货物在运输途中改运或买方须再发运货物，没有合理机会加以检验，而卖方在订立合同时已知道或理应知道这种改运或再发运的可能性，检验可推迟到货物到达新目的地后进行。

**第三十九条**

(1) 买方对货物不符合同，必须在发现或理应发现不符情形后一段合理时间内通知卖方，说明不符合同情形的性质，否则就丧失声称货物不符合同的权利。

(2) 无论如何，如果买方不在实际收到货物之日起两年内将货物不符合同情形通知卖方，他就丧失声称货物不符合同的权利，除非这一时限与合同规定的保证期限不符。

**第四十条**

如果货物不符合同规定指的是卖方已知道或不可能不知道而又没有告知买方的一些事实，则卖方无权援引第三十八条和第三十九条的规定。

**第四十一条**

卖方所交付的货物，必须是第三方不能提出任何权利或要求的货物，除非买方同意在这种权利或要求的条件下，收取货物。但是，如果这种权利或要求是以工业产权或其他知识产权为基础的，卖方的义务应依照第四十二条的规定。

**第四十二条**

（1）卖方所交付的货物，必须是第三方不能根据工业产权或其他知识产权主张任何权利或要求的货物，但以卖方在订立合同时已知道或不可能不知道的权利或要求为限，而且这种权利或要求根据以下国家的法律规定是以工业产权或其他知识产权为基础的：

（a）如果双方当事人在订立合同时预期货物将在某一国境内转售或做其他使用，则根据货物将在其境内转售或做其他使用的国家的法律；或者

（b）在任何其他情况下，根据买方营业地所在国家的法律。

（2）卖方在上一款中的义务不适用于以下情况：

（a）买方在订立合同时已知道或不可能不知道此项权利或要求；或者

（b）此项权利或要求的发生，是由于卖方要遵照买方所提供的技术图样、图案、程式或其他规格。

**第四十三条**

（1）买方如果不在已知道或理应知道第三方的权利或要求后一段合理时间内，将此一权利或要求的性质通知卖方，就丧失援引第四十一条或第四十二条规定的权利。

（2）卖方如果知道第三方的权利或要求以及此一权利或要求的性质，就无权援引上一款的规定。

**第四十四条**

尽管有第三十九条第（1）款和第四十三条第（1）款的规定，买方如果对他未发出所需的通知具备合理的理由，仍可按照第五十条规定减低价格，或要求利润损失以外的损害赔偿。

## 第三节　卖方违反合同的补救办法

**第四十五条**

（1）如果卖方不履行他在合同和本公约中的任何义务，买方可以：

（a）行使第四十六条至第五十二条所规定的权利；

（b）按照第七十四条至第七十七条的规定，要求损害赔偿。

（2）买方可能享有的要求损害赔偿的任何权利，不因他行使采取其他补救办法的权利而丧失。

（3）如果买方对违反合同采取某种补救办法，法院或仲裁庭不得给予卖方宽限期。

**第四十六条**

（1）买方可以要求卖方履行义务，除非买方已采取与此一要求相抵触的某种补救办法。

（2）如果货物不符合同，买方只有在此种不符合同情形构成根本违反合同时，才可

以要求交付替代货物，而且关于替代货物的要求，必须与依照第三十九条发出的通知同时提出，或者在该项通知发出后一段合理时间内提出。

（3）如果货物不符合同，买方可以要求卖方通过修理对不符合同之处做出补救，除非他考虑了所有情况之后，认为这样做是不合理的。修理的要求必须与依照第三十九条发出的通知同时提出，或者在该项通知发出后一段合理时间内提出。

**第四十七条**

（1）买方可以规定一段合理时限的额外时间，让卖方履行其义务。

（2）除非买方收到卖方的通知，声称他将不在所规定的时间内履行义务，买方在这段时间内不得对违反合同采取任何补救办法。但是，买方并不因此丧失他对迟延履行义务可能享有的要求损害赔偿的任何权利。

**第四十八条**

（1）在第四十九条的条件下，卖方即使在交货日期之后，仍可自付费用，对任何不履行义务做出补救，但这种补救不得造成不合理的迟延，也不得使买方遭受不合理的不便，或无法确定卖方是否将偿付买方预付的费用。但是，买方保留本公约所规定的要求损害赔偿的任何权利。

（2）如果卖方要求买方表明他是否接受卖方履行义务，而买方不在一段合理时间内对此一要求做出答复，则卖方可以按其要求中所指明的时间履行义务。买方不得在该段时间内采取与卖方履行义务相抵触的任何补救办法。

（3）卖方表明他将在某一特定时间内履行义务的通知，应视为包括根据上一款规定要买方表明决定的要求在内。

（4）卖方按照本条第（2）和第（3）款做出的要求或通知，必须在买方收到后，始生效力。

**第四十九条**

（1）买方在以下情况下可以宣告合同无效：

（a）卖方不履行其在合同或本公约中的任何义务，等于根本违反合同；或

（b）如果发生不交货的情况，卖方不在买方按照第四十七条第（1）款规定的额外时间内交付货物，或卖方声明他将不在所规定的时间内交付货物。

（2）但是，如果卖方已交付货物，买方就丧失宣告合同无效的权利，除非：

（a）对于迟延交货，他在知道交货后一段合理时间内这样做；

（b）对于迟延交货以外的任何违反合同事情：

（一）他在已知道或理应知道这种违反合同后一段合理时间内这样做；或

（二）他在买方按照第四十七条第（1）款规定的任何额外时间满期后，或在卖方声明他将不在这一额外时间履行义务后一段合理时间内这样做；或

（三）他在卖方按照第四十八条第（2）款指明的任何额外时间满期后，或在买方声明他将不接受卖方履行义务后一段合理时间内这样做。

**第五十条**

如果货物不符合同，不论价款是否已付，买方都可以减低价格，减价按实际交付的货物在交货时的价值与符合合同的货物在当时的价值两者之间的比例计算。但是，如果卖方按照第三十七条或第四十八条的规定对任何不履行义务做出补救，或者买方拒绝接受卖方按照该两条规定履行义务，则买方不得减低价格。

**第五十一条**

（1）如果卖方只交付一部分货物，或者交付的货物中只有一部分符合合同规定，第四十六条至第五十条的规定适用于缺漏部分及不符合同规定部分的货物。

（2）买方只有在完全不交付货物或不按照合同规定交付货物等于根本违反合同时，才可以宣告整个合同无效。

**第五十二条**

（1）如果卖方在规定的日期前交付货物，买方可以收取货物，也可以拒绝收取货物。

（2）如果卖方交付的货物数量大于合同规定的数量，买方可以收取也可以拒绝收取多交部分的货物。如果买方收取多交部分货物的全部或一部分，他必须按合同价格付款。

## 第三章　买方的义务

**第五十三条**

买方必须按照合同和本公约规定支付货物价款和收取货物。

### 第一节　支付价款

**第五十四条**

买方支付价款的义务包括根据合同或任何有关法律和规章规定的步骤和手续，以便支付价款。

**第五十五条**

如果合同已有效的订立，但没有明示或暗示地规定价格或规定如何确定价格，在没有任何相反表示的情况下，双方当事人应视为已默示地引用订立合同时此种货物在有关贸易的类似情况下销售的通常价格。

**第五十六条**

如果价格是按货物的重量规定的，如有疑问，应按净重确定。

**第五十七条**

（1）如果买方没有义务在任何其他特定地点支付价款，他必须在以下地点向卖方支付价款：

（a）卖方的营业地；或者

（b）如凭移交货物或单据支付价款，则为移交货物或单据的地点。

（2）卖方必须承担因其营业地在订立合同后发生变动而增加的支付方面的有关费用。

**第五十八条**

（1）如果买方没有义务在任何其他特定时间内支付价款，他必须于卖方按照合同和本公约规定将货物或控制货物处置权的单据交给买方处置时支付价款。卖方可以支付价款作为移交货物或单据的条件。

（2）如果合同涉及货物的运输，卖方可以在支付价款后方可把货物或控制货物处置权的单据移交给买方作为发运货物的条件。

（3）买方在未有机会检验货物前，无义务支付价款，除非这种机会与双方当事人议定的交货或支付程序相抵触。

**第五十九条**

买方必须按合同和本公约规定的日期或从合同和本公约可以确定的日期支付价款，而无须卖方提出任何要求或办理任何手续。

### 第二节　收取货物

**第六十条**

买方收取货物的义务如下：

（a）采取一切理应采取的行动，以期卖方能交付货物；和

（b）接收货物。

### 第三节　买方违反合同的补救办法

**第六十一条**

（1）如果买方不履行他在合同和本公约中的任何义务，卖方可以：

（a）行使第六十二条至第六十五条所规定的权利；

（b）按照第七十四至第七十七条的规定，要求损害赔偿。

（2）卖方可能享有的要求损害赔偿的任何权利，不因他行使采取其他补救办法的权利而丧失。

（3）如果卖方对违反合同采取某种补救办法，法院或仲裁庭不得给予买方宽限期。

**第六十二条**

卖方可以要求买方支付价款、收取货物或履行他的其他义务，除非卖方已采取与此一要求相抵触的某种补救办法。

**第六十三条**

（1）卖方可以规定一段合理时限的额外时间，让买方履行义务。

（2）除非卖方收到买方的通知，声称他将不在所规定的时间内履行义务，卖方不得在这段时间内对违反合同采取任何补救办法。但是，卖方并不因此丧失他对迟延履行义务可能享有的要求损害赔偿的任何权利。

**第六十四条**

（1）卖方在以下情况下可以宣告合同无效：

（a）买方不履行其在合同或本公约中的任何义务，等于根本违反合同；或

（b）买方不在卖方按照第六十三条第（1）款规定的额外时间内履行支付价款的义务或收取货物，或买方声明他将不在所规定的时间内这样做。

（2）但是，如果买方已支付价款，卖方就丧失宣告合同无效的权利，除非：

（a）对于买方迟延履行义务，他在知道买方履行义务前这样做；或者

（b）对于买方迟延履行义务以外的任何违反合同事情：

（一）他在已知道或理应知道这种违反合同后一段合理时间内这样做；或

（二）他在卖方按照第六十三条第（1）款规定的任何额外时间满期后或在买方声明他将不在这一额外时间内履行义务后一段合理时间内这样做。

**第六十五条**

（1）如果买方应根据合同规定订明货物的形状、大小或其他特征，而他在议定的日期或在收到卖方的要求后一段合理时间内没有订明这些规格，则卖方在不损害其可能享有的任何其他权利的情况下，可以依照他所知的买方的要求，自己订明规格。

（2）如果卖方自己订明规格，他必须把订明规格的细节通知买方，而且必须规定一段合理时间，让买方可以在该段时间内订出不同的规格。如果买方在收到这种通知后没有在该段时间内这样做，卖方所订的规格就具有约束力。

## 第四章　风险移转

**第六十六条**

货物在风险移转到买方承担后遗失或损坏，买方支付价款的义务并不因此解除，除非这种遗失或损坏是由于卖方的行为或不行为所造成。

**第六十七条**

（1）如果销售合同涉及货物的运输，但卖方没有义务在某一特定地点交付货物，自货物按照销售合同交付给第一承运人已转交给买方时起，风险就移转到买方承担。如果卖方有义务在某一特定地点把货物交付给承运人，在货物于该地点交付给承运人以前，风险不移转到买方承担。卖方受权保留控制货物处置权的单据，并不影响风险的移转。

（2）但是，在货物以货物上加标记，或以装运单据，或向买方发出通知或其他方式清楚地注明有关合同以前，风险不移转到买方承担。

**第六十八条**

对于在运输途中销售的货物，从订立合同时起，风险就移转到买方承担。但是，如果情况表明有此需要，从货物交付给签发载有运输合同单据的承运人时起，风险就由买方承担。尽管如此，如果卖方在订立合同时已知道或理应知道货物已经遗失或损坏，而他又不将这一事实告之买方，则这种遗失或损坏应由卖方负责。

**第六十九条**

（1）在不属于第六十七条和第六十八条规定的情况下，从买方接收货物时起，或如果买方不在适当时间内这样做，则从货物交给他处置但他不收取货物从而违反合同时起，风险移转到买方承担。

（2）但是，如果买方有义务在卖方营业地以外的某一地点接收货物，当交货时间已到而买方知道货物已在该地点交给他处置时，风险方始移转。

（3）如果合同指的是当时未加识别的货物，则这些货物在未清楚注明有关合同以前，不得视为已交给买方处置。

**第七十条**

若卖方已根本违反合同第六十七条、第六十八条和第六十九条的规定，不损害买方因此种违反合同而可以采取的各种补救办法。

## 第五章　卖方和买方义务的一般规定

### 第一节　预期违反合同和分批交货合同

**第七十一条**

（1）如果订立合同后，另一方当事人由于下列原因显然将不履行其大部分重要义务，一方当事人可以中止履行义务：

（a）他履行义务的能力或他的信用有严重缺陷；或

（b）他在准备履行合同或履行合同中的行为。

（2）如果卖方在上一款所述的理由明显化以前已将货物发运，他可以阻止将货物交给买方，即使买方持有其有权获得货物的单据。本款规定只与买方和卖方间对货物的权利有关。

（3）中止履行义务的一方当事人不论是在货物发运前还是发运后，都必须立即通知另一方当事人，如经另一方当事人对履行义务提供充分保证，则他必须继续履行义务。

**第七十二条**

（1）如果在履行合同日期之前，明显看出一方当事人将根本违反合同，另一方当事人可以宣告合同无效。

（2）如果时间许可，打算宣告合同无效的一方当事人必须向另一方当事人发出合理的通知，使他可以对履行义务提供充分保证。

（3）如果另一方当事人已声明他将不履行其义务，则上一款的规定不适用。

**第七十三条**

（1）对于分批交付货物的合同，如果一方当事人不履行对任何一批货物的义务，便对该批货物构成根本违反合同，则另一方当事人可以宣告合同对该批货物无效。

（2）如果一方当事人不履行对任何一批货物的义务，使另一方当事人有充分理由断定对今后各批货物将会发生根本违反合同，该另一方当事人可以在一段合理时间内宣告合同今后无效。

（3）买方宣告合同对任何一批货物的交付为无效时，可以同时宣告合同对已交付的或今后交付的各批货物均为无效，如果各批货物是互相依存的，不能单独用于双方当事人在订立合同时所设想的目的。

## 第二节　损害赔偿

**第七十四条**

一方当事人违反合同应负的损害赔偿额，应与另一方当事人因他违反合同而遭受的包括利润在内的损失额相等。这种损害赔偿不得超过违反合同一方在订立合同时，依照他当时已知道或理应知道的事实和情况，对违反合同预料到或理应预料到的可能损失。

**第七十五条**

如果合同被宣告无效，而在宣告无效后一段合理时间内，买方已以合理方式购买替代货物，或者卖方已以合理方式把货物转卖，则要求损害赔偿的一方可以取得合同价格和替代货物交易价格之间的差额以及按照第七十四条规定可以取得的任何其他损害赔偿。

**第七十六条**

（1）如果合同被宣告无效，而货物又有时价，要求损害赔偿的一方，如果没有根据第七十五条规定进行购买或转卖，则可以取得合同规定的价格和宣告合同无效时的时价之间的差额以及按照第七十四条规定可以取得的任何其他损害赔偿。但是，如果要求损害赔偿的一方在接收货物之后宣告合同无效，则应适用接收货物时的时价，而不适用宣告合同无效时的时价。

（2）为上一款的目的，时价指原应交付货物地点的现行价格，如果该地点没有时价，则指另一合理替代地点的价格，但应适当地考虑货物运费的差额。

**第七十七条**

声称另一方违反合同的一方，必须按情况采取合理措施，减轻由于该另一方违反合同而引起的损失，包括利润方面的损失。如果他不采取这种措施，违反合同一方可以要求从损害赔偿中扣除原可以减轻的损失数额。

## 第三节　利息

**第七十八条**

如果一方当事人没有支付价款或任何其他拖欠金额，另一方当事人有权对这些款额收取利息，但不妨碍要求按照第七十四条规定可以取得的损害赔偿。

## 第四节　免责

**第七十九条**

（1）当事人对不履行义务，不负责任，如果他能证明此种不履行义务，是由于某种非他所能控制的障碍，而且对于这种障碍，没有理由预期他在订立合同时能考虑到或能避免或克服它或它的后果。

（2）如果当事人不履行义务是由于他所雇用履行合同的全部或一部分规定的第三方不履行义务所致，该当事人只有在以下情况下才能免除责任：

（a）他按照上一款的规定应免除责任，和

（b）假如该项的规定也适用于他所雇用的人，这个人也同样会免除责任。

（3）本条所规定的免责对障碍存在的期间有效。

（4）不履行义务的一方必须将障碍及其对他履行义务能力的影响通知另一方。如果该项通知在不履行义务的一方已知道或理应知道此一障碍后一段合理时间内仍未为另一方收到，则他对由于另一方未收到通知而造成的损害应负赔偿责任。

（5）本条规定不妨碍任何一方行使本公约规定的要求损害赔偿以外的任何权利。

**第八十条**

一方当事人因其行为或不行为而使得另一方当事人不履行义务时，不得声称该另一方当事人不履行义务。

## 第五节　宣告合同无效的效果

**第八十一条**

（1）宣告合同无效解除了双方在合同中的义务，但应负责的任何损害赔偿仍应负责。宣告合同无效不影响合同关于解决争端的任何规定，也不影响合同中关于双方在宣告合同无效后权利和义务的任何其他规定。

（2）已全部或局部履行合同的一方，可以要求另一方归还他按照合同供应的货物或支付的价款，如果双方都须归还，他们必须同时这样做。

**第八十二条**

（1）买方如果不可能按实际收到货物的原状归还货物，他就丧失宣告合同无效或要求卖方交付替代货物的权利。

（2）上一款的规定不适用于以下情况：

（a）如果不可能归还货物或不可能按实际收到货物的原状归还货物，并非由于买方的行为或不行为所造成；或者

（b）如果货物或其中一部分的毁灭或变坏，是由于按照第三十八条规定进行检验所致；或者

（c）如果货物或其中一部分，在买方发现或理应发现与合同不符以前，已为买方在正常营业过程中售出，或在正常使用过程中消费或改变。

**第八十三条**

买方虽然依第八十二条规定丧失宣告合同无效或要求卖方交付替代货物的权利，但是根据合同和本公约规定，他仍保有采取一切其他补救办法的权利。

**第八十四条**

（1）如果卖方有义务归还价款，他必须同时从支付价款之日起支付价款利息。

（2）在以下情况下，买方必须向卖方说明他从货物或其中一部分得到的一切利益：

（a）如果他必须归还货物或其中一部分；或者

（b）如果他不可能归还全部或一部分货物，或不可能按实际收到货物的原状归还全部或一部分货物，但他已宣告合同无效或已要求卖方支付替代货物。

### 第六节　保全货物

**第八十五条**

如果买方推迟收取货物，或在支付价款和交付货物应同时履行时，买方没有支付价款，而卖方仍拥有这些货物或仍能控制这些货物的处置权，卖方必须按情况采取合理措施，以保全货物。他有权保有这些货物，直至买方把他所付的合理费用偿还他为止。

**第八十六条**

（1）如果买方已收到货物，但打算行使合同或本公约规定的任何权利，把货物退回，他必须按情况采取合理措施，以保全货物。他有权保有这些货物，直至卖方把他所付的合理费用偿还给他为止。

（2）如果发运给买方的货物已到达目的地，并交给买方处置，而买方行使退货权利，则买方必须代表卖方收取货物，除非他这样做需要支付价款而且会使他遭受不合理的不便或需承担不合理的费用。如果卖方或受权代表他掌管货物的人也在目的地，则此一规定不适用。如果买方根据本款规定收取货物，他的权利和义务与上一款所规定的相同。

**第八十七条**

有义务采取措施以保全货物的一方当事人，可以把货物寄放在第三方的仓库，由另一方当事人担负费用，但该项费用必须合理。

**第八十八条**

（1）如果另一方当事人在收取货物或收回货物或支付价款或保全货物费用方面有不合理的迟延，按照第八十五条或第八十六条规定有义务保全货物的一方当事人，可以采取任何适当办法，把货物出售，但必须事前向另一方当事人发出合理的意向通知。

（2）如果货物易于迅速变坏，或者货物的保全牵涉到不合理的费用，则按照第八十五条或第八十六条规定有义务保全货物的一方当事人，必须采取合理措施，把货物出售，在可能的范围内，他必须把出售货物的打算通知另一方当事人。

（3）出售货物的一方当事人，有权从销售所得收入中扣回为保全货物和销售货物而付的合理费用。他必须向另一方当事人说明所余款项。

## 第四部分　最后条款

**第八十九条**

兹指定联合国秘书长为本公约保管人。

**第九十条**

本公约不优于业已缔结或可以缔结并载有与属于本公约范围内事项有关的条款的任何国际协定，但以双方当事人的营业地均在这种协定的缔约国内为限。

**第九十一条**

（1）本公约在联合国国际货物销售合同会议闭幕会议上开放签字，并在纽约联合国总部继续开放签字，直至1981年9月30日为止。

（2）本公约须经签字国批准、接受或核准。

（3）本公约从开放签字之日起开放给所有非签字国加入。

（4）批准书、接受书、核准书和加入书应送交联合国秘书长存放。

**第九十二条**

（1）缔约国可在签字、批准、接受、核准或加入时声明他不受本公约第二部分的约束或不受本公约第三部分的约束。

（2）按照上一款规定就本公约第二部分或第三部分做出声明的缔约国，在该声明适用的部分所规定事项上，不得视为本公约第一条第（1）款范围内的缔约国。

**第九十三条**

（1）如果缔约国具有两个或两个以上的领土单位，而依照该国宪法规定、各领土单位对本公约所规定的事项适用不同的法律制度，则该国得在签字、批准、接受、核准或加入时声明本公约适用于该国全部领土单位或仅适用于其中的一个或数个领土单位，并且可以随时提出另一声明来修改其所做的声明。

（2）此种声明应通知保管人，并且明确地说明适用本公约的领土单位。

（3）如果根据按本条做出的声明，本公约适用于缔约国的一个或数个但不是全部领土单位，而且一方当事人的营业地位于该缔约国内，则为本公约的目的，该营业地除非位于本公约适用的领土单位内，否则视为不在缔约国内。

（4）如果缔约国没有按照本条第（1）款做出声明，则本公约适用于该国所有领土单位。

**第九十四条**

（1）对属于本公约范围的事项具有相同或非常近似的法律规则的两个或两个以上的缔约国，可随时声明本公约不适用于营业地在这些缔约国内的当事人之间的销售合同，也不适用于这些合同的订立。此种声明可联合做出，也可以相互单方面声明的方式做出。

（2）对属于本公约范围的事项具有与一个或一个以上非缔约国相同或非常近似的法律规则的缔约国，可随时声明本公约不适用于营业地在这些非缔约国内的当事人之间的销售合同，也不适用于这些合同的订立。

（3）作为根据上一款所做声明对象的国家如果后来成为缔约国，这项声明从本公约对该新缔约国生效之日起，具有根据第（1）款所做声明的效力，但以该新缔约国加入这项声明，或做出相互单方面声明为限。

**第九十五条**

任何国家在交存其批准书、接受书、核准书或加入书时，可声明它不受本公约第一条第（1）款（b）项的约束。

**第九十六条**

本国法律规定销售合同必须以书面订立或书面证明的缔约国，可以随时按照第十二条的规定，声明本公约第十一条、第二十九条或第二部分准许销售合同或其更改或根据协议终止，或者任何发价、接受或其他意旨表示得以书面以外任何形式做出的任何规定不适用，如果任何一方当事人的营业地是在该缔约国内。

**第九十七条**

（1）根据本公约规定在签字时做出的声明，须在批准、接受或核准时加以确认。

（2）声明和声明的确认，应以书面提出，并应正式通知保管人。

（3）声明在本公约对有关国家开始生效时同时生效。但是，保管人于此种生效后收到正式通知的声明，应于保管人收到声明之日起6个月后的第1个月第1天生效。根据第九十四条规定做出的相互单方面声明，应于保管人收到最后一份声明之日起6个月后的第1个月第1天生效。

（4）根据本公约规定做出声明的任何国家可以随时用书面正式通知保管人撤回该项声明。此种撤回于保管人收到通知之日起6个月后的第1个月第1天生效。

（5）撤回根据第九十四条做出的声明，自撤回生效之日起，就会使另一国家根据该条所做的任何相互声明失效。

**第九十八条**

除本公约明文许可的保留外，不得作任何保留。

**第九十九条**

（1）在本条第（6）款规定的条件下，本公约在第十件批准书、接受书、核准书或加入书，包括载有根据第九十二条规定做出的声明的文书交存之日起12月后的第1个月第1天生效。

（2）在本条第（6）款规定的条件下，对于在第10件批准书、接受书、核准书或加入书交存后才批准、接受、核准或加入本公约的国家，本公约在该国交存其批准书、接受书、核准书或加入书之日起12个月后的第1个月第1天对该国生效，但不适用的部分除外。

（3）批准、接受、核准或加入本公约的国家，如果是1964年7月1日海牙签订的《关于国际货物销售合同的订立统一法公约》（《1964年海牙订立合同公约》）和1964年7月1日在海牙签订的《关于国际货物销售统一法的公约》（《1964年海牙货物销售公约》）中一项或两项公约的缔约国。应按情况同时通知荷兰政府声明退出《1964年海牙货物销售公约》或《1964年海牙订立合同公约》或退出该两公约。

（4）凡为《1964年海牙货物销售公约》缔约国并批准、接受、核准或加入本公约和根据第九十二条规定声明或业已声明不受本公约第二部分约束的国家，应于批准、接受、核准或加入时通知荷兰政府声明退出《1964年海牙货物销售公约》。

（5）凡为《1964年海牙订立合同公约》缔约国并批准、接受、核准或加入本公约和根据第九十二条规定声明或业已声明不受本公约第三部分约束的国家，应于批准、接受、核准或加入时通知荷兰政府声明退出《1964年海牙订立合同公约》。

（6）为本条的目的，《1964年海牙订立合同公约》或《1964年海牙货物销售公约》的缔约国的批准、接受、核准或加入本公约，应在这些国家按照规定退出该两公约生效后方始生效。本公约保管人应与1964年两公约的保管人荷兰政府进行协商，以确保在这方面进行必要的协调。

第一百条

（1）本公约适用于合同的订立，只要订立该合同的建议是在本公约对第一条第（1）款（a）项所指缔约国或第一条第（1）款（b）项所指缔约国生效之日或其后作出的。

（2）本公约只适用于在它对第一条第（1）款（a）项所指缔约国或第一条第（1）款（b）项所指缔约国生效之日或其后订立的合同。

第一百零一条

（1）缔约国可以用书面正式通知保管人声明退出本公约，或本公约第二部分或第三部分。

（2）退出于保管人收到通知12个月后的第1个月第1天起生效。凡通知内订明一段退出生效的更长时间，则退出于保管人收到通知后该段更长时间满时起生效。

1980年4月11日订于维也纳，正本1份，其阿拉伯文本、中文本、英文本、法文本、俄文本和西班牙文本都具有同等效力。下列全权代表，经各自政府正式授权，在本公约上签字，以资证明。

附

缔约方：74个

（a）声明和保留。该国在批准或加入公约时根据公约第12条和第96条规定声明，公约第11条、第29条或第二部分任何条款，凡准予通过协议形式签订销售合同或进行修改或终止，或以书面形式以外的任何形式提出要约、承诺或表示意向者，概不适用于任何当事方在其各自国家内设有营业地点的销售合同。

（b）加入。

（c）继承。

（d）声明和保留。加拿大政府在加入时声明，根据公约第93条，公约同时适用于艾伯塔、不列颠哥伦比亚、马尼托巴、新不伦瑞克、纽芬兰、新斯科舍、安大略、爱德华王子岛和西北地区（加拿大政府在加入时声明，根据公约第95条，就不列颠哥伦比亚而言，不受公约第1条第1款B项约束。在1992年7月31日收到的一份通知中，加拿大政府撤销了上述声明）。在1992年4月9日收到的一份声明中，加拿大政府将该公约的适用范围扩大到魁北克和萨斯喀彻温。在1992年6月29日收到的一份通知中，加拿大再将公约适用范围扩大到育空地区。在2003年6月18日收到的一份通知中，加拿大又将公约适用范围扩大到努勒维特地区。

（e）声明和保留。中国政府在认可公约时声明，它不受第1条第1款（b）项和第11条的约束，也不受公约内与第11条内容有关的规定的约束。

（f）批准。

（g）在继承公约时，根据1991年6月25日关于克罗地亚共和国的主权和独立的宪法决定以及1991年10月8日的克罗地亚议会决定，克罗地亚因从南斯拉夫社会主义联邦共和国继承克罗地亚的领土而决定自 1991 年 10 月 8 日起将其视为公约缔约国，克罗地亚于该日断绝与南斯拉夫社会主义联邦共和国的一切宪法和法律关系并继承其国际义务。

（h）前捷克斯洛伐克 1981 年 9 月 1 日签署公约，1990 年 3 月 5 日交存批准书，公约于 1991 年 4 月 1 日对前捷克斯洛伐克生效。1993 年 5 月 28 日和 1993 年 9 月 30 日斯洛伐克共和国和捷克共和国先后分别交存了继承书，均自其继承日期 1993 年 1 月 1 日起生效。

（i）声明和保留。该国声明不受第 1 条第 1 款（b）项的约束。

（j）声明和保留。丹麦、芬兰、挪威和瑞典政府在批准公约时根据第 92 条第 1 款的规定声明，它们不受公约第二部分（合同的订立）的约束。丹麦、芬兰、挪威和瑞典政府在批准公约时根据第 94 条第 1 款和第 94 条第 2 款声明，公约不适用于营业地点设在丹麦、芬兰、瑞典、冰岛或挪威的当事方的销售合同。在 2003 年 3 月 12 日生效的一份通知中，冰岛根据第 94 条第 1 款的规定声明，公约不适用于营业地点设在丹麦、芬兰、冰岛、挪威或瑞典的当事方的销售合同及合同的订立。

（k）声明和保留。2004 年 3 月 9 日，爱沙尼亚撤销了脚注 a 所述在批准时所作的保留。

（l）公约由前德意志民主共和国于 1981 年 8 月 13 日签署，1989 年 2 月 23 日批准，1990 年 3 月 1 日生效。

（m）声明和保留。德国政府在批准公约时声明，对于已经声明不适用第 1 条第 1 款 B 项的任何国家，德国也不适用第 1 条第 1 款 B 项。

（n）声明和保留。匈牙利政府在批准公约时声明，它认为经济互助委员会各成员国的组织之间接受交货的一般条件应受公约第 90 条规定的约束。

（o）接受。

（p）俄罗斯联邦自 1991 年 12 月 24 日起接替前苏维埃社会主义共和国联盟（苏联）继续作为联合国会员国，并自该日起全权负责苏联根据《联合国宪章》和交存秘书长的多边条约享有的所有权利和承担的所有义务。

（q）前南斯拉夫分别于 1980 年 4 月 11 日和 1985 年 3 月 27 日签署和批准了公约。南斯拉夫联邦共和国 2001 年 3 月 12 日宣布：南斯拉夫联邦国内共和国经审议［该公约］，自 1992 年 4 月 27 日，即南斯拉夫联邦共和国承担其国际关系义务之日，继承该公约并承诺忠实履行和执行其中所载各项规定。

# 参考文献


1. 石玉川．国际贸易方式［M］．北京：对外经济贸易大学出版社，2002.

2. 赵静敏，罗吉文．国际贸易实务［M］．北京：机械工业出版社，2013.

3. 杨新房，陈琦．国际贸易实务——原理、范例与案例［M］．北京：清华大学出版社，2013.

4. 林涛，郭雅欣，李传芳．国际货物贸易实务［M］．北京：清华大学出版社，2014.

5. 李雁玲，任丽明，韩之怡．国际贸易实务［M］．北京：机械工业出版社，2015.

6. 黎孝先，石玉川，王健．国际贸易实务［M］．北京：对外经济贸易大学出版社，2016.

7. 钟昌标，叶劲松．国际贸易实务［M］．北京：人民邮电出版社，2016.

8. 贺峰．新编国际贸易实务［M］．广州：华南理工大学出版社，2016.

9. 杨立钒．跨境电子商务教程［M］．北京：电子工业出版社，2017.

10. 莫莎．国际贸易实务［M］．大连：东北财经大学出版社，2017.

11. 常广庶．跨境电子商务理论与实务［M］．北京：机械工业出版社，2017.

12. 赵慧娥．国际贸易实务［M］．北京：中国人民大学出版社，2017.

13. 成丽．国际贸易单证实务［M］．北京：中国人民大学出版社，2017.

14. 李好．国际贸易实务综合实验与实训教程［M］．北京：清华大学出版社，2017.

15. 卢跃，阎其凯，高凌云．中国对外贸易方式的创新：维度、实践与方向［J］．国际经济评论，2017（4）：116－127.

16. 赵增奎．区块链开创国际贸易跨境支付新模式［J］．企业经济，2017，36（09）：163－168.

17. 韩丽姝，张磊，王英华．国际贸易实务［M］．上海：上海财经大学出版社，2018.

18. 杨兴凯．跨境电子商务［M］．大连：东北财经大学出版社，2018.

19. 陈平．国际贸易实务［M］．北京：中国人民大学出版社，2018.

20. 袁建新．国际贸易实务［M］．上海：复旦大学出版社，2018.

21. 马述忠，房超，梁银锋．数字贸易及其时代价值与研究展望［J］．国际贸易问题，2018（10）：16－30.

22. 梁日杰．区块链对未来国际贸易创造的影响与挑战［J］．智库时代，2018（46）：4－5.

23. 梁日杰．区块链对未来国际贸易创造的影响与挑战［J］．智库时代，2018（46）：4－5.

24. 季晓伟．“市场采购”新型贸易方式与一般贸易方式的比较研究［J］．中国市场，2019（10）：3－5.

25. 祝美红．市场采购贸易方式：源起思考、实践推进与未来趋势［J］．对外经贸，2019（07）：8－11＋28.

26. 王晓彬．外贸综合服务企业出口模式比较探析［J］．中外企业家，2019（33）：3－4.

27. 陈维涛，朱柿颖．数字贸易理论与规则研究进展［J］．经济学动态，2019（09）：114－126.

28. 李启明，张倩．基于区块链技术的国际贸易业务模式研究［J］．海南金融，2019（02）：70－74.

29. 张亮，李楚翘．区块链经济研究进展［J］．经济学动态，2019（04）：112－124.

30. 宗良，林静慧，吴丹．全球数字贸易崛起：时代价值与前景展望［J］．国际贸易，2019（10）：58－63.

31. 刘洪愧．数字贸易发展的经济效应与推进方略［J］．改革，2020（03）：40－52.

32. 曹淼孙．我国数字贸易发展：现状、挑战与策略研究［J］．西南金融，2020（01）：46－53.

33. Margaret L. Moses. *The Principles and Practice of International commercial arbitration*［M］. Cambridge University Press，2008.

34. Voon T. S.，Mitchell A. D. *International Trade Law*［M］. International trade law：Wolters Kluwer Law & Business，2013.

35. Clive M. Schmitthoff. *The Law and Practice of International Trade*（eleven edition）［M］. Renmin University Press of China，2014.

36. 克利夫·M. 施米托夫．施米托夫论出口贸易：国际贸易法律与实务：The Law Practice of International Trade［M］．北京：中国人民大学出版社，2014.

37. 李宏．国际贸易理论与实务：*International Trade*：*Theory and Practice*［M］．电子工业出版社，2015.

38. Gary Collyer. *Guide to Documentary Credits*（Fifth Edition）［M］. The International Chamber of Commerce，2017.

39. 佚名. *Uniform Customs and Practice for Documentary Credits*［M］. ICC Pub，2020.

40. Ali N. A . Odularu G. *Preparing Nigeria for Digital Trade Within the WTO E-commerce Negotiations*：*Issues and Policy Directions*［M］. Strategic Policy Options for Bracing Nigeria for the Future of Trade，2020.

